ESSAI

sur la Philosophie

DE GRATRY

THÈSE DE DOCTORAT

présentée à la Faculté des Lettres de Clermont-Ferrand

PAR

B. POINTUD-GUILLEMOT

PARIS
GABRIEL BEAUCHESNE
117, Rue de Rennes, 117

1917

Essai sur la Philosophie de Gratry

ESSAI
sur la Philosophie
DE GRATRY

THÈSE DE DOCTORAT

présentée à la Faculté des Lettres de Clermont-Ferrand

PAR

B. POINTUD-GUILLEMOT

PARIS
GABRIEL BEAUCHESNE
117, Rue de Rennes, 117

1917

Notice Biographique

Joseph-Auguste-Alphonse Gratry naquit à Lille, le 29 mars 1805 (1), de Louis-Joseph Gratry, employé à la Trésorerie impériale, et de Françoise-Victoire Nayardet. — Son père, originaire de Verdun, avait épousé à vingt-deux ans une jeune fille de Dunkerque, encore presqu'une enfant ; elle avait dix-sept ans lorsque Gratry vint au monde. L'un et l'autre entourèrent ce premier-né de leur sollicitude et de leur tendresse. L'enfant se développe sous leurs regards attentifs et son âme aimante, pleine de fraîcheur, d'élan et déjà d'idéal, répond à leurs soins par un véritable culte qui le rend infiniment docile à leur influence. « Mon père et ma mère, nous disent les *Souvenirs de ma jeunesse* (2), m'avaient souvent paru deux anges impeccables, sachant tout et pouvant tout ». C'est d'eux qu'il reçoit des leçons qui sont inoubliables lorsque ce sont un père, une mère qui les donnent. « Ma mère, dira-t-il plus tard, m'avait appris à prier, à aimer la bonté, la vertu et la véracité. Mon père m'avait appris à aimer la justice, l'honneur, la vérité, la science » (3). Toutes ces choses devaient demeurer toujours chères à Gratry et son âme, si richement douée, façonnée par cette double action, devait en porter à jamais l'empreinte. Il unira la tendresse, la chaleur d'un cœur presque féminin par sa délicate sensibilité, sa bonté généreuse, à la vigueur de l'esprit, au culte viril de l'honneur et de la vérité qu'il « a aimée

---

(1) 9 germinal, an XIII.
(2) *Souvenirs de ma jeunesse*, p. 6.
(3) *Souvenirs de ma jeunesse*, p. 7.

jusqu'au sang ». Dans cette âme d'enfant, naturellement élevée et religieuse, se développe aussi une piété profonde qui doit la garder orientée vers Dieu, même aux heures mauvaises du désarroi moral. Cependant, ses parents n'avaient aucune habitude religieuse, si ce n'est de religion naturelle, et Gratry avoue (1) qu'il a été élevé, sauf à l'époque de sa première communion, dans l'horreur des églises et des prêtres. Mais sa première communion est pour lui une date ineffaçable. Il en retrouvera la trace brûlante sous la cendre amassée par les années d'oubli. Elle marque un nouvel éveil de son âme qui s'agrandit, se dilate ; un épanouissement de son cœur dans l'amour. C'est vers sa mère, surtout, que se tourne l'enfant avide d'aimer. « C'est surtout ma mère, écrit-il, qui était devenue mon trésor et que je ne me lassais pas d'aimer et d'admirer » (2). Pendant vingt ans, et au-delà, cet amour de sa mère l'enveloppe et le protège.

L'influence des parents sur l'éducation de leur fils fut d'autant plus grande que la vie errante du père, fonctionnaire, déplace sans cesse le foyer. La famille est vraiment le centre, la patrie de l'enfant conduit de ville en ville et jusqu'en pays étranger, en Prusse. Il ne semble pas que ses parents aient fait peser sur lui une autorité rigide. Une discipline douce et large règle sa vie ; elle favorise le développement d'une personnalité originale et vigoureuse, et aussi cet amour de l'indépendance que Gratry n'abdiquera jamais tout à fait.

Jusqu'à douze ans, on ne lui impose aucune tâche, si ce n'est d'apprendre à lire et à écrire. Aussi, lorsqu'il commence des études sérieuses, il a gardé la fraîcheur, l'élasticité de son esprit, et cette avidité d'apprendre qui s'émousse souvent chez les enfants mis trop tôt à un travail qui dépasse leurs jeunes forces. Lui-même s'est élevé, avec une ironie douloureuse, contre ces études trop précoces qui donnent aux écoliers l'horreur des livres et du savoir et paralysent leur intelligence, en même temps qu'elles développent leur paresse (3). Il alla d'abord, comme externe, dans

---

(1) *Souvenirs de ma jeunesse*, p. 20.
(2) *Souvenirs de ma jeunesse*, p. 10.
(3)... « Ne parlons ici que du vétéran de neuvième, ou plus généralement de l'étudiant de quatrième année, en deçà de la sixième. Rendons-nous compte de ses progrès. Pendant la première année, il n'a rien compris à la gram-

une petite pension de Tours, puis au collège de cette ville. A quinze ans, le 8 octobre 1820, il quittait pour la première fois la maison paternelle et entrait en seconde à Henri IV, à Paris. Ses études furent très brillantes. Il est à la tête de ses condisciples ; il est plusieurs fois glorieusement couronné au Concours général. Il aime le travail ; il est heureux de ses triomphes. Mais, pendant ce temps, il traverse une grave crise d'âme. Sa foi est secouée rudement par le doute ; les mauvais livres, les mauvais camarades s'unissent pour lui apprendre le mal et s'efforcer de le lui faire aimer. Il ne souffre pas cependant ; il jouit de tout le bonheur que peut avoir un jeune homme de dix-sept ans et demi. Aucune tristesse ne trouble son âme, aucune ombre ne se projette sur un avenir que tout lui promet très beau. Et voici que, en plein calme, éclate une étrange tempête. Les *Souvenirs* nous racontent, avec une émotion vivante, l'événement de cette nuit d'automne qui devait avoir une influence solennelle sur la vie de Gratry. Événement tout intérieur, mais qui bouleverse l'âme du jeune homme, enchantée d'espérances, et la met brusquement en face des pensées les plus graves. Après avoir senti et goûté la vie dans une évocation pleine de lucidité, de mouvement et de beauté, il voit, il sent la mort ; elle lui est montrée, donnée, dévoilée dans une saisissante clarté. L'étonnement, la terreur remplacent la joie triomphante ; le désespoir, le besoin éperdu de savoir le pourquoi de cette vie qui doit être un jour si inexorablement fauchée, le sentiment aigu de la vanité de ce qui passe, arrachent à Gratry une supplication qui part des profondeurs de son âme tendue dans un intense effort ; un cri redoublé, déchirant, capable d'atteindre aux dernières limites de l'univers, part de son cœur : « O Dieu ! Lumière ! Secours Expliquez-moi l'énigme, faites-moi connaître la vérité et j'y consacrerai ma vie entière ! »

Désormais, quelque chose en lui est changé. La vie, dont il était si épris, lui paraît ennuyeuse et vaine, maintenant qu'il a aux lèvres le goût amer de la mort. Ce tout jeune homme a déjà perdu

---

maire latine. Pendant la seconde, il a renoncé à la comprendre. Pendant la troisième, il s'en est servi comme d'un buvard pour ôter les taches d'encre. Pendant la quatrième, il la réduit en boulettes, en pâté : il la mange et en emploie la couverture diversement ; selon le cas, il en fera une lyre, une arquebuse ou des sous-pieds. » Cité p. CHAUVIN : *le P. Gratry*, p. 65.

sa confiance dans le bonheur qui passe, ses illusions sur les hommes, sur le siècle. Un grand vide s'est creusé en lui. Dieu se réserve de le remplir, lorsque, après un lent et profond travail intérieur, Gratry aura retrouvé la foi de son enfance.

C'est pendant son année de philosophie que se passent ces révolutions de son âme. Elles n'arrêtent pas son ardeur au travail ; la belle intelligence du jeune homme se développe sans cesse. Elle devient plus virile, plus personnelle ; elle prend goût aux vraies et solides beautés, au style plein de force et d'idées de Bossuet, Pascal, Tacite ; il fréquente avec goût Aristote, Platon, Leibniz, Malebranche, les Pères de l'Eglise ; il lit l'Imitation de Jésus-Christ avec bonheur, avec délices. — La seule faute intellectuelle qu'il a, dit-il, à se reprocher cette année-là, c'est d'avoir pris Condillac en considération (1).

Cette dernière année de collège, qui se termine très brillamment, ouvre la question de l'avenir. Gratry n'a encore aucun projet défini. Il sait seulement qu'il a dévoué sa vie à la Vérité. Comment pourra-t-il la mieux servir ? La parole de J. de Maistre : « Attendez que l'affinité naturelle de la science et de la religion les ait réunies l'une et l'autre dans la tête d'un homme de génie. — Celui-là sera fameux et mettra fin au dix-huitième siècle qui dure encore » (2). — Cette parole semble orienter sa décision. Il se résout à entrer dans la voie qu'elle lui indique. Puisque son éducation purement littéraire le laisse ignorant des sciences, dont on fait si souvent les adversaires de la religion, il apprendra les sciences. Et le jeune homme entreprend courageusement une intense préparation à l'Ecole Polytechnique. Il accomplit en un an un travail qui réclame ordinairement trois années. Mais que de sacrifices lui demande ce nouveau labeur ! A cette intelligence qui aime passionnément la philosophie, l'éloquence, la vraie poésie, la beauté littéraire, l'étude des mathématiques devait paraître sèche, aride, sans charme. Il lui faut rompre avec la vie brillante de l'esprit, pour « entrer dans une froide caverne, pâle demeure de l'algèbre, pour y vivre de craie et de figures géométriques » (3). Le séjour à Polytechnique, avec le règlement sévère, les études

---

(1) *Souvenirs de ma jeunesse*, p. 72.
(2) *Soirées de Saint-Pétersbourg*.
(3) *Souvenirs de ma jeunesse*, p. 81.

âpres, est pour lui une terrible épreuve. C'est une effroyable privation et une révolution dans toute ses facultés : « Tout autour de moi, avoue-t-il, devenait sec, aride, géométrique. Plus d'idées, plus d'élan, plus de poésie, plus d'harmonie, plus de musique, plus de couleur, plus de cœur, plus de vie... la vie devenait un dessin linéaire » (1).

Aussi, malgré la remarquable facilité qu'il montre pour les mathématiques et l'intérêt qu'il y prend, Gratry n'y met ni tout son esprit, ni toute son ardeur. Il sort quatre-vingt-douzième sur cent treize en 1827. Il n'avait pas projeté de suivre la carrière que pourrait lui ouvrir Polytechnique. Au grand désespoir de ses parents, il donne sa démission d'officier d'artillerie et il attend, pendant six mois, dans le travail, la solitude, les privations, de connaître sa voie.

Il y avait alors à Strasbourg un groupe de jeunes gens distingués, instruits, généreux, animés, comme Gratry, du désir de se dévouer sans réserve pour la Vérité, pour Dieu. Gratry résolut de se joindre à eux.

L'abbé Bautain était le chef, le directeur de cette réunion, qui vivait en communauté, dans la maison de Mlle Humann, femme d'une intelligence remarquable, et d'autant de cœur et de dévouement que d'intelligence. Elle avait soixante ans lorsque Gratry la connut. Elle était vraiment l'âme, « la mère » de ce groupe d'élite. Mais si le jeune homme éprouve pour elle des sentiments de filiale confiance, il ne semble pas qu'il n'y eut jamais entre lui et l'abbé Bautain une grande sympathie et une parfaite entente. Ces deux personnalités très accusées, celle du Maître brillant, intelligent, mais austère, froid et dominateur, celle du disciple ardent, plein d'élan, d'enthousiasme, de cœur, mais aussi quelque peu indépendant, devaient se heurter parfois. La nature primesautière de Gratry se sentait opprimée par la rigidité de la direction de Bautain. Aussi, bien qu'il ait passé douze ans dans l'intimité de cette réunion d'amis, il ne fut jamais membre de la Société (2). Et l'abbé Bautain, dont le nom ne paraît jamais dans ses ouvrages, semble lui avoir laissé un peu agréable souvenir. Il n'exerça sur le jeune homme aucune influence intellectuelle, et

---

(1) *Souvenirs de ma jeunesse*, p. 95.
(2) *L'abbé Bautain*, p. l'abbé de Régny, p. 158.

la philosophie de Gratry, loin de devoir quelque chose à celle de Bautain, lui sera opposée sur la grave question du rôle de la raison et de la foi.

Gratry professe dans une petite classe du collège royal de Strasbourg, occupation qui lui laisse assez de loisirs pour suivre les conférences de Bautain et pour réfléchir à son avenir, encore incertain. Mlle Humann parut vouloir décider pour lui de cet avenir. Elle lui propose d'entrer au couvent de Bischemberg, dans les Vosges. Il accepte ce renoncement complet à toutes ses ambitions, à tous ses goûts, à toutes ses aspirations. Ce sacrifice héroïque avait été préparé par un autre sacrifice bien douloureux. L'année précédente, en 1828, Gratry avait perdu sa mère tant aimée.

Il reste deux ans à Bischemberg, et il a déclaré qu'il n'a jamais été aussi heureux de sa vie que pendant ce séjour dans cette solitude. Mais, en 1830, la Révolution de Juillet disperse les religieux, et Gratry revient à Strasbourg, rappelé par Mlle Humann et par l'évêque, Mgr de Trévern. Le Petit Séminaire de Strasbourg était confié à la Société de l'abbé Bautain et Gratry fut chargé de la rhétorique, qu'il garda pendant quatre ans. Ce furent des années d'une intense vie intérieure, en même temps que d'une laborieuse activité. Le personnel est peu nombreux, et Gratry, avec une impétuosité ardente de dévouement, se surmène si bien qu'il tombe malade. Sa gorge ulcérée devait rester affaiblie et lui interdire les grands discours.

Ces années marquent l'orientation définitive de la vocation de Gratry. Il se résout à se faire prêtre. Sous-diacre le 18 décembre 1830, il reçoit l'ordination à la fin de décembre 1832. En 1833, il est docteur ès lettres. Le titre de sa thèse était *Dissertatio philosophica de methodis Scientiarum*.

Cependant, au bout de quatre ans, son fardeau est un peu allégé. Attaché à une maison d'enseignement secondaire fondée en 1834 par la Société, il a quelques loisirs. Il en profite pour continuer avec une ardeur passionnée le programme d'études qu'il s'est tracé et qu'il a poursuivi, même aux heures du plus lourd travail extérieur. Il étudie la théologie, la philosophie, les sciences, suivant la méthode qu'il propose dans les *Sources*. Il réfléchit, il écrit des pages précieuses, où déjà s'annoncent les idées qui inspirent ses ouvrages, ou bien qui renferment des méditations dont quelques-unes ont été recueillies et publiées par le Cardinal

Perraud sous le nom de *Méditations inédites*. — Entre les membres de la Société, l'union règne, une union faite de fraternelle affection plutôt que d'harmonie intellectuelle, et qui suggère à Gratry cette remarque profonde : « qu'il est encore plus difficile de s'entendre que de s'aimer » (1).

C'est en 1840 que Gratry se sépare de l'abbé Bautain pour accepter la direction du collège Stanislas, au moment où la Société quitte Strasbourg et prend possession du collège de Juilly, dont se déchargent les abbés de Salinis et de Scorbiac.

Gratry, préoccupé avant tout de la question de l'éducation et de l'enseignement, s'y donna tout entier. Il y réussit, admirablement, guidé par un remarquable sens pédagogique. Il a le souci d'assurer, dans les hautes classes, une culture à la fois scientifique et littéraire, qu'il estime seule capable de produire le développement complet de l'intelligence et de l'âme. Il crée une école primaire, qui garde les enfants jusqu'à dix ans ; une école préparatoire aux grandes écoles du Gouvernement.

En même temps, Gratry s'efforçait de réaliser une idée qui avait aussi inspiré les tentatives de Lamennais et de Bautain. Il projette d'établir à Stanislas une école de hautes études pour le clergé, une sorte d'école normale, préparatoire aux grades universitaires, ce que devait être plus tard l'école des Carmes.

Mais si Gratry réussit à donner à ses élèves une forte éducation, une instruction brillante et solide qui forma des jeunes gens d'élite, il fut moins heureux au point de vue administratif. L'attention minutieuse et vigilante qui embrasse d'un coup d'œil les détails matériels, l'esprit pratique qui sait tirer le meilleur parti des circonstances actuelles, toutes les qualités de l'administrateur manquent à ce génie aux hautes envolées. Aussi, au bout de cinq ans, en 1846, il doit se retirer, écrasé par le fardeau.

Nommé aumônier à l'Ecole Normale, il accepte avec enthousiasme ces fonctions nouvelles, qui lui promettent un apostolat intéressant et fécond, parmi une élite de la jeunesse intellectuelle. Il ne devait pas y rencontrer toutes les consolations qu'il souhaitait. Il y avait, en effet, entre lui et le directeur, M. Vacherot, une opposition complète d'idées, qui allait mettre aux prises ces deux hommes remplis cependant l'un pour l'autre d'estime et de respect.

---

(1) *Souvenirs de ma jeunesse*, p. 151

Gratry crut de son devoir de combattre la philosophie de Vacherot, inspirée par l'hégélianisme, et qui attribuait l'origine des dogmes chrétiens à la philosophie grecque. Il écrit en 1851 la *Lettre à M. Vacherot ou Étude sur la Sophistique contemporaine*, réfutation des thèses soutenues dans l'*Histoire critique de l'école d'Alexandrie*. M. Vacherot répliqua, le 26 juillet 1851, dans une *Réponse à l'Univers*. L'École Normale était émue, agitée par ces luttes. Cette vive polémique fut douloureuse aux deux adversaires. M. Vacherot fut mis en disponibilité. Gratry avait donné sa démission peu de jours auparavant. Il devait combattre à nouveau, plus tard, l'ancien directeur de l'École Normale — qui venait de publier *La Métaphysique et la Science*. Le livre de Gratry : *Les Sophistes et la Critique*, était dirigé non seulement contre la philosophie de Vacherot, mais encore contre l'influence hégélienne en France. Les *Lettres sur la religion* (1869), dont trois furent publiées dans la *Revue des Deux-Mondes* (1), les autres dans le *Correspondant*, sont la dernière phase de ce combat d'idées. Elles répondaient, avec la vigueur qui caractérise la polémique de Gratry, au nouvel ouvrage de M. Vacherot, *la Religion*.

Gratry rêvait depuis longtemps d'une association de jeunes gens fervents, instruits, réunis dans le but de mettre en commun leurs labeurs intellectuels pour la défense de la religion, et s'efforçant de réconcilier la science avec la foi. Il avait cru rencontrer la réalisation de son idéal à Strasbourg ; il avait projeté d'établir à Stanislas une école normale pour les jeunes prêtres. La conviction de l'immense service qu'était appelé à rendre l'atelier d'apologétique qu'il concevait, où toutes les sciences seraient étudiées, où serait instaurée la Science comparée, cette conviction s'était faite plus forte encore pendant son séjour à l'École Normale. Il lui semble que la restauration de l'Oratoire répondrait à ce besoin pressant d'une organisation qui permettrait à la vérité chrétienne de se défendre efficacement contre les objections modernes.

Gratry se concerte avec l'abbé Pététot, curé de Saint-Roch. Il est d'ailleurs encouragé dans son projet par Mgr Dupanloup, qui l'avait appelé près de lui en qualité de vicaire général, après sa démission d'aumônier de l'École Normale. La première réunion

---

(1) Des dix-huit lettres qui composent le volume, la première, la quatrième et la cinquième parurent dans la *Revue des Deux-Mondes* du 1er mars 1869.

des membres du nouvel Oratoire eut lieu en novembre 1852. Avec le P. Pététot, le supérieur, le P. Gratry et le P. de Valroger, chanoine titulaire de Bayeux, le petit groupe comprenait trois jeunes gens : A. Perraud, Cambier et Lescœur. D'autres disciples devaient bientôt se joindre à ceux-ci. Gratry était rempli « d'une émotion profonde, d'une joie qui ne se peut décrire... Le rêve était réalisé, en son germe au moins » (1). — « Une sorte de Port-Royal, moins le schisme et l'erreur, était fondé ».

L'épreuve devait venir après ces débuts radieux d'espérance. Il n'y avait pas une entière harmonie de vues entre les deux fondateurs. Si le P. Gratry concevait l'Oratoire comme un atelier d'apologétique religieuse, le P. Pététot, peu préoccupé des besoins intellectuels du temps, songeait à créer une sorte de séminaire modèle, dont les prêtres, formés aux fortes vertus sacerdotales, rendraient d'éminents services dans les Petits Séminaires. Cette profonde divergence de conception quant au but de la Société entraînait une vue différente de la Constitution qui devait la régir. Le P. Pététot inclinait vers une discipline quasi monastique. Gratry, plus près de saint Philipppe de Néri, voulait une règle assez ferme, mais large cependant, sans étroite et stricte contrainte. Les idées du P. Pététot prévalurent. Gratry souffrit à la fois de l'échec de ses chers projets et du règlement minutieux, très dur à sa nature ardente et spontanée. Cependant, il demeure à l'Oratoire ; il travaille activement dans cette solitude studieuse. C'est là qu'il écrivit la *Connaissance de Dieu, la Connaissance de l'âme, la Logique*, ses chefs-d'œuvre. — Le premier est couronné en 1854 par l'Académie française. — Mais, peu à peu, surtout à partir de 1858, il s'éloigne de la vie commune. En 1861 se produit la rupture à laquelle conduisait une situation de plus en plus tendue. Rupture sans éclat et sans aigreur, qui laissait subsister les liens de l'affection et de l'estime. Gratry est autorisé à se retirer de la Communauté pour vivre chez lui. On lui gardait son titre d'Oratorien. Il s'installe rue Barbet-de-Jouy. C'est là, dans son cabinet de travail inondé de lumière, en face d'un horizon où se profilent au loin les collines de Saint-Cloud, devant le grand ciel qu'il aime à contempler, qu'il va méditer, prier et travailler. Il fait parfois quelques absences, pendant lesquelles il se repose dans le calme

---

(1) Henri Perreyve, p. 106.

de la campagne et les joies de l'amitié, qui lui sont si chères. Il se délasse aussi des labeurs et des fatigues dans la musique, qu'il aime passionnément.

Il a assisté à l'écroulement du rêve de sa vie en voyant l'Oratoire dévier du but qu'il voulait lui donner. Mais il ne renonce pas à la défense et à la propagation de la Vérité. Il la sert par la parole. Les sermons à la chapelle des catéchismes de Saint-Etienne du Mont continuent les prédications de la chapelle de l'Ecole Normale et celles de l'Oratoire. C'est à Saint-Etienne du Mont qu'il donne, en 1863, les trois Conférences réunies sous le titre de *La Crise de la foi*. — Il consacre ses livres à cette Vérité. Après le *Mois de Marie de l'Immaculée Conception*, écrit à l'Oratoire, ce sont successivement, la *Paix*, où il se fait le défenseur de l'Irlande et de la Pologne opprimées, *La Philosophie du Credo*, dont le manuscrit, communiqué au général de La Moricière, aida puissamment à sa conversion, puis les *Sophistes et la Critique*, *Les Lettres sur la Religion*, le *Commentaire de l'Evangile selon saint Mathieu*, la *Biographie d'Henri Perreyve*, la *Morale et la loi de l'Histoire*.

Il exerce sur les disciples, qui aiment à venir à lui, l'action vivifiante de son âme chaude, convaincue, remplie, malgré les déceptions, de confiance et d'enthousiasme. Il leur répète la parole qui excite en eux de nobles et généreuses ambitions, qui enflamme leur ardeur au sacrifice : *Amice, ascende superius !*

En 1867, le 2 mai, il est reçu à l'Académie ; il succède à M. de Barante. Et le fauteuil qu'il occupe fut celui de Massillon, de Voltaire.

A mesure qu'il avance dans la vie, il s'intéresse de plus en plus aux questions sociales. Il ne s'en occupe pas seulement dans certains de ses ouvrages. Il joint l'action à la parole. C'est ainsi qu'il adhère à la Ligue internationale de la Paix, fondée en 1867, qui ralliait des hommes de tous les partis, de toutes les confessions et recevait bientôt l'encouragement d'un grand nombre de souverains. Cependant, violemment combattue, elle devait avoir une brève existence. La guerre de 1870 met fin à ce beau projet de pacification universelle. D'ailleurs, le blâme public de son supérieur avait contraint Gratry de quitter, en 1869, la Ligue, que l'attitude de quelques-uns de ses membres discréditait. Ce fut pour lui, une fois de plus, le douloureux effondrement d'espérances généreuses.

La même année, le 8 décembre 1869, s'ouvrait le Concile du Vatican. Gratry, avec son tempérament impétueux, se jette tête baissée dans les ardentes polémiques suscitées par la définition de l'infaillibilité pontificale. Il va être meurtri, blessé, dans cette lutte âpre, où il s'élance avec quelque imprudence. Car, s'il défend avec la plus parfaite bonne foi ce qui lui semble la vérité, il ne faut pas oublier qu'il n'est pas profond théologien et qu'il manque de renseignements exacts sur des points délicats. De plus, il comprend mal la question et croit qu'il s'agit de déclarer, non pas seulement l'infaillibilité officielle et doctrinale, mais l'infaillibilité personnelle, scientifique, politique et gouvernementale (1) du Souverain Pontife.

Les *Lettres à M*^{gr} *Dechamps*, archevêque de Malines, attirent à leur auteur de rudes attaques, de véhémentes réfutations. On l'invite à donner sa démission de membre de l'Oratoire. Gratry souffre d'autant plus des coups qui lui sont portés, et qui viennent souvent de mains chères et vénérées, qu'il combat suivant sa conscience et, croit-il, suivant son droit. Mais c'en est fait de sa carrière publique et de son prestige moral. « Par ses emportements, ses erreurs, ses accusations flétrissantes et mal établies, ses illusions tenaces, son étonnant aveuglement, il s'était fait beaucoup de mal. Brillants talents, services rendus, vie entière de dévouement à l'Église, tout paraissait désormais oublié » (2). Et pour beaucoup, ce prêtre passionnément épris de sa foi, auquel « jamais la moindre pensée n'était venue d'être en opposition avec l'Église, pas plus qu'avec Notre Seigneur Jésus-Christ » (3), ne fut plus qu'un malheureux égaré et un suspect. Même après sa soumission sincère, cordiale, faite à Mgr Guibert, archevêque de Paris, le 25 novembre 1871, certains douteront encore de lui. L'éloquent apologiste va finir sa vie dans la tristesse et l'isolement.

Ces rudes et poignantes épreuves ébranlent une santé déjà chancelante. En même temps, les souffrances de la Patrie retentissent en cette âme si sensible. Il traverse des jours de véritable agonie morale, pendant les sinistres événements de la fin de mai 1871. Cependant, en juin, il a le courage de reprendre ses cours

---

(1) *Souvenirs de jeunesse*, p. 203.
(2) CHAUVIN, le P. GRATRY, p. 440.
(3) Cit. p. CHAUVIN, op. cit. p. 449.

à la Sorbonne, où il avait été nommé professeur de théologie morale en 1863. C'était son dernier effort. Le mal qui le guettait se déclare, d'apparence bénigne d'abord. On lui conseille d'aller passer quelque temps à Montreux. Il devait, non pas y guérir, mais y mourir.

La petite grosseur, qui s'était formée sous la joue gauche, devient bientôt une tumeur qui se développe avec une effrayante rapidité. Heureusement, « des amis de trente-cinq ans », dont les fils avaient été ses élèves à Strasbourg, la famille Molher, d'Alsace, accourt à son aide. Il est ainsi, après la détresse des premiers jours, entouré jusqu'à la fin de soins dévoués et affectueux. Les P. Ad. et Ch. Perraud viennent aussi près du Maître vénéré, dont ils recueillent les suprêmes enseignements. Malgré des souffrances qui croissent sans cesse, le pauvre Père occupe tous les répits que lui laisse son mal à travailler. Il continue le commentaire de l'Evangile de saint Marc, commencé pendant l'été 1870. Des luttes de sa vie, de ses déceptions, de ses douleurs, il n'a gardé aucune amertume. La charité ardente, qui a été à la fois le ressort et le but de son existence, semble grandir encore dans son âme « toute de lumière et de paix » (1). En ce déclin de ses jours, sur lesquels se projette l'ombre de la mort toute proche, il semble que sa tête courbée par l'épreuve se penche davantage vers son cœur, et qu'il comprenne, encore mieux, ce qu'il a si souvent répété, que tout se résume dans l'amour.

Jusqu'au bout aussi, il est l'homme de l'indéfectible espérance qu'il avait été toute sa vie. Il garde, inébranlable, sa conviction en la valeur de l'attente confiante de l'âme qui compte sur un avenir plus beau, plus heureux, meilleur. Il croit, comme il l'a écrit, que « les tendances aboutissent » (2), les irrésistibles tendances de la nature réelle. Il croit que : « Tout ce que la pensée conçoit, tout cela est. Tout ce que le cœur veut et cherche sera trouvé. Tout ce que l'on espère, si l'on y croit, si l'on y tend, sera donné. Tout ce que la nature, l'instinct, l'effort, le travail, la prière, tout ce que la religion, l'élan vers Dieu, vers la vérité, la justice, la beauté, le bonheur, tout ce que ces forces prophétiques liguées ne cessent d'attendre et de chercher, tout cela nous sera très cer-

---

(1) Léopold Gaillard.
(2) Introd. à la *Logique*, 5e éd., p. cxxxvii.

tainement donné » (1). Ainsi, dans cette âme toute en nobles élans et en saints amours, frémissent, jusqu'au dernier jour, de vastes désirs enchantés d'espoir. Tout près de la tombe, Gratry se sent rempli de confiance dans l'avenir du monde, dans le progrès du genre humain.

C'est ainsi, sans terreur, occupé jusqu'à la fin des grandes idées qui lui ont été toujours chères, que le P. Gratry attend la mort. Ne l'avait-il pas considérée comme une nouvelle naissance ? N'en avait-il pas chanté les côtés beaux et aimables, les consolations et les promesses ? Elle devait venir le 7 février 1872. Gratry avait 67 ans.

Ses funérailles eurent lieu à Paris, le 13 février, en l'église des Missions étrangères, au milieu de la foule de ses amis, de ses confrères, de ses admirateurs. Il repose au cimetière Montparnasse, dans une humble tombe.

Telle est, dans une rapide esquisse, la vie de cet homme si grand par l'esprit et par le cœur. Les faits extérieurs y tiennent peu de place, non pas qu'elle soit exceptionnellement monotone et unie, mais parce que les influences du dehors sont, pour lui, moins graves et moins importantes que celles du dedans. N'estime-t-il pas, en effet, que « la vie intérieure est plus réelle que la vie extérieure » (2), et que l'action profonde de l'âme, « les efforts intérieurs des volontés, la prière des esprits, le cri des cœurs », tout cela « est la source vive des forces qui peuvent soulever le monde vers une vie plus élevée » (3).

Soulever le monde vers une vie plus élevée, telle est, en effet, l'ambition unique de Gratry. C'est à elle qu'il consacre une existence de travail, de prière, de méditation, les labeurs de son apostolat, l'ardeur de son enthousiasme, les ouvrages où semble rayonner encore, jusqu'à nous, l'âme même qui les a conçus. C'est vers cet idéal qu'il dirige tous ses efforts ; les difficultés, les vicissitudes, les obstacles ne l'en font point dévier. Malgré eux, la résolution formée dans sa jeunesse oriente sa vie tout entière et lui donne une merveilleuse unité. — Aller au plus haut, dans le bien, dans la justice et dans la Vérité, et entraîner, dans son ascension, tout l'univers, cette volonté sublime résume, en effet, la vie de Gratry.

---

(1) Introd. à la *Logique*, 4e éd., p. CXL.
(2) *Souvenir de ma jeunesse*, p. 148.
(3) *Souvenir de ma jeunesse*, p. 70.

Introduction

Par la date de publication de ses ouvrages (1), comme par ses préoccupations philosophiques, le Père Gratry appartient à la seconde moitié du dix-neuvième siècle. La philosophie, en médiocre faveur après la Révolution, où le semi spiritualisme de Royer-Collard remplace le sensualisme de Locke et de Condillac, a repris quelque éclat avec Cousin et son école, et le mouvement philosophique, d'abord quelque peu paralysé par l'éclectisme, qui s'est érigé en philosophie officielle, se déploie avec activité à partir du milieu du siècle.

Parmi l'épanouissement des doctrines, l'œuvre de Gratry ne se présente pas comme un système original qui se vante de proposer une conception entièrement nouvelle des problèmes agités par les philosophes. Cette œuvre prétend être une restauration plutôt qu'une innovation. Inquiet des dangers qui lui semblent menacer la raison contemporaine et des voies où est engagée la philosophie, Gratry ambitionne de fortifier la raison, en l'éclairant sur ses pouvoirs et sur ses lois, et d'indiquer à la philosophie sa vraie méthode et sa vraie place. Son but, c'est « de rendre courage à la raison humaine », de « lui apprendre à aller jusqu'au bout d'elle-même et ensuite à monter plus haut ». Car, il pense, avec Montalembert, que « la raison, égarée par de faux sages, est confondue et humiliée » (2) ; avec Guizot, que « l'esprit court parmi nous bien des risques d'abaissement et, comme la société,

---

(1) Parus de 1848 à 1871.
(2) *Intérêt des catholiques*, 3ᵉ chapitre.

qu'il a besoin d'être relevé, sauvé »; avec Fénelon, il croit que
« nous manquons sur la terre encore plus de raison que de
religion » (1).

Ces périls de la raison lui viennent d'abord de la défiance en
laquelle on la tient. On se défie de ses instruments et de ses formes,
du raisonnement et de la logique. Cette crainte pourrait être salutaire en inspirant plus d'attention dans l'étude, plus de prudence
dans le jugement. La défiance, vigilante et armée, conduirait
à une réflexion personnelle plus prudente et plus forte à la fois.
Ce serait le cas d'en revenir à la règle de Descartes, qui prescrit
la recherche patiente, impartiale, l'effort à la fois consciencieux
et vigoureux qui mène à la clarté. Mais, dit Gratry, « l'esprit dans
son for intérieur n'a plus d'autorité et il n'est plus le maître chez
lui » (2). C'est que la défiance, au lieu d'enseigner la nécessité
de l'énergie et de la prudence intellectuelle, a engendré « la pusilla-
nimité paresseuse, qui laisse passer tous les sophismes, et le doute
découragé, qui supporte toutes les erreurs parce qu'il ne croit plus
à l'arme qui les repousse ni à la force qui peut les vaincre » (3).

Cet état est celui, non point tant des penseurs qui exposent
leurs doctrines, que de la raison publique qui les reçoit. Elle ne sait
point se défendre contre l'erreur; elle n'y songe même pas. Passive, elle subit les impressions des idées qu'on lui propose, sans essayer d'agir par elle-même sur ces données. « Exclure l'absurde,
discuter le pour et le contre, peser, juger, discerner et conclure,
c'est une peine que l'esprit ne prend plus » (4). Mais aussi, qu'arrive-
t-il ? C'est que l'intelligence reste blessée du sophisme qu'elle n'a
pas discerné ; c'est qu'elle est aveuglée, étouffée sous la masse des
erreurs qu'elle n'a ni acceptées formellement, ni repoussées non
plus, mais qu'elle a tolérées : « La raison succombe sous le flot
turbulent et sous l'effort des invisibles multitudes qui luttent
dans chaque esprit » (5). Vaincue, par suite d'une imprudente tolérance où la conduit à la fois son ignorance et son inertie, la raison
ne croit plus à elle-même, ni à la vérité.

---

(1) *Connaissance de Dieu*, t. I, p. 2.
(2) *Connaissance de Dieu*, t. I, p. 4.
(3) *Connaissance de Dieu*, t. I, p. 2.
(4) *Connaissance de Dieu*, t. I, p. 3.
(5) *Connaissance de Dieu*, t. I, p. 4.

Gratry veut relever cette raison de son abattement, lui apprendre à connaître ses forces et à s'en servir. Au milieu du chaos de contradictions qui l'enveloppe de ténèbres, il veut non seulement faire luire la lumière, il désire encore enseigner à l'esprit à la chercher, l'exercer à la pensée vigoureuse et critique, lui inspirer l'amour passionné de la vérité qui ne permet ni la torpeur funeste, ni la tolérance indolente. C'est pourquoi il s'efforce de mettre ses vues à la portée de tous, de les exprimer avec une clarté qui exclut tout ésotérisme, une simplicité qui repousse les termes d'école et les expressions pédantesques.

Mais la raison publique n'est pas seule en péril. La raison savante court aussi des dangers. C'est le spectacle de ses erreurs qui a fait tomber tant d'hommes dans un état de démission intellectuelle et d'incrédulité radicale qui ressemble à la mort de l'esprit. Et elle souffre la première de ce mal qu'elle engendre. « Le raisonnement a trompé tout le monde, dit-on parmi ceux qui pensent, on s'en souvient et on s'en défie ». La philosophie se défie de la raison, de ses méthodes, de sa valeur ; elle la mutile et la restreint ; ou bien, sous prétexte de lui donner toute sa puissance, elle va jusqu'à en méconnaître les lois. Ailleurs, l'excessive défiance des forces de l'esprit la conduit à réclamer de la foi seule la lumière et la certitude que la raison, pense-t-elle, est incapable d'atteindre. Gratry ne trouve pas plus sages que les autres les penseurs qui adoptent cette dernière opinion. Selon lui, la raison est la voie naturelle qui conduit à la foi, le rempart qui la protège et la défend, en même temps que la base qui la soutient. « Accordez-moi la raison, dirait-il volontiers, et je me fais fort de vous donner la foi ». Aussi, ceux qui condamnent la raison dont ils doutent affaiblissent-ils la foi qui leur est chère.

Ces préoccupations de Gratry, éveillées par les principales doctrines du temps et l'orientation générale des esprits, étaient opportunes. Tandis que les « philosophes chrétiens », traditionalistes ou fidéistes, les Bonald, les Lamennais, les Bautain, professent l'impuissance de la raison individuelle et cherchent la certitude, soit dans la foi à la révélation, soit dans le consentement du genre humain et la raison universelle, les « philosophes séparés » limitent plus ou moins la portée de la raison. Si l'éclectisme lui permet de s'élever, par l'induction, des phénomènes intérieurs à l'âme et à Dieu, il semble bien ne lui donner à étreindre que des notions abstraites, pâles reflets d'insaisissables réalités. Le positivisme la retranche dans les phénomènes expérimentaux ; elle ne peut dépasser la connaissance, toute relative d'ailleurs, des faits qui tombent sous les sens et de leurs lois. Peut-être bien existe-t-il une région vague et lointaine, un inconnaissable qui dépasse les faits d'expérience. Mais les moyens nous manquent pour explorer cet Océan immense et mystérieux pour lequel nous n'avons ni barque ni voile. Le criticisme transfère de la raison pure à la conscience morale le pouvoir d'aborder ce monde des réalités substantielles et nouménales, mais il refuse à la conscience spéculative toute autre connaissance que celle de nos propres représentations, au moyen desquelles nous voyons les choses sous certaines conditions d'ordre et d'unité, mais sans atteindre jamais ces choses.

Ainsi, pour l'ensemble des doctrines contemporaines, la raison est-elle plus ou moins infirme. Elle est impuissante et si faillible, pour les uns, que s'appuyer sur elle est folie ; elle semble à d'autres ne pouvoir saisir que l'ombre des réalités ; à d'autres encore, elle apparait enfermée dans le relativisme objectif ou subjectif, incapable, en tout cas, d'atteindre nulle part l'absolu.

Cependant un danger plus grand menace la raison. S'il est grave, en effet, de méconnaitre plus ou moins ses droits, il l'est davantage de nier les lois mêmes qui la constituent. Aussi, l'ennemi le plus redoutable de la raison est-il celui qui introduit en elle un principe capable de la ruiner. Gratry voit cet ennemi dans la logique hégélienne qui supprime la loi statique de la raison, le principe de contradiction, et affirme « l'identité de l'identique et du non identique » ; il voit son influence se combiner en France à celle du positivisme pour donner naissance, à côté des doctrines matérialistes, à un naturalisme vaguement empreint de spiritualisme, à une métaphysique qui superpose à ce naturalisme un absolu sans transcendance, intérieur et immanent à la réalité même.

Les conséquences de ces méconnaissances de la raison ont un lointain retentissement. Gratry leur attribue la disparition de la probité littéraire, celle du goût pour la vérité et la logique, qu'aime l'esprit classique, et aussi la stérilité d'une philosophie qui, comme l'éclectisme, se borne à l'étude curieuse de l'histoire et des systèmes, au lieu de chercher à devenir un principe vivant d'action féconde.

Quant aux sciences dont les progrès continus sont admirables, on ne sait pas les faire servir au développement de la raison. Le

Père Gratry a bien compris toute l'importance du puissant mouvement scientifique du XIXe siècle par rapport à la philosophie. Sur ce sujet qui lui est cher, malgré des exagérations, il a vu très clair. Les sciences sont un danger pour la philosophie si elles ne deviennent ses auxiliaires. Elles sont un danger parce que, dans l'enivrement des découvertes, dans le triomphe des conquêtes, elles risquent de se considérer comme l'effort ultime de l'esprit humain et son but suprême. Les sciences prétendent constituer la Science. C'est ce qui arrive au positivisme. Sa philosophie se propose de se borner à coordonner les objets des sciences, les lois qu'elles découvrent, les méthodes qu'elles emploient et les fins qu'elles poursuivent. Elle n'est qu'une « totalisation de l'expérience ».

Si certains savants et certains philosophes absorbent la philosophie dans les sciences et la réduisent à un rôle secondaire, d'autres la maintiennent dans une superbe et dangereuse solitude. Ils jugent qu'elle se suffit à elle seule et qu'elle doit déployer ses spéculations à part de toutes les données scientifiques. Ainsi, ils la font évoluer dans les nuages de l'abstrait ou de l'*a priori*. Ils la discréditent aux yeux des savants, en même temps qu'ils lui enlèvent des moyens de progrès et d'efficacité.

Le développement de la philosophie souffre de ces tendances, et elle ne prête que trop aux dures critiques qu'on lui adresse au sujet de son impuissance et de sa stérilité. On compare ses résultats à ceux des sciences et l'on s'écrie : « Si l'homme comptait sur la philosophie telle qu'on l'a faite pour connaître la vérité, chaque homme mourrait sans rien connaître et le genre humain finirait avant d'avoir pensé » (1). Et l'on se détourne avec dédain de cette science ignorante qui, comme le pensent certains philosophes eux-mêmes, semble n'avoir pas fait encore son premier pas. Par exemple, l'éloquente préface de Jouffroy aux œuvres de Dugald Stewart n'enferme-t-elle pas une entraînante démonstration de cette thèse, que la philosophie ne connaît même pas son objet ?

Faut-il donc se décourager et l'esprit humain doit-il renoncer à ces recherches, qui l'ont passionné depuis toujours, mais qu'on lui montre si infructueuses ? Ce n'est certes pas la pensée de

---

(1) *Logique*, I, p. 58.

Gratry. S'il a traversé l'épreuve du doute et désespéré de la philosophie, c'est pour en sortir plus convaincu de l'utilité de son rôle et de l'importance de ses destinées. N'a-t-elle pas d'ailleurs donné dans le passé des résultats qui marquent de véritables conquêtes de la raison humaine sur l'inconnu ? Dans le présent, les erreurs mêmes ne sont-elles pas mélangées de vérités et ne peuvent-elles pas servir à de nouveaux progrès, en montrant à la raison les faux pas qu'elle doit éviter ?

Mais ces progrès ne seront obtenus, pense Gratry, que lorsque la philosophie se sera nettement dégagée des entraves qui la paralysent, par un retour à sa méthode traditionnelle mieux connue, mieux décrite et mieux pratiquée. C'est dans l'emploi de sa véritable méthode que la philosophie doit trouver le principe d'une vigueur nouvelle.

En effet, la cause fondamentale des erreurs de tous les temps, la source des faiblesses de la pensée spéculative vient de l'emploi de méthodes défectueuses, et une méthode défectueuse, c'est toujours une méthode incomplète, qui néglige un moyen nécessaire de recherche, ou une partie des faits à étudier. Aussi, le mal de la philosophie, quelles que soient les formes diverses qu'il revête, peut, pense Gratry, se désigner d'un mot : « l'isolement ». On isole les facultés les unes des autres, le sentiment de la raison, la raison de la volonté ; on isole la raison elle-même dans une région du monde de la connaissance, soigneusement distinguée et séparée des autres ; on la confine dans une étude spéciale qui ne lui présente jamais qu'une partie de la réalité, toujours la même. De là ces esprits étroits, « cyclopes laborieux, ardents, infatigables, mais qui n'ont qu'un œil » ; ces esprits faux, « déployés dans le sens exclusif d'une passion dominante, d'une pensée fixe ou d'un préjugé capital », esprits développés sans proportions, semblables à des miroirs fantastiques et difformes qui dénaturent toutes les images. Et, en effet, « ils ne savent retirer que l'erreur du spectacle des choses visibles, des faits intérieurs de l'âme et de celui des événements humains. Ils regardent et croient tout voir et voient tout, sauf l'ensemble et les proportions » (1).

La véritable méthode de la philosophie doit au contraire s'inspirer du mot de Platon : « C'est avec l'âme tout entière qu'il faut

---

(1). *Connaissance de Dieu*, I, p. 21.

aller à la vérité ». Elle suppose l'union harmonieuse de toutes les puissances de l'âme concourant ensemble à un effort où chacune apporte sa part. Sans doute, chaque faculté garde son mouvement propre, mais c'est pour le faire servir au but poursuivi. Ainsi la volonté, en établissant sa maîtrise dans l'âme, fortifie l'attention et écarte les sophismes des passions. Elle aide la raison à se dégager de la masse des instincts, des sensations, des besoins, à s'affranchir des influences extérieures. Chez tant d'hommes, en effet, parce qu'ils ne font pas appel au secours de leur volonté, « la raison, vernis logique d'une vie toute animale, lien trivial et aveugle de nos passions, de nos désirs, de nos humeurs et de nos sensations, la raison, mêlée à l'ensemble et entraînée au mouvement total, obéit en esclave au lieu de régner » (1).

Dans cet état, elle est impuissante à atteindre la vérité. Aussi, « tant qu'on se refuse à reconnaître aveuglément que le développement solide et sain de la pensée procède du développement de l'âme totale et de la volonté, rien ne sera changé dans les esprits. Nul progrès intellectuel n'aura lieu. Il n'y a pas de progrès de la raison sans un progrès correspondant de force et de liberté morale » (2). Gratry se propose de mettre fortement en relief cette nécessité de joindre dans la recherche du vrai les énergies morales aux forces intellectuelles, et de montrer comment « l'intelligence et la volonté, la raison et la liberté sont les deux ailes de l'âme pour s'élever à son unique objet qui est le Bien et, en même temps, la Vérité ».

La raison ne saurait pas plus dédaigner le sentiment que se passer de la volonté. Séparée de la sensibilité, elle manque de ses impulsions, de ses lumières, de ces « idées du cœur » qui sont des sources d'inspirations. Elle s'enferme dans les froides et mortes régions de l'abstrait et arrive à perdre le sens et le besoin du réel. La sensibilité donne aux spéculations, avec des matériaux précieux, la chaleur, la vie, l'ampleur : « Rien n'augmente autant la vraie capacité de l'esprit qu'un cœur ardent. L'esprit grandit quand il fait chaud dans l'âme. Les pensées sont grandes quand le cœur les dilate » (3).

---

(1) *Connaissance de Dieu*, 1, p. 19.
(2) *Connaissance de Dieu*, 1, p. 41.
(3) *Sources*, p. 82.

La seule faculté de connaître ne peut donc suffire à rechercher la vérité philosophique. Celle-ci doit savoir se servir de toutes les puissances de l'âme. Sa véritable méthode n'est pas seulement spéculative, elle est encore morale.

Mais il y a une autre sorte d'isolement qu'il faut craindre. Si la raison dans l'homme ne doit pas chercher à se déployer comme une force indépendante, elle ne doit pas non plus se séparer de la raison des autres hommes et s'enfermer dans ses propres conceptions, sans vouloir tenir compte des idées de ceux qui ont pensé avant elle. C'est là une attitude orgueilleuse et imprudente, trop fréquente chez les esprits conscients de leur propre valeur. Ils datent de leur apparition la naissance de la pensée au sein du genre humain. « La moindre de leurs découvertes leur paraît beaucoup plus lumineuse que l'ensemble des travaux des plus illustres Maîtres et, comme le dit excellemment Malebranche : « leur petit doigt leur paraît plus grand qu'une étoile » (1).

Cependant, peuvent-ils se priver sans dommage des labeurs des penseurs de génie qui les ont précédés, et ne sont-ils pas insensés de croire arriver seuls à tout découvrir ? Gratry voit dans cette prétention une grave cause de faiblesse pour l'esprit humain. Il sait tout le prix de l'union intellectuelle, soit des vivants avec les vivants, soit des vivants avec les morts au moyen des œuvres que ceux-ci ont laissées. C'est cette conviction qui lui inspira le désir de créer, par le relèvement de l'Oratoire, un foyer d'études où « la profondeur de la vérité sera cherchée dans la retraite et la prière » (2), mais aussi par une étroite association intellectuelle qui unira dans un effort commun des hommes de talent. Il estime en effet que «ceux même qui pensent un peu régulièrement, pensent peu parce qu'ils sont isolés, parce que chaque esprit ne voit que soi et que l'union et l'association intellectuelles sont encore à venir » (3). Il faut donc sortir de ce « cantonnement » spéculatif qui compromet le succès des labeurs de l'esprit ; il faut au moins étudier ce qu'ont dit et pensé les grands philosophes.

Il ne s'agit pas d'accepter à l'aveugle leur autorité. Gratry tient la raison personnelle en estime trop haute pour lui imposer

---

(1) *Logique*, I, p. 107.
(2) *Connaissance de Dieu*, I, p. VIII.
(3) *Connaissance de Dieu*, I, p. 22.

une soumission passive. Ce qu'il lui conseille, c'est de profiter des leçons de la tradition et de l'expérience universelle. Le philosophe ne doit pas diminuer volontairement ses ressources intellectuelles. Aux forces de son esprit, il ajoutera donc celles qui peuvent lui venir du concours d'autres esprits qui pensent aussi et qui travaillent ; il ne s'exclura pas lui-même de l'héritage du passé.

Il ne se tiendra pas non plus à l'écart des sciences, de leurs méthodes et de leurs résultats. Gratry pense qu'il est temps que la philosophie comprenne qu'elle doit tenir compte des sciences et non pas les dédaigner et les considérer comme étrangères à ses préoccupations. Il souhaite d'ailleurs de voir tomber les barrières qui séparent ces sciences les unes des autres. Il estime que les différentes parties du domaine de la connaissance ne peuvent que gagner à s'associer les unes aux autres. Il va jusqu'à rêver une vaste synthèse du savoir humain où toutes les sciences se pénétreraient les unes les autres, s'uniraient, dans une intime fusion, à la philosophie, qui s'inspire d'elles et qui les inspire en même temps, qui se les assimile et les complète. Idée chère à bien des penseurs, à ceux dont le vaste esprit se sent à l'étroit tant qu'il n'a pas embrassé la totalité de la connaissance. Descartes avait conçu aussi le projet d'une science universelle qui pourrait élever notre âme à son plus haut degré de perfection (1). Comte et Cournot, les contemporains de Gratry, s'éprennent aussi de la pensée d'une synthèse des connaissances humaines. L'un est frappé par la subordination des différentes sciences et de la hiérarchie qu'on peut établir entre elles comme un lien solide ; l'autre perçoit plutôt leur influence réciproque. Gratry les considère comme les points de vue différents où se place l'homme en face de la réalité, unies au fond par l'harmonie même que présente cette réalité. Œuvres de la raison appliquée à l'œuvre de Dieu, elles renferment des données philosophiques, elles sont toutes pénétrées, pour ainsi dire, de philosophie latente, qu'il faut découvrir et conduire à l'épanouissement. La philosophie ne contredit donc pas les sciences, pas plus qu'elle ne les remplace, mais elle y plonge, s'en nourrit, en même temps qu'elle les achève.

Ainsi, la place de la philosophie n'est pas dans les régions nuageuses de la pure abstraction ; elle n'est pas non plus celle de lien

---

(1) *Lettre de Descartes au P. Mersenne.*

des sciences, sans valeur, si ce n'est celle de l'ordre qu'il maintient. Elle les pénètre, les domine et les continue. Nous verrons la manière dont Gratry comprend ces rapports des sciences et de la philosophie. Ce qu'il faut remarquer ici, c'est qu'il réclame entre elles une union qui peut être féconde, si elle reste vraiment basée sur la nature des choses.

Voilà donc la raison du penseur en possession de toutes les forces humaines dont elle peut disposer. Mais quand elle a rassemblé ses énergies, qu'elle a fait appel à tous les auxiliaires qui peuvent l'aider dans ses recherches, après être montée bien haut, elle rencontre pourtant ses limites. Cette hauteur où la raison s'arrête, c'est sa fin. Elle peut pourtant la dépasser. Car, arrivée à son terme, « là elle se continue en quelque chose qui n'est plus elle, comme un fleuve qui se jette dans un autre, ou qui entre dans l'océan. C'est le point où l'esprit humain se continue dans l'esprit même de Dieu et s'y soumet. Cette soumission, ou plutôt ce haut degré d'élévation de la raison humaine soumise à l'esprit même de Dieu, c'est la foi » (1). La dernière démarche de la raison de l'homme, comme le remarque Pascal, consiste à accueillir la foi, à s'unir par elle à la raison divine. Ainsi s'achève l'essor de l'âme tout entière vers la vérité.

Il ne suffit donc pas à Gratry de recueillir, pour en aider la raison, tous les secours que l'âme, les sciences, l'association intellectuelle, peuvent lui offrir. Il lui montre plus haut une lumière plus vive ; il ne la laisse pas s'arrêter dans sa route et se reposer en ses victoires incomplètes ; il veut la conduire plus près de la vérité, et pour cela, faire cesser sa rupture avec la foi. Que les rationalistes ne s'effraient point, qu'ils ne craignent pas une diminution de la raison. Loin de là : « l'introduction du principe supérieur l'élève à une incomparable grandeur, en vivifie les forces propres et augmente la fécondité de son naturel principe » (2).

On comprend maintenant ce que Gratry entend par la saine raison et la véritable méthode philosophique. La saine raison, c'est la raison telle qu'elle est quand on la maintient dans ses relations naturelles ; c'est la raison qui n'est pas mutilée artificiellement ni séparée des puissances de l'âme, de la raison et du

---

(1) *Connaissance de Dieu*, I, p. 44.
(2) *Connaissance de Dieu*, I, p. 45.

savoir communs ou des secours divins. « Il faut, disait un penseur délicat, éviter dans nos opérations intellectuelles tout ce qui sépare l'esprit de l'âme. » Rien n'est mieux dit. Il ne faut point séparer l'esprit. Il faut laisser à la pensée sa vie dans l'âme totale et dans la sève que l'âme reçoit de Dieu et de l'humanité » (1).

Aussi la véritable méthode philosophique est-elle complète et non pas exclusive. Elle ne se contente pas des points de vue particuliers où s'arrêtent trop de penseurs. « Les uns voient toute la méthode dans l'analyse de la sensation ; d'autres dans le développement spontané de la raison pure qui tire tout d'elle-même ; d'autres dans la pratique du bien considéré comme source unique de lumière ; d'autres dans l'autorité du genre humain, le sens commun et les données traditionnelles transmises par le langage ; d'autres dans le sens commun légitime ou l'autorité de la partie saine du genre humain ; d'autres dans les comparaisons de toutes les doctrines par l'histoire de la philosophie. Il en est qui soutiennent que toute vérité vient du cœur et que la source de toute science, pour l'individu, c'est l'inspiration de Dieu dans chaque âme.

« Il est évident que chacun de ces points de vue a sa vérité, mais que tous sont faux en tant qu'exclusifs. Il est clair que la sensation est une source de connaissance ; que le sens intime en est une autre ; que la raison est l'instrument et le flambeau et que la volonté est l'ouvrier ; que sans la donnée du langage la raison d'ordinaire ne s'éveillerait pas ; que le sens commun nous dirige, nous corrige, nous instruit ; qu'il faut choisir dans le sens commun et prendre la partie saine ; que l'histoire de la philosophie est la contre épreuve du travail de chacun et que le rapport légitime de l'âme et de l'humanité à Dieu est la condition essentielle et première de la vie même de l'âme, de la raison et de la volonté » (2).

Gratry reconnaît la valeur de chacune de ces conceptions, mais il en signale aussi avec perspicacité le vice fondamental ; elles sont partielles et prétendent cependant conduire à la solution complète et définitive des problèmes philosophiques. Elles croient posséder le principe suprême des recherches de la raison et la clé de la vérité. C'est par trop simplifier une question singulière-

---

(1) *Connaissance de Dieu*, II, p. 278.
(2) *Logique*, II, p. 96.

ment complexe, puisqu'il s'agit de trouver l'explication de réalités multiples et variées. Mais l'examen de ces fausses méthodes apprend à préciser l'idée de la véritable. « Les fausses méthodes consistant dans l'exclusion de quelque source ou de quelque moyen de connaître, la vraie méthode consiste dans la réunion de toutes les sources et de tous les moyens. Il est trop clair que le principal caractère de la méthode philosophique véritable est d'être entière, et non pas mutilée, et d'embrasser toutes nos facultés et tous nos moyens de connaître » (1).

Une telle méthode, qui rallie dans un même effort toutes les énergies et leur présente toutes les sources du savoir, s'oppose, on le voit, à celle de ces esprits partiels et froids qui se diminuent en quelque sorte volontairement eux-mêmes en se privant de tout ce qui peut les aider et les servir : « qui font abus de la raison privée en excluant d'avance tout ce qu'elle n'a pas construit dans chacun d'eux, en l'isolant de toute foi et de toute tradition, et de la pensée d'autrui, et du sentiment, et du cœur, et de la science de la nature visible ; qui en outre mutilent la raison en elle-même et n'en prennent que le côté clair en retranchant le côté chaud, source de la clarté ; ignorant ce qu'a dit Sénèque : « La raison ne se compose pas seulement d'évidences, sa partie la meilleure est obscure et cachée » (2).

La philosophie de Gratry décrit sans doute sa méthode ; elle en est aussi la vivante application. Il l'emploie dans l'exposition de ses vues, dans la recherche des Vérités qui l'occupent. La connaissance la plus atteinte par les doctrines contemporaines est celle de Dieu. Le positivisme affecte de l'ignorer ; le naturalisme le nie, ou s'il l'affirme, c'est comme une idée sans autre existence que celle qu'elle a dans l'intelligence humaine qui la produit. Ce Dieu, la « catégorie de l'idéal », « le résumé de nos besoins suprasensibles », devient la création de l'homme qui lui donne une vie sans réalité. Dieu disparaît et l'on ne garde de lui que le nom. Le spiritualisme de Cousin et de son école prétend, il est vrai, arriver à Dieu. Mais ce Dieu semble une pâle abstraction dont les liens avec une réalité n'apparaissent point.

Gratry s'occupe tout d'abord de montrer comment la vraie

---

(1) *Logique*, I, p. 97.
(2) *Connaissance de Dieu*, I, p. 190.

méthode philosophique peut atteindre la connaissance du vrai Dieu. Il éclaire la raison en lui présentant la pensée des grands philosophes. Il lui fait voir comment ceux-ci sont arrivés à l'affirmation de l'existence divine. Ce Dieu, que présente la meilleure tradition philosophique, ce n'est pas le Dieu sans transcendance ou sans réalité des penseurs modernes, ni la conception sans garanties de la raison abstraite. L'analyse de la manière dont l'esprit parvient à Dieu atteste la valeur de la connaissance obtenue. Le « procédé dialectique », « l'induction transcendentale » est une méthode rigoureuse en même temps que complète. Cette recherche de l'Infini, le but le plus élevé de la raison, en même temps que le plus nécessaire, contient et résume les démarches de l'esprit en quête de la vérité philosophique et morale. Il n'est que le déploiement le plus entier de la « Méthode » telle que Gratry la conçoit.

Cette méthode, d'ailleurs, il la montre confirmée par l'étude de l'âme elle-même. Les fausses méthodes séparent avec excès les unes des autres les pouvoirs de l'âme ou dénaturent leur rôle. Il importe donc de bien connaître celui-ci et ceux-là. Gratry se penche attentivement sur l'âme humaine. Il l'observe, à la fois une et complexe, simple et variée ; il saisit les caractères et les lois des énergies qui s'y manifestent et montre que la condition de leur développement, comme de celui de l'âme entière, est le respect de leurs rapports naturels, de la liaison intime qui les unit.

Ainsi, après avoir suivi d'abord l'âme dans son essor suprême du fini à l'infini, Gratry revient à elle pour en mieux pénétrer la nature, pour préciser davantage, par l'étude de ses facultés, la valeur de ses opérations et la façon dont elles s'accomplissent. Cet examen lui apprend que la vie intégrale de l'âme, comme les progrès de la philosophie, réclament l'association de toutes les puissances. La psychologie fonde donc, et indique, à la fois, la vraie méthode philosophique. Elle en présente, en même temps, comme une contre épreuve, en manifestant que la possession de la sagesse, comme sa découverte, résultent d'un concours d'activités orientées vers le même but. La loi de toute croissance intellectuelle et morale est dans une synthèse qui unit harmonieusement les forces dont l'homme dispose, et non pas dans une fragmentation qui les isole, sous prétexte de leur laisser leur libre épanouissement.

La logique, la psychologie, l'expérience viennent apporter leurs témoignages à la méthode que préconise Gratry. L'histoire lui donne aussi les siens. Car les vues vigoureuses et compréhensives qu'il expose ne sont pas, il le sait, entièrement nouvelles. S'il les accorde aux besoins de son temps, à l'état des esprits et des sciences modernes, il en emprunte l'idée (et de cela il se sent plus fort) à la tradition philosophique. Cette alliance dont il parle, entre les puissances de l'âme, Platon l'avait réclamée et il ne sépare pas, non plus que Gratry, le Bien de la Vérité, ni l'intelligence de l'amour. Cet accord qu'il veut entre la raison individuelle et la raison des sages, entre la raison et la foi, règne dans l'antiquité et au moyen âge. Les maîtres de la philosophie ancienne n'établissent aucune scission entre les sciences et la philosophie, entre celle-ci et la religion. Il ne leur semble pas qu'il puisse y avoir aucun antagonisme entre les unes et les autres. Au dix-septième siècle encore, Képler, Leibniz par exemple, sont à la fois savants, philosophes et théologiens. Mais cette alliance se relâche et tombe en défaveur et en oubli. Descartes pose en principe l'indépendance mutuelle de la philosophie et de la religion et son rationalisme domine une partie du dix-septième siècle, ainsi que tout le dix-huitième. Une cloison étanche est élevée entre la raison et la foi ; le domaine de chacune semble impénétrable à l'autre, et même menacé par elle. De plus, on cesse d'aller au vrai de toute son âme ; on tend à séparer l'intelligence du sentiment. Pascal avait parlé des intuitions du cœur ; il avait opposé leur subtilité à la roideur étroite de l'esprit géométrique ; mais il gardait à la raison sa place. Au dix-huitième siècle, on exagère soit la valeur des facultés irrationnelles, soit l'indépendance de l'esprit. Tandis que Rousseau réclame pour le sentiment la primauté sur l'intelligence, et s'accorde en cela avec l'école morale anglaise, avec Shaftesbury, Butler, Hutchson..., la plupart des philosophes contemporains comptent sur l'intelligence seule, qui donne une connaissance claire et distincte, et est seule capable de fonder la science dont ils attendent tout le bonheur et le progrès de l'humanité.

A l'époque de Gratry, les développements merveilleux des sciences n'ont fait qu'exalter ces tendances et accentuer le divorce qui sépare les facultés de l'esprit, et aussi la science et la religion. Comme le dit M. Boutroux (1), les rapports qui s'étaient établis

---

(1) *Science et religion*, p. 35.

entre elles, dans le courant du dix-neuvième siècle, « étaient un dualisme radical. Science et religion n'étaient plus deux expressions analogues, malgré leur valeur inégale, d'un même objet, la raison divine, comme autrefois dans la philosophie grecque ; ce n'était plus deux vérités données dont on pouvait démontrer l'accord comme chez les scolastiques ; science et religion n'avaient plus, comme chez les rationalistes modernes, un garant commun, la raison ; elles étaient de tout point distinctes comme étaient distinctes, selon la psychologie régnante, les deux facultés de l'âme, intelligence et sentiment, auxquelles respectivement elles se rapportaient. Grâce à cette indépendance mutuelle, elles pouvaient se trouver ensemble dans une même conscience ; elles y subsistaient à côté l'une de l'autre, comme deux atomes matériels impénétrables, juxtaposés dans l'espace ». Cet état de chose, Gratry veut le faire cesser, il veut restaurer des rapports naturels et nécessaires et reprendre, en la perfectionnant, après cette interruption de deux siècles, la méthode pratiquée par les plus grands d'entre les philosophes antérieurs.

Si la tentative de Gratry ne se présente pas avec des principes entièrement nouveaux, si elle est en partie la restauration d'une longue tradition, cependant elle est hardie parce qu'elle contraste avec les idées courantes. Gratry semble, en effet, se dresser entre les deux camps des fidéistes et des rationalistes pour leur crier : « Vous vous trompez ; la Vérité que vous cherchez ne vous sera donnée ni par la foi sans la raison ni par la raison sans la foi, mais par l'alliance de l'une et de l'autre ». Aux yeux des uns, il devait paraître un imprudent, à ceux des autres, un mystique.

Mais, de plus, cette entreprise est neuve par la façon dont il la conçoit. Personne, en effet, jusqu'à lui, n'avait mis en lumière, comme il le fait, l'harmonie et la fécondité de cette association des forces humaines entre elles et le secours qu'elles peuvent recevoir de la lumière divine. L'accord de la raison et du sentiment, de l'inspiration personnelle et de l'autorité, de la philosophie, des sciences et de la religion avait été un fait plutôt qu'une doctrine. Cela pouvait suffire tant que les liens n'avaient pas été rompus. Mais une fois l'alliance dénoncée, il fallait la justifier pour la rétablir. Le mérite de Gratry est d'avoir compris cette nécessité et d'avoir tenté d'y répondre. Il est d'avoir vu, dans cet effort synthétique qu'il souhaite, une source de progrès et de renouvellement pour la philosophie.

L'esprit peut être séduit par l'avènement de simplifications qui allègent ses procédés et semblent lui donner la claire formule qui contient tout le savoir. Mais n'y a-t-il pas, dans ce souci de la voie la plus courte, une manifestation de ce goût pour le moindre effort, qui révèle souvent la paresse et la faiblesse humaine ? Il est plus commode de se borner à un moyen de recherche, que l'on a bien soin de considérer comme le meilleur, que d'avoir recours à plusieurs, et surtout de les réunir dans une fusion vivante. Il est plus facile de s'enfermer étroitement dans un point de vue que de poursuivre la vérité dans tous ses domaines et de l'accepter, lorsqu'elle se présente sous une forme qui dérange nos idées préconçues. C'est pourtant cette activité qui ne se pose pas de limites, ce travail étendu et consciencieux, cette largeur et cette souplesse éclairées et accueillantes que réclame Gratry. Quelques critiques que l'on puisse lui adresser au sujet des exagérations où l'entraîne parfois sa conviction même de l'importance d'une telle méthode, il faut reconnaître que le principe qu'il pose est le principe vivificateur par excellence de la philosophie. S'il est possible, en effet, d'avancer l'étude des problèmes dont elle s'occupe et de trouver une réponse aux plus hautes curiosités de l'esprit, ce ne peut être en divisant ses forces, ni en lui retranchant des sources de connaissance. Toute méthode exclusive, c'est-à-dire qui ne tient pas compte de données importantes plus ou moins nombreuses, parce qu'elle généralise à l'excès les considérations qu'elle adopte, ne peut qu'être erronée, par suite de ses prétentions mêmes. Pour conduire la raison au but de ses difficiles recherches, le philosophe doit au contraire, comme le montre Gratry, se défier de l'attrait d'une fausse simplicité. Il doit chercher, non pas celle qui résulte d'une élimination, mais celle qui procède d'une synthèse ; non pas celle qui dissocie les forces de l'âme, mais celle qui les groupe en une union forte et harmonieuse. C'est ainsi qu'il pourra espérer d'atteindre la vérité qu'il réclame et qui, en dernière analyse, embrasse la totalité du réel.

Il est intéressant de rapprocher des vues de Gratry celles de Comte. Celui-ci est las aussi des « spécialités dispersives ». Il aspire à faire sortir la connaissance humaine d'un état de division et de séparation. Mais, quelles différences entre ces deux penseurs également épris d'ordre et d'unité. La synthèse de l'un est une hiérarchie rigide ; sa philosophie une systématisation des sciences. La synthèse de l'autre est une vie ; sa philosophie, l'épanouissement de cette vie harmonieuse et totale. Si l'un et l'autre peuvent être regardés comme les précurseurs du grand mouvement vers l'unité qui caractérise notre époque, cependant les principes d'où part Gratry sont plus vivants, plus actifs et plus souples. Au milieu de la dispersion intellectuelle, favorisée par la complication de connaissances de plus en plus étendues, par l'intense activité d'une vie rapide et agitée, il a su rappeler, avec une force éloquente, la nécessité du recueillement, le devoir de ne jamais perdre, dans le souci des détails, la véritable conception de l'ensemble ; celui de lutter contre cette tendance à la fragmentation des énergies et du savoir à laquelle l'homme est incliné, par faiblesse ou par système. Les principes de Comte ont plus de raideur. Il voit surtout dans son système l'avantage de produire un état organique de la société, par la parfaite cohérence mentale ; il veut l'ordre, l'unité, et il ne les croit possibles que par l'unification des croyances, qu'il impose du dehors plutôt qu'il ne les demande à la conviction. Ce qu'il attend de l'autorité, Gratry le réclame à la liberté. Il ne veut pas faire entrer l'esprit dans un moule fait d'avance, mais multiplier ses forces en lui faisant connaître les ressources qui sont à sa disposition et les moyens de s'en servir. Ce n'est pas sur une réglementation théorique qu'il compte pour établir parmi les hommes le règne de la vérité, c'est sur le libre effort de la raison débarrassée de ses entraves, aidée de tous les secours naturels et divins dont elle ne saurait se priver sans dommages.

La philosophie tout entière de Gratry est appuyée sur ces principes directeurs. Elle est inspirée par un esprit large, plein de robuste confiance en l'âme et en ses puissances, un esprit d'une logique vigoureuse, pénétrée de la chaude lumière d'un grand cœur. Nous allons voir le développement de sa méthode et ses résultats. Mais, déjà, ne peut-on pas dire qu'elle est essentiellement humaine, puisqu'elle prend l'homme total et prétend le porter tout entier vers la Vérité ? Qu'elle est profondément généreuse, car en condamnant à la fois la spécialisation à outrance qui mutile la connaissance, le rationalisme pur qui s'enferme dans la spéculation abstraite, l'individualisme qui sépare l'homme de l'homme, n'est-ce pas l'égoïsme sous toutes ses formes qu'elle condamne, celui de la passion et celui de l'intelligence, celui de la pensée et celui de la vie. Ainsi, elle substitue à l'esprit d'isolement et de rivalité celui de l'association et de l'amour.

CHAPITRE PREMIER

Les preuves de l'existence de Dieu

C'est par la Théodicée que Gratry commence l'exposition de ses doctrines ; c'est que la connaissance de Dieu lui semble impliquer toute la philosophie. Elle en présente l'ensemble, l'unité ; elle en contient toutes les racines. Les conceptions d'un philosophe au sujet de la divinité résultent de l'ensemble de ses théories, de sorte qu'on connaît un auteur par sa Théodicée. Celle-ci « renferme sa méthode, implique sa logique, sa morale et sa métaphysique, et sa théorie des idées, donc aussi sa psychologie. En ce sens, la philosophie est tout entière dans la Théodicée » (1).

Gratry ne considère donc pas la question des preuves de l'existence de Dieu et de ses attributs comme une question particulière de philosophie, aisément détachée de l'ensemble et pouvant se traiter à part. Il y voit « la question philosophique générale ». C'est que, en effet, « le travail de l'intelligence pour démontrer Dieu, c'est la recherche de la Vérité, rien de moins ». En traitant cette question générale, nous sommes en Théodicée, par conséquent en Métaphysique ; nous sommes en Logique, puisqu'il s'agit de l'un des deux procédés de la raison, et même du principal.

---

(1) *Connaissance de Dieu*, I, p. 71.

Nous sommes évidemment en Morale, puisque la condition de fait, indispensable à la démonstration de l'existence de Dieu, est une condition morale, un acte libre de notre âme; nous sommes dès lors en psychologie, puisqu'il s'agit de l'acte principal de l'intelligence et de l'acte principal de la volonté : nous sommes au point où toutes les branches de la philosophie se touchent, au centre, à la racine de la philosophie » (1).

C'est donc une « question souveraine » que celle qui embrasse toutes les autres. Elle est première par son importance, et elle offre aussi l'avantage de présenter une véritable synthèse des principales vues philosophiques. De sorte que le philosophe peut y saisir ces vues, non pas à l'état théorique et mort, comme les lui livrerait une méthode qui les considérerait séparément avant de les unir, mais en acte et en œuvre, dans un résultat auquel elles concourent toutes. Fidèle à sa méthode, Gratry part donc d'un total, d'un ensemble qu'il analyse, mais en s'efforçant de garder, dans l'analyse même, les liens et les rapports des objets étudiés. Il ne s'isole pas, non plus, dans sa propre pensée. Bien au contraire. « Comme Raphaël dans sa fameuse fresque de l'Ecole d'Athènes, le P. Gratry groupe autour de ce qu'on peut appeler l'arche sainte des vérités primordiales de l'ordre rationnel, Platon et Aristote, saint Augustin, saint Anselme et saint Thomas d'Aquin. Puis les grands maîtres de la pensée dans le grand siècle, Descartes, Pascal et Malebranche, Leibniz, Bossuet et Fénelon » (2). Mais ce n'est pas précisément pour demander à ces patriciens de la philosophie l'appui de leur génie, la sanction de leur autorité ; c'est surtout pour rechercher, dans leurs doctrines, les principaux résultats auxquels l'esprit humain est parvenu dans la suite des siècles touchant l'idée de Dieu. Ces résultats, Gratry veut les analyser, les comparer, les éclairer les uns par les autres ; parcourir à nouveau la route suivie par la raison humaine en quête de l'Infini, et recueillir, ce faisant, toutes ses découvertes pour les réunir en une synthèse qui en montrera la puissance. Il ne prétend pas, en effet, apporter des preuves nouvelles de l'existence de Dieu, mais dégager l'essence des preuves déjà données et les rendre abso-

---

(1) *Connaissance de Dieu*, 1, p. 136.
(2) *Le P. Gratry* (Cardinal Perraud), p. 91.

lument inattaquables en étudiant le procédé qu'elles impliquent. L'édifice de la connaissance de Dieu n'est pas à faire. Il s'élève déjà majestueux ; mais il s'agit d'en apprécier toute la beauté et l'harmonie, toute la solidité surtout. Et pour cela il faut en considérer les fondements profonds, la charpente robuste. C'est cette tâche que Gratry se réserve. En réalité, il la dépasse. Par le point de vue particulier auquel il se place, par les théories qu'il dégage et qu'il développe, comme par l'exposition de ses propres idées, il est vraiment ouvrier à son tour.

La plus grave question qui se pose en Théodicée est celle de la démonstration de l'existence de Dieu. Dieu est-il ? Comment pouvons-nous prouver son existence ? Tel est le problème que chaque philosophe à son tour s'efforce de résoudre par le raisonnement qui lui semble le plus probant et qui est le plus conforme à sa nature d'esprit. Aristote, de l'existence du mouvement conclut à l'existence de l'immobile. Car les êtres imparfaits ne peuvent passer de la puissance à l'acte que sous l'action d'une cause déjà en acte. Et, de moteur en moteur, il faut bien arriver à un premier moteur, lui-même tout en acte, c'est-à-dire immobile, et qui n'est autre que Dieu. Saint Thomas, Fénelon, Bossuet, Thomassin, Leibniz trouvent la preuve de l'existence de Dieu, soit dans l'ordre de la nature et les causes finales, soit dans la contingence de ce qui passe et qui ne peut tenir de soi son existence avec ce qu'elle comporte de perfection. Platon indique en maint endroit de ses dialogues la preuve tirée des vérités éternelles que Bossuet, Fénelon, Leibniz développent. Saint Anselme propose la preuve ontologique et lui donne sa forme rigoureuse. Descartes la reprend et Leibniz l'admet, mais déclare qu'il faut la compléter en démontrant d'abord la possibilité de l'être absolument parfait. Descartes, au sortir de son doute méthodique, cherche aussi la preuve de l'existence de Dieu dans l'origine de l'idée de parfait.

Quelles que soient les différences apparentes de ces diverses preuves, on peut, prétend Gratry, les réduire à deux : l'une, *a posteriori*, va des effets à la cause et part de la vue des choses créées, monde ou âme, pour s'élever à l'idée de Dieu ; l'autre, *a priori*, néglige les données sensibles pour tirer de l'idée seule de Dieu la preuve de son existence. La vraie preuve, la preuve complète, inébranlable, consiste à les réunir.

La preuve *a priori* est vraie en elle-même, car il est vrai que Dieu est l'être nécessaire ; s'il est l'être nécessaire, cela veut dire que son être et son essence sont identiques. « Cette proposition : Dieu est, est évidente par elle-même ; dès qu'on sait la valeur du mot Dieu, on sait aussitôt qu'il est. Car, ce nom signifie : « ce qui n'a rien au-dessus de soi ». Mais, ce qui est réel et intelligible à la fois est au-dessus de ce qui est intelligible seulement. Dès lors, Dieu étant intelligible, puisque vous en avez l'idée, il s'en suit qu'il est aussi réel. L'existence de Dieu est donc évidente en soi » (1).

On peut donc dire que lorsqu'on analyse l'idée de Dieu, on trouve, en effet, qu'elle renferme celle d'être nécessaire. L'idée vraie d'un être quelconque, autre que Dieu, implique la possibilité de cet être ; l'idée vraie de Dieu implique en toute rigueur son existence nécessaire, sa réalité actuelle, de la même façon, suivant l'expression de Descartes, que l'idée de triangle implique l'égalité des trois angles à deux droits. Et encore, pour reprendre la même idée sous une autre forme : « De l'idée même de l'infini et du parfait, comme le répète sans cesse Descartes, il suit que cet Être infini et parfait existe : l'idée d'Être infini implique celle d'existence nécessaire. En effet, que veulent dire ces mots : l'Être parfait et infini ? Ils signifient l'Être absolu, c'est-à-dire l'Être même. Car, qui dit l'Être simplement, dit l'Être absolu, comme le remarque fort bien saint Augustin. Or, ne serait-ce pas la plus insolente, la plus absurde de toutes les propositions contradictoires que de dire : « l'Être n'est pas ? Donc, l'Être est, c'est-à-dire l'Être absolu, parfait et infini, c'est-à-dire Dieu est » (2).

Si cet argument semble tout d'abord un sophisme, c'est, dit Descartes, que « nous sommes tellement accoutumés dans toutes les autres choses de distinguer l'existence de l'essence, que nous ne prenons pas garde comme elle appartient à l'essence de Dieu plutôt qu'à celle des autres choses... Mais il faut faire la distinction entre l'existence possible et la nécessaire, et remarquer que l'existence possible est contenue dans la notion ou dans l'idée de toutes les choses que nous concevons clairement ou distincte-

---

(1) *Saint Thomas*, cité par Gratry ; *Connaissance de Dieu*, t, p. 282.
(2) *Connaissance de Dieu*, t, p. 354.

ment, mais que l'existence nécessaire n'est contenue que dans l'idée seule de Dieu » (1).

Tout cela est vrai en soi. Mais saint Thomas d'Aquin distingue fort justement les vérités évidentes en elles-mêmes et non relativement à nous, et celles qui sont à la fois évidentes en soi et relativement à nous. Or, si la proposition qui exprime l'existence de Dieu : « Dieu est », prise en elle-même, est évidente, puisque l'attribut est identique au sujet, elle ne l'est pas immédiatement pour nous. Si nous ne savons déjà ce qu'est Dieu, si nous n'avons sa vraie idée, comment savons-nous que son essence implique son être, que son idée implique son existence, comme l'idée du triangle implique l'égalité des trois angles à deux droits ? Comme le dit encore saint Thomas, cette idée de Dieu demande à être démontrée par des intermédiaires plus connus de nous, quoique en eux-mêmes moins clairs, c'est-à-dire les effets sensibles de la puissance de Dieu.

Pour pouvoir établir cette démonstration, il faut donc savoir à *posteriori* « qu'il y a un être tel qu'on ne peut en concevoir de plus grand » (2). La preuve *a priori* ne peut donc se passer de la preuve *a posteriori*. Avant d'analyser l'idée de Dieu, il faut la posséder. Or, comment y parvient-on ? Dieu invisible est aperçu par ses effets visibles ; nous ne connaissons pas Dieu, mais nous connaissons ses effets et l'effet dépend de la cause ; donc, par l'effet, on peut démontrer la cause. Du reste, que l'on puisse, en s'aidant des choses sensibles comme de degrés, s'élever à l'idée de Dieu, il suffit, pour s'en convaincre, de parcourir l'histoire de la philosophie. Toutes les preuves de saint Thomas sont basées sur l'observation du monde sensible (3). Saint Augustin, Fénelon, Bossuet, Leibniz parviennent ainsi à Dieu par cette voie de transcendance que Platon décrit pour la première fois. Il montre que l'esprit s'élève des données du monde sensible aux Idées d'abord, puis à l'Idée par excellence, de laquelle tous les êtres intelligibles tiennent leur essence et leur existence.

---

(1) *Descartes, Méditations*, t. I, p. 290. — Cité par GRATRY, *Connaissance de Dieu*, I, p. 355.

(2) *Connaissance de Dieu*, I, p. 296.

(3) Il présente cinq preuves : 1° Le mouvement ; 2° la cause efficiente ; 3° la contingence du monde ; 4° les degrés de perfection ; 5° les causes finales.

Mais si le spectacle du monde et sa contingence, si les vérités nécessaires conduisent l'âme à affirmer l'existence de Dieu, sa propre imperfection la conduit aussi à chercher, dans l'être par excellence, la cause de son être borné ; elle peut trouver en elle-même les traces de Dieu. « Le fini est vu en nous comme tel par l'expérience immédiate de la vie, et l'infini est saisi dans le fini par une expérience de contraste et par l'élan de la raison qui, sans détour ni circuit, ni discours, conçoit et déclare l'infini » (1).

Et lorsque Descartes s'élève de la vue de son âme imparfaite et cependant pleine de nobles élans à l'affirmation de Dieu, il suit en somme la même voie qu'Aristote. Il comprend comme lui que l'être créé ne peut passer de la puissance à l'acte que sous l'influence d'une cause déjà en acte ; et cette cause, qui est en acte infiniment, est Dieu. Il rejoint aussi Platon, qui trouve l'immuable dans le variable et le fini dans l'infini.

Ainsi, soit que l'on parte du monde, soit que l'on parte de l'âme, on trouve Dieu. Cependant, nous pouvons saisir un effet de Dieu plus immédiat que ceux-ci. C'est ce qu'exprime Descartes lorsqu'il parle de l'existence de Dieu démontrée par ses effets, de cela seul que son idée est en nous.

Cette idée de Dieu, à laquelle devait nous conduire le monde visible, voici donc que nous la trouvons en nous-mêmes et qu'elle apparaît, semble-t-il, comme naturellement donnée, comme innée.

Déjà Platon mettait dans l'âme, sinon l'idée de Dieu, au moins les vestiges de cette idée en lui accordant la réminiscence, grâce à laquelle la vue des choses sensibles lui suggère, par contraste, la pensée des choses intelligibles. Saint Augustin, saint Thomas d'Aquin, admettent quelque connaissance confuse, implicite de Dieu. Malebranche va bien au-delà, puisque, pour lui, l'idée de Dieu est une connaissance immédiate, une perception expérimentale. C'est Dieu qui, par sa présence, nous donne son idée et toutes les idées. Bossuet, Fénelon, comme saint Augustin, pensent que notre raison, image de la raison divine, voit les vérités nécessaires non pas en Dieu perçu immédiatement, mais sous l'action de Dieu, qui met en nous une lumière ou une impression dans laquelle nous apercevons la vérité même. L'âme ne voit pas Dieu directement ;

---

(1) *Connaissance de Dieu*, I, p. 336.

elle se voit elle-même et elle voit ses idées dans la lumière de Dieu, comme l'œil voit les objets dans la lumière du jour. Ainsi : « Nos idées, dit Fénelon, sont un mélange de l'être infini de Dieu, qui est notre objet, et des bornes qu'il donne toujours essentiellement à chacune des créatures ». Descartes, Thomassin, Bossuet parfois, semblent incliner plus nettement vers la doctrine de l'innéité proprement dite. Pour Descartes, l'idée de Dieu est au nombre de ces idées qui ne nous viennent ni des sens ni des combinaisons de l'entendement, mais qui sont constitutives de l'esprit.

Mais si l'idée de Dieu est innée, si nous la trouvons en nous, on peut se demander pourquoi la plupart des preuves ont recours aux choses sensibles et se servent du monde comme de degrés pour atteindre Dieu ? La meilleure démonstration ne consistera-t-elle pas à s'emparer de cette idée de Dieu et à l'analyser ? L'ascension dialectique devient inutile, et l'on ne peut s'empêcher de songer que ceux qui la tentent choisissent une voie bien longue pour arriver à une idée qu'ils possèdent déjà.

Il en serait ainsi, en effet, si l'idée de Dieu se présentait claire, évidente à notre entendement. Mais elle est obscure, enveloppée ; il faut rendre explicite en nous, par la raison, l'idée confuse de Dieu. Il faut la dégager, la déployer. Les sens, l'expérience, l'instruction que nous recevons les uns des autres, éveillent les idées innées, l'idée de Dieu, et la font passer de la puissance à l'acte.

Donc, même dans le cas où l'on admet la doctrine de l'innéité, le monde sensible et l'expérience ne sont pas inutiles. L'acte de la raison qui connaît Dieu n'est pas une sorte d'intuition immédiate : c'est un procédé, un effort. L'idée innée n'apparaît pas toute faite, toute donnée ; elle est une aptitude à concevoir Dieu, non pas une conception formée à l'avance. Lorsque l'âme l'atteint, elle s'aperçoit que cette idée de l'infini dormait en elle, pour ainsi dire ; elle voit aussi que cette idée ne peut lui venir d'elle ; aussi la considère-t-elle « comme la marque de l'ouvrier sur son ouvrage », comme un effet dont les caractères manifestes lui permettent d'induire la cause. Cette idée devient ainsi, comme le montre Descartes, un nouveau point de départ et la base d'une nouvelle preuve ; l'âme ne s'élève pas alors à Dieu à partir du monde sensible, mais à partir d'elle-même. Dans le monde, elle cherchait l'être nécessaire dont les êtres contingents tiennent leur existence ; en elle, elle cherche l'origine de cette idée de Parfait qui ne peut lui venir de sa propre imperfection, mais qui doit être mise en elle par la Perfection et qui lui apparaît dès lors comme l'effet le plus sensible de la puissance divine.

De toute manière, c'est donc de l'expérience que l'âme part pour atteindre l'idée de Dieu, à la fois comme terme de son raisonnement dialectique et comme existant en elle ; car le raisonnement arrive précisément à lui faire découvrir en elle cette idée qu'elle poursuivait.

L'âme tient donc Dieu, affirme Gratry, comme idéalité, puisqu'elle l'atteint par la raison, et comme réalité, puisqu'elle part de l'expérience et qu'elle trouve en elle la « marque », le « sceau » qu'il y a laissé de son existence. Elle est maintenant en possession de l'idée de Dieu. Elle peut l'analyser et trouver que l'existence y est comprise de la même manière que l'idée de deux angles droits est comprise dans celle de triangle. A l'impie qui lui dit : « Pourquoi Dieu est-il ? » Elle répond avec Bossuet : « Pourquoi Dieu ne serait-il pas ? Est-ce à cause qu'il est parfait et que la perfection est un obstacle à l'être ? Erreur insensée ! Au contraire, la perfection est la raison de l'être. Pourquoi l'être à qui rien ne manque ne serait-il pas plutôt que l'être à qui quelque chose manque ? D'où vient que quelque chose est et qu'il ne se peut faire que le rien soit, si ce n'est parce que l'être vaut mieux que le rien ? » (1).

La preuve *a priori*, l'analyse de l'idée de Dieu, ne se suffit donc pas, dans le cas même de l'innéité, puisqu'elle suppose la possession de l'idée de Dieu et que cette idée réclame, au moins pour devenir claire et consciente, le concours de l'expérience. Cependant, cette preuve *a priori* est nécessaire suivant Gratry pour compléter la première. Elles forment, toutes deux réunies, la vraie démonstration de l'existence de Dieu, rationnelle et expérimentale, idéale et réelle, certaine comme l'expérience, rigoureuse comme la géométrie. Il rapproche les deux preuves de Descartes qui forment, pense-t-il, par leur ensemble, une preuve unique, qu'il considère comme inattaquable. Descartes énonce ainsi l'une et l'autre : « Existence de Dieu démontrée par ses effets de cela seul que son idée est en nous » (2). C'est la preuve *a posteriori*.

Et : « on peut démontrer qu'il y a un Dieu de cela seul que la

---

(1) *Élévations*.
(2) *Méditations*, t. I, p. 293.

nécessité d'être ou d'exister est comprise en la notion que nous avons de lui.» (1). C'est la preuve *a priori*.

D'où vient que ces deux preuves sont toutes deux nécessaires aux yeux de Gratry ? C'est que, si la première nous conduit à l'idée de Dieu, c'est la seconde qui nous montre que l'idée de Dieu implique son existence nécessaire, de telle sorte que son être et son essence sont identiques. Nous savons ainsi « que l'existence de Dieu est à la fois une vérité de fait, une réalité ; et une vérité rationnelle, une idée nécessaire *a priori*, ce qui n'est vrai d'aucune autre existence. Non seulement Dieu est, mais il faut qu'il soit, ce qui n'est vrai d'aucun autre être » (2).

Cette nécessité intrinsèque de l'idée de Dieu, la preuve *a priori* nous la montre donc seule dans toute sa force. La nécessité de l'existence de Dieu que nous découvre la preuve *a posteriori* garde quelque chose de relatif. Dieu est parce que sans lui rien ne pourrait être, et que nous voyons qu'il y a quelque chose. Supprimez ces êtres contingents et la nécessité de Dieu disparaît. Mais si cette première preuve est unie à la seconde, l'existence de Dieu apparaît comme nécessaire en elle-même et indépendamment de tout effet. Ainsi donc, sans la première preuve, la seconde est impossible. Si elle demeure une preuve en elle-même, elle n'en est plus une relativement à nous. Sans la seconde, la première est incomplète, elle ne nous fait pas assez clairement comprendre que l'essence de Dieu est d'être en effet et que non seulement Dieu est, mais qu'il ne peut pas ne pas être.

Telle est donc, suivant Gratry, la complète démonstration de l'existence de Dieu. L'idée confuse et innée que nous avons de Dieu est dégagée, par la raison et l'expérience, du monde visible ou de la considération de notre âme ; une fois amenée à l'état explicite, elle est interprétée comme un effet de Dieu ; elle constitue ensuite une preuve nouvelle de l'existence de Dieu, car nous voyons que son idée vraie implique en toute rigueur son existence nécessaire, sa réalité actuelle, comme l'idée d'un triangle implique l'égalité des trois angles à deux droits.

Gratry admet donc la preuve *a priori*, mais elle lui semble mériter deux objections. D'abord, elle suppose l'idée de Dieu ; il faut

---

(1) *Méditations*, III, p. 72.
(2) *Connaissance de Dieu*, I, p. 355.

donc auparavant obtenir cette idée ; puis, elle considère l'idée de Dieu à part de toute expérience ; il faut la rattacher à des données expérimentales. On reproche à cette preuve de confondre l'ordre idéal et l'ordre réel, la nécessité logique avec la nécessité actuelle des choses. Il n'en sera plus ainsi lorsqu'on verra que l'idée de Dieu qu'elle analyse n'est pas une conception abstraite, mais qu'elle est due au concours de la raison et de l'expérience en même temps qu'on peut la reconnaître comme un effet de Dieu.

Mais l'alliance de ces deux preuves constitue-t-elle vraiment la démonstration complète de l'existence de Dieu. Et la rend-elle plus forte, comme le pense Gratry ? Il ne le semble pas.

De deux choses l'une, en effet : ou la preuve *a posteriori* est suffisante, puisqu'elle nous démontre l'existence de Dieu et que c'est là justement la question, ou elle est insuffisante parce qu'elle nous conduit à l'idée de Dieu sans nous montrer son existence comme nécessaire. Dans le premier cas, elle constitue à elle seule une démonstration complète ; dans le second, quelle autorité lui ajoute la preuve *a priori* ? L'analyse d'une idée ne saurait conférer l'existence réelle à l'être conçu dans cette idée. Mais la preuve *a posteriori* fonde l'évidence de l'idée de Dieu, justement parce qu'elle atteste l'existence de Dieu et l'atteste comme nécessaire. La preuve *a priori* devient donc inutile. Telle que la présente Gratry, elle échappe aux objections ordinaires, puisque la raison, avant d'analyser l'idée de Dieu, est parvenue à établir son existence réelle ; elle ne prouve rien de plus que ce qui a déjà été prouvé par la raison appuyée sur le principe de causalité : il y a un être nécessaire, Dieu est. Elle ne fait qu'examiner cette conclusion qu'elle est impuissante à donner. Elle peut, sans doute, nous aider à mieux comprendre l'idée de Dieu et nous procurer une satisfaction rationnelle, non pas une évidence nouvelle. Lorsque l'esprit, partant des effets de la puissance de Dieu, s'est élevé jusqu'à son existence, la démonstration de cette existence est terminée, l'analyse de l'idée, c'est-à-dire la preuve *a priori*, n'y ajoute aucune certitude.

Pour que l'idée constitue en elle-même une preuve, pour que son analyse nous fournisse autre chose que ce que nous avons obtenu par le raisonnement qui l'a formée, il faudrait supposer qu'elle enferme un fait nouveau, qu'elle constitue, par exemple, pour le cas présent, une connaissance de Dieu différente de la connaissance atteinte par la démonstration *a posteriori*, et que cette idée est accompagnée d'une certaine expérience de Dieu.

Si Gratry admet une certaine expérience de Dieu, c'est ce que nous verrons en étudiant la théorie du sens divin. Mais il s'agit ici du côté intellectuel de sa doctrine, et il semble bien que la vue de Dieu obtenue par son idée est, pour Gratry, une vue indirecte. « La vue de Dieu, dit-il, c'est Dieu vu dans le miroir de l'âme »; ce qui revient à dire que l'idée de Dieu demande à être interprétée au moyen de la raison, comme les autres effets de Dieu, et rapportée à son objet.

Sera-ce alors en prenant « l'idée » au sens platonicien qu'on peut trouver en elle le principe d'une connaissance nouvelle ? De même que les idées des êtres ordinaires représentent une certaine connexion entre la pensée et son objet, et partant entre l'idée et l'être, de même l'idée de Dieu est liée à son objet. Mais, tandis que l'idée des êtres contingents n'existe qu'en Dieu, de sorte que cette idée subsiste en lui à part de leur réalité, suivant Platon interprété par saint Augustin, en Dieu la réalité et l'idéalité sont identiques et elles se confondent dans son être. C'est en effet ce qu'admet Gratry. « Tout autre être a son idée en Dieu et sa réalité est distincte de son idée comme le fini l'est de l'infini. Dieu, qui est seul infini, est identique à son idéal qui est lui-même » (1). Si la question est envisagée de ce point de vue, on peut dire que nous allons de la réalité de l'existence de Dieu, affirmée comme conclusion du raisonnement qui se base sur la considération du monde sensible ou de l'âme, à l'idéalité, qui ne fait qu'un avec cette réalité, et par conséquent à l'essence de Dieu. Dans ce cas, nous avons le droit de conclure de son essence à son existence, car, comme le dit saint Thomas, « pour ceux qui voient en elle-même l'essence divine, c'est une vérité évidente par elle-même que Dieu est, puisque son essence est son existence » (2). Mais, si nous avons l'idée de Dieu, nous n'avons pas « son idée », telle qu'elle est en lui-même; par conséquent, nous n'atteignons pas son essence « Nous ne parvenons pas à le connaître par son essence, mais par ses effets » (3). Gratry, d'ailleurs, admet lui-même que « nous ne voyons

---

(1) *Connaissance de Dieu*, t, p. 296.
(2) *Summa contra Gentiles*, 1, 11.
(3) *Summa contra Gentiles*, 1, 11.

pas Dieu, nous ne voyons pas l'essence et la substance de l'être immuable et de ses perfections » (1).

Donc, on peut dire encore une fois que l'idée vraie suppose la connaissance, mais ne la donne pas. Elle est un résultat et non une origine. Si, supposé la valeur objective de la raison, elle implique une certaine connexion entre l'esprit et l'objet, entre la pensée et l'être, elle ne constitue pas cette connexion, elle l'exprime. C'est par l'effort de la raison qu'est établie cette connexion (*commercium mentis et rerum*) et la raison la voit en même temps qu'elle l'établit.

L'idée d'un objet ne peut donc servir à prouver une existence, pas plus nécessaire que contingente, à moins qu'on identifie l'être et l'idée et que l'on fasse de celle-ci, non pas la connaissance médiate de l'être, une appréhension intellectuelle, mais une connaissance immédiate, une appréhension directe ; or, elle ne nous est pas donnée. Nous n'avons pas d'ailleurs besoin de l'analyse de l'idée de Dieu pour découvrir son existence comme nécessaire ; c'est la conception même de cette idée qui est le fruit de l'intelligence de cette nécessité : l'idée de Dieu n'est conçue que parce que son existence nous apparaît nécessaire.

Mais une fois cette connaissance obtenue on peut, en analysant l'idée qui l'exprime, rendre explicites les notions qu'elle renferme et qui sont divers aspects de la même vérité. Ces idées ainsi obtenues ont pour garantie, non pas l'idée, mais la garantie qu'elle a elle-même, c'est-à-dire la valeur du procédé par lequel on l'a atteinte. Aussi Gratry peut-il légitimement déduire, comme il le fait, de l'idée d'être absolu les attributs de Dieu.

Ainsi donc, Gratry montre bien que l'idée de Dieu a besoin d'être basée sur l'expérience et la raison. Elle cesse alors d'être une idée pure, sans contact avec la réalité et dont le contenu n'a qu'une valeur logique ; elle est l'expression d'une connaissance. Mais il ne réussit pas à montrer que cette idée, même fondée, même vraie, puisse donner une connaissance nouvelle qui dépasse celle d'où elle tire son origine et sa garantie. La preuve *a posteriori* conclut à l'existence nécessaire de Dieu. L'autre ne découvre que ce que la première vient de démontrer.

Gratry semble, du reste, penser ainsi puisque, après avoir cepen-

---

(1) *Log.*, II, p. 87.

dant affirmé maintes fois que les deux preuves devaient être réunies, il s'écrie : « Au fond, il n'y a qu'une preuve de l'existence de Dieu, qui peut se formuler ainsi : il y a quelque chose, donc Dieu existe » (1). De sorte que « si l'on a vraiment l'idée de Dieu, on a la preuve de son existence, puisqu'alors cette proposition, Dieu est, n'est autre chose qu'une proposition identique à nos yeux aussi bien qu'en elle-même. Tout revient donc à obtenir l'idée de Dieu par ses effets » (2).

La preuve *a posteriori*, de l'aveu même de Gratry, est donc la preuve unique de l'existence de Dieu. La preuve *a priori* n'est pas une preuve à proprement parler, mais l'examen d'une conclusion déjà atteinte, la détermination plus précise d'une affirmation déjà posée. Elle ne démontre pas ; elle explique. Aussi est-ce du procédé employé dans la preuve *a posteriori* que Gratry va s'occuper.

---

(1) *Connaissance de Dieu*, II, p. 162.
(2) *Connaissance de Dieu*, II, p. 162.

CHAPITRE II

Le procédé dialectique

Si Gratry aborde l'exposé de ses idées philosophiques par la Théodicée, ce n'est pas pour déduire toutes ses théories d'une métaphysique *a priori* qui méconnaîtrait les liens étroits de la réflexion et de l'expérience. Nul plus que lui ne s'est élevé contre la connaissance abstraite et purement spéculative, séparée des faits et de la vie. Mais la Théodicée, nous l'avons dit, ne représente pas pour Gratry la seule science de Dieu. Aussi, bien qu'il semble laisser de côté le sujet de la connaissance, annonçant qu'il va commencer par l'objet le plus élevé de cette connaissance, c'est cependant sur l'étude du sujet qu'il se base. « Par Théodicée, dit-il, il ne faut pas entendre seulement la science de Dieu, il faut aussi entendre très particulièrement la science de l'esprit humain s'élevant à Dieu » (1). Et encore : « La Théodicée est la science de cet admirable procédé de la raison qui monte à Dieu et s'élève à connaître et à démontrer l'existence, la nature et les attributs de Dieu » (2). Le philosophe ne doit donc point partir d'une dé-

---

(1) *Connaissance de Dieu*, I, p. 53.
(2) *Connaissance de Dieu*, I, p. 53.

finition ou d'un principe dont toute la garantie est l'affirmation qui le pose; le point de départ de toute connaissance, c'est l'expérience, et, ici, l'objet de l'expérience c'est l'esprit lui-même, saisi dans l'effort et dans l'acte de la connaissance. Gratry, en traitant d'abord de la connaissance de Dieu, ne s'écarte donc qu'en apparence des philosophes spiritualistes ses contemporains. Comme eux, il estime que cette connaissance de Dieu doit partir de celle du moi humain. Mais, au milieu d'eux, il garde une voie très personnelle et procède d'un point de vue bien à lui en appuyant sa Théodicée sur la Logique. L'esprit humain arrive à connaître et à démontrer l'existence de Dieu, c'est un fait. Comment y arrive-t-il ? Le procédé qu'il emploie est-il légitime ? Si l'on peut montrer qu'il l'est, et plus encore si l'on trouve que ce procédé arrive en d'autres recherches à des solutions très sûres, ne donnera-t-on pas à la science de Dieu le plus solide fondement ? Ce qui importe, en effet, ce ne sont pas seulement les arguments que découvre le raisonnement, c'est aussi la nature de ce raisonnement lui-même ; ce sont les caractères et le mode de la démarche de l'esprit. Il ne suffit pas d'étudier, en quelque sorte du dehors, les preuves de l'existence de Dieu. Gratry veut maintenant saisir la raison elle-même dans son mouvement d'ascension, et prouver, par l'analyse du procédé qu'elle emploie, la valeur de la conclusion à laquelle elle aboutit.

Comment la raison parvient-elle à démontrer l'existence de Dieu ? Comment arrive-t-elle aux idées de nécessaire, de parfait, d'absolu, en un mot, ou plutôt d'infini, puisque c'est là le terme dont se sert habituellement Gratry pour désigner la notion de Dieu. Le point de départ de cette connaissance est l'expérience ; c'est elle qui conduit la raison à concevoir Dieu. Et, en effet, ne voit-on pas que tout porte l'esprit à concevoir l'être dans sa plénitude ? « Le spectacle du monde, la conscience de la vie, la vue des êtres finis et des beautés créées, quand le cœur et l'imagination s'en emparent pour les grandir et les pousser à l'infini par l'effacement du mal, des bornes et des limites, cet élan de l'âme vers l'infini à partir du fini, voilà ce qui donne aux hommes l'idée de Dieu, la connaissance et l'amour. naturels de Dieu » (1).

---

(1) *Connaissance de Dieu*, I, p. 58.

Tous procèdent ainsi. Les simples et les ignorants eux-mêmes emploient d'une manière spontanée, instinctive, cette méthode « qui consiste à passer, sans nul circuit de raisonnement, quoique par un très légitime élan de la raison, du fini à l'infini, de l'être fini qu'on est, qu'on voit, qu'on touche actuellement, à l'être infini réellement et actuellement existant, qu'implique et que suppose l'existence du fini » (1). Ainsi, l'esprit humain dépasse naturellement les données sensibles pour atteindre l'invisible, l'intangible, le transcendant. Mais Gratry ne se contente pas d'apporter le témoignage de la raison vulgaire. Il fait appel aux plus illustres d'entre les penseurs ; un à un, il les fait défiler devant nous, il les interroge, il les presse, et il affirme que « toutes les démonstrations de l'existence de Dieu données par les vrais philosophes de tous les temps, résumées et précisées par le dix-septième siècle, ne sont que la traduction philosophique du procédé vulgaire que tous les hommes emploient », de sorte que « cette naturelle opération de l'âme est le fond de la plus scientifique des méthodes » (2).

Ce procédé, Gratry le retrouve sans peine dans Platon, qui s'élève en effet des données du monde sensible à l'idée par excellence, de laquelle tous les êtres intelligibles tiennent leur essence et leur existence. Il est plus malaisé de reconnaître la même méthode chez Aristote. Celui-ci est en effet un esprit déductif, syllogistique, qui, avoue Gratry, ne manie guère « le procédé dialectique » que d'une façon implicite. Mais, enfin, il le manie. Dans la preuve du premier moteur, par exemple, assure Gratry, Aristote ne peut conclure par voie déductive du mouvement à l'immobile. Il y a, entre ces deux mondes, un abîme, qu'on ne saurait franchir par voie d'identité. Si Aristote ne parle pas de l'usage qu'il fait de la méthode dialectique, il doit l'employer cependant de toute nécessité pour arriver aux principes de ses raisonnements ; il ne saurait les obtenir autrement.

Après Platon et Aristote, Gratry examine saint Augustin, saint Thomas d'Aquin. Tous deux se servent du procédé d'ascension rationnelle à partir de la sensation jusqu'à Dieu. Les trois manières par lesquelles saint Thomas, le plus syllogistique des

---

(1) *Connaissance de Dieu*, I, p. 59.
(2) *Connaissance de Dieu*, I, p. 59.

deux, s'élève à la connaissance de Dieu : *via causalitatis, via excellentiae, via negationis*, sont l'exercice même de ce procédé.

Le dix-septième siècle à son tour apporte ses témoignages. « La grande préoccupation du dix-septième siècle, c'est la recherche de l'absolu. Descartes, Pascal, Malebranche, Fénelon et Bossuet, Leibniz, Clarke et Newton, Thomassin et Petau, tous cherchent Dieu par toutes les directions de la pensée, et toutes ces voix sont véritablement dans le même ton et le même chant. Leur sujet, c'est l'être et la perfection infinie, et tout entre dans cette symphonie merveilleuse, depuis la théologie par ses décisions dogmatiques, jusqu'aux mathématiques elles-mêmes par l'admirable invention de Leibniz » (1). Tous ces philosophes disent avec Leibniz : « Les perfections de Dieu sont celles de nos âmes élevées à l'infini ». Avec Fénelon : « Effacez les limites et vous demeurerez dans l'universalité de l'être ». — Prenez le fini, effacez-en les bornes et vous aurez ce qui lui correspond dans l'infini.

Ainsi, laissant de côté ce par quoi diffèrent les philosophes qu'il examine, Gratry s'efforce de dégager les méthodes et les affirmations communes à tous. Peut-être lui reprochera-t-on d'outrer les ressemblances au mépris de divergences importantes et d'obtenir l'accord de ces voix puissantes au moyen d'un choix nullement impartial. Mais pour bien juger les comparaisons de Gratry, il ne faut pas oublier que l'unanimité qu'il cherche dans les démonstrations de l'existence de Dieu ne porte que sur un point : partir de données finies pour aboutir à l'absolu. Sous ce rapport, il peut rapprocher Platon et Aristote, saint Augustin et saint Thomas, Descartes et Bossuet, tous ceux qu'il cite. Sans doute, à l'étudier en détail, le but qu'ils atteignent diffère et aussi le moyen de l'atteindre. Le Dieu de Platon n'est pas le Dieu d'Aristote, l'un et l'autre diffèrent du Dieu vivant et aimant qu'adorent saint Thomas et Descartes, saint Augustin et Leibniz. Si Aristote se sert évidemment de l'induction, si saint Thomas la manie aussi, on ne saurait nier que leur méthode est surtout déductive. Bien plus, dans la solution du problème religieux que propose Aristote, il n'y a nulle place pour la théorie des idées qui forme la base de la dialectique platonicienne. Ne l'a-t-il pas au contraire combattue

---

(1) *Connaissance de Dieu*, I, p. 333.

et raillée, cette doctrine, et peut-être méconnue ? Cependant, la méthode d'Aristote est-elle si loin qu'il le semble de celle de Platon ? Comme le remarque M. Janet, « ne voit-il pas dans la nature une série de formes de plus en plus parfaites dont chacune tend pour ainsi dire à la forme supérieure comme à son idéal, et qui toutes tendent à la forme en soi, à l'acte pur comme à l'idéal suprême ? L'acte pur contient donc en soi éminemment toutes les perfections particulières des êtres de la nature : qui ne reconnaîtrait là l'inspiration éclatante de Platon ? (1).

Mais, parmi ces philosophes, Platon, Descartes, Bossuet n'admettent-ils pas l'antériorité des idées de nécessaire, de parfait, d'infini sur celles de contingent, d'imparfait et de fini ? Il est vrai, il y a des différences profondes où l'on nous montre seulement l'harmonie. Mais cette harmonie n'en existe pas moins sur les points où l'on prétend la trouver. C'est bien du fini que ces penseurs s'élancent à l'infini ; lors même qu'ils croient posséder l'idée d'infini, c'est le fini qui les aide à la dégager, à la préciser. C'est d'idées en idées que Platon parvient à celle du Bien ; c'est de changements en changements qu'Aristote atteint le moteur immobile ; c'est en partant du monde, ou des idées de la raison humaine, que saint Thomas et saint Augustin, Bossuet, Descartes, Leibniz trouvent Dieu. Un seul d'entre les témoins cités par Gratry prétend suivre une autre route. Malebranche, en effet, nie que l'âme puisse atteindre l'infini au moyen du fini. Bien au contraire, elle ne connaît les choses finies que par l'intermédiaire de l'infini. Nous ne percevons que les idées des corps, et c'est Dieu qui nous les découvre ; c'est en Dieu que nous voyons toute chose : « Nous voyons tout en Dieu, Dieu fait tout en nous ». C'est donc de vive force que Malebranche a été conduit par Gratry au milieu de ceux qui, à l'aide de leur raison, démontrent l'existence de Dieu à partir du fini. Et peut-être pourrait-on remarquer aussi que les tendances ontologiques de Thomassin, comme la théorie de la vision en Dieu, dispenseraient d'un recours à un procédé discursif. Mais Gratry lui-même dira, en effet, qu'il trouve que Thomassin fait trop de concessions aux Alexandrins. Quant à Malebranche, il signale bien son « erreur », « qui consiste à ne pas distinguer de la

---

(1) JANET. *Dialectique de Platon*, p. 282.

vision béatifique cette vue de Dieu naturelle et indirecte sans laquelle nous ne pouvons rien voir ». Il essaye de corriger sa doctrine en interprétant le sens du mot voir employé dans la théorie de Malebranche. « Vous démontrez invinciblement, dit-il aux disciples de celui-ci, que Dieu, dans l'acte de la connaissance, est plus immédiat à notre esprit que tout objet de connaissance. Voilà qui est certain. Mais, s'ensuit-il que notre esprit voit Dieu plutôt que tout objet de connaissance ? Oui, si vous donnez au mot voir ce sens particulier : *voir passivement, instinctivement, implicitement,* VOIR SANS SAVOIR, voir sans savoir qu'on voit, sans discerner, connaître, ni comprendre, avoir des yeux pour voir le monde, mais n'en avoir pas pour voir Dieu, qui cependant est plus près de nous que le monde et qui seul nous fait voir et en qui nous voyons. En ce sens, on ne contredit pas l'Ecriture Sainte qui affirme que la vue de Dieu, non pas aveugle et inconsciente, mais la *vue intelligente* (*intellecta conspiciuntur*), *la vue consciente et connaissante* (*cognoscibiliter videri*) ne s'obtient, comme l'enseignent Platon, saint Augustin, saint Anselme, saint Thomas d'Aquin et tous les Pères et tous les philosophes, excepté Malebranche, ne s'obtient, dis-je, que par l'opération de la raison appuyée sur les données du monde visible ou du monde intérieur de l'âme » (1). Ainsi, bien qu'il réunisse Malebranche aux autres philosophes, Gratry ne passe pas sous silence les divergences de doctrine qui le distinguent d'eux.

D'ailleurs, ces dissonances du concert qu'il souhaite de nous faire entendre n'en altèrent pas la beauté : il y aurait quelque pédantisme à y insister avec rigueur et ce serait, au surplus, mal interpréter la pensée de Gratry que de fouiller et de critiquer avec minutie la fresque magnifique où il prétend nous donner une large vue d'ensemble des diverses Théodicées des philosophes illustres, plutôt qu'une étude précise et détaillée.

Sur la pensée des Maîtres de l'esprit humain ainsi considérée d'un point de vue unique, Gratry projette la lumière de son âme chaude et vivante ; il la colore du reflet de sa propre pensée ; mais il reste vrai que, d'une manière générale, la raison des sages comme celle des simples, s'élève à l'idée de Dieu à partir des choses sensibles : elle conçoit l'infini par le moyen du fini. C'est bien dans

---

(1) *Connaissance de l'âme*, I, p. 285, note.

le concours des sens et de la raison qu'il faut chercher l'origine de l'idée d'absolu. Les sens seuls, pas plus que la conscience, ne nous montrent rien d'infini, de nécessaire, de parfait. Mais nous effaçons de leurs données tout ce qui restreint et borne l'être qu'ils nous présentent ; nous concevons la cause pure, sans relations de dépendance, la grandeur sans limite, l'être complet, achevé, qui possède sans mesure toutes les perfections possibles. « La notion de l'absolu prouve seulement, ainsi que le dit Maine de Biran, que nous avons la faculté d'ôter toute limite à nos conceptions. » Et cette idée ainsi obtenue n'est pas négative, comme on l'a dit parfois ; elle est au contraire la plus pleine, la plus riche des affirmations, puisqu'elle se ramène à la négation d'une négation.

Platon a tracé le premier, d'une manière scientifique, l'itinéraire de l'esprit vers l'infini. Mais Gratry n'expose pas tous les degrés d'ascension marqués par Platon. Chez ce dernier, c'est par étapes que la raison arrive à Dieu. L'esprit plongé dans l'ignorance, enfermé dans la « caverne », s'élève peu à peu à la lumière de la vérité. Il passe du monde sensible au monde intelligible, de la conjecture à la science raisonnée, par laquelle il opère sur les figures et les notions abstraites de la géométrie, et de la science raisonnée à l'intelligence pure, qui atteint les principes éternels, les Idées. Au sommet de la région lumineuse du monde intelligible, dernier terme de l'ascension, est l'idée du Bien.

La marche de l'intelligence est plus rapide chez Gratry et il ne semble pas que l'esprit ait besoin de s'arrêter à aucun point de repère. Ainsi, la conception des lois universelles, des idées, n'est pas regardée par lui comme une étape nécessaire. Sans doute, il ne conteste pas les intermédiaires que l'on peut établir entre le fini et l'infini ; loin de là ; il en parle lorsqu'il expose les théories qui en traitent et qu'il admet : celles de Platon, de saint Augustin, de Fénelon surtout ; il les indique parfois lui-même. Cependant, il est clair que, pour lui, il voit l'essentiel de la méthode, non pas dans les degrés d'ascension, mais dans le mouvement de l'esprit qui du connu va à un inconnu séparé de ce connu par un abîme. Ne dit-il pas, en effet, que le procédé dialectique « consiste, étant donné par l'expérience un degré quelconque d'être, de beauté, de perfection — ce qui est toujours donné dès qu'on est, qu'on voit, qu'on pense — il consiste, disons-nous, à effacer immédiatement par la pensée les limites de l'être borné et des qualités imparfaites qu'on possède ou qu'on voit, pour affirmer sans autre intermédiaire l'existence infinie de l'Être et de ses perfections correspondantes à celles qu'on voit » (1).

Ce ne sont donc pas les étapes de l'esprit qu'il considère, c'est la question à laquelle, en dernière analyse, se ramène tout le problème : l'esprit peut-il atteindre l'infini ? S'il le peut, c'est qu'il a franchi un abîme, car l'infini n'est pas contenu dans le fini, et l'esprit, qui va d'une vérité à une seconde que ne contient pas la première, passe de l'une à l'autre, non en marchant pas à pas, mais en franchissant un abîme avec ses ailes, selon le mot platonicien. Les degrés que l'on peut reconnaître dans l'ascension de l'âme vers l'infini ne sauraient suppléer à l'élan de l'esprit vers cet infini. C'est donc lui qu'il faut examiner et justifier. Il s'agit de démontrer la rigueur logique du passage à l'infini qui constitue, suivant Gratry, la clef de voûte des preuves de l'existence de Dieu. En prouvant que ce passage est rationnel, on fondera la démonstration de l'existence divine sur une base inébranlable, la base même des sciences, qui s'appuient sur la raison. Quant à la valeur objective de la raison, Gratry ne la met pas en question ; il l'admet sans discussion comme certaine. Aussi, pour établir la valeur d'une connaissance, suffit-il de montrer qu'elle est l'œuvre de la raison ; celle-ci demeure l'indiscutable garantie des idées qu'elle obtient.

L'essence du procédé par lequel l'esprit arrive à connaître et à affirmer l'existence de Dieu consiste, on l'a vu, à s'élever d'un point de départ vers une conclusion qui n'y est pas contenue. L'esprit agit ainsi en fait, mais le peut-il en droit ? Ceux qui s'étonnent de cette démarche et se demandent comment elle est possible, se demandent en réalité comment l'esprit n'est pas immobile (2), comment il peut sortir du point où il est. Or l'esprit peut se mouvoir ; il n'est pas capable d'aller seulement du même au même, il peut aller du même au différent et cela, non seulement pour concevoir et affirmer l'infini, mais encore dans des opérations ordinaires qui impliquent la possibilité de ce mouvement intellectuel. C'est dans ces opérations vulgaires que Gratry cherche et montre les débuts et comme le germe du procédé auquel, d'après Platon, il a donné le nom de dialectique, entendant par

---

(1) *Connaissance de Dieu*, I, pp. 61-62.
(2) *Log.*, II, p. 13.

là, non l'art de raisonner, mais celui de « parvenir régulièrement à l'essence des choses » et à leurs principes (1).

La perception enferme, remarque Gratry après Royer-Collard, un certain élan de l'esprit, moindre sans doute que celui impliqué dans le procédé dialectique, car il n'a pas pour but un objet transcendant, mais où l'on peut découvrir déjà la faculté que possède l'intelligence d'aller d'une expérience à une conclusion qui la dépasse, et cela en étant soutenue, durant sa marche, seulement par ses propres forces. Qu'est-ce en effet que percevoir, pour celui qui ne professe pas l'idéalisme et qui affirme l'existence du monde extérieur ? C'est aller de la sensation à l'objet, c'est sortir de soi pour concevoir et affirmer ce qui n'est pas soi, c'est franchir l'abîme qui sépare le moi du non moi, le subjectif de l'objectif. « Pour cela, il faut tout autre chose que l'immanence syllogistique, il faut l'élan dialectique qui passe du même au différent et qui est là si rapide, si immédiat, si implicite et si instinctif, qu'il n'est que l'analogue du procédé dialectique proprement dit et comme son germe au point de départ de la pensée » (2).

La perception, qui affirme l'existence hors du sujet de l'objet perçu, suppose en effet dans l'esprit, sinon le pouvoir de sortir de lui-même, au moins la croyance à ce pouvoir. La question de l'objectivité de la connaissance est impliquée ici, car, si l'on refuse à l'esprit la faculté de franchir toute solution de continuité, on lui refuse le droit de connaître un objet distinct de lui-même, on l'enferme dans le phénoménisme subjectif qui ne peut plus affirmer que des phénomènes successifs, sans lien causal, sans réalité objective. Mais si l'on accorde à l'intelligence le pouvoir de dépasser le fait subjectif, et c'est ce que fait Gratry, on admet par là qu'elle peut aller du même au différent, du moi au non moi, des données sensibles à leur cause. Pourquoi, dès lors, voudrait-on limiter cette puissance d'élan et nierait-on qu'elle peut atteindre, en se déployant, la cause du monde ?

D'ailleurs, la perception n'est pas la seule parmi les opérations ordinaires de l'esprit qui suppose la faculté de s'élancer au-delà du point de départ. L'abstraction, la généralisation, l'analogie

---

(1) *Républ.*, VII, XIV.
(2) *Log.*, III, p. 46.

supposent aussi le mouvement de l'esprit hors de l'identique. « Dans l'abstraction, l'intelligence ne perçoit pas seulement les qualités des objets, elle dégage encore les caractères généraux des conditions individuelles ; elle enlève les accidents variables pour ne considérer que les caractères essentiels et « détermine l'unité qui règne dans l'infinie variété possible des individus » (1). Dans la généralisation, on passe d'un petit nombre d'individus observés à tous les individus possibles. L'analogie admet une ressemblance entre deux choses différentes et conclut de l'une par ce qu'elle voit de l'autre. Dans tous ces actes, l'esprit affirme ce qui ne tombe pas sous l'expérience, en partant de l'expérience et en la dépassant. On ne saurait donc admettre que ces opérations intellectuelles atteignent un but légitime et non illusoire sans admettre en même temps la possibilité du mouvement de l'esprit hors de l'identique.

Mais ce mouvement, que l'expérience constate dans les actes vulgaires de l'esprit, et qui présente, sinon l'ampleur et l'audace du procédé dialectique, au moins son caractère essentiel, les philosophes l'ont depuis longtemps reconnu. Ils ont distingué une méthode de raisonnement différente du procédé syllogistique. Platon ne parle-t-il pas, dans sa République, de ces deux méthodes de l'âme qui, forcée de se servir des images du monde sensible dans sa recherche de la vérité, tantôt ne s'élève pas des points de départ vers leurs principes, mais descend vers leurs conséquences et tantôt s'élance de son point de départ vers un principe qui n'y est pas contenu (2).

Aristote fait l'étude approfondie du syllogisme, mais il connaît aussi le second procédé de l'esprit, l'induction. Il en parle notamment dans les Analytiques : « L'induction, dit-il, pose les propositions auxquelles l'esprit vient sans intermédiaire logique, le syllogisme pose les conclusions auxquelles mènent des intermédiaires (3). Le syllogisme part de l'universel et l'induction part du particulier. Mais cet universel, dont part la déduction syllogistique, il est impossible de l'obtenir autrement que par l'in-

---

(1) *Log.*, II, p. 50.
(2) *Rép.* VI, 509 ; GRATRY. *Log.*, II, 5.
(3) I, *Analyt.*, I, 23.

duction (1). L'induction est le passage du particulier à l'universel » (2).

La raison a donc deux procédés, aussi rigoureux l'un que l'autre, et auxquels peuvent se ramener toutes ses démarches.

Lorsqu'on étudie « la pensée dans son mouvement vers le vrai, dans son discours », on remarque « qu'elle procède de ce qu'elle connaît à ce qu'elle ignore », de sorte qu'il lui faut toujours une base, un point d'appui pris dans le connu. Mais, « elle peut passer du connu à l'inconnu de deux manières. En premier lieu, elle peut aller d'un point à l'autre par voie d'identité, de déduction si l'inconnu est impliqué dans le connu et n'en diffère ainsi que par une différence de forme sous laquelle on n'apercevait pas l'identité totale ou seulement partielle. Ou bien, la pensée passe du connu à l'inconnu par voie de transcendance ou d'induction dialectique, si l'inconnu n'est pas contenu dans le connu et ne lui est lié que par tout autre rapport que le rapport d'identité. Alors, il y a *transcendance* de la pensée du même au différent et non plus seulement descente du contenant au contenu ou passage de plain-pied du même au même » (3).

On reconnaît dans ce second procédé la méthode même que l'esprit emploie pour arriver à connaître et à démontrer l'existence de Dieu. Voilà donc trouvée et définie la forme de raisonnement à laquelle se rattache et se ramène l'élan de l'esprit vers l'infini. Cet élan est un élan rationnel et cette démarche de la raison est l'induction : l'induction, dont les conclusions sont aussi certaines que celles du syllogisme et ont, comme les siennes, la valeur du point de départ. De sorte que, si elle « s'appuie sur quelque conception de l'être qui évidemment est possible, (elle) affirme un être infini comme possible ; si (elle) y joint de plus l'expérience d'un être quelconque, actuellement existant, (elle) conclut à l'Etre infini, non plus seulement comme possible, mais comme réellement et actuellement existant » (4). Ainsi, « la vraie preuve de l'existence de Dieu n'est autre chose que l'usage même de l'un des deux procédés de la raison, le principal, celui qui donne les majeures et qui constitue *la logique d'invention*.

---

(1) II, *Analyt.*, I, 18.
(2) *Top.* I, 12 ; GRATRY. *Log.*, II, 18-19.
(3) *Log.*, I, p. 279.
(4) *Connaissance de Dieu*, I, p. 64.

Ce procédé, « pratiqué de tout temps par tous les grands esprits aussi bien que par les plus humbles, n'a été encore suffisamment analysé par aucun » (1). Sa simplicité même et sa rapidité en ont empêché l'étude complète ; on s'en est servi spontanément, instinctivement. Il faut donc « introduire en logique une vérité qui n'y était que soupçonnée et seulement par les maîtres : savoir que la raison a deux procédés rigoureux et non pas un seul » (2). En donnant à l'induction l'importance qu'elle doit avoir, on donnera en même temps au « procédé dialectique » le rang qui lui convient, on reconnaîtra en lui l'exercice d'une méthode qui n'est pas moins rigoureuse que le syllogisme.

Ce n'est pas pour l'induction scientifique que Gratry réclame en logique une place depuis longtemps acquise. S'il en parle, c'est afin d'y montrer le germe ou les premiers essais de ce qu'il appelle la véritable induction. Ainsi, il distingue soigneusement celle-ci de l'induction baconienne, avec laquelle elle présente en effet de profondes différences. L'induction décrite par le *Novum organum* et que Bacon lui-même appelle : *ars quaedam indici et directionis* (3), n'a pas l'allure de rapidité et de certitude que Gratry attribue à l'induction dialectique, qui recherche les « lois nécessaires » (4), procède à coup sûr et s'élève sans hésitation à des conclusions qui ont toute l'autorité de l'évidence. Déjà Royer-Collard, dit Gratry, a entrevu la différence qui existe entre le procédé dialectique et l'induction baconienne dont les résultats, toujours hypothétiques, sont dus à un tâtonnement empirique. Royer-Collard regrette que ce procédé n'ait pas encore de nom dans la science et Jouffroy espère qu'une science plus avancée donnera le nom de ces jugements rapides et sûrs que porte le sens commun comme par instinct. Peut-être pourrait-on ajouter que Bacon lui-même avait entrevu une différence entre l'induction qu'il enseigne et cette voie intellectuelle qui s'élève immédiatement aux axiomes les plus généraux et qui, de ces axiomes pris comme principes, déduit les axiomes moyens. Ces *experimenta vaga*, cette « anticipation » de la nature qui ne fait qu'effleurer l'expé-

---

(1) *Connaissance de Dieu*, I, p. 60.
(2) *Connaissance de Dieu*, II, p. 146.
(3) *De dignitate*, liv. v, chap. II, 4-5.
(4) *Log.*, II, p. 53.

rience, et comme en courant, ressemble plus au procédé dialectique tel que le présente Gratry, que la méthode qui doit monter, *per gradus continuos et nusquam intermissos*, « des faits aux lois les moins élevées, ensuite aux lois moyennes en s'élevant de plus en plus jusqu'à ce qu'elle atteigne enfin les plus générales de toutes » (1).

Mais l'induction baconienne ne prétend nullement découvrir la cause transcendante ; elle se renferme dans l'expérience et suppose que l'observateur peut atteindre la cause qu'il cherche, non pas seulement d'une manière intellectuelle, mais réellement et en fait, de telle sorte que : « *posita causa, ponitur effectus; sublata causa, tollitur effectus; variata causa, variatur effectus* ». Elle suppose, de plus, que la série des expériences « négatives » est épuisée (2) sans dire, du reste, à quoi l'on reconnaîtra qu'il en est ainsi. En exigeant, pour atteindre toute sa sécurité, l'énumération complète de toutes les circonstances qui peuvent concourir à un fait donné, sans indiquer ce qui peut suppléer à l'énumération complète quand celle-ci n'est pas possible, elle se ramène à cette induction *per enumerationem simplicem* qu'a critiquée Bacon lui-même.

Bien que Gratry distingue avec soin l'induction de Bacon du procédé dialectique, il trouve dans celle-là l'ébauche et comme l'essai de celui-ci. Malgré leurs différences, elles ont, en effet, cela de commun que, dans l'une et l'autre, l'esprit atteint des conclusions qui dépassent les données expérimentales dont il est parti.

L'induction dialectique diffère aussi de cette induction formelle dont Aristote donne un exemple dans les premières Analytiques (3), et qui consiste à conclure de tous les individus d'une collection à la collection complète. Si une telle induction, qui n'est du reste qu'un cas théorique de logique formelle, peut se ramener à une forme syllogistique, celle de Gratry ne le peut point ; selon lui, la véritable induction n'a pas de moyens. « C'est sa définition et son caractère propre « (4). Aussi combat-il (5) l'opinion soutenue

---

(1) *Nov. organum*, liv. I, Aph. 104.
(2) *Nov. organum*, liv. II, Aph. 15-16.
(3) Liv. I, ch. xxv, 4.
(4) *Log.*, II, p. 32, la note.
(5) *Log.*, II, p. 29, la note.

par Barthélemy Saint-Hilaire, Claude Bernard, Ravaisson et aussi par Stanley Jevons (1), Sigwark (2), Wundt et qui ramène l'induction à une déduction réflexe, analogue à la réduction géométrique. L'induction ainsi comprise devient « une déduction provisoire et conditionnelle qui se change, par la vérification de l'expérience, en une déduction inconditionnelle et définitive » (3).

Gratry estime que l'induction, qui sans doute joue son rôle dans le raisonnement expérimental, puisque c'est elle qui atteint le principe, la loi, doit être soigneusement distinguée de celui-ci. Elle ne se confond pas avec l'hypothèse qui réclame une vérification ; elle constitue à elle seule un procédé complet qui peut se passer de l'épreuve de l'expérimentation. « L'induction atteint des conclusions qui ont toute l'autorité de l'évidence » (4), dit-il après Royer-Collard. Elle est donc tout autre chose qu'une déduction tâtonnante, qu'une sorte de sonde lancée par l'esprit dans la région de l'inconnu pour essayer de l'explorer et de la reconnaître : « c'est un procédé qui, sans intermédiaire, sans déduction possible, pose les majeures immédiates qu'on ne peut tirer d'autres majeures » (5). Et s'il prend dans l'expérience son point de départ, il ne revient pas vérifier au contact de cette même expérience le principe auquel il parvient et qui ne se trouve pas contenu dans le point de départ.

L'induction dialectique n'est pas seulement plus rapide et plus sûre que les méthodes laborieuses qui n'en sont que l'essai ou l'ébauche, elle est aussi plus complète, plus étendue. « La perception qui affirme les êtres particuliers, l'induction qui affirme les lois particulières, ne constituent pas le mouvement total de la raison dans cette voie. La raison poussée à bout, développée dans tout son cours, veut aller et arrive jusqu'à l'infini même » (6). C'est pour cette induction là, qu'il a fort justement appelée l'induction transcendantale, induction qui ne s'arrête pas aux êtres limités ni aux lois contingentes, mais qui s'élance aux lois éter-

---

(1) *The principales of Science ; Logic.*
(2) *Logik.*
(3) RAVAISSON, *la Philos. en France au* XIXe *siècle*, parag. 15.
(4) *Log.*, II, p. 42.
(5) *Log.*, II, p. 32, la note.
(6) *Log.*, II, p. 196.

nelles et à l'infini, que Gratry réclame une place en logique, « dans la logique élémentaire et théorique », car « la logique pratique du peuple et la logique pratique et théorique des philosophes du premier ordre a toujours eu des ailes » (1). Si, jusqu'ici, cette logique élémentaire reconnaît à l'induction le pouvoir d'atteindre les lois de coexistence et de succession des phénomènes, elle doit maintenant admettre que c'était là restreindre singulièrement la portée d'un procédé qui conduit bien au-delà. Le second procédé de la raison va naturellement et certainement jusqu'à l'infini ; l'infini est le but dernier de l'induction ; c'est lui que la raison poursuit dans toutes ses recherches ; elle peut s'arrêter avant de l'avoir atteint, aux premières étapes de la route ; mais, de ce qu'elle n'achève pas toujours son mouvement d'ascension, il ne faut pas conclure que ce mouvement est nécessairement borné au contingent. L'esprit qui peut sortir de lui-même pour affirmer l'existence du monde sensible, s'élance aussi hors de ce monde, jusqu'aux lois qui le gouvernent, jusqu'à Dieu, auteur du monde et de ses lois.

Telle est l'étendue de la véritable induction, du procédé dialectique. Par lui, la métaphysique est liée étroitement à la logique, et la démarche la plus importante de l'esprit, la connaissance de l'existence de Dieu, acquiert la sécurité de toute opération logique légitime.

Ainsi Gratry cherche d'abord la preuve de la valeur de l'induction dans l'observation, l'étude des faits. Il saisit l'esprit dans ses premiers et plus timides mouvements hors de l'identique ; il le suit dans ses élans de plus en plus audacieux, jusqu'à ce qu'il le voit enfin affirmer la cause des causes, l'Infini. Il en conclut qu'un procédé qui pénètre toute la vie mentale, et qui en forme l'un des principaux ressorts, ne saurait avoir une valeur hypothétique et conduire à des résultats sans certitude et sans rigueur. Mais il a le tort de faire de l'induction un élan sans autre point d'appui que la donnée dont il part. Or, le raisonnement inductif réclame un intermédiaire, un moyen terme qui soutient l'esprit dans son essor. Ce moyen terme n'est autre que le fait considéré, l'objet de l'expérience, qui est rattaché à un principe général. De sorte que l'induction revêt la forme d'un syllogisme

---

(1) *Log.*, II, p. 121.

dont la majeure est une loi de la raison et la mineure le rapport causal obtenu, tandis que la conclusion est la loi cherchée.

Nous ne trouvons donc pas un élan de l'esprit qui se passe de tout intermédiaire, comme le dit Gratry, mais un passage prudent où l'esprit se sert d'un double point d'appui, d'une part d'un principe général, de l'autre de données expérimentales, pour parvenir à une conclusion qui dépasse l'expérience.

Cette induction, qui affecte la forme syllogistique, est-elle vraiment un syllogisme ou s'oppose-t-elle au raisonnement déductif comme le veut Gratry ? Si l'on s'en tient à la définition d'Aristote et si l'on appelle syllogisme tout argument dans lequel, deux choses étant posées, une troisième suit nécessairement, par cela seul que les deux premières sont posées, il faut avouer que l'induction se ramène au syllogisme, car la conclusion découle évidemment des prémisses. Mais, au contraire, si l'on considère que le syllogisme enferme toujours trois termes, ni plus ni moins, on devra dire que l'induction n'est pas un syllogisme. En effet, le terme sujet de la mineure du raisonnement inductif « n'est pas le même que celui qui est sujet dans la conclusion. Dans la mineure, il s'agit d'un rapport constaté dans un ou plusieurs cas donnés. Ce terme représente donc deux ou plusieurs faits ; il est donc concret et particulier, ou mieux, singulier, déterminé. Dans la conclusion, il devient abstrait et universel, car l'attribut qu'on lui donne, à savoir l'universalité, ne saurait sans contradiction s'attribuer à un terme déterminé et singulier. En d'autres termes, dans la mineure, il est question de cas observés ; or il est absurde que l'universalité affirmée comme attribut dans la conclusion s'attribue à ces mêmes cas. L'induction consiste justement à affirmer dans la conclusion une chose pour d'autres cas que les cas donnés, lesquels entraient seuls dans les prémisses du raisonnement » (1). L'induction apparaît donc bien comme différente de la déduction. Mais la différence ne se trouve pas là où la place Gratry, dans l'absence de moyen ; elle est dans le rôle que joue le principe général qui sert de majeure. C'est lui qui couvre de sa valeur, pour ainsi dire, le déficit de la mineure, et qui permet, par sa généralité abstraite, de passer à une généralité concrète, d'aller de quelques à tous et de donner au sujet de la conclusion

---

(1) Rabier. *Logique.*

plus d'extension qu'au sujet de la mineure. Or, ce principe général, ce principe extensif, exprime une loi rationnelle. Ce sont donc les lois mêmes de la raison qui garantissent les conclusions de l'induction, comme d'ailleurs de la déduction. C'est cette valeur rationnelle qu'affirme Gratry, mais il ne voit pas que la confirmation de la valeur du raisonnement inductif se trouve dans son analyse complète, non pas dans la conception qui le prive d'un de ses points d'appui, du ressort rationnel qui en garantit la légitimité.

Après avoir montré que l'esprit sort constamment de lui-même dans un mouvement de conquête, Gratry arrive à la partie la plus importante de sa théorie du procédé dialectique, à la comparaison de ce procédé avec les méthodes physiques et géométriques. C'est ici que se trouve la preuve qu'il estime la plus frappante de l'absolue certitude à laquelle conduit l'induction dialectique.

En effet, le rôle de l'induction complète ne lui apparaît pas borné à la métaphysique. Depuis le dix-septième siècle, la physique, la géométrie l'emploient aussi et parviennent, grâce à ce procédé, à des résultats rigoureux qui offrent une garantie sûre de sa valeur.

Gratry prend comme exemple de l'usage de la dialectique en physique la recherche des lois de Képler, « la plus grande découverte qu'ait faite l'esprit humain » (1).

Or, comment Gratry, qui refuse à l'induction baconienne les caractères complets de l'induction véritable, les accorde-t-il à celle de Képler ? C'est que les lois qu'atteint Képler ne sont pas limitées, contingentes comme celles qu'atteint l'induction ordinaire ; ce sont les lois mêmes de la nature, « les lois nécessaires, éternelles ». L'induction qui les saisit, saisit vraiment l'infini. Lorsque Képler, après avoir éliminé de ses observations l'accidentel, le variable, pour ne retenir que l'essentiel des phénomènes, pose la première loi : « Toutes les planètes se meuvent dans des ellipses dont le soleil occupe un des foyers », que renferme en effet cette affirmation ? « Evidemment, cette affirmation consiste en ce q... ur la vue d'un certain nombre, très limité, de positions des planètes, positions déterminées approximativement par l'ob-

---

(1) *Log.*, II, p. 63.

servation, on affirme que toutes les positions possibles, passées, présentes, futures, et toute la continuité du mouvement des planètes, continuité qui renferme un nombre infini de positions, comme une courbe renferme un nombre infini de points, que toutes ces positions, disions-nous, toute cette continuité est rigoureusement dans la loi dont *approchent* plus ou moins les quelques positions observées à intervalles finis. C'est-à-dire que l'on conclut, ou plutôt, que l'on s'élance réellement de la pluralité à la totalité, à la totalité infinie, c'est-à-dire du fini à l'infini » (1).

Ainsi donc, l'universalité de la loi qui embrasse tous les cas possibles enferme, aux yeux de Gratry, une infinité véritable. L'esprit qui l'atteint passe d'une donnée finie : les faits particuliers, à une notion marquée du caractère de l'infini. De plus, il voit Képler aboutir à des lois géométriques, aux nombres et aux formes qui sont les phénomènes. Ces lois connues, la science les exprime en effet par des formules mathématiques. Or, les mathématiques ne sont pas contingentes. « La géométrie est nécessaire et éternelle ; elle est en Dieu » (2).

Ne voit-on pas apparaître ici l'influence des théories pythagoriciennes et platoniciennes ? La loi, qui se réduit au nombre, est en quelque sorte le nombre idéal que les pythagoriciens plaçaient entre Dieu et le monde ; ou, plutôt, la loi devient analogue aux idées de Platon. Celles-ci, sans doute, sont les essences éternelles des êtres, et Platon n'a pas compris parmi elles les lois qui représentent les conditions et les rapports des choses. Mais, si l'on considère les Idées, non comme des êtres véritables et distincts, mais comme des pensées de l'entendement divin, les rapports des êtres sont représentés dans l'intelligence divine aussi bien que ces êtres eux-mêmes. On peut dire qu'ils y sont représentés en tant que connus, car Dieu, qui connaît le monde, connaît les relations des choses du monde. Il n'est donc pas impossible de placer les lois parmi les idées divines, et Gratry pourra dire que le procédé infinitésimal est un procédé qui recherche, dans chaque ordre de phénomènes, l'idée qui y répond en Dieu, la loi.

Mais, pour Gratry, la loi ne résulte pas des rapports des êtres créés par Dieu. de la nature des choses ; elle n'est pas une repré-

---

(1) *Log.*, II, p. 72.
(2) *Log.*, II, p. 60.

sentation de l'intelligence divine, et comme une conséquence de l'idée, qui, en fondant l'essence des êtres, fonde aussi, et par là même, leurs relations. Elle est antérieure aux êtres et les domine, car elle n'est pas parce qu'ils sont ; ils sont bien plutôt parce qu'elle est. « La nature est contingente, dit Gratry, ses lois ne le sont pas » (1). La loi est nécessaire. Inaltérable et parfaite, elle résulte de la nature divine elle-même ; elle est la forme de l'entendement divin et non pas une pensée réalisée parmi une infinité d'autres ; elle est Dieu même, « car tout ce qui est en Dieu est Dieu » (2), et la loi de la nature est en Dieu

Cette proposition : « Dieu est la loi universelle, n'est-elle pas identique dans les termes ? » (3). Dès lors, la raison qui saisit la loi saisit, non pas seulement une multitude de cas possibles, mais, au-delà de cette multitude, l'idée divine qui la gouverne et qui est éternelle, nécessaire, qui est Dieu même. L'induction scientifique s'élance vraiment à l'infini, et le procédé dialectique est « un procédé qui cherche Dieu en toute chose » (4).

Or, les lois apparaissent-elles comme infinies, nécessaires ? Qu'est-ce que ce caractère d'universalité que l'intelligence donne à la loi ? Dire qu'une loi est universelle, c'est prétendre qu'elle gouverne tous les cas semblables aux cas étudiés ou observés, c'est dire qu'elle règne, non pas sur une « totalité infinie », comme le dit Gratry, mais sur une *totalité indéfinie*. Du reste, les mots totalité et infinie ne s'excluent-ils pas ? Une totalité est représentée par un nombre, et l'on ne saurait concevoir un nombre infini. L'universalité de la loi comprend en effet une totalité, puisqu'elle embrasse, sans en excepter un, tous les faits du même genre, dans l'espace et dans le temps. Mais c'est une totalité indéfinie. Si l'on n'y joint pas la notion de ses limites, c'est qu'on les ignore ; de là, la nécessité de laisser le champ toujours ouvert, pour ainsi dire, afin que les cas possibles puissent y trouver place. L'idée du possible est exclue de celle d'infini. L'infini est achevé et parfait, il ne se fait pas, il est ; il est tout réel et ne reçoit pas du possible une étendue effective nouvelle. Or, par là même que la loi règne

---

(1) *Log.*, II, p. 60.
(2) *Log.*, II, p. 75.
(3) *Log.*, II, p. 62.
(4) *Log.*, II, p. 76.

dans le temps, la totalité qu'elle enferme ne saurait être actuellement réalisée ; elle s'augmente toujours, elle est en fonction de la durée. L'esprit l'achève, non pas d'une manière réelle, mais d'une manière idéale, en y ajoutant cette notion du possible qui supplée à l'ignorance, puisqu'elle indique, non ce qui est, mais ce qui peut être ou n'être pas. De plus, tandis que nous ne pouvons concevoir aucune borne à l'infini, puisqu'il est de son essence de n'en avoir point, nous ne trouvons aucune impossibilité à concevoir comme déterminée la multitude, la totalité des faits qu'enferme la loi. Il suffit pour cela de concevoir la fin du monde où règne cette loi, la fin du changement et de la durée. Dès lors, la totalité est close, l'universalité a atteint sa borne. La notion d'universel n'est donc pas équivalente à celle d'infini. Elle exprime l'impossibilité pour l'imagination d'atteindre des limites que conçoit cependant la raison ; elle est donc en partie négative, tandis que l'idée d'infini est tout entière positive.

D'ailleurs, chaque loi n'enferme qu'un seul point de vue de l'esprit à l'égard de la réalité ; elle représente la connaissance de la norme de certains rapports. Elle est relative à un ordre de faits déterminés, considérés tous sous un aspect particulier. Son universalité n'est donc pas absolue ; on n'est pas arrivé encore à découvrir la loi unique d'où, peut-être, dérivent les lois secondaires. Obtiendrait-on, du reste, une loi supérieure, elle serait encore bornée au monde donné. Mais, en fait, la science admet plusieurs lois universelles quant à leur domaine propre, plusieurs universels par conséquent ; ce qui est assez dire que la loi n'est pas infinie. Il ne saurait y avoir plusieurs infinis ; l'infini est unique et absolu, aussi bien qu'actuellement réalisé.

La loi, dont l'universalité n'égale pas l'infini, se présente-t-elle comme nécessaire ? Sans doute, la loi, qui porte sur un rapport entre deux faits ou deux groupes de faits, par exemple, exprime une liaison nécessaire ; elle signifie que, si tel phénomène est donné, tel autre se produira nécessairement. Mais la réalité de cette nécessité est subordonnée à celle des termes dont elle exprime la liaison ; c'est en eux que le savant découvre la loi qu'ils réalisent, et pour qu'il y ait une loi connue par l'esprit humain, il faut qu'il y ait déjà des êtres avec leurs caractères, leurs propriétés. Dégagée du donné, elle est relative au donné : le rapport qu'elle signifie dépend de la nature des choses. Supposé qu'elles changent dans leurs caractères essentiels, leurs modes de liaison changent aussi. La loi ne fait pas les choses ce qu'elles sont, elle exprime ce qui résulte de leur existence ; elle ne produit pas la stabilité de la nature, elle la constate ; elle est la traduction en langage logique de ce qui se passe en fait dans le monde sensible. « Les lois sont le lit où passe le torrent des faits ; ils l'ont creusé, bien qu'ils le suivent. En réalité, les rapports logiques objectifs ne précèdent pas les choses ; ils en dérivent et ils pourraient varier si les choses elles-mêmes venaient à varier en ce qui concerne leurs ressemblances et leurs différences fondamentales ». (1). La nature est contingente, comme le dit Gratry. Par quoi il faut comprendre qu'elle pourrait non seulement ne pas être, mais être autrement. Dès lors, les lois présentes feraient place à d'autres lois, les rapports actuels à d'autres rapports. Si la nature est contingente, les lois, qui expriment le point de vue de l'entendement à l'égard de cette nature, le sont aussi. Elles signifient une nécessité conditionnée par ce qui est, mais dont est indépendant ce qui pourrait être.

Il y a plus : la loi, dans sa formule rigide, n'est pas égale à ce qui est ; la réalité la déborde. Les êtres tels qu'ils sont échappent en partie à son étreinte. « Les Révolutions même des astres qui apparaissent si uniformes, n'ont pas des périodes absolument identiques. La loi fixe recule devant l'observateur » (2). « Si le savant attend, pour ériger ses formules en principes, qu'elles soient adéquates à la réalité, il voit fuir devant lui l'objet de ses recherches à mesure qu'il en approche ; la perfection même des méthodes et des instruments d'investigation ne fait que le convaincre de plus en plus du caractère purement approximatif des résultats qu'il obtient » (3). Ainsi, il y a dans les choses une certaine indétermination qui se dérobe à la loi ; celle-ci n'est donc point le moule inflexible où la réalité doit se couler, sous peine de n'être point, mais le schème où l'esprit humain s'efforce de résumer les principaux aspects de cette réalité. Nous ne lui trouvons donc pas le caractère d'une nécessité absolue qui précèderait les êtres et s'imposerait à eux ; elle apparaît au contraire comme subordonnée à la

---

(1) BOUTROUX, *La contingence des lois de la nature*, p. 45.
(2) BOUTROUX, op. cit., p. 68.
(3) BOUTROUX, op. cit., p. 36.

nature des choses et comme débordée « par un principe de changement absolu, de création proprement dite » (1).

Le monde, avec la contingence irréductible que la science y découvre, ne se présente pas comme la conséquence des lois mêmes de l'entendement divin, mais comme l'effet d'une cause libre. Si la loi est nécessaire absolument parlant, cette loi en effet domine la cause et l'assujettit à sa nécessité, ou, même, elle se confond avec cette cause ; mais si la loi n'est point nécessaire, c'est la cause qui domine la loi, qui en est la raison et l'origine. Dès lors, la raison qui saisit la loi ne saisit pas Dieu lui-même, comme le prétend Gratry, mais l'effet fini de sa puissance infinie.

La théorie des Idées ne saurait conférer à la loi les caractères d'infinité et de nécessité qu'elle ne présente point. Elle peut être, elle est, en effet, une pensée divine, car Dieu, qui connaît le monde, en connaît assurément les conditions ; Dieu, qui crée les êtres, établit tous leurs rapports. Mais cette loi, même en tant qu'idée divine, n'est pas nécessaire absolument, puisqu'elle est librement produite par la cause dont elle dépend. Gratry, revenant sur ses affirmations, reconnaît d'ailleurs dans une note ajoutée à sa *Logique* (2), que les lois de la nature ne sont pas marquées d'un caractère de nécessité absolue. Il s'efforce de reprendre l'assertion posée (3) : « La nature est contingente, ses lois ne le sont pas » ; il admet que les lois sont contingentes, puisque la nature elle-même est contingente : Dieu eût pu lui imposer d'autres lois et il peut, quand il le veut, en superposer à celles qui existent.

Mais cette explication, ou plutôt cette rétractation trop rapide, placée en marge de la théorie, la laisse subsister. Il faudrait d'ailleurs reconnaître aussi que la loi n'est pas infinie, puisqu'elle se rapporte à un monde fini. Sans cela, on devrait accorder que le monde est infini, puisqu'il est aussi une pensée divine. Mais la loi, effet de Dieu, ne fait point partie de la nature divine. Ne savons-nous pas que l'effet produit par la cause peut être moindre que la cause, et différent ? Sans participer lui-même aux limites et aux changements, Dieu peut penser le monde et ses lois,

---

(1) BOUTROUX, op. cit., p. 158.
(2) *Log.*, I, XVII (2ᵉ éd.).
(3) *Log.*, II, p. 60.

bornés et contingents, comme il peut les créer dans le temps et l'espace sans sortir de son éternité et de son immensité.

Le but de l'induction scientifique est donc différent de celui de l'induction dialectique ; elle n'est pas le nécessaire, l'infini, l'absolu. La méthode de recherche du savant diffère aussi de celle du métaphysicien. Sans doute, le savant parvient à la loi par la force de son esprit qui dégage l'essentiel de l'accidentel et va à l'universel à partir du singulier ; mais, encore, il s'aide d'observations attentives, d'expériences bien conduites, qui, inspirées par l'intelligence, la guident en même temps dans ses conclusions. Le contact de l'esprit et des faits est longtemps maintenu. Le savant compare sans cesse l'idée aux faits ; il la vérifie, il la mesure pour ainsi dire aux données expérimentales, afin qu'elle les traduise aussi exactement qu'il est possible. La méthode scientifique se tient donc proche des faits : elle ne s'en éloigne que pour y revenir ; elle ne s'élance loin de l'expérience que pour mieux la saisir et l'embrasser. Telle est la méthode de Képler, et Gratry lui-même nous en montre la recherche laborieuse, les tâtonnements, les recommencements. Est-ce ainsi que procède le philosophe qui démontre l'existence de Dieu ? Il part aussi du monde sensible, c'est vrai, mais l'observation tient peu de place dans son raisonnement et l'expérimentation ne saurait en avoir aucune. C'est qu'il ne cherche pas, comme le physicien, un rapport entre des faits ; il prétend atteindre un objet qui n'a pas de commune mesure avec ceux qui lui ont servi de point de départ. Dès lors, comment le ramènerait-il, cet objet transcendant, aux données expérimentales, pour le contrôler et le calculer par elles ? Aussi, après être parvenu, à partir du monde, à affirmer l'existence de Dieu, on ne saurait déduire le fini de l'infini, l'univers de Dieu. Dieu n'est pas lié au monde comme un phénomène à un autre phénomène ; il n'est pas un rapport à découvrir, même universel, mais l'explication de tous les rapports. Ce n'est pas comme loi que le métaphysicien cherche Dieu, mais comme cause, et la cause première, c'est-à-dire essentiellement libre et indépendante. Comme le dit Caro, « il faut se garder de confondre le lien vivant et réel de la causalité divine avec le lien purement logique et abstrait de la raison des choses ou de la loi. En un sens, il est bien vrai que Dieu est la raison des choses, puisque la substance même des choses se fonde sur son acte et que leur développement se règle par sa pensée ; mais cet acte, cette pensée sont causes transcendantes, c'est-à-dire distinctes de la série des effets » (1).

L'examen du procédé dialectique et de l'induction scientifique, au point de vue logique, en montre aussi la différence. L'induction scientifique a en effet un caractère spécifique très net ; elle consiste dans la généralisation d'un rapport dégagé par la raison des données de l'expérience. Cette induction a été préparée par l'abstraction qui écarte, aidée, mais non suppléée par l'expérimentation, tout ce qui, dans les phénomènes, n'intéresse pas le rapport cherché. Elle ne considère donc pas les faits dans leur entier et ne retient pas tout ce qu'il y a de réel, de positif en eux, mais seulement un mode de liaison, qui n'est qu'une faible partie de la réalité totale. La loi résulte donc d'une vue restreinte et appauvrie du réel ; elle est le point de vue rationnel des faits ; elle les exprime en tant qu'intelligibles. Et la raison, pour les comprendre, ne doit les considérer qu'en partie et successivement sous différents aspects. L'avantage de ce procédé, c'est d'assurer l'extension de la loi et de lui permettre d'embrasser un grand nombre de faits. De plus, si la raison, pour formuler la loi, s'élève au-dessus de l'expérience et passe du particulier au général, cet universel est du même ordre que ce particulier ; ce particulier est un rapport, entre deux phénomènes par exemple, la loi est l'universalisation de ce rapport. Aussi pourra-t-on déduire les phénomènes de la loi après avoir induit celle-ci de ceux-là.

Le procédé dialectique présente de tout autres caractères. La connaissance à laquelle il parvient n'est pas seulement plus générale, plus extensive que le fait dont il part ; elle en diffère par sa valeur. Si, en effet, l'abstraction intervient ici, ce n'est point l'abstraction logique, qui élimine de l'objet de l'expérience l'accidentel, c'est-à-dire ce qui fait l'individualité et une partie de la réalité de l'être. La méthode d'abstraction rationnelle, de négation, dont se sert le procédé dialectique, efface au contraire tout ce qui diminue l'être, l'appauvrit et le restreint ; elle retranche dans le donné, non pas ce qui en fait la réalité, mais ce qui empêche cette réalité d'être absolument pleine et entière ; elle supprime toute condition, toute limite que lui révèle l'observation et la comparaison, et saisit dans l'être ce qu'il y a de positif. C'est ainsi

---

(1) CARO. *Idée de Dieu*, p. 495.

que l'esprit s'élève à la plus riche, à la plus compréhensive de toutes les notions. Cette notion n'a rien d'une généralisation qui enferme une multitude d'êtres ou de faits dans son extension; elle n'a rien d'universel ; elle est au contraire très particulière, elle est unique, car elle convient à un seul être, à l'être absolu et parfait.

Lorsque Gratry parle de ce procédé de la raison qui, « à partir du point de départ, s'élève à une idée plus grande que le point de départ » (1), ne confond-il pas l'extension de l'idée et la compréhension, l'extension, plus grande, pour ainsi dire, en valeur logique, puisque, par elle, la raison embrasse d'un coup d'œil une multitude d'êtres, de faits ; la compréhension plus grande en réalité, plus riche, plus pleine en tant qu'idée, puisqu'elle enferme non pas une certaine vue des êtres, mais la vue de l'être, et, si c'est celle de Dieu, la vue de l'être doué de toutes les perfections.

Si donc la recherche et la connaissance de Dieu sont, comme celles de la loi, l'œuvre de la raison, il ne semble pas qu'elles atteignent ce but différent par une méthode semblable. L'analogie est toute superficielle : elle ne tient pas devant l'analyse. Sans doute, si l'on comprend sous le nom d'induction tout mouvement de l'esprit vers une explication de plus en plus complète du connu, il faut évidemment l'étendre à l'acte de l'intelligence qui connaît et affirme Dieu ; il constitue l'effort ultime dans ce sens. Mais il faut alors se souvenir que cette explication ne diffère pas seulement d'étendue, mais de nature avec les autres. La loi explique le monde seulement en ce sens qu'elle exprime les rapports généraux des choses ; elle est une prise de possession par la raison de ce qu'il y a d'intelligible dans le monde ; elle ne fonde aucune réalité ; elle en résulte. Dieu est l'explication suprême du monde, non parce qu'il en résume l'ordre et l'harmonie, mais parce qu'il la fonde ; il est la raison dernière des choses, non pas parce qu'il est le point de vue le plus général de leurs rapports, mais l'origine de leur existence, la cause première et la souveraine réalité.

Le procédé dialectique diffère donc de l'induction scientifique. Diffère-t-il du procédé infinitésimal avec lequel Gratry l'assimile aussi ? Il tient davantage peut-être à cette comparaison du pro-

---

(1) Sur un article de M. Saisset. *Correspondant*, 25 octobre 1855, p. 39.

cédé géométrique et du procédé métaphysique, et affirme qu'il y a entre eux, non pas une vague analogie, mais « une entière identité » (1).

Qu'est-ce en effet que le procédé infinitésimal appliqué par Leibniz à la géométrie ? Son but, « c'est de connaître l'essence des formes, leur nature, leur caractère (2). Mais, il ne s'agit pas des formes imparfaites qui existent dans la nature où l'on ne rencontre « aucune forme mathématique absolue » (3), où les lignes et les surfaces des cristaux, par exemple, ne sont ni absolument droites, ni absolument planes, ni surtout continues, mais formées de points espacés, en nombre fini, approximativement rangés en surfaces planes et en lignes droites » (4). Il faut analyser les formes géométriques parfaites, continues, rigoureusement mathématiques. Or, que sont de telles formes qui n'existent pas dans la nature ? « Un cercle parfait et continu est, non une réalité naturelle, mais une idée, idée abstraite pour notre esprit, mais qui a sa réalité en Dieu et en Dieu seul, en qui est tout ce qui est parfait et absolu » (5).

Ce sont donc ces idées absolues, ces figures parfaites, « qui portent sous toutes les faces et sous tous les points de vue le caractère de l'infini » (6), qui sont l'objet du calcul infinitésimal. Celui-ci se propose donc « d'analyser l'infini » (7), « d'entrer par la pensée dans la nature intime de ces formes parfaites » (8). L'analyse infinitésimale, étant donnée une courbe quelconque, « prétend trouver la loi intime de sa génération, c'est-à-dire la loi de passage d'un point au point suivant » (9). « En d'autres termes, le rapport de deux points contigus, rapport toujours le même entre tous les points contigus de la courbe et qui fait justement l'unité, le caractère, la loi ou l'élément de la courbe donnée » (10). Qu'est-ce

---

(1) *Log.*, II, p. 90.
(2) *Log.*, II, p. 97.
(3) *Log.*, II, p. 97.
(4) *Log.*, II, p. 97.
(5) *Log.*, II, p. 93.
(6) *Log.*, II, p. 99.
(7) *Log.*, II, p. 99.
(8) *Log.*, II, p. 99.
(9) *Log.*, II, p. 109.
(10) *Log.*, II, p. 99.

que deux points géométriques contigus ? Ils ne peuvent être distincts dans l'espace et séparés par un intervalle fini, quel qu'il soit, car y il aurait entre eux une infinité de points, puisque tout intervalle est divisible à l'infini ; il ne peut y avoir d'intervalle entre eux : ils coïncident donc, et « c'est ce rapport et cette distinction idéale, non réalisable par l'espace, ce rapport de deux points contigus, qui sont inséparables et indivisibles, c'est là ce qu'il faut analyser » (1). Mais comment saisir ce continu, cet indivisible, cet infini ? On y arrive au moyen du fini, qui ressemble à l'infini, moins son caractère d'infini. Le procédé infinitésimal analyse donc le fini ; puis, « par un procédé d'élimination qui chasse, qui anéantit tout ce qui tient du fini dans le résultat obtenu, on affirme que ce résultat ainsi modifié est vrai pour le continu, l'indivisible et l'infini » (2).

Ainsi la formule générale $f'x + X \Delta x$, applicable à toutes les courbes possibles, exprime la relation de deux points séparés par une distance finie. Or, elle se compose de deux termes, l'un : $f'x$, qui ne varie pas lorsque les deux points se rapprochent ; l'autre : $X \Delta x$, qui diminue à mesure que leur distance diminue et s'annule rigoureusement lorsqu'ils se touchent. « L'anéantissement du second terme transporte notre pensée dans l'invariable, dans l'infiniment petit, en dehors de la discontinuité, dans la continuité, en dehors de la quantité variable, dans l'infini » (3). Or, ce procédé infinitésimal n'est-il pas exactement le même procédé que celui par lequel on démontre l'existence de Dieu et de ses attributs ? Gratry y retrouve des caractères identiques. « Regarder le fini pour connaître l'infini ; prendre le fini pour exemple ou signe de l'infini ; distinguer dans ce fini ce qui est essentiel, réel et positif, comme s'exprime aussi Descartes, de ce qui n'est que la limite, limite qui s'évanouit à mesure que la pensée s'élève vers l'infini et qui s'annule quand elle y touche ; limite qui en s'annulant introduit par cela même le caractère de l'infini dans la notion qu'on avait tirée du fini, voilà tout le procédé géométrique infinitésimal. C'est là tout le procédé métaphysique : l'identité est manifeste » (4).

---

(1) *Log.*, II, p. 100.
(2) *Log.*, II, p. 103.
(3) *Log.*, II, p. 114.
(4) *Log.*, II, p. 117.

Un semblable rapprochement entre la métaphysique et les mathématiques devait tenter un philosophe mathématicien, un esprit avide d'unification et de synthèse. En effet, la géométrie, avec sa précision, sa rigueur, semble offrir à l'esprit la certitude la plus claire, la plus indiscutable. Quel avantage donc pour la Théodicée, si l'on parvient à montrer que sa méthode est la même que celle de la géométrie, et que l'une et l'autre de ces sciences atteignent de la même manière le même but. Et aussi, quel progrès réalisé dans la voie de la science comparée par la constatation de cette identité.

Si cette théorie, qui témoigne d'un esprit hardi, peut paraître séduisante à première vue, ne pêche-t-elle point pourtant par la base ? Ne confond-elle pas deux ordres de vérités bien différents ?

La première objection que l'on pourrait en effet adresser à Gratry est celle du caractère idéal de l'infini mathématique qui s'oppose à l'objectivité que la raison accorde aux conceptions métaphysiques. Cette objection, il la prévoit et la prévient en la posant.

« L'infini mathématique, affirme-t-il, est une abstraction. » Mais, cependant, il ne renonce pas à conférer à cette notion une réalité hors de la pensée. « C'est une idée, une idée, dis-je, et c'est assez, s'écrie-t-il. Et si tout idéal est réel, c'est une réalité. Mais, serait-ce une réalité qui existe dans la nature ? Je réponds non, si par nature on entend la nature créée. Je réponds oui, s'il s'agit de la nature incréée. Oui, à l'idée que nous avons de l'infiniment grand et de l'infiniment petit correspond une réalité qui existe dans la nature des choses, en Dieu, dans l'infini réel et actuel » (1).

Ainsi, l'objectivité qui semble d'abord manquer à l'infini géométrique, lui est attribuée grâce à un recours à la théorie des Idées. Notre esprit, qui atteint en géométrie l'infini, atteint une idée qui a sa réalité en Dieu, de même que, dans les sciences, la raison qui découvre la loi saisit par là même l'idée divine. Mais l'idée d'infini géométrique n'a pas le même caractère ni la même origine que les lois de la nature. Ce caractère, cette origine permettent-ils de lui attribuer l'objectivité ou ne lui donnent-ils qu'une valeur logique ? Les lois de la nature sont tirées par l'in-

---

(1) *Log.*, II, p. 125.

telligence de l'étude du monde sensible ; ce sont des notions explicatives, abstraites du réel, du déjà fait. Les notions mathématiques ne sont pas abstraites des objets ; la nature ne nous fournit ni nombre ni figures parfaites, comme le remarque du reste Gratry : ces nombres, ces figures ne proviennent pas d'une abstraction qui opère seulement un choix dans les données de l'expérience, mais ne peut rien leur ajouter : ils sont l'œuvre de l'esprit qui les construit et les crée. Leurs propriétés dérivent de leurs lois de génération. Or, ces lois sont idéales ; c'est l'esprit lui même qui les pose ; elles sont fondées sur des hypothèses qui écartent les difficultés qu'opposeraient les conditions physiques. La rigueur absolue des conclusions mathématiques provient de la liaison logique des notions qui s'enchaînent, à partir d'un petit nombre d'éléments conventionnels et de définitions, qui expriment les lois de génération des figures et des nombres au moyen de ces éléments. Les mathématiques ne doivent donc rien à l'expérience, si ce n'est une occasion et un stimulant. Elles sont un vaste et superbe monument logique dont tous les matériaux sont purement idéaux ; ils sont faits par l'esprit et combinés suivant ses lois. Si donc l'idée d'infini se rencontre en mathématique, elle aura une forte valeur logique, elle sera rigoureusement liée aux principes, aux hypothèses mathématiques ; mais, aurons-nous le droit de lui donner une réalité hors de la pensée qui la fonde et d'y voir autre chose qu'un pur concept ? Dira-t-on « que tout idéal est réel au moins en Dieu, qu'à toute idée vraie et claire dans l'esprit correspond une réalité », de telle sorte que, si nous ne la rencontrons pas dans le monde sensible, nous sommes cependant assurés de son existence dans un autre monde et un domaine supérieur ? Mais la vérité logique, c'est-à-dire la cohérence, l'absence de contradiction ne suffit pas, ni la clarté, pour assurer la réalité hors de l'esprit de l'objet conçu par lui. Et, d'autre part, la raison humaine ne peut saisir des idées divines que ce qui lui en apparaît par le moyen des réalités sensibles. On ne saurait donner à la raison le pouvoir d'atteindre les idées de ce que Gratry appelle « la nature incréée », c'est-à-dire les pensées que Dieu n'a pas manifestées, qu'il garde dans le secret de sa toute-puissance. Il ne suffit donc pas qu'une idée soit formée suivant les lois de l'entendement pour correspondre à un objet existant ; il faut encore qu'elle ait son point de départ, non pas en des idéalités simples possibles, mais en quelque réalité. Gratry n'a-t-il pas remarqué lui-même que la valeur des conclusions dépend de leur point de départ, et que, si celui-ci est un pur possible, on aboutit à une pure possibilité ? Or, les mathématiques se préoccupent seulement d'assurer la possibilité de leurs notions, leur rigoureuse valeur logique ; mais leur valeur objective, et par conséquent celle de l'infini mathématique, reste à prouver.

C'est ce que Gratry s'efforce de faire. Il essaye de rattacher cette notion à des faits. Il prête aux infiniment petits, non seulement une existence rationnelle, mais une sorte d'activité réelle. Ils sont « les principes du mouvement, de l'étendue, de la durée » (1), tout en restant au-dessus de ce mouvement, de cette durée, de cette étendue. Ils n'existent pas dans le créé, mais ils ont une action sur ce créé ; ils en sont le germe, pour ainsi dire, l'élément. Cournot ne dit-il pas que la méthode infinitésimale, qui atteint ces infiniment petits, est « l'expression naturelle du mode de génération des grandeurs physiques qui croissent par éléments plus petits que toute grandeur finie » (2).

C'est ainsi que croît le temps, ainsi que procède le mouvement, comme le remarque M. Poisson : « Le temps croît par des degrés moindres qu'aucun intervalle qu'on puisse assigner, quelque petit qu'il soit. Les espaces parcourus par les divers points d'un corps croissent aussi par des infiniment petits, car chaque point ne peut aller d'un point à un autre sans traverser toutes les positions intermédiaires, et l'on ne saurait assigner aucune distance, aussi petite qu'on voudrait, entre deux positions successives » (3). Ainsi, le procédé infinitésimal « atteint le fond et le principe d'un phénomène concret, réel, actuel, savoir le mouvement » (4). « Un être concret qui avance dans le temps et l'espace traverse réellement l'infini » (5), puisque la durée et l'espace sont divisibles à l'infini. La terre, par exemple, traverse cet infini du temps et de l'espace dans sa course annuelle ; après l'avoir accomplie, « elle a manifestement traversé tous les moments indivisibles de

---

(1) *Log.*, II, p. 126.
(2) Cournot, t. I, p. 86, cité par Gratry, op. cit., p. 128.
(3) Poisson, *Traité de mécanique*, t. I, p. 14, 2ᵉ éd. Cité par Gratry, op. cit., p. 129.
(4) *Log.*, II, p. 126.
(5) *Log.*, II, p. 129.

l'année et tous les points de son immense ellipse en nombre réellement infini. Il n'y a pas là seulement un temps abstrait, ni une ellipse abstraite et idéale ; il y a là un temps réellement écoulé dans tous ses points indivisibles et continus ; il y a une ellipse d'une grandeur donnée, réellement et continûment parcourue par un être concret. Voilà donc l'infiniment petit réel et actuel, vivant et agissant et comme rendu visible aux yeux » (1).

Gratry semble ici bien loin de son affirmation : « l'infiniment petit est une idée ». Maintenant, il le *sent*, il le *voit* presque ; il le déclare *vivant* et *agissant*. L'infiniment petit n'est pas seulement une idée de l'homme, qui répond à une idée en Dieu ; il répond à un objet hors de nous : « Il y a ici une réalité extérieure, l'éllipse réellement parcourue par la terre point par point ; ellipse dans laquelle, ou plutôt sous laquelle, une infinité absolue de points, c'est-à-dire d'éléments infiniment petits, existent en effet » (2). Et Gratry affirme encore que, sous l'étendue comme sous la durée, coexistent simultanément l'infiniment grand et l'infiniment petit, l'infini en simplicité, l'infini en immensité, réellement, actuellement et objectivement existant (3). On ne saurait être plus explicite : l'existence de l'infini mathématique est objective. On peut la saisir dans le réel d'où elle avait d'abord paru absente, mais où la révèlent le mouvement, la durée, l'espace, qui tous impliquent l'infini. Si cela est, il est possible d'admettre que l'infini, qui correspond à des réalités concrètes hors de nous, est une idée que nous saisissons réalisée dans la nature créée. L'infini mathématique cesse d'être une notion purement logique ; la raison l'atteint non plus seulement comme un concept formé par elle à partir de certaines hypothèses, mais à la fois comme une notion objective, ayant son fondement dans des réalités extérieures, et comme la manifestation d'une idée divine.

Mais Gratry ne s'est-il pas élevé contre cette existence objective de l'infini géométrique ? N'a-t-il pas dit que l'infiniment grand et l'infiniment petit n'existaient pas dans la nature créée, mais dans la nature incréée ? Il a protesté contre Leibniz qui

---

(1) *Log.*, II, p. 130.
(2) *Log.*, II, p. 147.
(3) *Log.*, II, p. 148.

prétend que la matière est actuellement divisible à l'infini. « Il est facile de lui prouver, dit Gratry, qu'il est dupe d'une imagination et qu'il confond la matière concrète avec l'étendue intelligible, seule divisible à l'infini par la pensée et par la pensée seulement » (1). D'où vient donc cette contradiction, au moins apparente, dans la théorie de Gratry ? C'est que, tandis qu'il reconnaît que la géométrie pure ne saurait atteindre l'infini concret, il pense que la géométrie appliquée peut l'atteindre. « Il n'y a pas seulement la géométrie pure, il y a la géométrie appliquée aux mouvements, au temps, à l'espace. Et ici l'analyse infinitésimale démontre que sous les phénomènes du mouvement, du temps et de l'espace, il y a l'infini, non plus abstrait, mais réellement et actuellement existant » (2). Mais la nature des mathématiques ne s'élève-t-elle pas contre cette affirmation ? Ce n'est pas des phénomènes concrets qu'elles s'occupent ; elles n'analysent pas l'étendue, le mouvement, la durée réels. « Les mathématiques appliquées ne sont au fond qu'un ensemble d'objets analytiques auxquels s'adaptent telles ou telles illustrations physiques ». « L'élément mathématique de toute science appliquée est exclusivement analytique, mais donne lieu à une évocation continuelle de certaines images ou apparences physiques » (3).

La géométrie appliquée, comme la géométrie pure, est enfermée dans des notions abstraites, et les considérations infinitésimales ne s'appliquent pas aux choses physiques. Si donc le mouvement peut servir à démontrer l'existence de Dieu, ce n'est pas parce que le calcul infinitésimal y découvre l'infini. Si l'on suppose que cet infini soit atteint, ce n'est, en tout cas, que dans le mouvement conçu par l'esprit, c'est-à-dire dans l'objet analytique du raisonnement mécanique, non dans le mouvement réel qu'exécutent des êtres concrets ; il n'existe que comme idée pure. Or, c'est comme fait réclamant une cause que le mouvement des corps conduit à affirmer l'existence du premier moteur. La preuve d'Aristote ne saurait donc recevoir aucune force nouvelle de l'intervention du calcul infinitésimal, comme le prétend Gratry. Le passage de la puissance à l'acte est un phénomène réel qui

---

(1) *Log.*, II, p. 128.
(2) *Log.*, II, p. 181.
(3) Riquier, *Revue de Métaph. et de Morale*, 1893, pp. 368-369.

réclame un agent réel. En transposant ces notions concrètes dans la sphère idéale des mathématiques, on ne rend pas l'explication plus claire, on la rend moins forte en la faisant purement logique.

Dira-t-on que tout se passe dans la nature comme si cet infini mathématique existait ? Tout se passe ainsi, soit, mais dans la région de l'idée pure, d'où ne sortent pas les mathématiques, et non dans celle du monde sensible, dont elles ne s'occupent point. Car les lois des mathématiques étant celles du possible, non celles du réel, elles laissent en dehors de leurs considérations les imperfections des choses que n'embrassent pas les formules ; l'accord entre ces formules et l'expérience n'est jamais qu'une approximation, une tendance vers la limite idéale que les objets eux-mêmes ne sauraient ni atteindre ni réaliser.

Ainsi donc, en admettant que l'on rencontre en mathématique quelque notion d'infini, cet infini purement logique sera totalement différent de l'infini métaphysique, concret et vivant, et nous ne saurions invoquer la conception de celui-là pour légitimer celle de celui-ci ; car le premier sera un pur possible, lié à d'autres possibles ; le second est conçu à partir de la réalité dont il exprime la plénitude et explique l'existence.

Mais encore, cet infini géométrique existe-t-il, même idéal, et peut-on dire que les mathématiques atteignent un infini logique, soit, mais véritable ? Cet infini dont elles s'occupent, assure Gratry, ne serait-il pas l'indéfini, c'est-à-dire le fini indéfiniment croissant ou décroissant ?

« Les mathématiques ont pour objet la grandeur et n'en sortent pas, disait M. Saisset au P. Gratry. Or, la grandeur a une propriété inhérente à sa nature, c'est de pouvoir être toujours multipliée ou divisée. Voilà l'origine de l'infiniment grand et de l'infiniment petit. Dans le cas d'un polygone, c'est tout simplement que le côté de ce polygone peut être indéfiniment diminué. De même, concevoir un infiniment grand, c'est concevoir qu'à mesure qu'on diminue les côtés du polygone, on fait croître indéfiniment le nombre de ses côtés » (1).

Non, répond le P. Gratry, les deux infinis mathématiques ne sont pas des grandeurs ; ils sont en dehors de la grandeur ; c'est ce que prétendent et Leibniz et Pascal. Pour Pascal, toute grandeur

---

(1) E. SAISSET, *Revue des Deux Mondes*, 1er sept. 1855.

indéfiniment croissante ou décroissante est « toujours infiniment éloignée des deux infinités » (1). Pour Leibniz « les deux infinités sont les deux extrémités de la quantité, non renfermées dans la quantité, mais en dehors de la quantité » (2). Mais peut-être pourrait-on objecter ici à Gratry que, si Pascal place en effet l'infini mathématique en dehors de la quantité, Leibniz a cependant une opinion différente. « Tout nombre, dit-il, est fini et assignable ; toute ligne l'est de même et les infinis ou infiniment petits n'y signifient que des grandeurs qu'on peut prendre aussi grandes ou aussi petites que l'on voudra, pour montrer qu'une erreur est moindre que celle qu'on a assignée, c'est-à-dire qu'il n'y a aucune erreur ; ou bien l'on entend par infiniment petit l'état de l'évanouissement ou du commencement d'une grandeur, conçue à l'imitation des grandeurs déjà formées » (3).

Cette affirmation prouve clairement que, pour Leibniz, l'infini mathématique représente encore la grandeur, c'est-à-dire l'indéfini. Toute quantité est en effet susceptible d'une croissance ou d'une décroissance indéfinie. Mais, pour Gratry, pour Pascal, l'infini mathématique n'est pas cette grandeur indéfiniment divisée, ce nombre indéfiniment multiplié qui marchent sans cesse vers l'infini sans l'atteindre. L'infini mathématique est la limite à laquelle la quantité ne peut plus croître ni décroître ; tant que l'infini n'est pas atteint, le mouvement vers la limite peut être poursuivi et a toujours les mêmes raisons de se poursuivre. Une fois l'infini atteint, il n'y a plus de quantité, plus d'accroissement possible : l'indéfini s'arrête à l'infini. Dans l'exemple du polygone, l'infiniment grand, ce n'est pas le nombre des côtés du polygone, qui grandit toujours, mais qui ne peut devenir infiniment grand ; l'infiniment petit n'est pas cette grandeur de chacun des côtés, qui ne peut jamais devenir infiniment petite ; l'infiniment grand et l'infiniment petit sont cette limite à laquelle tendent, sans jamais la toucher, le nombre croissant des côtés du polygone et la grandeur décroissante de chacun des côtés.

Ainsi, Gratry affirme que l'infini mathématique est différent de l'indéfini, de la quantité, et que l'esprit le saisit au-delà de cette

---

(1) *Correspondant*, 25 octobre 1855, p. 41.
(2) *Correspondant*, 25 octobre 1855, p. 41.
(3) LEIBNIZ. *Discours de la conformité de la foi et de la raison*, p. 70.

quantité indéfiniment croissante ou décroissante, grâce à une certaine vue transcendante de la raison sans laquelle, selon le mot de Pascal, on n'est pas géomètre. Et, en effet, tandis que la quantité demeure toujours susceptible de variations, l'infini mathématique se présente comme soustrait aux vicissitudes du nombre et de la grandeur et a pour caractère d'être immobile, invariable. Mais, s'il apparaît comme différent, sous ce rapport, de la quantité, c'est bien à la quantité qu'il doit son origine et, de plus, il fonctionne comme une quantité.

En effet, « l'objet mathématique, c'est la quantité. Or, une quantité peut être représentée soit par la notation arithmétique, c'est-à-dire par la notation chiffre, soit par la notation algébrique, c'est-à-dire par la notation lettre. Dans le premier cas, la quantité est considérée comme abstraction faite de son espèce, mais non de sa valeur ; dans le second cas, elle est considérée comme abstraction faite et de son espèce et de sa valeur, à l'état de pure essence que rien ne détermine ni ne limite. En tout cas, sa nature n'est jamais spécifiée, quand même sa valeur l'est » (1). C'est à cette catégorie de représentations qu'appartient l'infini mathématique. Et il n'est pas supérieur à la quantité, différent de la quantité, mais abstrait de la quantité. Considérons l'exemple même donné par Gratry. Comment parvient-on à l'infiniment petit ? Est-ce en sortant du point de départ pour atteindre une notion différente et transcendante ? Nullement. « Le procédé infinitésimal part d'un rapport variable et complexe pour arriver à un rapport simple et invariable. En effet, son point de départ est la valeur de l'angle que fait la sécante d'une courbe avec une droite donnée ; son but est de tirer de cette valeur, qui varie avec la distance des points d'intersection, la valeur invariable de l'angle de la tangente. Donc, le résultat que poursuit le procédé infinitésimal n'est pas d'atteindre une réalité distincte de son point de départ, puisque, si l'élément invariable qu'il cherche n'était pas enfermé dans les équations variables où il le cherche, aucune transformation ne pourrait l'en faire sortir » (2).

Ainsi, partis d'un rapport (f'x + X Δ x) de distance et de

---

(1) LE ROY et VINCENT, *Revue de Métaph. et Morale*, 1894, p. 529.
(2) RAMIÈRE, *Études de théol., de philos. et d'hist.*, première série, t. II, pp. 121-122.

situation, c'est-à-dire d'un rapport où intervient la quantité, nous aboutissons à un rapport de situation dans lequel la distance, c'est-à-dire la grandeur, est considérée comme nulle. Nous obtenons l'infiniment petit, f'x, par une abstraction qui vide la formule qui le représente analytiquement de tout contenu de quantité et en fait un symbole opératoire.

Car cet infiniment petit, obtenu à partir de la quantité, fonctionne comme une quantité, puisqu'il définit et détermine la quantité. Dans la formule que nous présente Gratry, ne le trouvons-nous pas comme le terme d'une somme (f'x + X Δ x) et ne voyons-nous pas que l'infini plus une quantité variable donne une autre quantité, la valeur de l'angle de la sécante ? Parfois, l'esprit restitue subrepticement à l'infini géométrique ce contenu de quantité qu'il lui a dénié. N'entendons-nous pas Gratry parler de « l'infini en grandeur ? » S'il n'admet pas que le nombre des côtés du polygone devienne infini, il accorde aux éléments infinitésimaux ce qu'il refuse aux côtés; il affirme « l'infinité actuelle des éléments du cercle » (1); en d'autres termes, leur nombre actuellement infini. Sans doute, le polygone ne devient pas cercle, mais la limite qu'il n'atteint pas, le géomètre la pose; est-ce que, comme le dit Gratry, le cercle n'est pas une notion géométrique aussi définie que le polygone ? Voilà donc l'infini placé dans un rapport exprimable par une mesure finie; voilà cet infini enfermé dans une donnée finie, puisque la notion du cercle suppose, nous dit-on, « l'infinité actuelle des éléments ».

Ainsi, l'infini mathématique joue le rôle de partie de la quantité, de multiple de la grandeur. Le résultat qu'on obtient par son intervention est toujours quelque chose de fini; il ne nous apparaît que comme une limite invariable de la quantité, non pas atteinte, mais posée par la raison.

La conception de l'infini mathématique est en effet réclamée par la divisibilité soit des nombres, soit des grandeurs. On conteste que cette divisibilité soit possible à l'égard des grandeurs. La grandeur en effet c'est l'actuel, et l'actuel « se conçoit comme objectif et comme fini; comme fini parce qu'il est donné et achevé; comme objectif parce que l'esprit, en se donnant une grandeur

---

(1) *Corresp.*, p. 46.

telle ou telle, s'impose à lui-même une limite et se fait, qu'il le sache ou non, dépendant du dehors » (1).

Mais cette divisibilité indéfinie, dont on peut contester la possibilité dans la grandeur donnée et définie, est possible à l'égard du nombre, qui traduit analytiquement la grandeur. L'esprit qui crée le nombre est le maître du nombre. Le nombre, c'est le potentiel qui s'oppose à l'actuel. « Or, le potentiel, c'est le subjectif, car il a sa raison non dans les choses, mais dans la pensée ; c'est aussi l'infini, car rien ne limite la pensée qui le crée et dont la vie n'est que le passage sans fin d'un acte à un autre » (2). L'infini mathématique, ou plutôt, l'indéfini, est l'œuvre de la pensée ; il procède de cette « vertu qu'a l'esprit d'ajouter toujours l'unité à l'unité » (3). Ces actes successifs restant toujours possibles, la quantité est toujours susceptible d'accroissement ou de diminution. Impossible donc d'atteindre les extrémités de cette quantité qui se fait à mesure qu'on en poursuit la fin. D'où la nécessité pour la raison de poser ces limites que l'entendement ne saurait atteindre parce que la loi de formation des quantités s'y oppose. La raison met fin, d'un acte, à cet indéfini. Elle pose devant la fuite incessante des nombres ces limites immobiles où s'arrête l'indéfini et qui expriment, non pas l'infini véritable, mais la fin approchée de la quantité considérée ; c'est l'infiniment petit très clairement conçu comme plus petit que toute quantité donnée ; l'infiniment grand, plus grand que toute quantité donnée. Qu'est-ce que cet infini ? Est-ce une réalité même idéale ? C'est une hypothèse dont le vrai nom est limite, et qui ne s'appelle infini que parce que la notion qu'elle pose apparaît comme soustraite à la loi de croissance et de décroissance des quantités, c'est-à-dire comme opposée à l'indéfini.

Il suffit que cette limite soit un signe capable de jouer un rôle donné dans la formule algébrique. On n'a pas besoin, pour s'en servir, d'en démontrer l'existence ni d'en analyser le contenu. On ne lui trouverait pas d'autre existence, d'ailleurs, et d'autre contenu, que celle de limite, de fin d'une progression numérique,

---

(1) EVELLIN. *La divisibilité dans la grandeur*. Rev. de M. et M., 1894, p. 143.
(2) EVELLIN. *La divisibilité dans la grandeur*. Rev. de M. et M., 1894, p. 143.
(3) EVELLIN. *La divisibilité dans la grandeur*. Rev. de M. et M., 1894, p. 142.

croissante ou décroissante, fin non atteinte par la progression, mais posée par la raison, dans la direction de cette progression.

L'infini mathématique n'est donc qu'une hypothèse qui n'a sa raison d'être et sa place que dans l'analyse. « Ainsi, par exemple, pour évaluer une aire curviligne, on intègre les aires de rectangles qui paraissent s'ajouter sans fin les uns aux autres. Mais il ne faut pas être dupe des mots. L'opération se fait sur des nombres et non sur des grandeurs. De même, la limite d'un polygone est un nombre et rien de plus. Qu'il y ait un moment où les côtés du polygone, diminuant toujours, les lignes deviennent points en même temps que le polygone circonférence, c'est ce qu'on ne saurait admettre ni même concevoir. » Aussi, « dire que le périmètre d'un polygone inscrit variable, dont le plus grand côté diminue indéfiniment, a pour limite la longueur de la circonférence, c'est substituer à la définition analytique de telle fonction et aux propriétés analytiques de telle variante, certaines images physiques qu'elles évoquent naturellement dans l'esprit » (1). Alors, on donne aux objets géométriques intuitifs les qualités qui n'appartiennent qu'au nombre. On parle de points inétendus, de pures surfaces, de pures lignes ; on croit opérer sur elles quand on n'opère que sur le nombre. Est-ce que le caractère et l'importance que Gratry donne à la notion d'infini géométrique ne vient pas de ce qu'il confond dans une même vue l'aspect analytique de l'infini géométrique et l'aspect intuitif de la figure à propos de laquelle cet infini intervient ? Analytiquement, l'élément infinitésimal est un concept logique que l'abstraction peut vider de son contenu de quantité ; il suffit que cet élément, pour remplir son rôle, soit conçu comme plus petit que toute grandeur donnée. Mais les rapports où l'élément infinitésimal prend place expriment des situations et des grandeurs ; ils sont la notation abstraite que le géomètre peut concevoir, non pas seulement analytiquement, algébriquement dans une formule, mais intuitivement, dans l'espace imaginaire. Voilà l'infiniment petit, notion logique et hypothèse, projeté dans la figure et dans l'espace ; l'esprit attribue à ces grandeurs figurées tout ce qu'il avait placé dans la formule. Elles contiendront donc pour lui l'infiniment petit, « une infinité actuelle d'éléments infinitésimaux », et par suite

---

(1) Evellin, *Loc. cit.*, p. 149.

l'infiniment grand, conséquence de l'infiniment petit. Et voilà comment l'infini géométrique, qui n'est en somme qu' « un abstrait pur, c'est-à-dire une forme que ne remplit aucune matière déterminée » (1), reçoit un semblant de réalité ; comment, conçu vide de toute grandeur et de toute quantité, il semble contribuer à engendrer ces grandeurs et ces quantités encore idéales, en attendant qu'on aille jusqu'à le placer dans des réalités concrètes (étendue, mouvement, durée) (2).

Il entre, cet infini, et comme un symbole qui n'exprime pour le mathématicien aucune valeur véritablement infinie, dans les formules qui servent à exprimer les mouvements et les forces. Les sciences appliquées considèrent uniquement ces formules, et non le mouvement, la force réelle et physique. C'est donc indûment que l'on assimile complètement les unes aux autres. « La réalité extérieure est le lieu du fini » (3). Elle ne se prête pas, en tant que réalité, à la division indéfinie qui provient de l'esprit seul. Aristote n'a-t-il pas remarqué que la division mettait fin à la continuité de la ligne suivie par le mobile et au mouvement de celui-ci ? « Car il n'y a de mouvement continu, qui n'est qu'un passage continuel d'un lieu à un autre, que pour un continu. Or, dans le continu, il y a bien des moitiés en nombre infini, si l'on veut, mais ce n'est pas en réalité, ce n'est qu'en puissance. Que si on veut les faire passer en acte, on ne produit plus un mouvement continu, on s'arrête » (4).

Ainsi, l'infini géométrique ne se trouve pas, ni dans le mouve-

---

(1) LE ROY et VINCENT, *Revue de Mét. et de Morale*, 1894, p. 529.

(2) Gratry va jusqu'à voir, semble-t-il, l'infinité, l'éternité, attributs de Dieu, réalisés dans la nature (*Les Sophistes et la Critique*, p. 245). Pour lui, comme pour Clarke et Newton, l'immensité de l'espace paraît se confondre avec l'immensité divine, la durée avec l'éternité de Dieu. Mais il ne faut pas prendre en toute rigueur les expressions de Gratry. Ce qu'il veut montrer, c'est que la raison peut atteindre, à travers les spectacles que lui présente la nature, l'éternité, l'immensité divine, qui expliquent l'espace et le temps. Car c'est parce que Dieu est infini et éternel que les espaces peuvent se dérouler, les êtres et les phénomènes se succéder sans fin. Gratry n'assimile pas, en réalité, l'immutabilité divine à la durée successive du temps, ni sa parfaite simplicité à la divisibilité de l'espace. C'est la preuve classique de l'existence divine qu'il veut présenter.

(3) ÉVELLIN, *loc. cit.*, p. 149.

(4) ARISTOTE, liv. VIII, ch. XII, traduct. BARTHÉLEMY SAINT-HILAIRE.

ment réel, ni dans le mouvement figuré. Il ne se rencontre, et comme abstrait pur, que dans la représentation analytique de ce mouvement.

D'ailleurs, ne peut-on combattre ici Gratry avec ses propres armes ? En introduisant l'infini dans la durée, le mouvement, l'espace parcouru par un mobile, ne risque-t-on pas de tomber dans le panthéisme dont Gratry lui-même nous signale le danger (1), qui menace tous ceux qui veulent accorder aux infiniment petits une existence réelle. En effet, comme le remarque Ramière (2), « le concours de la toute puissance et de l'immensité divine ne saurait suffire au mobile si la distance qu'il parcourt est vraiment infinie. Ce mobile aurait besoin de se transformer lui-même en Dieu, puisqu'en parcourant un espace quelconque il aurait fait un acte vraiment infini et que, d'après l'axiome incontestable cité par le P. Gratry (3), tout ce qui est infini en un sens est infini en tous sens »..

Quelle que soit donc l'opinion qu'on embrasse au sujet de la divisibilité du temps et de l'espace, il faut nécessairement avouer qu'un corps qui se meut ne parcourt pas un nombre de positions actuellement infini ; car parler ainsi serait rendre tout mouvement impossible, puisque l'évidence dit, avec saint Thomas, que l'infini ne saurait être parcouru. *Infinitum non est pertransire.*

Et comment pourrait-on rencontrer un infini véritable, soit dans des objets, des phénomènes concrets et finis, soit dans les constructions de l'esprit humain ? Pour le rencontrer, cet infini, il faudrait que, l'ayant conçu déjà par ailleurs, on l'ait posé là où l'on croit le découvrir. Et n'est-ce pas ce que fait Gratry ? Avant toute analyse infinitésimale, avant toute recherche, n'a-t-il pas affirmé l'existence de l'infini dans les objets dont la géométrie va s'occuper ? « Ces figures absolues, ces figures parfaites, dont l'objet réel n'est qu'en Dieu, qu'on ne peut voir qu'en Dieu ; ces idées qui portent sur toutes les faces et sous tous les points de vue le caractère de l'infini, voilà, s'écrie-t-il, ce qu'il s'agit d'analyser. » Ainsi, « c'est l'infini qu'il s'agit d'analyser ». Il ne sera donc pas étonnant qu'on le trouve ; mais cette découverte

---

(1) *Log.*, II, p. 127.
(2) RAMIÈRE, loc. cit., p. 125.
(3) *Log.*, II, p. 150.

ressemble fort à un cercle vicieux, et cet infini mathématique semble être conçu à l'avance sous la forme de cet infini métaphysique duquel on le rapproche.

Quelle différence infinie, pourtant, entre cette hypothèse, limite supposée de la quantité, qui sert à déterminer et à finir l'indéfini, et la notion qui exprime la plénitude de l'être dont les qualités sont sans limite. La notion de l'infini mathématique ne prouve-t-elle pas seulement que l'indéfini n'est que le fini, puisque au bout de chaque série indéfinie de nombres elle permet de trouver un résultat fini. Avec l'infini mathématique, non seulement on ne sort pas de l'abstrait, mais on ne sort pas du fini.

Est-ce que Gratry égale jusqu'au bout l'un à l'autre le procédé métaphysique et le procédé mathématique ? Nous avons vu qu'il en affirme l'identité entière au début de sa thèse et qu'il s'efforce de l'établir en montrant que le procédé infinitésimal part, comme le procédé dialectique, du fini pour s'élancer à l'infini ; il fait de l'infini mathématique « une idée qui a sa réalité en Dieu » (1). Il s'efforce même de garantir la valeur objective de cette idée en prétendant que la raison saisit à travers « le temps, l'espace, le mouvement, choses concrètes, l'idée de l'infini conçu comme actuellement existant » (2). De sorte que le procédé dialectique, scientifiquement appliqué à l'étude du monde visible et puis à l'analyse intime des lois, des formes et des mouvements, conduit à quelque idée de plusieurs attributs de Dieu : simplicité, immensité, force infinie, loi nécessaire » (3).

Mais l'idée de quelque attribut de Dieu, c'est l'idée de Dieu lui-même, qui ne se sépare pas de ses attributs, de Dieu infini de toute part. Le procédé infinitésimal qui conduit à concevoir quelques attributs de Dieu atteint donc bien Dieu, suivant Gratry lui-même. Comment, dès lors, peut-il ajouter : « Il ne faut pas dire pour cela que la géométrie démontre l'existence de Dieu et qu'il s'agit ici d'une nouvelle preuve de l'existence de Dieu, la preuve par le calcul infinitésimal. Pour nous, nous n'avons jamais eu cette ridicule pensée » (4). Mais, de deux choses l'une, ou il faut

---

(1) *Log.*, II, p. 125.
(2) *Log.*, II, p. 179.
(3) *Log.*, II, p. 179.
(4) *Log.*, II, p. 179.

admettre que le procédé infinitésimal atteint l'infini véritable ; ou il faut nier qu'il l'atteigne. Si l'on admet qu'il y parvient, cet infini est le même que celui qui affirme le procédé métaphysique, car il ne peut y avoir deux infinis. Et il ne servirait de rien de prétendre que ce résultat du procédé infinitésimal n'est que « quelque idée de l'infini », car ces aspects de l'infini sont encore l'infini qui ne se divise ni ne se fractionne. Encore une fois, « ce qui est infini en un sens est infini dans tous les sens ». Si donc la raison, en mathématique, atteignait l'infini véritable, cet infini ne pourrait être que l'infini métaphysique et le calcul infinitésimal deviendrait une preuve directe de l'existence de Dieu. Or, Gratry proteste catégoriquement contre une telle assimilation. Par ce recul devant une conclusion qu'il s'est efforcé, semble-t-il, d'amener, ne réfute-t-il pas lui-même sa thèse ? Car, puisque le procédé infinitésimal n'atteint pas le même but que le procédé dialectique, il ne saurait lui être identifié ; puisqu'il n'atteint pas Dieu, suivant Gratry lui-même, il faudrait conclure que l'infini n'est pas atteint.

Gratry ne peut se résoudre à cette exécution de sa théorie. Il conserve un rôle à l'infini géométrique, mais ce n'est plus qu'un rôle secondaire : celui de point de départ du procédé métaphysique qui s'élance à l'affirmation de l'existence de Dieu, soit à partir du mouvement, soit à partir de l'idée d'infini. Or, dans le premier cas, le procédé infinitésimal doit tout faire, ou il est inutile. En effet, si, par hypothèse, l'analyse infinitésimale découvre l'infini dans le mouvement, elle découvre, non pas un effet de Dieu, mais Dieu lui-même, puisque Dieu seul est l'infini ; elle n'est donc pas le point de départ de la preuve de l'existence de Dieu, elle est elle-même cette preuve. Or Gratry vient de dire qu'il n'admet pas la preuve de l'existence divine par le calcul infinitésimal. Il faut donc considérer le mouvement comme un effet de Dieu. Et il l'est, non parce qu'on découvre l'infini dans le passage de la puissance à l'acte (ce qui encore une fois serait démontrer Dieu et terminer la preuve), mais parce que rien ne peut passer à l'acte que sous l'action d'une cause déjà en acte, et qu'il faut par conséquent remonter au premier moteur immobile. C'est la preuve antique d'Aristote, qui se suffit pleinement par elle-même, et qui exprime, non pas le besoin qu'a la raison d'arriver à la limite de l'indéfini, mais celui de l'expliquer.

L'idée d'infini obtenue par le procédé infinitésimal peut-elle au moins servir de point de départ à la preuve de l'existence de Dieu ? « Si la géométrie nous mène à l'idée d'infini, dit Gratry, la raison peut ultérieurement s'emparer de cette idée abstraite... et elle peut, à partir de cette idée, considérée comme un effet de Dieu en nous, établir les démonstrations ordinaires de l'existence de Dieu. Ce n'est pas démontrer Dieu par la géométrie, c'est le démontrer seulement par l'idée d'infini en nous » (1). Or, nous savons que le fondement du procédé métaphysique serait ici doublement ruineux, puisqu'il serait formé d'une notion idéale, simple hypothèse de l'esprit, dont on connaît l'origine purement logique, et qui apparaît du reste comme vide de tout contenu d'infini véritable. Il se trouve donc que l'infini mathématique, non seulement n'est pas identique à l'infini métaphysique, mais encore ne peut servir à le prouver.

De plus, en renonçant lui-même à affirmer finalement l'identité de but entre les deux procédés mathématique et métaphysique et en réduisant le premier à n'être plus que le moyen du second, Gratry perd tout droit à les assimiler l'un à l'autre, et à invoquer la certitude de la méthode géométrique, comme une garantie de celle du procédé métaphysique. On ne saurait affirmer que « le plus grand service que le calcul infinitésimal ait rendu à la philosophie, c'est de mieux faire comprendre la rigueur du procédé inductif général » (2).

Comment, d'ailleurs, la rigueur d'une science telle que les mathématiques, enfermée dans la sphère de l'idée pure et n'ayant à s'occuper que de l'accord de la pensée avec elle-même, pourrait-elle garantir la certitude de la Théodicée, qui prétend atteindre la notion d'un objet ayant une réalité distincte de l'esprit qui le conçoit ? L'une arrive à son but lorsqu'elle s'est assurée de la possibilité, de la cohérence logique de ses concepts ; l'autre n'a pas seulement à se défendre de notions contradictoires ; elle doit prouver la valeur objective de l'idée qu'elle atteint et, par conséquent, fonder sur la réalité l'existence de l'être qu'elle affirme.

Mais, dira Gratry, si vous niez que l'induction infinitésimale, comme l'induction scientifique, soit identique au procédé dialectique, vous niez « que la raison ait les mêmes lois et les mêmes

---

(1) *Log.*, II, p. 180.
(2) *Log.*, II, p. 183.

procédés logiques, partout où elle raisonne ? » (1). C'est là, en effet, le cœur de sa théorie et comme la place forte qu'il pense inexpugnable.

Voudra-t-on se résoudre à prétendre que la raison a autant de méthodes que d'objets ? « Vous m'accusez, riposte-t-il à Saisset (2), d'avoir découvert l'identité des trois procédés de la physique, de la mathématique et de la philosophie ; vous dites que c'est une idée fausse. Eh bien ! moi, je vous accuse de dire que la raison a *trois procédés différents*, l'un pour la physique, l'autre pour les mathématiques et l'autre pour la philosophie.

» Cette seule réponse, ajoute-t-il, change tout d'un coup les positions. L'agresseur est sur la défensive et l'on n'aperçoit déjà plus comment il pourra se défendre.

» En effet, je dis que la raison a les mêmes lois et les mêmes procédés logiques dans toutes les branches des connaissances humaines. C'est ce qu'on a toujours cru. Et voilà l'ennemi réduit à démontrer — ce qu'on n'avait jamais entendu dire — que la raison n'a pas les mêmes lois et les mêmes procédés logiques dans toutes les branches des connaissances humaines ; qu'au contraire la raison raisonne autrement en philosophie, autrement en géométrie, autrement en physique » (3).

Il est vrai, « la raison a partout les mêmes lois et les mêmes procédés logiques ». Mais elle les combine diversement suivant l'objet dont elle s'occupe et le but qu'elle poursuit. Le tort de Gratry est peut-être de ne l'avoir pas assez remarqué et d'avoir voulu unifier à l'excès les démarches de la raison. Et, alors, comme il serait bien plus étrange de voir la raison employer des méthodes identiques pour parvenir à des buts différents que de la voir approprier ses procédés à la nature de ses recherches, on se trouvera contraint, comme Gratry, d'assimiler les buts pour assimiler les méthodes. Mais ces buts, reconnus différents, il n'est que logique d'admettre la diversité des moyens employés par la raison pour les atteindre, tout en reconnaissant les analogies qui subsistent sous cette diversité.

Nous avons vu que le procédé dialectique était, en effet, différent

---

(1) *Correspondant*, cit. p. 39.
(2) *Correspondant*, cit. p. 39.
(3) *Correspondant*, pp. 32-33.

du procédé scientifique qui, recherchant dans les faits certains rapports communs, généralise ensuite ces rapports en les étendant à tous les faits possibles du même genre, en vertu d'une identité supposée qui cherche sa garantie dans le principe des lois.

Dans le procédé infinitésimal, nous pouvons aussi reconnaître une induction, c'est-à-dire la recherche d'un rapport et sa généralisation. En effet, en dégageant la partie invariable, l'élément infinitésimal, des quantités variables avec lesquelles il se trouve, en séparant dans le rapport variable et complexe $f'x + X \Delta x$, $f'x$ de $X \Delta x$, on parvient à une formule qui n'est plus celle d'une figure particulière, mais qui devient applicable à tous les cas possibles du même genre et qui exprime la loi de génération d'une série de figures. Mais en passant de la détermination de l'angle de la sécante à celui de la tangente, nous ne sommes pas sortis du même ordre de considérations. Nous sommes parvenus à une connaissance plus générale que celle de notre point de départ, non pas à une connaissance de nature supérieure ou seulement différente. Nous nous sommes encore appuyés sur le principe d'identité, et cela avec plus de sécurité que dans les sciences de la nature, car nous savons bien que les cas auxquels nous concluons sont identiques à celui d'où nous partons, puisque, construits par la raison elle-même, ou mieux, déduits des lois et des principes antérieurs, ils sont entièrement connus par l'esprit. Notre généralisation s'est fondée avec assurance sur le droit que nous avons de conclure du même au même.

Ainsi donc, on peut accorder à Gratry ce qu'il réclame avec tant d'insistance (1), en invoquant à l'appui de sa thèse l'autorité de Wallis (2), de Newton (3) et de Leibniz (4) ; on peut admettre que l'analyse géométrique est une induction. L'induction, en effet, comme l'analyse, suit une marche régressive, elle remonte des faits aux lois, des conséquences aux principes ; elle procède, comme l'analyse, par décomposition et dégage de la complexité du donné les rapports de causalité. Mais, ceci accordé, s'en suit-il que la recherche de Dieu est identique à celle de la loi de génération des courbes ?

---

(1) *Introduct. à la log.*, 2ᵉ éd., XLIII à XXIII.
(2) *Arith. des infinis.*
(3) *Opt.*, liv. III, quest. 21.
(4) *Histoire de la découverte du calcul infinitésimal.*

C'est d'une autre manière qu'on arrive à la notion d'infini métaphysique. Et, peut-être, peut-on regretter que Gratry ait employé uniquement ce terme d'infini pour désigner le but du procédé dialectique au lieu de celui, plus juste, d'absolu. Le choix de ce mot, qui porte volontiers l'imagination à évoquer une représentation de grandeur indéfinie, les termes de bornes et de limites dont on fait aussi usage, tout cela ne pouvait-il pas incliner facilement aux comparaisons mathématiques et conduire à une assimilation dangereuse ? Quoi qu'il en soit, tandis que l'infini mathématique demeure sans autre origine et sans autres rapports que ceux relatifs à la quantité, la notion d'infini métaphysique n'apparaît pas isolée de tout concept de même valeur. Elle est au contraire étroitement liée à ceux de nécessaire et de parfait qui la soutiennent et la remplissent. L'être infini, celui dont non seulement nous ne connaissons pas les bornes et les limites, mais qui n'en souffre point et a pour caractère de n'en point souffrir, est à la fois conçu comme nécessaire, c'est-à-dire comme absolument indépendant, et comme parfait, complet, achevé, comme possédant sans restriction toute réalité. Aussi ne saurait-on considérer à part l'idée d'infini métaphysique sans l'altérer, sans en faire une notion vide, ou sans risquer de la confondre avec celle de grandeur ou celle de totalité. Or : « jamais les grands métaphysiciens n'ont confondu l'infini de Dieu avec la totalité des choses. Jamais ils n'ont cru, en affirmant l'une, affirmer l'autre... Pour eux tous, pour saint Augustin comme pour Descartes, pour saint Anselme comme pour Fénelon, ce terme d'infini indique, non un attribut spécial, mais le caractère commun de tous les attributs divins. L'infini, c'est la perfection, c'est la causalité absolue, c'est la science et la puissance sans limite, c'est l'éternité et l'immensité ou, plutôt, l'acte éternel toujours présent. Etre infiniment, dit à chaque instant Fénelon, le plus grand interprète de cette notion métaphysique, c'est être infiniment bon et parfait » (1). Il faut donc, pour conserver à l'idée d'infini sa signification et sa valeur, ne pas perdre de vue que l'infini qui n'est ni parfait, ni nécessaire, n'est pas autre chose que l'indéfini ; car, ce qui fait de l'infini une notion positive, déterminée, c'est précisément son contenu de nécessité et de perfection. Nous nous

---

(1) CARO. *Idée de Dieu*, p. 281.

élevons à l'idée de perfection et d'infini par une méthode de négation qui, retenant toutes les qualités du réel, est le moyen de l'affirmation la plus absolue. La négation supprime en effet seulement tous les défauts, tous les manques de la réalité, qui bornent celle-ci, la limitent et la diminuent, et non pas une partie du donné lui-même, comme le fait l'abstraction dans le procédé scientifique et le procédé infinitésimal.

Mais il faut remarquer que les conceptions auxquelles on arrive ainsi ne sont pas simplement une sorte de produit d'épuration des objets sensibles, qui demeure lorsque les qualités positives ont été dépouillées de leurs limites, comme l'or demeure pur et brillant au fond du creuset, quand le feu l'a séparé des substances étrangères qui l'accompagnent ; comme demeure l'élément infinitésimal après avoir été séparé des éléments variables, par exemple dans la formule de Gratry. La limite, le néant, en se mélangeant à l'être, non seulement le restreint à proprement parler, mais l'altère, le fait autre. Et c'est pour cela que, si nous pouvons avoir une certaine connaissance de l'infini, nous ne pouvons le comprendre, car il possède des caractères que nous ignorons et qui nous dépassent. Pour obtenir ceux auxquels nous parvenons, il ne suffit pas, comme le remarque d'ailleurs Gratry, « d'ajouter l'adjectif infini au mot qui nomme une qualité finie des créatures » (1). Loin de là ; même lorsque nous considérons cet absolu sous les aspects qui semblent se rapprocher des considérations mathématiques de grandeur, de quantité, ce n'est point par des moyens géométriques que nous arrivons à concevoir ces attributs. Nous ne parvenons pas à l'idée d'éternité en réduisant le temps en une poussière impalpable d'infiniment petits, considérés comme ses éléments, ni en le dilatant sans fin dans l'infiniment grand. Nous le supprimons, parce que la notion du temps implique le changement, la succession, incompatibles avec la perfection, qui ne saurait devenir, puisqu'elle est tout l'être. L'éternité s'oppose au temps. De même, l'immensité ne représente pas la partie positive de l'idée d'espace. L'espace, si étendu qu'on le suppose, implique une relation de parties qui exclut l'idée d'infini. C'est donc le concept de perfection qui nous aide à former et à remplir celui d'infini ; c'est au moyen

---

(1) *Log.*, II, p. 160.

de ce concept, obtenu par la comparaison de l'imparfait avec un moins imparfait, que nous découvrons les limites et que nous les nions.

L'étude, citée et analysée par Gratry (1), de la manière dont on s'élève de la connaissance de l'intelligence humaine à l'idée de l'intelligence divine, montre la place que tient dans la formation de l'idée d'infini véritable, ce concept de perfection de l'être, si totalement absent des lois scientifiques ou de l'infini géométrique. Ainsi, ayant distingué dans l'intelligence humaine une faculté positive, le pouvoir de connaître, on ne se contente pas de dire que ce pouvoir, limité chez l'homme, est infini chez Dieu. On en cherche les infirmités, les imperfections, on les rend plus sensibles en comparant entre elles les diverses intelligences. On conçoit les qualités opposées à ces défauts et on les conçoit comme parfaites. L'intelligence divine apparaît, non comme une faculté, mais comme un acte pur, comme une intelligence adéquate et simultanée de tout intelligible.

Mais l'infini, le parfait sont des vues seulement idéales, suggérées par la réalité et la dépassant, et non pas abstraites d'elle. Nous ne pouvons croire à leur valeur objective et les concevoir comme existant sans l'intervention de l'idée de nécessité. C'est elle qui donne à ces concepts leur fondement et leur plénitude. Elle les commence et les achève, en même temps qu'elle s'achève par eux, puisque la raison « tente de faire sortir l'Etre nécessaire des silencieuses profondeurs de son essence : elle transporte en lui, avec des précautions infinies et de sages réserves, quelques-uns des éléments de perfection dont elle a recueilli l'image dans le monde des existences spirituelles » (2).

Au point de vue logique, l'idée de nécessaire est la première. La première limite, la première imperfection à supprimer pour atteindre l'absolu, c'est celle de la dépendance où se trouve un être vis à vis de celui auquel il doit son existence. Mais encore, il faut que l'existence de l'être indépendant, conçu comme une cause qui n'est pas effet, soit réclamée par celle d'autres êtres qui ne peuvent s'expliquer sans elle. Or, telle est l'existence de Dieu. La raison de l'existence du monde ne peut être trouvée en

---

(1) *Log.*, II, pp. 160 à 163.
(2) CARO, *Idée de Dieu*, p. 284.

ce monde ; elle est donc hors de lui. Cette cause serait-elle un être contingent, dépendant ? Mais on aura beau allonger indéfiniment la série des êtres à la fois cause et effet, on ne fera que concevoir plus clairement son insuffisance d'exister par elle-même, et, par suite, le besoin qu'elle a d'un être qui a en lui-même les raisons de sa propre existence et de celle des êtres contingents.

C'est donc d'une intuition rationnelle que provient en dernière analyse l'idée de Dieu, de cette conviction de la raison que le contingent, sous peine de demeurer inexplicable, réclame un être nécessaire. Et cette idée se trouve fondée d'une part sur l'expérience interne et externe, sur l'existence du monde, « cet assemblage entier des choses contingentes », comme parle Leibniz ; de l'autre, sur les lois constitutives de la raison et de son essence même ; sur ce besoin qu'elle a de comprendre et d'expliquer pleinement les choses et, pour cela, de remonter à leur premier principe.

Dans la conception de la loi scientifique, la raison cherche une explication relative à certaines manières d'être des choses, et une fois qu'elle l'a établie, s'y arrête. Dans celle de l'infini mathématique, elle pose une limite conventionnelle et s'arrête, a une hypothèse qui lui suffit. Dans la conception de l'être absolu, elle poursuit, non pas la détermination de l'indéfini, mais l'explication de cet indéfini et de ses lois, la raison dernière et pleinement suffisante des êtres. Elle s'arrête, non pas en mettant fin d'elle-même à un mouvement qui pourrait durer encore, mais parce qu'elle a atteint la fin de ce mouvement en atteignant l'idée de l'Etre qui explique tous les autres.

De plus, tandis que, dans la détermination des causes contingentes, le savant hésite entre une multitude de phénomènes qui pourraient être la cause cherchée, et qu'il doit s'aider de l'expérimentation pour parvenir à l'exclusion des circonstances concomitantes qui ne sont pas causes, le métaphysicien n'a pas à hésiter ni à choisir ; l'élimination est faite impérieusement par la raison, qui déclare que la cause cherchée étant non causée, ne se trouve pas dans la série des choses contingentes ; la coïncidence solitaire se trouve réalisée par là même, car les êtres contingents éliminés, il reste l'Etre nécessaire.

Ainsi, on peut dire que c'est un raisonnement inductif, basé sur une intuition rationnelle, qui conduit à l'existence de Dieu. Mais, peut-être, ne faudrait-il pas oublier que Claude Bernard a ramené avec autorité le raisonnement inductif à une forme déductive. Ne pourrait-on exprimer sous cette forme le procédé dialectique, envisagé comme nous conduisant à l'idée de Cause première ?

L'Être contingent ne peut s'expliquer sans l'existence de l'être nécessaire ;

Or, le monde est contingent ;

Donc, l'existence du monde prouve celle de l'être nécessaire.

En tout cas, ce qu'il importe d'observer, c'est que, si l'on réserve le nom d'induction au seul passage du particulier au général, il faut nier que le procédé dialectique soit une induction. La généralisation qui tient tant de place dans les autres sciences, puisqu'elle permet de formuler les lois, n'en a ici aucune. L'universalité de Dieu, en effet, ne ressemble en rien à celle de la loi. L'universalité de la loi, nous l'avons vu, répond à une totalité indéfinie. « Or, quand on donne à Dieu cet attribut de l'universalité, que fait-on, que reconnaître qu'il est la raison métaphysique de tous les êtres, que rien n'existe que par lui ; que sa pensée est à l'origine de toute chose ; que ce n'est que par son rapport au Principe que l'Univers (le monde des âmes, comme celui des corps), se maintient dans la forme et la mesure divinement réglées et voulues » (1).

L'affirmation de l'Être nécessaire ne se base pas sur le principe d'identité, puisque la conclusion à laquelle on parvient est différente des données dont on part, non à cause d'un caractère de généralité, mais par sa différence de nature. C'est le principe de raison et celui de causalité qui sont le principal ressort du procédé dialectique et de la formation de l'idée de Dieu, où se résument et se pénètrent celles d'infini, de parfait, de nécessaire. La raison s'appuie sur ces principes pour sortir de la conception d'un infini, d'une perfection, d'une nécessité relatives ; ils lui permettent d'affirmer qu'au-delà du donné se trouvent réalisées en Dieu une perfection, une infinité, une nécessité absolues, sans lesquelles tout le reste demeure incompréhensible.

Si donc le but atteint par la métaphysique apparaît différent de ceux des sciences naturelles et mathématiques, les moyens employés dans ces diverses recherches ne sont pas non plus identiques. Les procédés varient par leurs points de départ, par les principes

---

(1) Caro, Op. cit., p. 285.

rationnels sur lesquels ils s'appuient, par la présence ou l'absence de la généralisation.

Donc, quelle que soit la valeur du procédé infinitésimal, on ne saurait fonder sur elle celle du procédé dialectique. Aussi lorsque, dans l'introduction à la seconde édition de sa *Logique*, Gratry pense fortifier sa thèse en montrant à nouveau, dans l'analyse géométrique, une méthode scientifique et féconde, il ne répond pas en réalité aux objections que soulève sa théorie. Ce n'est pas en effet le caractère de rigueur du procédé infinitésimal qui est en question, mais son identité au procédé dialectique. Sans cette identité, l'un ne saurait légitimement servir de garantie à l'autre. Or, d'irréductibles différences séparent la méthode géométrique de la méthode métaphysique.

Mais, si le procédé dialectique ne peut se ramener, comme le veut Gratry, au procédé scientifique ou géométrique, sa valeur n'en paraît pas diminuée. Il est l'œuvre de la raison au même titre que l'induction du savant ou du géomètre. On peut même dire que lui seul exprime complètement l'essence de la raison, qui est de parvenir à l'explication suprême des choses et qui ne peut être satisfaite de l'explication relative et partielle de la loi. Celle-ci, en effet, scientifique ou géométrique, ne lui livre pas l'infini, l'absolu. Elle lui offre seulement un degré pour s'élever plus haut, en lui révélant l'ordre de l'univers, qui réclame une intelligence. Mais c'est là encore parvenir à la cause première par la vue de ses effets. Gratry lui-même n'a-t-il pas reconnu que toutes les preuves de l'existence de Dieu pouvaient se ramener à celle-ci ? Lors donc qu'il croit saisir l'infini dans la loi, dans la notion géométrique, c'est qu'il l'y a lui-même placé ; c'est que, oubliant le point de vue rigoureusement scientifique où le savant se tient, il pénètre les objets de ces sciences de considérations métaphysiques qui sont empruntées à une autre source, à une autre science. Lorsque Dieu est affirmé, que son existence est démontrée, le philosophe peut en effet le trouver partout présent et agissant, bien que partout distinct et transcendant aux choses. Alors, il peut dire que Dieu est : « sinon la substance de l'Être cosmique, du moins le principe de la réalité de cet être. Son acte, sa pensée l'enveloppent, le pénètrent. Le dernier atome ne subsiste que par une loi mathématique qui est la pensée divine constituant la matière à son plus humble degré et la maintenant dans les conditions intelligibles de l'être. Dieu sera encore... la loi de l'organisme, la formule vivante de chaque type retenant la vie dans les cadres invariables de l'espèce ; la force occulte et toujours agissante de la nature, imprimant à la masse confuse des choses le mouvement qui les ordonne et les distribue » (1). Alors on peut trouver Dieu dans les lois qui régissent la nature, dans les mouvements des astres et dans ceux de l'âme humaine, et il devient vrai de dire qu'on atteint partout l'Infini « portant tout et vivifiant tout, réellement et actuellement » (2). Alors, on peut s'écrier avec Gratry que « toute chose montre Dieu ». Toute impression peut conduire jusqu'à Dieu l'esprit ainsi éclairé, et l'on peut dire que le contact même d'une pierre, que tout être, quel qu'il soit, tout mouvement, quel qu'il soit, apparaît clairement aux regards de l'âme comme manifestant Dieu. « Touchez un corps quelconque, ne fût-ce qu'une pierre. Je dis que le contact dans l'homme pur et recueilli retentit à travers le corps, le sens, l'esprit et l'âme jusqu'à Dieu ; l'âme sent l'être, et dans l'Etre aussitôt l'Infini » (3).

Mais si la connaissance de Dieu nous permet d'affirmer son action omniprésente, la connaissance des lois des choses n'équivaut pas à la connaissance de Dieu. Jamais les sciences naturelles ou mathématiques ne nous donneront Dieu si nous ne les dépassons pas, parce qu'elles ne nous présentent que des objets finis en tant que finis. Gratry semble avoir confondu l'un et l'autre point de vue, celui de la science et celui de la métaphysique ; il ne s'est pas aperçu qu'en faisant cela, il supposait connue l'existence qu'il s'agissait de démontrer. Puis, à la fin, comme effrayé d'un rapprochement qui aurait pu servir d'image, mais qu'il a transformé en une complète assimilation, il recule ; il fait de l'infini géométrique non pas l'infini véritable, mais la route qui y conduit. Sans doute, c'était lui accorder encore trop, mais c'était aussi s'incliner à nouveau vers la voie traditionnelle qui s'élève à Dieu à partir des effets de Dieu, et s'éloigner de cette audace aventureuse qui, trop pressée d'atteindre l'Infini, croit le saisir lorsqu'elle ne tient encore que le fini.

---

(1) Caro. Op. cit.
(2) *Log.*, II, p. 169.
(3) *Connaissance de Dieu*, II, p. 165.

CHAPITRE III

Les conditions morales du procédé dialectique

L'étude du procédé dialectique n'est pas achevée lorsqu'on en a considéré seulement le côté rationnel. Une question se pose, en effet : d'où vient que tous n'exécutent pas ce procédé ? D'où vient que, devant le spectacle du monde ou de l'âme, tout esprit ne s'élève pas toujours du fini à l'infini et ne proclame pas Dieu ? Si la preuve de l'existence de Dieu dépendait uniquement de conditions intellectuelles, ces conditions étant données, l'affirmation de l'existence divine se produirait nécessairement ; or, il n'en est rien. Les éléments de la connaissance de Dieu sont partout et toujours fournis à tous et, cependant, il y a des hommes qui nient Dieu, il y a des athées. C'est que « la démonstration de l'existence de Dieu n'est pas seulement l'acte et le procédé fondamental de la vie raisonnable, elle est encore le procédé fondamental de la vie morale et pratique » (1), de sorte que le mouvement

---

(1) *Connaissance de Dieu*, II, p. 150.

vers l'infini, toujours vrai, toujours possible dès que l'homme est doué de raison, ne s'exécute pas dans l'âme sans le mouvement moral correspondant (1).

Ainsi la connaissance de Dieu n'est pas le résultat d'une méthode purement logique. Chez Gratry, comme dans la philosophie platonicienne, le procédé dialectique implique, avec des éléments intellectuels, des éléments moraux. Pour lui comme pour Platon, la raison seule serait impuissante à s'élever à Dieu ; c'est « le Bien qui est père de la lumière. Le procédé, si admirablement nommé par Platon *le mouvement des ailes de l'âme*, exige une condition morale : « l'âme ne développe ses ailes que par la vertu » (2).

Les passions opposent un obstacle à l'ascension de l'esprit, et « celui qui se livre au double esclavage de la concupiscence et de l'orgueil, celui-là ne peut plus avoir que des pensées mortelles » (3). Épuisé au dedans par les insatiables exigences de l'égoïsme, dispersé au dehors par les multiples appels des créatures qui le sollicitent, il s'éloigne de l'unité, de la stabilité, de la vie pleine et forte. Par là même, il devient incapable de comprendre l'immuable et l'infini, « il tombe dans le flot des créatures qui passent et qui s'écoulent vers la mort, et qui l'emportent en s'écoulant » (4).

La première démarche de l'âme qui veut connaître Dieu doit donc être, non pas spéculative, mais pratique. Elle doit s'arracher à la terre, aux sens, pour revenir à la raison, et par la raison à Dieu. « Il faut couper et retrancher dans l'âme et comme la circoncire ; il en faut retrancher les instincts naturels de l'animalité qui tournent la vue de l'âme en bas ; alors seulement elle change de direction et se tourne vers la Vérité. Alors, son regard est dirigé vers ce qui est divin et lumineux, tandis que les impurs et les méchants n'ont pour terme de leur regard que les ténèbres vides de Dieu « (5).

Ce n'est que lorsque l'âme est libérée de ses entraves que la raison devient capable d'agir avec rectitude et peut se servir de la

---

(1) *Connaissance de Dieu*, I, p. 165.
(2) *Connaissance de Dieu*, I, p. 77.
(3) *Connaissance de Dieu*, I, p. 92.
(4) *Connaissance de Dieu*, I, p. 211.
(5) *Connaissance de Dieu*, I, p. 121.

vue du fini pour découvrir l'infini. Aussi, la connaissance de Dieu n'est pas toujours possible ; l'intelligence peut perdre ou retrouver sa force d'élan vers l'infini, parce que le concours des énergies morales de l'âme peut lui être refusé ou rendu. La démonstration de l'existence divine est l'œuvre de l'âme tout entière : elle dépend du ressort de l'âme et de la liberté morale aussi bien que de la méthode rationnelle. Bien plus, « l'acte moral est la source, le point d'appui, la cause de l'acte raisonnable » (1).

Les dispositions morales semblent à Gratry plus importantes que la méthode même de la raison. L'œuvre de celle-ci peut s'accomplir, en effet, dès que celles-là sont données. Mais si ces conditions manquent, la raison ne saurait opérer par elle-même et entièrement la démonstration de l'existence de Dieu. Elle saisit, sans doute, si on les lui montre, les arguments qui la constituent ; elle est incapable d'y croire. L'idée de Dieu ainsi conçue flotte dans l'esprit, comme une pâle abstraction, sans lien avec l'âme. Dieu apparaît comme possible, non comme existant, comme vivant. Il faut que le cœur adore pour que l'intelligence affirme, et « ceux qui ne vont pas à Dieu par le cœur n'y vont par la raison qu'en apparence, ou plutôt, tournent contre lui leur raison, et le nient dans l'intelligence parce qu'ils l'ont nié dans le cœur » (2).

La volonté a donc une part très grande dans le procédé dialectique puisque : « si la volonté refuse son acte, la raison ne peut consommer le sien » (3).

Signaler ce rôle de la volonté dans la démonstration de l'existence divine, c'était aborder la question même de la certitude dans l'ordre des vérités morales. Comme Gratry le remarque, le fait que certaines vérités ne sauraient être atteintes par l'esprit seul est un fait capital. « Il touche au lien et au rapport de la logique et de la morale, de l'intelligence et de la volonté, de la raison et de la liberté » (4).

Ces rapports, que la plupart des âmes méconnaissent, car elles cherchent la vérité avec l'intelligence seule, plutôt qu'à l'aide de

---

(1) *Connaissance de Dieu*, II, p. 150
(2) *Connaissance de Dieu*, II, p. 151
(3) *Connaissance de Dieu*, II, p. 151.
(4) *Connaissance de Dieu*, I, p. 66.

l'intelligence unie à la volonté, Gratry s'attache à les mettre en relief. Il s'élève contre les mauvaises habitudes logiques qui supposent une séparation absolue entre la logique et la morale. Son esprit de synthèse, qui parfois l'entraîne à des exagérations, lui fait ici comprendre le danger d'une scission tout artificielle. Il s'indigne contre « cette supposition gratuite, je dirai même étrange, puisqu'elle admet que l'intelligence et la volonté, deux facultés d'une même âme simple, n'ont pas de racine commune où elles se touchent » (1), supposition aussi fausse qu'elle est étrange. La nature même de l'âme impose donc la nécessité de tenir compte, dans l'étude de la connaissance, des liens qui unissent, sans les confondre, l'intelligence et la volonté. Les négliger ou les méconnaître, c'est oublier que l'abstraction seule sépare des actes et des facultés intimement associés dans la vie de l'âme. Gratry estime qu'il faut voir dans cet isolement exagéré l'un des écueils de la philosophie. On ne saurait, en effet, apprécier comme il faut la valeur de la connaissance dans la poursuite des vérités morales, si l'on ignore les conditions qu'elle exige et la manière dont elle est formée. De là vient parfois le dédain ou la suspicion dans lesquels sont tenues les démonstrations de cet ordre. On les estime bien inférieures en rigueur et en certitude aux démonstrations scientifiques. On remarque qu'elles manquent souvent de produire l'assentiment et d'imposer la conviction. On en accuse la démonstration, on met en doute la vérité. On oublie que l'argumentation logique demeure incomplète si elle demeure seule, et qu'elle ne saurait convaincre si l'on manque des dispositions morales nécessaires. Ce n'est pas la preuve rationnelle qui est en défaut, c'est l'âme qui la répète. Elle n'y met que son esprit quand il faut y mettre encore son cœur et sa volonté. La poursuite de la vérité morale ne présente pas des conditions de certitude inférieures à celles de la vérité scientifique ; elle présente des conditions *autres :* elle apparaît avec des caractères différents et une méthode propre.

Cependant, pour étudier cette « méthode morale », Gratry n'oppose pas les vérités scientifiques aux vérités morales, mais la déduction à l'induction. Or, c'est la nature des vérités qui in-

---

(1) *Connaissance de Dieu*, I, p. 67.

flue sur le rôle des conditions morales, et non pas les procédés de la raison. Ainsi, l'induction scientifique ne dépend pas des dispositions du cœur. Par contre, il y a des déductions qui s'acceptent difficilement, et les passions peuvent faire dévier de la conclusion logique une démonstration syllogistique dont les termes n'ont pas une valeur mathématique, scientifique, mais tiennent de l'appréciation une part de leur signification. Le cœur est habile, en effet, à faire des contes à l'esprit qui les croit, non seulement lorsqu'il s'agit de poser les principes, mais encore lorsqu'il faut tirer les conséquences des principes posés. Gratry ne semble pas avoir aperçu de fissure dans la déduction, par où les sophismes de la passion pourraient se glisser. Pour lui, cette méthode de l'identique, qui va du même au même, impose à l'esprit l'évidence des vérités qui ne font qu'un avec le point de départ initial ; elle ne les lui propose pas, et ne laisse ainsi nulle part à la bonne foi, au sens droit. Cela serait en effet, si les vérités que présente la démonstration syllogistique avaient toujours une identité apparente, évidente, comme cela a lieu, pour un esprit apte à les comprendre, dans les raisonnements scientifiques. Mais la méthode syllogistique n'est pas seulement réservée aux sciences exactes : les sciences morales peuvent s'en servir. Ainsi Aristote, saint Thomas d'Aquin l'emploient dans la preuve de l'existence de Dieu. Faudra-t-il dire que, dans ce cas, les conditions morales n'ont rien à faire dans l'affirmation de l'existence divine ? Gratry ne prétend pas cela, évidemment. Et, bien qu'il établisse une différence de conditions morales entre la déduction et l'induction, c'est, au fond, entre les vérités scientifiques et les vérités morales qu'il la fait, vérités dont la méthode logique par excellence est pour lui la méthode inductive. C'est, du reste, une vérité de cet ordre, la connaissance de Dieu, qui s'offre chez lui comme type et comme exemple.

Les liens de l'intelligence et de la volonté s'aperçoivent déjà d'ailleurs dans la démonstration scientifique, dans le syllogisme. « Il faut un certain état intellectuel, et non pas seulement un état, mais un acte, un acte volontaire, l'attention, pour exécuter l'un des mouvements de la raison, pour faire et comprendre le syllogisme » (1). Et il est vrai qu'on ne saurait établir la preuve la plus

---

(1) *Connaissance de Dieu*, I, p. 67.

facile, ni comprendre la plus claire, si la volonté reste inactive et n'intervient pas pour fixer l'intelligence sur l'objet de l'étude, sur les arguments exposés et leur enchaînement. L'intelligence toute seule, attirée par la curiosité et l'intérêt, peut bien jeter un rapide regard sur les choses. Elle ne saurait, d'elle-même, poursuivre son travail, pénétrer et comprendre le sens complet de ce qui lui est présenté. Si la volonté n'intervient pas toujours dans le choix de l'objet de la connaissance, c'est elle toujours qui maintient l'orientation de l'esprit, qui surexcite son activité, qui prévient sa lassitude par une prise vigoureuse. « Penser, c'est vouloir, comme le dit Royer-Collard ; la pensée est active de sa nature. La connaissance est inséparable de quelque degré d'attention, l'attention, de quelque exercice de la volonté » (1).

Sans volonté, donc, pas d'attention, pas de réflexion et, par conséquent, pas de science. Car si la science réclame la vivacité de l'intelligence, l'intuition, qui part comme l'éclair, elle exige aussi l'observation minutieuse, le labeur soutenu, les raisonnements solidement liés. Elle est œuvre de patience et de courage non moins que de génie ; œuvre d'intelligence, sans doute, mais aussi d'énergie.

Ainsi, dans l'ordre scientifique, dans l'acte le plus purement intellectuel, tel qu'une démonstration mathématique, l'exposition d'un théorème, l'intelligence a besoin du concours de la volonté. Si la connaissance se fait plus difficile et plus complexe, la part de la volonté se fait plus grande. Non seulement elle soutient l'intelligence dans son labeur, mais encore elle écarte d'elle ce qui pourrait l'égarer dans sa poursuite : la paresse, la précipitation, l'amour-propre, l'ambition orgueilleuse. Elle accueille les énergies auxiliaires et bienfaisantes : l'amour de la vérité, le désir de la sincérité, de la probité intellectuelle. C'est la volonté qui enlève de l'œil de l'esprit la buée des passions humaines, dont parle Bacon. Elle est donc l'ouvrière de toute une préparation morale sans laquelle l'impartialité serait compromise et, par suite, la valeur de la connaissance. De sorte qu'il est vrai de dire « que l'intelligence dans l'homme est orientée par la volonté, la raison par la liberté » (2). Mais, dans l'ordre scientifique, cette orienta-

---

(1) *Log.*, II, p. 194.
(2) *Log.*, I, p. 11.

tion est pour ainsi dire négative. Le rôle de direction appartient tout entier à l'intelligence. La volonté a surtout à veiller qu'il ne lui soit pas enlevé. C'est en effet lorsqu'une influence étrangère, ou la volonté elle-même, usurpe ce rôle de direction, que l'impartialité n'est plus possible et que l'intelligence se trouble. La volonté assure à l'esprit sa persévérance, son énergie, sa liberté. Elle l'accompagne dans ses mouvements divers, mais c'est pour le soutenir, et non pour le conduire. Le choix, s'il y en a à faire, entre diverses conclusions, par exemple, se fait en vertu de motifs uniquement rationnels. Les vérités purement spéculatives sont acceptées sans résistance, dès que leur évidence apparaît à l'esprit.

Il en est autrement dans l'ordre des vérités morales. Celles-ci, en effet, n'entraînent pas, comme les premières, des conséquences seulement extérieures à l'âme ; elles ont des suites pratiques qui peuvent contrarier nos penchants. Aussi, l'âme tout entière est-elle émue par une recherche et une connaissance qui doivent avoir des conséquences pour toute l'âme. De là des désirs et des craintes, des antipathies et des sympathies qui surgissent nombreuses, spécieuses, et d'autant plus redoutables qu'elles sont moins conscientes et moins explicites. La volonté se laisse séduire par elles, parfois à son insu et à celui de l'intelligence. Dans le conflit incessant des arguments, des motifs de croire ou de ne pas croire, elle se fait l'auxiliaire des uns, l'adversaire des autres. Ainsi, elle influe sur la connaissance, non parce qu'elle agit sur la représentation, mais parce qu'elle prête ou refuse à telle ou telle représentation le concours de l'attention, et la met ainsi en relief, ou la laisse disparaître. La complexité des données parmi lesquelles il faut chercher les vérités morales favorise, d'ailleurs, cette action de la volonté. Elles ne se présentent pas avec la simplicité d'une question mathématique, avec la rigueur d'un problème de physique susceptible d'être traduit par une formule chiffrée ; elles contiennent des éléments multiples et qui, parfois, à première vue, paraissent contradictoires, éléments qui, du reste, ne sauraient être ramenés à des équivalents précis, d'une valeur purement spéculative. Aussi, en présence du spectacle complexe des choses, nous pouvons arriver à des conclusions diverses. « Tantôt l'ordre et la beauté du monde portent l'âme à l'admiration, à la louange, à l'espérance et à la foi en cet être invisible, que toute chose annonce et révèle. Tantôt le désordre et le mal, la misère et la brièveté du présent, la mort surtout, nous troublent, nous attristent, nous poussent à la défiance, au murmure, au désespoir » (1). Il y a donc un choix à faire entre les aspects de ces données, et dans ce choix, la volonté, comme le remarque admirablement Pascal, oriente l'intelligence, parce que « les choses sont vraies ou fausses suivant la face où on les regarde. La volonté, qui se plaît à l'un plus qu'à l'autre, détourne l'esprit de considérer les qualités de celle qu'elle n'aime pas à voir, et ainsi l'esprit, marchant de pièce avec la volonté, s'arrête à regarder la face qu'elle aime, et ainsi il en juge par ce qu'il y voit » (2). De sorte qu'on peut « maintenir en soi l'idéal, la foi en la perfection infinie, substantielle, actuelle et vivante » (3) ; on peut conclure à l'existence de Dieu à partir du spectacle du monde ou, au contraire, le nier, laisser de côté les considérations qui le prouvent et s'attacher aux objections ; on peut « étouffer en soi l'idéal par le spectacle de l'accident, la foi par la vue de l'obstacle ». L'esprit, orienté par la volonté vers les motifs de doute, n'aperçoit bientôt plus qu'eux et « choisit la négation » (4).

Et ce n'est pas à un seul moment de la vie que se présente ce choix entre l'affirmation et la négation de la vérité morale. La conviction établie peut être ébranlée par le choc des dispositions adverses. Si la passion règne dans l'âme, « si toutes les impressions des créatures, loin de retentir jusqu'à Dieu dans notre intelligence et dans notre cœur, nous enveloppent dans l'égoïsme et la sensualité ; si chaque plaisir et chaque douleur nous clouent, selon le mot énergique de Platon, au point présent et accidentel de la vie » (5), l'esprit, dont le regard est ramené en bas par la volonté défaillante, ne saura plus voir Dieu.

Cette influence de la volonté sur l'esprit explique en grande partie les divergences des convictions entre les hommes, et aussi les variations qui peuvent se produire dans les croyances d'un individu. Chaque âme, d'ailleurs, n'a-t-elle pas fait, dans une certaine mesure, l'expérience de ces oscillations intellectuelles,

---

(1) *Connaissance de Dieu*, II, p. 153.
(2) PASCAL, *Pensées*, III, p. 10.
(3) *Connaissance de Dieu*, II, p. 153.
(4) *Connaissance de Dieu*, II, p. 153.
(5) *Connaissance de Dieu*, II, p. 154.

consécutives à des changements dans ces dispositions morales ? La certitude produite par une démonstration mathématique demeure la même, quel que soit l'état moral dans lequel on se trouve. La solution des problèmes moraux ne paraît pas toujours aussi inébranlable. Gratry a noté avec sagacité ces troubles de la conviction qu'amènent la dépression, la faiblesse morale. « Il est certain, dit-il, qu'il y a pour l'âme d'affreux moments, où descendue en quelque sorte à un moindre être, c'est-à-dire affaissée dans sa vie, elle est tentée d'incrédulité absolue ; se sentant décroître et baisser, elle est tentée de dire : Tout n'est qu'un abîme vide ; il n'y a rien ; il n'y a pas de Dieu ; parce qu'elle marche vers un moins être, elle commence à croire au néant : de même que dans les lumineux moments de croissance de la vie, l'âme, qui se sent croître et monter, conçoit l'être de plus en plus, tressaille de joie et bondit jusqu'à la certitude immédiate et à l'affirmation absolue de l'Etre, c'est-à-dire de l'Etre infini » (1).

Les dispositions de l'âme et les convictions intellectuelles, dans l'ordre des vérités morales, ne sont donc pas indépendantes les unes des autres. Aussi, tandis que la droiture de l'esprit suffit dans l'ordre spéculatif, il faut joindre ici, à une intelligence éclairée et attentive, « un certain état moral qu'on peut appeler le sens droit » (2). A la rectitude intellectuelle, la volonté doit unir la rectitude morale. La bonne foi, la bonne volonté, jointes au bon sens, sont nécessaires pour parvenir à la connaissance des vérités morales.

Mais, si la recherche et la découverte de la vérité réclament une volonté dégagée des entraves passionnelles, dont l'influence égarerait l'intelligence, la volonté a sa part dans la réception même de la vérité. Par bonne volonté, il faut entendre, non pas une volonté froide, indifférente, mais une volonté disposée à accueillir, à embrasser la vérité dès que l'esprit la lui montrera. C'est toujours l'esprit qui connaît, en effet. La prédisposition morale ne fait que préparer la connaissance, elle ne la forme pas ; elle en est la condition, non la cause. Le jugement demeure en soi un acte intellectuel, déterminé par les motifs qui ont été examinés par l'esprit. Dans certains cas, il est vrai, la question demeu-

---

(1) *Connaissance de Dieu*, II, p. 156.
(2) *Connaissance de Dieu*, I, p. 68.

re en partie obscure, et la volonté doit aider l'esprit à prononcer sa conclusion. En un mot, la vérité peut se présenter avec des raisons suffisantes pour produire l'adhésion d'une âme bien disposée, mais ces raisons ne sauraient déterminer l'intelligence sans l'aide du sentiment, parce qu'elles laissent place à des difficultés qui ne peuvent que rester sans réponse rationnelle immédiate. Alors, la volonté doit intervenir pour mettre fin aux hésitations de l'esprit ; elle ajoute aux motifs intellectuels le poids des « raisons du cœur » ; elle laisse les tendances d'une âme droite, qui veut le bien, s'unir aux vues de l'esprit, pour déterminer le jugement.

C'est dans cette mesure seulement que Gratry admet la théorie cartésienne du jugement. Pour lui, évidemment, la volonté ne produit pas le jugement. La bonne volonté dispose l'âme à juger sainement des vérités morales. La volonté peut aussi accepter ou rejeter la conclusion de la raison. En effet, la vérité morale ne se présente pas comme un pur objet de contemplation ; elle ne s'adresse pas à l'esprit seul. Destinée à avoir une action morale pratique, elle réclame, avec l'assentiment de l'esprit, le consentement de la volonté, « un acte volontaire et moral » (1). De telle sorte que la conviction, c'est-à-dire l'acceptation pleine de la vérité, ne saurait avoir lieu tant que la volonté ne donne pas son concours. « Si la volonté refuse son acte, la raison ne peut consommer le sien » (2). L'évidence de la vérité peut apparaître à l'esprit, mais elle reste pour lui simple spectacle. La raison ne saurait s'emparer de cette vérité par une prise forte si la volonté ne consent pas à l'accueillir. La vérité ne devient pas la possession de l'âme tant que celle-ci ne s'est pas mise, par ses dispositions intérieures, en état d'y adhérer par la croyance. C'est ce que remarque Gratry, nous l'avons vu, à propos de la démonstration de l'existence de Dieu. L'esprit suit et comprend cette démonstration, il en voit les raisons, mais il n'y croit pas. La conviction ne se produit pas, parce qu'elle ne peut être que l'œuvre de l'âme tout entière, qui se porte vers la vérité entrevue pour l'accepter et la faire sienne. Si l'âme s'y refuse, la vision intellectuelle de la vérité ne tarde pas à s'atténuer, à se voiler. Elle diminue à mesure que se prolongent les résistances de la volonté. Celle-ci, d'ailleurs, ne

---

(1) V. *Connaissance de Dieu*, I, p. 68.
(2) *Connaissance de Dieu*, II, p. 151.

se contente pas de refuser son acte, de demeurer passive Elle travaille de tout son pouvoir à amonceler les nuages du doute en dirigeant uniquement l'attention de l'esprit vers les objections, et celles-ci l'emportent bientôt. L'âme perd la vérité qu'elle n'a pas voulu accueillir.

Ainsi, dans la recherche des vérités morales, la première condition est une condition morale. Sans une volonté bonne, l'intelligence s'égare au milieu des difficultés de la poursuite, l'âme ne peut saisir et conserver la vérité. « Ce qu'il faut appliquer d'abord aux données de la vérité que Dieu ne cesse de semer dans notre âme, ce n'est pas notre esprit, c'est notre volonté. Selon la parole du Maître éternel des hommes, parole beaucoup trop peu comprise, il faut faire en soi-même la vérité avant de la connaître : *Qui facit veritatem venit ad lucem* » (1). Faire la vérité, qu'est-ce à dire ? Cela signifie-t-il que la vérité est le résultat de nos dispositions subjectives et qu'elle est laissée à l'arbitraire individuel ? Gratry insiste à trop de reprises sur la valeur objective et rationnelle de la vérité pour qu'on puisse l'accuser de mettre cette vérité dans la dépendance de la volonté humaine. L'acte de la connaissance reste pour lui un acte essentiellement intellectuel ; c'est dans la raison que se trouve le criterium de la certitude. L'âme qui cherche la connaissance ne façonne pas la vérité ; elle découvre l'être, le fait, la loi dont la réalité demeure indépendante d'elle. La loi morale, la liberté, l'immortalité aussi bien que l'existence de Dieu, qui fait surtout l'objet des préoccupations de Gratry, ne sont pas soumises aux dispositions de l'âme. Ce sont ces dispositions mêmes qui rendent l'âme plus ou moins apte à atteindre la connaissance de vérités qui sont en dehors d'elle, au-dessus d'elle. Elle ne les soumet donc pas à elle ; c'est elle qui doit, pour les voir et pour les croire, se soumettre aux conditions sans lesquelles la connaissance est incomplète et la conviction impossible. Lors donc que Gratry insiste sur la nécessité des prédispositions morales, lorsqu'il répète le mot profond de l'Évangile, il faut faire la vérité pour arriver à la lumière, il ne touche pas à la valeur objective, universelle de la vérité. Il constate, avec les philosophes antiques, que l'homme, pour être capable de juger sainement les vérités morales, doit être en quelque sorte semblable à son

---

(1) *Log.*, I, p. 11.

objet. On voit de la Vérité ce qu'on en porte en soi-même, parce qu'on juge ce que l'on regarde d'après ce que l'on est. « Chacun colore de sa propre teinte tout ce qu'il voit, comme ces nuages porteurs d'une lumière réfrangée, qui colorent tout un horizon d'une teinte unique, ôtant au paysage tout rayon qu'ils n'ont pas en eux. Les esprits sans piété suppriment du monde la religion, parce qu'elle est contraire à la nature de leur regard et absente de leur propre lumière. D'autres suppriment la poésie, d'autres la science, d'autres l'amour ou tout autre rayon de la vie » (1).

Pour connaître les vérités, pour y adhérer, il faut en effet les aimer, comme le dit Pascal. Or, on n'aime pas ce qui paraît contraire, adverse, ennemi, mais ce qui semble s'accorder avec les goûts, les tendances de l'âme, ce qui nous promet du bonheur, parce que nous le jugeons capable de satisfaire nos aspirations et nos désirs. Nos amours jaillissent de notre vie même ; ils la dirigent et ils l'expriment. Ils sont le fruit de nos habitudes morales, de nos faiblesses ou de nos victoires. Nous aimons ce qui nous ressemble en quelque manière. Pour aimer la vérité, il faut donc ne rien avoir en son âme qui la contredise et la nie, et qui souhaite de faire qu'elle ne soit pas ; il faut au contraire être, par ses tendances, en harmonie avec elle.

La pratique du bien n'établit pas seulement dans l'âme un état harmonique à la vérité ; elle constitue encore une expérience intime de cette vérité. La nécessité de cette expérience personnelle, qui place sous le regard de l'âme des objets réels et vivants, apparaît clairement, remarque Gratry, dans la psychologie. Comment peut-on se flatter d'étudier les faits moraux et intellectuels d'une manière purement spéculative ? Le grand moyen d'étude de ces faits, c'est la conscience. Vainement chercherions-nous à nous instruire par l'observation des autres hommes, ou par le spectacle de l'histoire. Ce seront des livres secrets dont il nous manquera la clef tant que nous ne l'aurons pas découverte en nous-mêmes, dans les phénomènes dont notre âme est le théâtre. « Jamais celui qui n'a pas en lui-même tous les éléments de la vie ne les découvrira dans un autre homme et ne saura les lire dans l'histoire de l'humanité » (2). Sa connaissance de l'âme

---

(1) *Log.*, I, p. 68.
(2) *Log.*, I, p. 68.

demeurera incomplète et vide ; elle sera une dissection artificielle des facultés d'un homme abstrait, inexistant, parce qu'il n'en a pas puisé en lui-même les caractères vivants. Or, la conscience ne nous montre que ce que nous avons en nous. L'âme qui fuit le bien, « l'âme malade, languissante, abattue, dissipée par la distraction, épuisée par le vice, troublée par l'inquiétude » (1) n'est peut-être pas capable de s'observer, elle n'est peut-être pas même observable. Mais si l'on accorde cependant que l'observation lui est possible, « que trouvera-t-elle en elle, dans cet état ? Y découvrira-t-elle le rare et sublime spectacle de la liberté en action ? » (2). Comment le pourrait-elle, lorsqu'elle se voit au contraire enchaînée par les passions, le jouet des influences extérieures, lorsqu'elle se voit, non pas agent, mais agie ? « La plupart des sophistes ne nient-ils pas la liberté parce qu'ils n'ont jamais connu, dans leur âme, l'heure de la liberté ? » (3). Et s'il en est ainsi pour la connaissance de la liberté, il en sera de même pour celle du bien, du devoir, de la loi morale, pour toutes les vérités morales que l'âme réalise en elle, autant que possible, par une vie moralement bonne. « Pour rappeler l'esprit à lui-même, voir l'âme et observer la vie, il faut avoir la vie en soi et porter la lumière dans son âme. Mais il n'y a de lumière et de vie que dans l'âme attentive, silencieuse, recueillie, capable de lutte et de victoire » (4). C'est que, dans une telle âme, les phénomènes moraux ont un aspect normal ; les facultés ne sont pas déviées de leur fin ; elle a un développement en harmonie avec sa nature. Il faut d'ailleurs que l'âme entretienne sa vie pleine par la pratique de la vertu, par l'habituel triomphe sur les penchants inférieurs. Car la lumière peut s'éteindre, la vie normale peut s'altérer et la vérité se perdre. La connaissance morale réclame l'activité constante de l'âme ; elle a le caractère d'une perpétuelle conquête. Si la volonté cesse d'être bonne, si l'expérience intérieure du fait moral vient à disparaître, c'est à peine si la mémoire en garde le souvenir effacé ; « restes inanimés qu'un jour la réflexion exhume avec surprise, comme des débris de races éteintes ». Si l'homme

---

(1) *Log.*, I, p. 65.
(2) *Log.*, I, p. 66.
(3) *Log.*, I, p. 66.
(4) *Log.*, I, p. 66.

veut cependant persévérer à construire, sans matériaux vivants, la science psychologique, « le travail de la pensée abstraite n'est plus alors qu'un stérile exercice de l'esprit agissant sur le vide ou sur des mots, débris d'idées » (1).

Ainsi donc, pour explorer l'homme et le décrire, il faut porter en soi la véritable vie humaine, qui est une vie de vertu. Le mal défigure l'âme, en fausse les rouages délicats ; le bien la rend plus vraie parce qu'il la rend plus elle-même, parce qu'il en éloigne les éléments étrangers, les influences adverses qui l'altèrent et la corrompent. On ne saurait donc connaître les vérités qui se rapportent à l'âme sans pratiquer la discipline du devoir comme source d'intelligence. L'absence de vie morale détruit à la fois la faculté d'observer et les faits à observer. « La sagesse rend l'homme observable, la réflexion l'observe. Que poursuit la réflexion seule ? La spéculation nous fait voir ce qu'est l'homme, mais c'est la pratique seule qui nous fait être ce qu'il faut voir » (2).

Mais, dira-t-on, comment être ce qu'on doit être avant de connaître ce qu'il faut faire ? N'est-ce pas la connaissance qui guide la volonté, et, dès lors, ne se trouve-t-on pas enfermé, par la théorie de Gratry, dans un cercle vicieux ? Il recommande d'être bon pour être éclairé, mais ne faut-il pas être éclairé pour être bon ? Il faut en effet connaître le devoir pour le remplir. L'acte intellectuel précède l'action morale. Mais les éclairs rapides de la raison qui juge, les ordres de la conscience, ne sont pas la connaissance savante dont parle Gratry. On peut accomplir son devoir et obéir à la loi morale, agir en âme libre, et ignorer la théorie du devoir, de la loi morale et de la liberté. Il n'y a pas là cercle vicieux, parce qu'il ne s'agit pas du même genre de connaissance. Gratry sait très bien qu'il faut connaître pour agir ; il sait aussi que la lumière spontanée de la conscience suffit pour conduire l'homme à la bonté morale, et c'est précisément l'obéissance à cette lumière là qu'il réclame, comme base d'une connaissance plus profonde et plus raisonnée.

La science de Dieu demande comme celle de l'homme la conformité de l'âme à son objet. Ici encore, la vérité qui se recueille dans

---

(1) *Log.*, I, p. 66.
(2) *Log.*, I, p. 68.

l'intelligence se sème dans la volonté. Ainsi l'âme moralement bonne qui, par l'accomplissement du devoir, s'établit dans une vie plus haute et plus pleine, est mieux à même de connaître la vie vraiment parfaite et d'affirmer Celui qui est. Au contraire l'âme qui fait le mal, et qui a peu, ou point, de vie morale, devient incapable d'affirmer l'existence d'un Dieu parfait. Sa raison incline à conclure au néant, à mesure que sa volonté s'enchaîne aux biens inférieurs. De sorte que ces deux jugements : l'Etre est ou l'Etre n'est pas, sont, comme le dit énergiquement Gratry, « une double proposition vivante, intime et incarnée, que chaque âme affirme à son choix et porte en ses entrailles » (1), dont l'une est produite par l'amour, l'autre par le dégoût du souverain bien. Avant de s'épanouir dans l'intelligence en jugements, elles sont d'abord en l'âme, sous formes de dispositions volontaires qui l'attachent au devoir ou l'en éloignent. Toute vérité morale est une vérité vivante, qui doit être vécue pour être vue et pour être crue.

Gratry met donc puissamment en relief l'importance de l'action de l'âme. Pour lui, comme pour Socrate, l'âme est à la fois l'artisan de sa science et de sa vertu. Les vérités morales ne sauraient être reçues du dehors, si l'âme n'y répond point par un effort moral et personnel. Elles ne s'apprennent pas ; elles se conquièrent et se trouvent, puisque, dans le cas même où on les répète à l'intelligence, elles restent dans l'esprit à l'état de formules mortes, jusqu'au moment où l'âme, à nouveau et tout entière, refait le chemin parcouru sous l'égide d'un autre et joint, à l'activité intellectuelle, l'énergie de sa vie morale.

C'est pour cela que Gratry ne se contente pas d'examiner le mécanisme logique de nos spéculations. Après avoir étudié le procédé de la raison dans la démonstration de l'existence de Dieu, il avertit que la rigueur de la méthode rationnelle ne saurait cependant assurer la conquête de la vérité. Car la source de l'erreur, en matière de vérités morales, vient moins de la raison que de la volonté ; « elle vient de ce sommeil de l'âme qui cherche ou prétend chercher la vérité sans s'appuyer sur la pratique du bien » (2). Or, « la pratique du bien est réellement la substance et le fond

---

(1) *Connaissance de Dieu*, II, p. 157.
(2) *Log.*, I, p 73.

d'où sort, par le travail de la spéculation, la connaissance du vrai » (1). Par elle, l'âme est rendue apte à atteindre cette vérité qu'on ne connaît qu'autant qu'on la porte en soi-même, réalisée dans ses conséquences par une volonté bonne. Sans elle, l'effort de la raison dévie : son œil n'est plus dirigé où il faut regarder : il n'est pas purifié et rendu capable de voir. La raison abstraite et isolée des autres énergies de l'âme ne saurait, non plus, arriver à connaître, comme il faut, les vérités morales et, encore moins, y adhérer pleinement. « L'acte de la connaissance est l'acte par excellence de la raison et de la liberté unies, c'est un acte indivis d'intelligence et de volonté, une œuvre simultanée de clairvoyance et de moralité » (2). On ne saurait donc bien penser sans bien faire, et le véritable philosophe est celui qui commence par bien vivre, car : « on ne peut compter faire un pas vers la sagesse et la lumière sans un effort moral correspondant » (3).

Cette doctrine, à la fois noble et féconde, qui montre la nécessité de réaliser, non seulement les conditions intellectuelles, mais les conditions morales de la connaissance, n'était pas une nouveauté en philosophie. Elle se rattache clairement à la tradition socratique et platonicienne, dont d'ailleurs Gratry se réclame. Mais, au milieu du dix-neuvième siècle, la plupart des penseurs se bornent à la méthode purement spéculative que critique Gratry. La philosophie sèche et stérile de l'éclectisme, son spiritualisme froid se tient à l'écart du cœur, de l'âme, de ce foyer moral qui projette pour Gratry ses chaudes clartés sur l'intelligence. Sans doute, d'autres sentent aussi l'insuffisance de la pensée pure. L'âme inquiète d'un Jouffroy, d'un Maine de Biran, s'y trouve à l'étroit. Cependant, au moment où écrit Gratry, nulle voix ne s'élève pour rappeler aux intelligences que la philosophie véritable exige le concours d'une volonté bonne non moins que celui d'une raison saine. « Où est aujourd'hui, s'écrie Gratry, la philosophie complète et vivante ? Y a-t-il en Europe une école de philosophie pure qui enseigne qu'il faut pratiquer pour connaître ? Y a-t-il quelque part une discipline morale comme base de la philosophie ? Non sans doute ! L'idée seule en paraît étrange et fait

---

(1) *Log.*, I, p. 69.
(2) *Connaissance de Dieu*, I, p. 74.
(3) *Connaissance de Dieu*, II, p. 339.

sourire. Il est donc vrai que la partie pratique de la philosophie est supprimée » (1).

« Où est le maître, demande aussi un contemporain (2), qui avertisse sérieusement ses disciples que, pour atteindre Dieu par la raison, il faut avoir le cœur pur... que pour ne pas succomber aux objections du fatalisme en morale, il faut fortifier en soi, par la lutte, la conscience de la liberté morale ? Où est le maître qui sache opposer aux doutes d'un disciple sur quelque vérité morale ces paroles profondes de Pascal : « Travaillez à vous convaincre, non par l'augmentation des preuves, mais par la diminution de vos passions ».

Gratry est vraiment ce maître-là, ardent à proclamer l'urgence de la méthode morale à laquelle s'était attachée aussi l'énergique éloquence de Pascal. Il ambitionne de régénérer la pensée française comme Socrate a régénéré la pensée grecque. Il voit dans un retour à une philosophie à la fois pratique et spéculative, le point de départ d'une impulsion féconde qui conduira le chercheur vers de nouveaux progrès. Tandis que « quiconque, par le travail de sa tête et l'abondance de son érudition, prétend, sans la sagesse pratique, à la philosophie et à la vérité, celui-là n'y parviendra pas. Cet homme n'a rien en lui de la noblesse et de la dignité philosophique. C'est cet esclave dont parle Platon qui, enrichi par le travail de ses forges et tout couvert encore de la poussière des mines, va demander la main d'une fille de roi » (3).

Avec une énergie inlassable, Gratry dénonce l'erreur de son temps et s'efforce d'arracher la philosophie à sa méthode exclusivement rationnelle, où la spéculation même est arrêtée par l'absence de la vie pratique. Il voit des intelligences actives, laborieuses, éprises plus que jamais de connaissances. Mais la vie intellectuelle a absorbé à son profit toute l'activité psychologique. De là, une « humanité qui, dans son état présent, est moins malade dans son intelligence que dans sa volonté, moins affaiblie dans sa raison que dans sa liberté » (4). Mais un tel état est anormal ; il est funeste à l'esprit lui-même : « La raison veille parfois quand la volonté dort ; mais ce sommeil de la volonté entraîne

---

(1) *Log.*, I, p. 65.
(2) Margerie. *Le Contemporain*, 1ᵉʳ mai 1872.
(3) *Log.*, I, p. 69.
(4) *Log.*, I, p 71.

bientôt celui de la raison, comme quand un homme fatigué prend un livre et paraît vouloir lire ; mais son trop faible effort ne maintient pas même ouvert ses deux yeux ; l'un se ferme pendant que l'autre regarde encore ; mais il est clair que celui-ci se refermera bientôt et que le livre va tomber. Tel est, dans la plupart des hommes, l'effort de l'âme vers la sagesse » (1). Parce qu'un tel effort est incomplet, il demeure stérile et inefficace.

Mais, si la philosophie avait alors besoin de s'ouvrir au souffle chaud et vivifiant que l'âme éloquente de Gratry essayait d'y faire pénétrer, le pressant appel qu'il fait entendre s'adresse aux âmes non moins qu'aux écoles. Et, par là, il acquiert une portée universelle. La tendance à chercher la vérité à l'aide de l'esprit seul est, en effet, un danger qui menace tous les temps et tous les penseurs. En le dénonçant avec clairvoyance et avec énergie, Gratry faisait une œuvre bienfaisante et durable. D'autres, frappés comme lui de l'importance de cette question, devaient s'en préoccuper à leur tour ; et, à ce point de vue, Gratry prépare et annonce les travaux contemporains sur les conditions morales de la connaissance (2).

Ces travaux ne rejettent pas les siens dans l'ombre. Non seulement il est le premier à donner une voix aux sourdes aspirations qui agitent bien des âmes de son temps vers une vie totale, vers une pensée qui soit à la fois lumière et chaleur, mais encore, parmi ceux qui s'occupent du rôle de la vie morale dans la connaissance, il garde une place à part. Leurs études se présentent comme plus complètes ; celle du P. Gratry apparaît comme la réalisation même de la méthode qu'il enseigne. Le cœur le plus ardent, la volonté la plus noble s'y unissent aux efforts de l'esprit ; c'est son âme qui s'élance vers la vérité et entraîne à sa suite les autres âmes. Celui qui est entré en contact avec cette éloquence vivante a appris, sans doute, des arguments et des motifs en faveur de la thèse qu'elle soutient, mais il a vu surtout en action cette philosophie dont Gratry a dit « qu'elle est indivisiblement une œuvre de raison et de liberté, d'intelligence et de volonté, bien plus, une œuvre de sacrifice et de vertu » (3).

---

(1) *Log*, I, p. 72.
(2) Ollé-Laprune. *Certitude morale*. — Charaux, *Méthode morale*, par exemple.
(3) *Connaissance de Dieu*, I, p. 75.

CHAPITRE IV

Le sens divin

La connaissance morale, la connaissance de Dieu, n'est pas indépendante de la volonté. L'élan de l'esprit, qui s'élève de la vue du monde à celle de Dieu, est impossible sans des conditions morales. Mais celles-ci, une fois réalisées par l'âme, la raison accomplit-elle, par sa propre énergie, la démarche logique qui la conduit à affirmer l'absolu à partir du contingent ? Quelle est, en effet, la force qui permet cet élan de l'esprit ? Vient-elle de la raison seule, qui sait passer, sans autre donnée, de la vue du monde à la vue de Dieu ? Gratry ne le pense pas. L'élan ne vient pas de l'esprit même ; il ne vient pas non plus de la volonté. La préparation morale, sur laquelle Gratry insiste si énergiquement, et à maintes reprises, est nécessaire, non point pour donner l'élan, mais pour libérer et rendre efficace la force qui donne l'élan, le ressort qui soulève la raison et lui permet d'atteindre l'idée de Dieu. Cette force, Gratry l'appelle, de préférence, le « sens divin ».

En signalant dans l'âme une énergie auxiliaire de l'entendement, Gratry n'introduit pas une nouveauté en philosophie. Lui-même, d'ailleurs, prend soin d'indiquer les penseurs qui lui paraissent avoir pressenti ou soutenu une thèse semblable à la sienne. Déjà Platon avait cherché le principe de ce mouvement de la raison, par lequel elle s'élève des choses sensibles aux idées qui ne le sont point et jusqu'à Dieu. Il avait trouvé ce principe dans la réminiscence. Les choses imparfaites réveillent dans l'âme le souvenir des objets parfaits contemplés dans une vie antérieure. Les sens ne sauraient nous donner l'idée de la beauté vraie, de la vraie justice, de la vraie sainteté. Mais, parce que nous avons connu autrefois ces essences parfaites, nous les concevons à nouveau, lorsque les objets sensibles nous en présentent quelque lointaine ressemblance. Ainsi, grâce à la réminiscence, nous parvenons aux Idées, aux réalités intelligibles ; la réminiscence dirige et soutient la raison dans son vol vers l'Infini.

Mais la réminiscence de Platon est un principe intellectuel ; elle se ramène à un acte de mémoire incomplet, puisqu'il n'est pas accompagné de localisation, non pas à une sorte de pouvoir de divination, à une inspiration. Gratry trouve ce caractère au « démon » de Socrate, et c'est comme synonyme de sens divin qu'il admet cette expression si controversée. Après avoir cité un passage de la conclusion du *Timée* (1), il s'écrie : « Rien de plus manifeste : le mot démon signifie précisément le sens divin dans l'âme, ce point par lequel Dieu nous touche, ce point qui est notre racine, notre origine, notre source » (2).

Bien qu'il y ait loin de cette inspiration mystérieuse ou de ce souvenir implicite à l'attrait exercé par un Dieu lointain sur un monde qu'il ignore, Gratry retrouve cependant le sens divin dans la philosophie d'Aristote. Cette aspiration qui soulève l'âme et les choses vers le moteur immobile, cette attraction qui précipite vers la cause finale, non seulement l'homme qui connaît mais la nature inférieure, les animaux, les minéraux, les plantes incapables de connaissance, c'est encore le sens divin, l'appel secret, l'appel inconscient que jette, vers Celui qui est, tout ce qui devient. Ici, le sens divin apparaît, non plus avec un caractère intellectuel, comme chez Platon, non plus comme une voix distincte qui parle tout bas à l'âme attentive, comme le démon de Socrate, mais comme un instinct confus qui palpite au sein de l'univers ; une force ignorante et fatale qui entraîne toute chose à sa fin.

---

(1) Voir *Timée*, 89 et 90. — *Connaissance de Dieu*, I, p. 83.
(2) *Connaissance de Dieu*, I, p. 84.

Ce sens divin, Gratry le signale chez saint Augustin, mais plus proche de la réminiscence platonicienne que de l'attrait aveugle dont parle Aristote. « Quoique éloignée de Dieu par l'affection, elle (notre âme) sent toujours l'attrait du souverain bien par une sorte de mémoire occulte » (1). Nous avons une sorte de sourde connaissance, de réminiscence de Dieu, qui nous pousse à sa recherche. « C'est une sorte de notion du Dieu suprême par impression (*impressa notio ipsius Boni*) (2) ; c'est une sorte de sens intérieur (*interior nescio quae conscientia*) (3).

Saint Augustin emploie, comme Platon, le mot de réminiscence, mais il l'entend autrement. « Pour lui, cette mémoire est une sorte de conscience de Dieu, un sens de Dieu qui vient de la présence de Dieu » (4).

Ainsi le sens divin n'est pas seulement un souvenir, le vestige laissé dans l'âme par la contemplation de la divine beauté, de la céleste vérité. Il devient une aptitude spéciale de l'âme, un pouvoir naturel et distinct, bien que tout d'abord inefficace et assoupi. « L'âme sent donc Dieu. Elle le sent lorsqu'un objet quelconque la réveille. Car, tout étant image de Dieu, tout réveille quelque sens du modèle » (5).

Ce sens de Dieu, « voilà le vrai principe interne, la force et le ressort qui nous élèvent à la raison et à Dieu à partir des sens où nous étions plongés » (6). Sans doute, saint Thomas remarque qu'avoir le désir du Souverain Bien, ce n'est pas là connaître Dieu, « comme lorsque je connais que quelqu'un vient, je ne connais pas pour cela l'homme qui vient, quoique je le voie venir » (7). Mais il admet, lui aussi, le désir naturel du souverain bien, une sorte de connaissance confuse et générale de l'existence de Dieu.

Cependant, malgré cela, Gratry trouve peu d'appui dans saint Thomas pour la théorie du sens divin. Chez l'Ange de l'Ecole,

---

(1) SAINT AUGUSTIN, *De Trinitate*, x, 3. — GRATRY, *Connaissance de Dieu*, I, p. 233.
(2) *De Trinitate*, IV.
(3) *Liber de util. cred, cap.* 16. — GRATRY, *Connaissance de Dieu*, p. 234.
(4) *Connaissance de Dieu*, p. 234.
(5) *Connaissance de Dieu*, p. 235.
(6) *Connaissance de Dieu*, p. 253.
(7) *Sum. Théolog.*, II. — GRATRY, *Connaissance de Dieu*, p. 28..

l'élément intellectuel, la connaissance claire, a manifestement toute l'importance. La raison, opérant suivant ses lois propres, suffit à atteindre la notion d'infini et à démontrer l'existence divine à partir du monde sensible. Cet élément intellectuel joue aussi chez Descartes et chez Malebranche le plus grand rôle. Nous ne voyons pas intervenir, chez l'un ni chez l'autre, les connaissances sourdes ni l'attrait confus du désirable. Malebranche prétend à une vision immédiate de Dieu qui dispense d'avoir recours aussi bien aux discours de la raison qu'aux désirs implicites de l'intelligence et du cœur. Et, si Descartes parle des aspirations de l'âme, il ne leur attribue aucune part dans la connaissance de Dieu. C'est une pensée claire et distincte, l'idée de Dieu, qui nous amène à une affirmation rationnelle, et non pas un sourd instinct.

Mais si Gratry arrache des témoignages insuffisants aux philosophes qui prétendent que les seules forces de l'intelligence leur suffisent pour s'élever à Dieu, il trouve chez Fénelon, Bossuet, Leibniz, Pascal, des vues qui s'harmonisent avec les siennes.

Cependant, Fénelon semble donner peu de part dans la connaissance de Dieu aux sourdes inspirations de l'esprit et du cœur. Il se plaît surtout à montrer la raison humaine toute baignée, toute illuminée de la claire et pure lumière de la raison divine. C'est cette raison suprême qui éclaire et dirige l'âme dans sa recherche de l'infini, et il semble bien qu'il parle d'elle dans ce texte que Gratry cite (1) comme décrivant le sens divin : « Où est-elle, cette douce et pure lumière qui non seulement éclaire les yeux ouverts, mais qui ouvre les yeux fermés ; qui guérit les yeux malades ; qui donne des yeux à ceux qui n'en ont pas pour la voir ; enfin qui inspire le désir d'être éclairé par elle et qui se fait aimer par ceux mêmes qui craignent de la voir » (2). N'est-ce pas ici l'action de Dieu sur la raison de l'homme qui est décrite ? et non pas un attrait donné à l'âme et qu'elle possède par nature.

Bossuet, au contraire, admet en effet des influences étrangères à la connaissance proprement dite, mais naturelles à l'âme, et qui

---

(1) *Connaissance de Dieu*, p. 423.
(2) *Traité de l'existence de Dieu*, 2ᵉ partie, chap. IV, n° 58.

l'aident à atteindre la notion de Dieu. Il parle (1) d'une « secrète vertu », d'un « ressort caché » qui soutiennent l'esprit et le guident dans sa recherche. Il voit en l'âme une énergie mystérieuse, un instinct secret, qui portent la raison à maintenir au-dessus des évocations de l'imagination l'idée de l'infini et à la concevoir pure de toute matérialité.

Leibniz apporte aussi à Gratry des considérations que celui-ci juge propres à établir et à fortifier la théorie du sens divin. C'est que Leibniz admet, en dehors de la connaissance claire, des connaissances confuses, des pensées sourdes, qui alimentent et soutiennent le travail propre de la raison. Il s'occupe de ces idées qui sont en nous, « non pas toujours en sorte qu'on s'en aperçoive, mais toujours en sorte qu'on les puisse tirer de son propre fonds et rendre apercevables » (2). Il semble à Gratry que ces idées en puissance renferment le sens divin. « Avoir une telle idée de Dieu », une idée implicite et encore inaperçue, « n'est-ce pas précisément ce qu'on peut appeler le sens divin ? » (3).

Ces vérités, qui reposent silencieusement en nous et que la raison peut tirer à la lumière, elles sont senties, approuvées instinctivement. « Il y a, dit Leibniz, des vérités innées que nous trouvons en nous de deux façons : par lumière et par instinct... » (4). C'est l'instinct qui les pressent, c'est la raison qui les dégage ; ainsi, la connaissance proprement dite résulte du travail de l'esprit sur les données confuses de l'âme.

Parmi les virtualités de l'âme que suppose la théorie de la subconscience et des idées innées implicites, Gratry trouve donc le sens divin. Il se présente à la fois comme une notion sourde de Dieu et comme un sentiment obscur et confus.

Cet instinct du divin, ces « raisons du cœur », d'abord ignorées de la raison, semblent importantes à Pascal. S'il laisse trop de côté le rôle de la raison dans la connaissance de Dieu, il met par contre fortement en lumière celui du cœur. Gratry, qui tient si énergiquement aux droits de la raison, trouve bien que Pascal ne lui fait pas la part assez belle. Mais, dit-il, la raison qu'il méprise,

---

(1) *Sermon sur la mort.* — *Connaissance de Dieu*, II, p. 68.
(2) *Nouv. Essais*, liv. IV, chap. X, parag. 7. — *Connaissance de Dieu*, II, p. 9;
(3) *Connaissance de Dieu*, II, p. 93.
(4) *Nouv. Essais*, liv. I, chap. II, parag. 3.

ce n'est pas la raison saine, c'est « la raison isolée, mutilée, séparée de sa source dans l'âme et de sa source en Dieu » (1). Or, « nous connaissons la vérité, non seulement par la raison, mais encore par le cœur : c'est de cette dernière sorte que nous connaissons les premiers principes, et c'est en vain que le raisonnement, qui n'y a point de part, essaie de les combattre » (2). Ainsi, les efforts de la raison raisonnante doivent être aidés par le cœur et, remarque Gratry, Pascal nomme « cœur et instinct » ce que d'autres appellent « perception immédiate de l'évidence »; d'autres « foi naturelle »; d'autres, « le sens du désirable et de l'intelligible » (3). Ici, c'est donc la faculté intuitive de l'âme qui se trouve synonyme de sens divin, et non plus seulement les aspirations confuses du cœur et de l'esprit.

Si Gratry recueille dans la pensée de Bossuet, de Leibniz, de Pascal des arguments en faveur de sa thèse, c'est Thomassin qu'il cite le plus abondamment. Il est heureux d'entendre proclamer par lui l'unanimité des philosophes et des Pères à l'égard du sens divin. « Tous, selon Thomassin qui les cite, reconnaissent d'abord dans l'âme l'idée innée, ou du moins l'idée naturelle de Dieu, sorte de science anticipée ou plutôt de conscience de Dieu, que Dieu grave dans les âmes naissantes, ou, si l'on veut, que Dieu, toujours présent, ne cesse de leur offrir en se montrant. Tous voient ce germe inné de connaissance de Dieu dans le désir inné du souverain bien » (4).

Thomassin joint sa voix à celles qu'il évoque, et Gratry résume sa théorie dans la *Connaissance de Dieu* (5), cite et traduit, dans la *Connaissance de l'âme* (6), le chapitre de Thomassin qui traite du sens divin. Il porte ce titre significatif : « *Supra vim intelligendi est sensus quidem arcanus, quo Deo tangitur magis quam cernitur aut intelligitur* » (7). « Thomassin pose et décrit dans ce chapitre,

---

(1) *Connaissance de Dieu*, I, p. 378.
(2) Pascal, *Pensées*, Ed. Fougère, t. II, p. 108.
(3) *Connaissance de Dieu*, I, p. 377.
(4) *Dog. théol.*, de Deo lib. I, cap. I, parag. 1 et cap. v. — *Connaissance de Dieu*, II, p. 16.
(5) *Connaissance de Dieu*, II, pp. 19 à 32.
(6) *Connaissance de l'âme*, I, pp. 212 à 223.
(7) *Théol. dogm.*, lib. I, chap. XIX. « Plus haut que l'intelligence il y a un sens mystérieux qui touche Dieu plutôt qu'il ne le voit ou le conçoit. »

dit Gratry, le plus profond des faits psychologiques, qui éclaire toute la psychologie, qui donne à la Théodicée sa vraie base et fait connaître le vrai ressort de l'intelligence et de la volonté. C'est ce qu'Aristote, sans le décrire, nommait l'attrait du désirable et de l'intelligible » (1).

Ce qui paraît surtout dans les textes cités de Thomassin, c'est l'impuissance de l'intelligence à atteindre Dieu, la nécessité d'un pouvoir plus élevé, d'une force plus simple que la pensée pour arriver à Dieu. Cette puissance, c'est « le sens secret, le mystérieux contact, l'unité silencieuse de l'âme, qui sent Dieu plutôt qu'elle ne le conçoit ; qui le touche plutôt qu'elle ne le voit » (2), car « le Dieu inénarrable, indéfinissable, incompréhensible, peut être senti, non pas pensé ; car il répugne que l'incompréhensible soit pensé et que l'invisible soit vu. Il est senti ou pressenti et comme touché, les yeux étant fermés, mais non pas vu, pensé, connu » (3). Un sens mystérieux conduit donc l'âme à Dieu ; il ne se confond pas, comme chez Bossuet, avec la raison, qu'il aide à écarter les fantômes de l'imagination ; c'est lui qui procure à l'âme toute la connaissance qu'elle peut avoir de Dieu, connaissance que les idées innées elles-mêmes ne suffisent pas à donner, car « ces idées innées, dont saint Augustin, saint Anselme et les autres nous parlent si souvent, n'expliquent rien sur Dieu, ne développent rien de clair dans l'esprit, mais font sentir, non pas connaître, estimer, non pas voir, une grandeur infinie » (4). La connaissance de Dieu au moyen du sens divin n'a donc, d'après Thomassin, aucun caractère intellectuel, ou plutôt, il n'y a pas de connaissance proprement dite, mais « un pressentiment, un sourd présage, une divination, un contact secret et comme l'effet mystérieux d'un parfum, plutôt qu'une intelligence explicite » (5).

On le voit, Gratry réunit à l'appui d'une seule thèse des opinions qui sont loin d'être identiques. L'autorité de philosophes comme Platon ou Aristote, Descartes ou Bossuet, qui donnent à la raison une part prépondérante dans la recherche de Dieu,

---

(1) *Connaissance de Dieu*, II, p. 19.
(2) THOMASSIN op. cit. — *Connaissance de l'âme*, I, p. 213.
(3) THOMASSIN, op. cit. — *Connaissance de l'âme*, p. 222.
(4) THOMASSIN, op. cit. — *Connaissance de l'âme*, II, 223.
(5) THOMASSIN, op. cit. — *Connaissance de l'âme*, p. 223.

est invoquée avec celle de penseurs qui font de la connaissance de Dieu une vision véritable, comme Malebranche, ou qui affaiblissent le rôle de la raison, comme Pascal ; ou qui, comme Thomassin, la relèguent au second rang et donnent à l'âme une faculté nouvelle, « un sens secret consacré à Dieu », qui le devine sans le voir et l'affirme sans le connaître.

Ainsi, le sens divin est présenté tantôt comme un principe intellectuel, idée innée, intuition ou réminiscence, pressentiment de la raison ; tantôt comme un attrait confus, un instinct aveugle, qui soulève et guide à la fois l'esprit et le cœur ; tantôt encore comme une manière de connaître spéciale, distincte du cœur, et plus haute que la raison. Gratry le reconnaît sous les noms les plus variés : il s'appelle « *l'attrait du souverain Bien*, ou le *désir naturel et universel du bonheur*, ou la *connaissance naturelle de Dieu*, ou même l'*idée innée de Dieu*, ou encore le *sens divin* » (1). Aussi est-il difficile de dégager la théorie personnelle de Gratry des points de vue divers qu'il expose et qu'il semble adopter tour à tour. Sa pensée paraît suivre parfois une ligne un peu ondoyante. Il se laisse entraîner par l'auteur qu'il cite, ou l'enthousiasme qui l'anime, à des affirmations que corrige l'ensemble de ses développements aussi bien que les passages plus précis et plus modérés. En réalité, si Gratry se montre si accueillant à des théories d'apparence diverse, c'est qu'elles lui semblent très proches les unes des autres par l'idée fondamentale qu'il y découvre, celle d'une donnée primitive qui s'ajoute à celles des sens pour permettre aux efforts de la raison d'atteindre l'idée de l'infini. Peu lui importe donc « qu'on appelle cette donnée divine *génie divin*, ou *sens divin*, ou *voix de la conscience*, ou *attrait du Souverain bien, attrait du désirable et de l'intelligible, amour inné de la béatitude, idée innée du juste et de l'injuste, loi naturelle gravée au cœur* », foi naturelle, car, « quel que soit le nom que l'on donne à ce fait principal et premier de toute philosophie... il sera toujours vrai que cette donnée divine, intime à tous les hommes, est le principe et la force qui donne l'impulsion à l'esprit aussi bien qu'à l'âme tout entière dans tous ses mouvements vers Dieu » (2).

Il y a donc dans l'âme un principe d'élan qui fonde et qui ex-

---

(1) *Connaissance de Dieu*, I, p. 344.
(2) *Connaissance de Dieu*, I, p. 88.

plique l'essor dialectique de la raison. Telle est la conclusion que Gratry veut retirer de ses recherches à travers les théories des philosophes. Tous n'ont pas compris de même la nature et le rôle de ce principe. Mais Gratry néglige leurs divergences ou les concilie. Il lui suffit qu'ils admettent cette force secrète de l'âme, quels que soient le nom et les qualités qu'ils lui donnent. C'est de ce point de vue très large qu'il prétend saisir l'unité profonde des témoignages qu'il invoque et en opérer la fusion ; et, ce faisant, il expose sa propre théorie.

Qu'est donc pour lui le sens divin ? Dans l'analyse qu'il fait des puissances de l'âme, au livre I de *la Connaissance de l'âme*, Gratry distingue avec l'intelligence et la volonté, le sens ou sensibilité, qui implique et renferme déjà le germe des autres facultés. Et c'est dans le fond de cette puissance et le centre de l'âme, dans la sphère de la vie obscure et passive qu'il faut chercher le sens divin.

Pour en marquer l'origine profonde, Gratry l'appelle « la racine de la vie » (1), la source de la raison » (2), « la racine de l'âme » (3). Et ce point, qui est notre racine, notre origine et notre source, est aussi celui par lequel Dieu nous tient suspendu à Lui. C'est que, pour Gratry comme pour Descartes, Dieu n'abandonne pas ce qu'il a créé. Après avoir donné la vie à l'âme, il lui conserve cette vie, qui vient de lui, premier vivant. Cet acte divin qui entretient la vie de l'âme, établit une sorte de lien entre elle et Dieu. Platon parle de ce lien de l'âme où se trouve l'élément divin de l'âme, qui lui permet de déployer en elle l'amour ailé (4), de ce « don divin qui suspend à Dieu le principe et la racine de l'âme » (5). Saint Augustin aperçoit plus clairement encore la part de Dieu dans la vie de l'âme : « L'âme raisonnable, dit-il, ne vit, n'est éclairée, n'est heureuse que par la substance même de Dieu » (6). Fénelon, Bossuet remarquent aussi, au milieu des faiblesses et des langueurs de l'âme, des vestiges qui semblent divins, et Bossuet

---

(1) *Connaissance de Dieu*, II, p. 351.
(2) *Connaissance de Dieu*, II, p. 343.
(3) *Connaissance de Dieu*, II, p. 268.
(4) *Alcib.*, I, 135 E. — *Connaissance de Dieu*, I, p. 87.
(5) Cité. *Log.*, II, p. 14.
(6) *In Joan.* Tract. XXIII, 5. — *Connaissance de Dieu*, I, p. 234.

voit « le ressort caché » qui aide la raison à connaître Dieu, « comme attaché par sa pointe à quelque principe plus haut ».

Gratry, avec toute la philosophie spiritualiste, signale cette origine divine de l'âme, dont il veut mettre les conséquences en plus claire lumière. En effet, dit-il : « Tous les philosophes ont parlé de ce sanctuaire de l'âme où est Dieu et où il est nécessairement comme cause de mon être et de ma vie ; de ce point où Dieu touche mon âme pour la suspendre à lui ; par où il la fait vivre en la tenant » (1). Par sa vie seule, avant toute grâce surnaturelle, l'âme est donc reliée à Dieu, parce que, suivant le mot énergique de Thomassin, « Dieu est toujours présent dans les entrailles de l'âme pour y couver la vie » (2). Comment l'action vivificatrice continuelle de Dieu pourrait-elle se trouver sans effet sur les dispositions intimes de l'âme ? La vie qui jaillit en elle est tout imprégnée, toute brûlante encore de l'action divine d'où elle procède. Comment l'âme ne ressentirait-elle rien de cette divine ardeur ? Elle éprouve en effet quelque chose de « ce point de contact », de « ce toucher divin », de « cette origine divine ». Le domaine de la sensibilité n'est pas borné aux objets extérieurs ou à l'âme elle-même ; il s'étend à tout ce qui existe ; l'âme sent Dieu, elle-même et le monde. Or, « cette triple capacité de sentir reçoit trois noms : sens externe, sens intime, sens divin » (3). Le sens divin n'est donc autre chose que l'usage souverain de la faculté sensible de l'âme, qui dépasse les limites qu'on lui assigne habituellement. Elle met l'homme en relation, non seulement avec le monde des corps, mais aussi avec le monde divin, qui est Dieu, et qu'elle atteint au plus profond de l'âme : « dans cet endroit si retiré que les sens n'en soupçonnent rien, tant il est éloigné de leur région, comme parle Bossuet » (4).

De la sorte, une donnée s'ajoute à celles que l'âme puise, soit dans les sens externes, soit dans le sens intime. Celles-ci ne renferment rien que de borné ; celle-là fournit un élément en quelque sorte divin, qui sera le fondement propre de l'idée de Dieu. On ne pourra, dès lors, déclarer que l'esprit passe d'un bond inexpliqué

---

(1) *Connaissance de Dieu*, I, p. 270.
(2) *De Deo*, lib. VI, cap. V, 8. — *Connaissance de Dieu*, II, p. 262.
(3) *Connaissance de Dieu*, II, p. 264.
(4) *Connaissance de Dieu*, I, p. 86.

du fini à l'infini. Il en serait ainsi, s'il partait d'une pure sensation. Mais « tirer par voie d'identité l'idée de Dieu d'une sensation est toujours et absolument impossible. Tirer par voie de transcendance l'idée de Dieu d'une sensation est impossible sans autre donnée. Et, cette autre donnée, quelle est-elle ? C'est le sens divin actuellement éveillé » (1).

Cependant, la raison ne pourrait-elle suffire à nous donner la connaissance de Dieu à partir du monde sensible ? Il en est ainsi chez Aristote, chez saint Thomas. Ils ne supposent pas à la raison un point d'appui en dehors de celui qui lui est offert par l'expérience sensible. C'est le spectacle du monde qui la conduit à affirmer l'existence de Dieu. Par exemple, l'argument du premier moteur, celui de la finalité que présente la nature, ne font pas appel au sens divin, mais seulement à la raison et à l'observation externe. Gratry lui-même s'est efforcé de prouver la rigueur logique du procédé qui sert à démontrer l'existence de la Cause première, de la perfection infinie et, parfois, il semble oublier la nécessité du sens divin et donner à la raison seule le pouvoir de s'élever à l'infini à partir du fini.

Mais il y a dans la théorie de Gratry une lacune qui n'existe pas dans les démonstrations déductives d'Aristote et de saint Thomas. Et c'est elle qui le conduit à chercher, dans une expérience spécifique, l'auxiliaire de l'intelligence. Cet élément expérimental, introduit par le sens divin, est destiné à combler le vide qui sépare le point de départ et le point d'arrivée de la raison dans le procédé dialectique. En effet, tandis que le moyen terme dans la déduction unit les deux autres et concourt à former la certitude en mettant en lumière la nécessité de la conclusion, il n'y a pas de moyen terme dans l'induction dialectique telle que la présente Gratry : c'est d'un élan que l'esprit passe à l'infini. Un lien logique disparaît : d'où la nécessité de soutenir l'esprit dans son essor. C'est le sens divin qui a ce rôle et qui rattache ainsi, en quelque sorte, le fini à l'infini, le contingent à l'absolu.

En réalité, Gratry ne revient-il pas à cette méthode d'identité qu'il avait vue si complètement absente du procédé dialectique, et ne reconnaît-il pas implicitement qu'elle y a quelque rôle ? En effet, en admettant l'impossibilité d'affirmer Dieu, à partir

---

(1) *Connaissance de l'âme*, I, p. 196.

de la sensation, sans autre donnée, il affirme que la raison ne peut passer du même à un différent sans lien avec ce même ; il lui faut ici posséder déjà dans son point de départ un élément de même ordre que celui qu'elle déploiera dans la conclusion. N'est-ce pas là passer du connu à l'inconnu en vertu d'une certaine identité ? Gratry retrouve, d'ailleurs, à la base de toutes les connaissances, un élément de même nature que l'objet affirmé dans la conclusion cherchée ; et l'erreur de ceux qui prétendent qu'on ne peut atteindre Dieu que par la raison pure consiste, suivant lui, à distinguer trois manières de connaître différentes, suivant les trois sortes d'objets à connaître. Nous connaissons, disent-ils, les choses externes par les sens, les choses internes par le sens intime et Dieu par la raison. Gratry proteste contre ce point de vue « incomplet et incohérent ». « Et de fait, dit-il (1), il suffit d'un moment d'attention pour voir que nous ne connaissons pas la nature par les sens, puisque les animaux ne la connaissent pas, mais bien par la raison appuyée sur les sens ; qu'on ne connaît pas l'homme par le sens intime seulement, mais bien par la raison appuyée sur le sens intime. De même, assurément, on connaît Dieu par la raison, mais sera-ce par la raison sans point d'appui ? La raison aura-t-elle besoin des données extérieures du monde pour connaître le monde, des données intérieures de l'âme pour la connaître, et n'aura-t-elle besoin de rien pour reconnaître Dieu ? Elle ne s'appuiera pas sur Dieu pour le connaître et elle n'aura besoin d'aucune donnée de Dieu pour s'élever à Dieu ? »

Ainsi, il n'y a qu'une seule faculté de connaître, la raison. Mais la raison a besoin d'une matière qui lui fournisse les éléments de ses idées. Elle n'est pas faite pour construire en dehors du réel, mais pour comprendre et expliquer le réel. Toute connaissance rationnelle réclame une base expérimentale. Elle a, pour point de départ, une expérience qui contient déjà ce que dégagera et mettra en lumière le travail de la raison.

Descartes avait aussi cherché dans la réalité le point de départ de la connaissance, et placé à la base de sa philosophie un fait de conscience, une intuition expérimentale. Ce souci de l'expérience, que l'école positiviste devait pousser à l'extrême, tout en se bornant, théoriquement au moins, à l'étude des faits et de leurs

---

(1) *Log.*, I, p. 100.

lois, était au contraire méconnu par l'éclectisme. Cousin faisait du réel une simple excitation extérieure, à l'occasion de laquelle la raison arrive, par elle-même, à des conceptions d'un autre ordre. Rien ne comble l'immense vide qui sépare les données sensibles des abstractions rationnelles, suggérées d'une manière qui reste obscure. La théorie de Gratry réagit contre ce rationalisme exclusif, qui n'explique pas comment nous pouvons concevoir des objets dont nous n'avons aucune expérience ; elle réclame au contraire le commerce de la raison avec la réalité, l'exercice d'une expérience intégrale, non pas bornée seulement aux choses sensibles ou à l'âme, mais qui sache enfin saisir l'élément divin qui nous est donné.

C'est ce dernier pas qui reste à faire, car les deux premiers sont faits : « On a commencé par admettre, même avant Bacon, qu'on ne peut pas connaître la nature sans s'appuyer continuellement sur l'expérience sensible des faits de la nature. Plus tard, la philosophie a compris, prouvé, que pour connaître l'homme, il y avait une expérience psychologique tout aussi positive et réelle que l'expérience des faits de la nature physique. Il reste à faire un pas de plus, analogue aux deux autres ; il s'agit enfin de comprendre qu'on ne peut pas plus parvenir par la raison isolée à la science de Dieu, à la philosophie réelle, qu'on ne parvient, par la raison seule, sans point d'appui d'observation et d'expérience, à la philosophie de la nature ou à la science de l'homme » (1). Il s'agit donc de placer, au fondement de la science de Dieu, l'expérience qui se rencontre à la base de toutes les autres sciences. Alors on ne pourra accuser la raison de n'atteindre que des abstractions, puisque, pour établir l'existence de l'objet qui l'occupe, il faut déjà que l'âme le touche en quelque sorte, qu'elle le possède dans une donnée expérimentale, d'où elle le fera jaillir dans la claire connaissance, mais il s'agit de savoir si une telle expérience est possible, si nous possédons de telles données.

Avant Gratry, les mystiques avaient parlé d'une connaissance expérimentale de Dieu, et les effusions de leurs âmes ardentes offraient, avec les spéculations théoriques et les formules abstraites, le contraste de la vie. Est-ce à leur exemple que Gratry in-

---

(1) *Log.*, I, pp. 101-102.

troduit un élément d'expérience dans la connaissance de Dieu et sa théorie devient-elle par là une doctrine mystique ?

A vrai dire, Gratry présente lui-même la théorie du sens divin « comme l'introduction en philosophie du mysticisme vrai et nécessaire » (1). Les mystiques ne se contentent pas des lumières froides de la raison, ils veulent « ne pas seulement entendre, mais sentir et pâtir le divin » (2). Ils unissent l'expérience à l'intelligence. Et Gratry signale l'influence de ce mysticisme qui déborde, selon lui, la sphère religieuse, parce qu'il met fortement en relief l'insuffisance de la raison seule. « Je ne crains pas de l'affirmer, dit-il, le dégoût du raisonnement abstrait et isolé et le besoin de l'expérience, qui caractérise le mouvement scientifique moderne, se manifeste d'abord dans les mystiques et probablement vient d'eux... Une foule d'écrivains ascétiques répandent le mépris du raisonnement abstrait et de la lumière sèche, comme s'exprime Bossuet. Ils poussent les âmes à la perception immédiate de la réalité, à la science de la vie par l'expérience. Ils appliquent ce procédé de la science réelle à la connaissance du Dieu et de l'âme ; d'autres, plus tard, l'appliqueront à la connaissance de la nature » (3).

On peut contester l'étendue de l'action du mysticisme ; il reste que « l'école mystique est une école d'expérimentation divine » (4), où l'on cherche Dieu par le cœur et non plus seulement par l'esprit. Mais le mot de « mysticisme » est un nom général, qui embrasse bien des doctrines, séparées d'ailleurs par des différences. Si le sentiment y a toujours une place, il s'en faut qu'il y joue toujours le même rôle. Thomassin, on l'a vu, fait du sentiment, du « sens secret », un pouvoir spécial destiné à connaître Dieu d'une manière ineffable. Il s'inspire à la fois des Alexandrins et des Pères de l'Eglise, bien que les uns et les autres ne se placent pas au même point de vue.

Les docteurs chrétiens savent, en effet, que l'âme peut obtenir, même dès ici-bas, une connaissance de Dieu plus complète, plus parfaite que celle qu'elle obtient à l'aide de la raison. Mais ils dis-

---

(1) *Connaissance de Dieu*, II, p. 20.
(2) *Connaissance de Dieu*, I, p. 334.
(3) *Connaissance de Dieu*, I, p. 334.
(4) *Connaissance de Dieu*, I, p. 334.

tinguent ces deux ordres de connaissance : l'une naturelle, acquise suivant les procédés logiques habituels ; l'autre surnaturelle, où le secours de Dieu est donné d'une manière spéciale à l'âme. La première répond à l'état ordinaire de l'âme ; elle est son œuvre et résulte de ses propres efforts ; la seconde provient, non pas d'un pouvoir spécial de connaître, dont l'âme arriverait à se servir, mais d'un état extraordinaire, auquel elle est élevée par l'action divine, et qui la place au dessus des conditions normales de sa vie d'ici-bas. C'est de cette action surnaturelle de Dieu que parle saint Augustin quand il s'écrie : « Tu m'as appelé... tu as vaincu ma surdité, tu as brillé, tu as étincelé et tu as triomphé de mon aveuglement. Tes parfums se sont faits sentir. J'ai respiré et je respire pour toi. Je t'ai goûté, j'ai faim et soif de toi et mon cœur ne veut plus que la stabilité qui est en toi » (1).

Ce sont ces expériences surnaturelles qu'il désigne lorsqu'il parle avec tous les mystiques de ces « parfums intérieurs », de ces « goûts de l'âme », de ces « visions », de ces voix divines qui lui parlent. La mystique chrétienne a toujours admis cette communication directe de la conscience individuelle avec Dieu, où Celui-ci n'est pas seulement saisi par l'esprit dans une notion claire, où il est aussi goûté par le cœur dans une étreinte d'amour. Mais cette union intime de l'âme avec Dieu, cette union sensible et perçue est considérée, non point comme la conséquence des seuls efforts de l'âme, mais comme une grâce, comme un don surnaturel. Selon sainte Thérèse et saint Jean de la Croix, c'est Dieu qui s'unit à l'âme du chrétien, bien plus que celle-ci ne s'unit à Lui.

Ainsi la théologie mystique présente la connaissance expérimentale de Dieu comme une connaissance d'ordre surnaturel. Mais, si elle distingue la connaissance propre à l'homme, dans son état présent, de celle qu'il obtient lorsque la grâce et la faveur divine le soulèvent au-dessus de sa nature, les philosophes alexandrins au contraire considèrent la connaissance mystique de Dieu comme un état auquel l'âme peut arriver par ses propres forces, comme le but normal proposé à ses efforts. L'extase, tel est le terme, non pas surnaturel, mais naturel, de la recherche de Dieu.

Pour permettre à l'âme d'atteindre de la sorte à Dieu, ils la douent d'une faculté nouvelle. L'intelligence ne saurait parvenir

---

(1) *Soliloq*, I, 311. — *Connaissance de Dieu*, p. 242.

à cette connaissance : l'âme y arrive par une sorte de divination intuitive, supérieure à la pensée, par l'exercice de plus en plus parfait d'un pouvoir qui dépasse la raison même. La connaissance rationnelle de Dieu, insuffisante et indirecte, est considérée comme une voie inférieure à la connaissance immédiate de l'être, à l'expérience même de Dieu, à laquelle on peut arriver à l'aide du développement progressif de la faculté intuitive.

En citant à la fois les Pères de l'Eglise et les Alexandrins, Thomassin semble confondre souvent l'ordre naturel et l'ordre surnaturel de la connaissance de Dieu, dont il admet cependant, parfois, la distinction (1). Il paraît n'y voir que deux degrés d'une connaissance naturelle, l'un supérieur, l'autre inférieur, mais également accessibles à l'âme, si elle veut se servir, non plus seulement de sa raison, mais encore du sens secret dont elle est douée par nature, quoiqu'elle ne l'exerce pas toujours.

Bien que Gratry cite volontiers Thomassin, auquel il reproche du reste trop de complaisance pour les Alexandrins, il ne tombe pas dans cet ontologisme mystique, qui accorde à l'âme la connaissance immédiate de Dieu, non au moyen de la raison comme l'ontologisme de Malebranche, de Gioberti ou de Rosmini, mais à l'aide d'un pouvoir particulier.

Gratry distingue au contraire l'ordre naturel et l'ordre surnaturel de la connaissance. Il répète souvent que l'âme, par ses propres efforts, arrive seulement à une vue médiate, à une connaissance indirecte de Dieu : « Dans l'état naturel de l'homme, dit-il, dans cet état où nous naissons, notre âme n'est pas capable de voir Dieu en lui-même » (2). Et encore : « Naturellement, l'homme ne voit que le reflet ou l'image de la vérité incréée dans le miroir des créatures ou le miroir de l'âme » (3). On pourrait multiplier les citations où il affirme le caractère indirect de la vue naturelle de Dieu, qu'il oppose « à cette autre vue de Dieu directe, immédiate, et que le christianisme a nommée surnaturelle » (4).

---

(1) Il cite et approuve, dit GRATRY (*Connaissance de Dieu*, II, p. 44), l'auteur cité par saint Bernard qui enseigne « que la connaissance de Dieu par les lois immuables de la sagesse et de la vérité est naturelle ; mais que savoir ce qu'est Dieu même est un don particulier de *grâce divine* ». — Lib. v, cap. XI, parag. 11.
(2) *Connaissance de Dieu*, I, p. 199.
(3) *Connaissance de Dieu*, I, p. 325.
(4) *Connaissance de Dieu*, I, p. 268.

Il y a plus. Tandis que chez les mystiques alexandrins, chez Thomassin, le sens secret, laissant derrière lui la raison inutile, s'élance seul vers Dieu pour l'atteindre par un contact plutôt que par une connaissance, chez Gratry le sens divin n'est pas le supplément, mais l'auxiliaire de la raison. Malgré quelques passages où le sens divin semble être interprété à la manière alexandrine, (par exemple lorsqu'il le désigne comme « le sens divin, plus profond que l'intelligence et par lequel Dieu est touché plutôt qu'il n'est vu ou compris » (1) ; où son rôle paraît être un rôle de connaissance, « ce sens de l'infini, ce sens de Dieu qui nous donne son idée en nous touchant) » (2), Gratry donne seulement au sens divin un pouvoir impulsif, qui soutient la raison dans son ascension vers l'absolu, après l'avoir arrachée à la fascination de la sensation, qui risque d'absorber et d'envelopper l'âme (3). Ce « sens intérieur, loin de suppléer la raison, nous élève à la raison » (4) ; par elle, il nous conduit à Dieu. Il est la force qui nous donne l'élan, qui nous donne des ailes (5). Le sens divin, c'est, comme il aime à le redire, « un ressort » qui donne l'impulsion à l'esprit aussi bien qu'à l'âme tout entière, dans tous ses mouvements vers Dieu » (6). Mais c'est la raison et non pas le sens divin qui parvient à connaître Dieu ; le sens donne le mouvement, mais non pas la connaissance, à laquelle il est antérieur. Son rôle est nécessaire, car, sans lui, l'âme, comme un oiseau dont les ailes sont brisées, ne saurait quitter terre et s'élever à l'idée consciente et claire de Dieu. Cependant, le sens divin seul ne saurait conduire à Dieu. Gratry affirme formellement que « la vue intelligente de Dieu, la vue consciente », bien qu'indirecte et médiate, « ne s'obtient que par l'opération de la raison appuyée sur les données du monde visible ou du monde intérieur de l'âme » (7).

Ainsi, la connaissance de Dieu, obtenue même avec le secours du sens divin, demeure une connaissance rationnelle. Elle demeure

---

(1) *Connaissance de Dieu*, II, p. 268.
(2) *Connaissance de Dieu*, I, p. 404.
(3) *Connaissance de l'Âme*, I, p. 196.
(4) *Connaissance de Dieu*, I, p. 253.
(5) *Log*, II, p. 14.
(6) *Connaissance de Dieu*, I, p. 88.
(7) *Connaissance de l'Âme*, I, p. 285.

une connaissance naturelle. Pour Gratry, comme pour les mystiques chrétiens, la connaissance directe, immédiate de Dieu, de sa nature, de son essence, a un caractère surnaturel. Elle se produit lorsque le sens divin, faculté de nature, est élevé par l'action divine à l'ordre surnaturel. Et Gratry distingue, en effet, un sens divin naturel d'un sens divin surnaturel. Par le premier, l'âme se sent elle-même explicitement et Dieu implicitement ; par le second, elle sent explicitement Dieu lui-même et ne se sent elle-même qu'implicitement en Dieu (1). Ce sens divin surnaturel ne représente pas une faculté nouvelle, mais le changement introduit par la grâce, par un secours spécial de Dieu, dans la manière de l'atteindre, manière qui offre plusieurs degrés, dans cet ordre surnaturel lui-même. Or, ce n'est pas le sens divin élevé même au premier degré de l'ordre surnaturel, à la foi, ni la connaissance proprement mystique que Gratry veut introduire comme un élément dans la démonstration de l'existence de Dieu. Ce sens surnaturalisé, il le réserve à la connaissance du second degré de l'intelligible, où l'âme est inondée d'une lumière nouvelle, donnée par Dieu.

Le sens divin naturel, lui, nous conduit à connaître Dieu dans ses œuvres, et le mouvement de la raison, dont il est le ressort, est une opération normale, qui ne réclame aucune intervention extraordinaire, mais l'exercice des puissances qui appartiennent à l'âme par nature et non par grâce.

D'ailleurs, ne voit-on pas que, dans la mystique chrétienne, la connaissance expérimentale de Dieu se produit lorsque ce Dieu est déjà affirmé, déjà connu par la raison ? Le mystique ne se sert pas de ses révélations, de ses extases, ou du sentiment ineffable de la présence du Dieu qui se communique à lui, pour s'assurer de l'existence de l'Etre auquel il croit déjà de toute l'ardeur de son âme. La connaissance mystique, quel qu'en soit le degré, est d'habitude le fait d'une âme déjà convaincue. Dans le cas de la conversion soudaine, où l'âme apparaît comme terrassée par l'expérience du divin, cette expérience n'a pas été provoquée par elle comme un moyen de contrôle, destiné à prouver les réalités dont elle doute. Elle survient d'en-haut, à l'improviste ; elle n'est pas obtenue par l'exercice volontaire des pouvoirs de l'âme.

---

(1) *Connaissance de Dieu*, II, pp. 352 ; 254.

La mystique chrétienne ne présente dans aucun cas la connaissance expérimentale de Dieu comme une preuve de son existence, comme un moyen de recherche.

Chez Gratry, au contraire, le sens divin n'apparaît pas pour achever, pour parfaire une connaissance commencée, ou pour la donner subitement, dans une aveuglante lumière qui ravit toute l'âme ; il est l'auxiliaire d'une recherche, qui est le fait de l'âme, et qui aboutit, non pas à la claire vue de l'Infini, mais à celle de ses « ombres immuables » (1).

On ne saurait donc attribuer à Gratry le dessein d'introduire dans la démonstration de l'existence de Dieu un élément surnaturel et proprement mystique, qui rendrait d'ailleurs cette démonstration inutile, car quel rôle laisserait à la raison ce sens divin, s'il procurait une connaissance plus profonde ou antérieure à la connaissance rationnelle ? Ne délaisserait-on pas celle-ci pour celle-là ?

Mais, on le sait, pour Gratry, la démonstration demeure nécessaire, ainsi que le rôle de la raison. L'élément expérimental apporté par le sens divin ne va pas à la suppléer. Il ne donne pas la connaissance, il permet seulement de l'atteindre.

Quelle est donc la nature, quels sont les caractères de cette expérience dont parle Gratry ?

Le sens divin, le sens de l'infini, s'appelle aussi « l'inévitable attrait du souverain bien, dans chaque âme » (2). l'attrait du désirable et de l'intelligible ». De tous les noms que Gratry accepte pour la donnée, ressort de la raison dans le procédé dialectique, c'est celui-ci qui s'accorde le mieux avec la théorie que propose le philosophe, celui qui laisse le moins de place à l'équivoque. Il s'oppose en apparence à celui de tact, que Gratry emploie après Thomassin (3) ; mais il est évident que tact n'est pas pris dans son sens précis. Car Gratry nous montre l'âme en quête de Dieu. Or, si l'âme jouissait du contact de Dieu, pourquoi le chercherait-elle ? La poursuite, qui marque à la fois la privation et le désir, ferait place au repos, à la béatitude. Or, l'âme de l'homme est agitée d'une continuelle inquiétude ; elle est émue par un attrait

---

(1) *Connaissance de Dieu*, II, p. 352.
(2) *Connaissance de Dieu*, I, p. 69.
(3) P. ex. : *Connaissance de Dieu*, II, p. 263.

mystérieux, attrait profond qui frémit au centre même de son être, et la soulève, par la racine de sa vie, vers la perfection infinie.

C'est cet attrait qui constitue le sens divin, l'expérience qui doit servir de base à la Théodicée.

De ce point de vue, la théorie de Gratry semble homogène, les difficultés disparaissent, les oppositions, les exagérations se fondent ou s'expliquent ; les soupçons de mysticisme, d'ontologisme deviennent sans fondement. Le sens divin n'apparaît pas comme un contact sensible de la divinité, une connaissance qui rend la raison inutile dans la recherche de Dieu. Alors, aussi, se trouve écarté le reproche d'un rôle trop considérable donné à Dieu dans la connaissance naturelle que nous avons de Lui, rôle qui rapprocherait la doctrine du sens divin de celle de Malebranche. La présence de Dieu dans l'âme n'y répand pas la connaissance innée de l'infini. Le « point par lequel nous sommes suspendus à Dieu » est une expression métaphorique, qui indique, avec notre origine, notre dépendance continuelle de l'action divine qui nous garde la vie. Il reste que nous conservons de cette origine, de cette action une empreinte sacrée ; l'influence divine qui enveloppe l'âme l'émeut d'une émotion obscure et ignorante. D'où ces tressaillements mystérieux, ces appels vers l'infini, cet attrait du désirable et de l'intelligible qu'Aristote accorde à l'univers entier et qu'éprouvent au moins tous les hommes.

Il ne s'agit donc pas là d'une expérience clairement consciente du divin, telle qu'elle est donnée aux mystiques, mais d'une tendance enveloppée et confuse, qui ignore son but véritable, instinct donc, plutôt que connaissance ou sentiment. Mais cette tendance implique pourtant ces deux éléments, un élément de sensibilité et un élément d'intelligence. L'attrait qui nous pousse vers Dieu, c'est celui du *désirable* et de l'*intelligible*. Dieu, en effet, étant tout bien et toute vérité, attire à la fois le cœur et l'esprit. Le cœur le cherche par l'amour, l'esprit le poursuit par la connaissance.

C'est que Dieu n'est pas seulement à la racine de notre vie comme son auteur, il est aussi le but même où tend cette vie. Cause efficiente, il est aussi Cause finale, et le sens divin résulte de ce que l'âme, faite par lui, est aussi faite pour lui. *Fecisti nos ad te, Deus !* s'écriait saint Augustin cherchant ainsi admirablement dans la destinée de l'âme, le motif de ses troubles et de ses désirs. « Vous nous avez faits pour vous, ô Dieu ! et notre cœur est inquiet jusqu'à ce qu'il se repose en vous ».

La raison, comme l'expérience, affirme l'existence de cet attrait et de son double aspect. « C'est une vérité à la fois rationnelle et expérimentale » (1). La raison, lorsque Dieu est connu, vient confirmer l'expérience et démontrer que Dieu, origine de l'âme comme son créateur, Dieu, terme de l'âme comme sa félicité, l'attire par sa Bonté, sa Beauté, sa Vérité souveraine.

L'expérience nous a auparavant appris que rien, ici-bas, ne nous satisfait, ni les explications partielles des choses, ni la beauté imparfaite des êtres. « Je sens, répétons-nous après Descartes, je sens que je suis un être borné qui aspire sans cesse à quelque chose de meilleur et de plus grand que je ne suis. » « Le mépris de la réalité présente, si naturel à l'homme, l'attente de l'avenir idéal, si habituelle à l'âme » (2), ce désir de rencontrer sans limites toutes les beautés et tous les biens dont on aperçoit quelques traces, tous ces besoins, toutes ces aspirations de l'âme, quel est l'homme qui ne les a éprouvées ?

Ces faits si universels, si humains, ne sont pas autre chose que la manifestation de l'attrait du désirable et de l'intelligible, le sens divin.

Il se présente comme une tendance à la fois intellectuelle et morale « parce que sa cause est à la fois intelligible et désirable, et parce que nous sommes intelligence et volonté » (3). L'élément intellectuel et l'élément sensible se mêlent et se confondent dans un pressentiment confus, sorte d'instinct, qui cherche le but pour lequel il est fait et qui n'apparaît pas encore à la claire conscience. L'un et l'autre servent de point d'appui, à la fois à la volonté dans son effort vers la bonté souveraine, et à la raison dans son élan vers Dieu. Mais ces éléments, tels qu'ils se présentent dans le sens divin, sont enveloppés comme le germe dans la graine. « Le sens divin les implique mais ne les explique pas ; il donne un attrait vague et une idée confuse » (4).

Si donc le sens divin suppose une certaine innéité, c'est l'innéité des dispositions, non pas celle de la connaissance. Gratry est, par là, tout proche de Leibniz.

---

(1) *Connaissance de Dieu*, I, p. 344.
(2) *Connaissance de Dieu*, I, p. 57.
(3) *Connaissance de Dieu*, I, p. 345.
(4) *Connaissance de Dieu*, I, p. 345.

Pour Leibniz, les lois de l'intelligence existent dans l'esprit à l'état de préformations, de virtualités; il faut que la raison, aidée de l'expérience, dégage et formule ces principes. De même, par le sens divin, l'âme enveloppe par nature une double tendance, une double virtualité, « puissances prochaines » qui attendent, pour passer en acte, le concours de l'expérience, de la raison et de la volonté.

La sensation éveille le sens divin en mettant l'âme en présence de la nature (1), car « tout étant image de Dieu, tout réveille quelque sens du modèle » (2). Le sens intime, les faits de conscience (3). nous aident aussi à déployer en nous le sens divin. Est-ce que la connaissance de notre imperfection n'implique pas quelque sens de la perfection, comme le remarque Descartes, comme le sait Pascal ?

La parole, la parole d'autrui peut aussi dégager de l'ombre qui l'enveloppe la « connaissance confuse », la « pensée sourde », germe de la connaissance de Dieu. Parfois, « un autre esprit, par sa parole, est père du mien et met en acte ce sens divin qui est la puissance prochaine de l'idée de Dieu » (4). Mais l'effort, le travail de l'âme, sont nécessaires pour amener à l'état d'idées claires et de claire conscience les croyances aux idées implicites, les sentiments confus « qui sont en nous sans nous » (5). Si Dieu, par sa présence, nous les donne d'une manière innée, continuelle, universelle, il nous faut saisir ce don qui est mis en nos mains ; « il nous reste à le prendre par la raison et par la liberté ; il nous reste à rendre explicite en nous, par la raison, l'idée confuse de Dieu et, par la liberté, le vague attrait vers Dieu » (6).

C'est ainsi que la démonstration de l'existence de Dieu suppose, avec la donnée divine, « attrait du désirable et de l'intelligible », la collaboration et l'activité de l'âme ; celle de la raison, qui distingue la lumière implicite de l'idée de Dieu et s'aide de cette lumière pour parvenir du fini à l'infini, de l'imparfait au parfait (7) ; celle de la volonté, car « il y a au fond du procédé

---

(1) *Connaissance de l'âme*, I, p. 195.
(2) *Connaissance de Dieu*, I, p. 235.
(3) *Log.*, II, p. 193.
(4) *Connaissance de Dieu*, I, p. 356.
(5) *Log.*, II, p. 19.
(6) *Connaissance de Dieu*, I, p. 345.
(7) *Connaissance de Dieu*, I, p. 358.

dialectique intellectuel, non seulement le sens de l'infini, croyance offerte, mais un acte et un mouvement vers l'infini, croyance reçue, acte de foi » (1).

Ces impulsions du sens divin, on peut les méconnaître (2). La volonté perverse peut changer l'attrait vague en passions corruptrices ; l'esprit faussé peut transformer l'idée confuse en principe d'erreur. Ainsi, aucune idée n'est inspirée à l'homme, aucune connaissance du divin ne lui est donnée toute faite. Il porte la responsabilité de la conclusion à laquelle il doit arriver par lui-même. « On a le choix ; là est l'acte à la fois rationnel et libre qu'il faut nommer l'acte fondamental de la vie intellectuelle et de la vie morale » (3).

Mais si l'âme ne pervertit pas le sens divin, « théoriquement, l'idée obscure de l'infini passe en lumière par les degrés suivants. On sent d'abord, et simultanément, obscurément, le fini et l'infini, Dieu et l'âme, la vie même n'étant que le rapport des deux ; bientôt, on voit clairement le fini, mais non comme tel, non comme imparfait ; ensuite, le sens obscur de l'infini ou de la perfection nous fait voir le fini, ou notre âme, comme imparfait ; la vue du fini, comme imparfait, nous fait clairement concevoir, par contraste, l'infini et la perfection » (4). Ainsi, par degrés, les virtualités qui constituent le sens divin passent en acte. L'idée explicite jaillit de ce fonds confus d'aspirations et de désirs. Le pressentiment obscur de l'infini devient la notion nette et positive de Dieu, dégagée peu à peu, par la raison, de la vue du fini et des données du sens divin, qui la fonde ainsi sur l'expérience interne.

On peut se demander si la conception de la nécessité d'un élément expérimental intime, qui s'ajoute à l'expérience de l'existence du monde et de l'âme, ne rapproche pas Gratry des philosophes modernes qui ont étudié l'expérience religieuse.

La défiance des connaissances purement spéculatives et du rationalisme abstrait, le goût pour la réalité vivante qui les caractérisent, se trouvent déjà chez Gratry. Avant eux, il fait appel à la sensibilité et lui donne un rôle dans la formation de l'idée de l'infini.

---

(1) *Log.*, II, p. 194.
(2) *Connaissance de Dieu*, p. 345.
(3) *Connaissance de Dieu*, p. 345.
(4) *Connaissance de Dieu*, I, p. 358.

Aussi, à de certains égards, la théorie de Gratry semble indiquer la voie que suivront les penseurs contemporains et surtout W. James, dont les idées paraissent reprendre celles de Gratry et les pousser dans leur sens le plus hardi.

L'un et l'autre dépassent la sphère de la claire conscience pour aller étudier, dans les profondeurs mystérieuses de l'âme humaine, des faits, aussi certains que ceux qui se passent à la surface lumineuse, mais plus confus et moins connus. Leibniz avait le premier signalé la région ténébreuse du moi, le côté nocturne de l'âme, dont les phénomènes sont sourdement conscients. C'est parmi ces phénomènes et dans la sub-conscience que Gratry va chercher les émotions du sens divin ; c'est dans ce fond obscur de la sensibilité que se trouve « ce ressort caché, ce point double, cette racine double qui, si on l'ose dire, est à la fois Dieu et nous » (1). Mais nous n'avons pas besoin, pour atteindre « ce point de contact par lequel nous sentons Dieu implicitement », d'un agrandissement du champ de conscience. Le moi conscient, tel qu'il se présente dans l'état normal, et chez tous, l'enferme dans son domaine.

Il n'est pas de même chez W. James. Il s'appuie sur la théorie du moi sub-liminal qui reprend, mais étend aussi, la théorie de Leibniz. Avec Myers, James admet, au-delà de la limite du moi conscient, au-dessous du seuil de la sub-conscience, une autre région du moi qui est en communication avec une sphère d'existence que notre conscience ordinaire ne peut atteindre normalement et dont l'action ne se fait pas sentir à tous. Mais cette action intermittente, et produite seulement chez certains sujets, conduit à conclure que « les prolongements du moi conscient s'étendent bien au-delà du monde de la sensation et de la raison, dans une région qu'on peut appeler ou bien surnaturelle ou bien mystique » (2).

Gratry et James admettent tous deux des rapports étroits avec l'invisible, mais ils diffèrent dans l'appréciation de ces rapports. Pour Gratry, la présence de Dieu dans l'âme éveille en elle « un sens divin ». Mais ce sens divin n'est pas une vue, une intuition du divin. Il ne fait pas connaître à l'âme, d'une manière immé-

---

(1) *Connaissance de Dieu*, II, p. 351.
(2) W. JAMES. *Expérience religieuse*, p. 429. Traduction ABOUZIT.

diate, le Dieu dont elle est si proche. L'attrait obscur et sourd qu'elle éprouve n'apporte pas même avec lui l'idée claire de sa cause et de sa fin. Les rapports que la vie elle-même crée entre l'âme et Dieu apparaissent enveloppés d'ombres, et le sentiment qui en résulte, et qui constitue l'élément expérimental invoqué par Gratry, ne saurait, par lui-même, fournir la connaissance.

L'expérience dont parle James est une intuition ou un contact clairement conscient ; c'est une expérience normale, qui nous met en relation immédiate avec une divine réalité. Le phénomène religieux n'est pas seulement l'émotion éveillée dans l'âme par la présence divine obscurément sentie et encore ignorée ; il résulte de la communication directe du moi sub-liminal avec le divin, communication qui donne l'assurance de ce fait que « le moi conscient ne fait qu'un avec un moi plus grand » (1).

Aussi, l'intervention du raisonnement devient-elle inutile pour établir l'existence d'une réalité immédiatement saisie et qui remplit l'âme de certitude.

Chez Gratry, au contraire, le sens divin ne sert qu'à empêcher l'âme d'être satisfaite des choses d'ici-bas et à la soulever ainsi vers l'infini. La démonstration doit suppléer à l'expérience immédiate qui manque ; la raison demeure nécessaire : c'est elle qui fournit la notion et la preuve de Dieu.

Cette preuve, James la réclame encore à l'expérience mystique. Pour lui, si le monde invisible n'est pas seulement idéal, c'est « qu'il produit des effets dans le monde sensible. Par la communication avec l'invisible, le moi fini se transforme. Comment refuser le nom de réalité à ce qui produit des effets au sein d'une autre réalité ? » (2).

Mais cet appel aux résultats sensibles du phénomène religieux ne suffit pas à donner à celui-ci un caractère d'objectivité. L'expérience religieuse est une expérience sentimentale. Or, le sentiment est essentiellement subjectif ; il ne renseigne que celui qui l'éprouve. Son contenu affectif, base des certitudes du sujet, demeure incommunicable. Si l'on réussit à décrire les émotions

---

(1) JAMES, op. cit., p. 428.
(2) JAMES, op. cit., p. 429.

religieuses, cette description ne saurait les éveiller chez autrui, pas plus que la description d'une contrée, le récit d'un voyage ne sauraient évoquer les sites réels à l'imagination de celui qui ne les a jamais vus.

L'expérience religieuse est donc, par nature, individuelle, ineffable ; elle ne saurait donner naissance à des croyances d'un caractère universel. Cependant, comme elle ne peut se passer de tout élément intellectuel, pour s'enfermer uniquement dans un état affectif, elle aboutit aux théologies les plus disparates. W. James parle des *variétés* de l'expérience religieuse, qui s'accommode de doctrines très diverses.

Gratry, au contraire, repousse avec force l'individualisme. Il s'élève contre la prétention de ceux qui soutiennent que, pour eux : « la connaissance de Dieu ne peut résulter que de leur expérience personnelle et des travaux de leur propre esprit » (1). Il blâme l'imprudence de ceux qui s'enferment en eux-mêmes et croient élargir leur savoir en rétrécissant leur horizon. « On ne veut croire et on ne croit qu'aux expériences intimes, que soi-même on a faites, aux raisonnements et aux conclusions qu'on a soi-même construits sur ces données. On repousse la tradition, l'histoire des faits religieux, et l'on prétend arriver par soi-même et par soi seul à la théologie vraie, telle que l'humanité peut la connaître. Cet isolement serait une folie dans toutes les autres sciences, et c'est par son moyen que l'on prétend découvrir l'immense science de Dieu ! » (2).

L'expérience, telle que l'entend Gratry, n'aboutit donc pas au subjectivisme. Elle a pour but de préserver l'esprit de l'isolement d'avec le réel, non pas d'isoler l'homme en l'enfermant dans sa propre conscience. Le sens divin n'est pas une expérience qui varie avec chacun et qui offre un caractère nettement individuel. Il ne représente pas les communications spéciales des âmes diverses avec « un moi plus grand », un état affectif, accompagné spontanément de croyances et de certitudes en harmonie avec lui. Il est un « attrait » donné à l'âme par nature et il a un caractère d'universalité, comme tous les éléments essentiels de la nature humaine.

---

(1) *Connaissance de l'âme*, 1, p. 234.
(2) *Connaissance de l'âme*, 1, p. 235.

Le sens divin n'introduit donc pas, dans la connaissance de Dieu, un élément variable, personnel, qui transforme l'idée de Dieu en une notion individuelle, subjective. La raison, chez Gratry, même alors qu'il la présente aidée, excitée par le sens divin, part de données universelles : la valeur de l'idée divine reste objective. Tandis que, chez James, le sentiment l'emporte sur l'intelligence, qui formule seulement les croyances jaillissant de l'étreinte immédiate de la réalité, chez Gratry l'intelligence s'aide seulement du sentiment, d'ailleurs obscur et confus, et qui a un rôle surtout impulsif.

Les théories philosophiques qui, pour échapper aux sécheresses théoriques de la spéculation, la méprisent au profit de la sensibilité, tombent fatalement dans le subjectivisme. Le moyen d'y échapper, et de garder à la connaissance ses caractères et sa valeur, ce n'est pas d'appauvrir l'âme humaine, de la méconnaître en partie ; c'est au contraire de la conserver dans son intégrité et son harmonie naturelle. C'est là le but du P. Gratry. C'est ce qui constitue la supériorité de sa doctrine sur toutes celles qui prennent pour base l'expérience du divin, qu'elles admettent encore certains dogmes, comme celles de Ritschl ou de Sabatier, ou qu'elles s'efforcent de se réduire au sentiment seul, comme chez Hermann, Schleimacher ou Frommel.

Nul philosophe n'a vu mieux que Gratry que la religion était une vie. Mais, dans cette vie, il n'a pas relégué l'intelligence à l'arrière-plan ; il ne veut pas plus du cœur tout seul que de la raison seule ; il n'a pas absorbé la croyance dans le sentiment. Tout en réservant un rôle à celui-ci, il n'est pas tombé dans l'exagération qui devait enfermer James dans le subjectivisme.

La théorie de Gratry ne saurait donc se confondre avec celles qui cherchent la connaissance de l'infini dans le sentiment religieux ou dans l'expérience du divin. Elle laisse à l'activité de l'esprit le soin de parvenir à cette connaissance. L'expérience dont elle parle n'est ni un état surnaturel, ni une communication directe avec l'invisible. Elle consiste en des sentiments communs à tous les hommes.

Qu'est-ce en effet que cet attrait du désirable et de l'intelligible qui constitue le sens divin ?

L'homme veut être heureux, cela est certain ; mais ce bonheur, il ne le cherche pas seulement dans le bien-être matériel. Au-dessus des plaisirs des sens, il soupçonne des joies plus hautes.

Sollicité par l'intérêt, il rêve pourtant de vertu et connaît le sacrifice volontaire. Son cœur n'est pas rassasié par les objets qui l'entourent et son esprit exigeant veut savoir le pourquoi, le comment des choses. L'homme n'est pas satisfait de l'utile, de l'agréable qu'il rencontre. Il aspire au Beau, au Vrai, au Bien : il y tend par nature.

Ce sont ces sentiments incontestables, ces inclinations supérieures, que Gratry groupe sous le nom de sens divin. Ce sont elles qui constituent l'élément expérimental spécifique qui aide à la démonstration de l'existence divine, le ressort qui soulève la raison jusqu'à l'infini. « Qu'est-ce que le sens moral ou le sens du beau, demande Gratry, si ce n'est le sens divin ? » (1).

En effet, les élans qui portent l'âme vers la beauté, la vérité ou la vertu ne lui permettent pas de s'arrêter à rien de borné. « L'homme n'est produit que pour l'infinité », comme le dit Pascal. Il veut toujours plus, toujours mieux. La raison réclame une explication totale, comme le cœur un amour sans limite. Si la raison, si le cœur n'étaient soulevés par cet attrait du parfait, de l'absolu, qu'ils éprouvent sans le connaître d'abord comme tel, ils s'arrêteraient aux objets les plus proches, les plus accessibles et ne s'épuiseraient pas à la poursuite de l'invisible. S'ils le cherchent, c'est qu'ils le désirent, c'est que l'âme en a le besoin, l'instinct. Que ces tendances puissent s'égarer, c'est ce que Gratry répète, c'est ce que l'expérience montre. Cela prouve seulement qu'elles sont bien réellement une force, puisqu'elles sont toujours agissantes, quoique susceptibles de déviations. En reconnaissant le rôle de ces aspirations de l'âme vers l'idéal, en y voyant des auxiliaires de la raison, Gratry complète l'étude de la recherche de Dieu. Cet appel à ce que la sensibilité a de plus subtil et de meilleur ne diminue pas le rôle de la raison ; il n'est pas une abdication intellectuelle. Il résulte d'une observation profonde de l'âme humaine, qui découvre dans les émotions les plus hautes de cette âme l'explication des aspirations de la raison elle-même.

C'était donc faire preuve d'une psychologie sagace que de traiter comme des faits, des faits bien réels et bien vivants, les sentiments supérieurs, et de leur reconnaître une influence sur les

---

(1) *Connaissance de l'âme*, 1, p. 193.

mouvements intellectuels. C'était faire preuve d'une sagesse qui respecte les lois mêmes de l'âme, que de voir, dans l'idée de Dieu, non pas simplement la conclusion d'un raisonnement et l'œuvre de la raison spéculative, mais le résultat du concours de toutes les puissances de l'âme et l'œuvre même de sa vie. Ainsi, l'affirmation de Dieu n'est pas seulement le but suprême des recherches de la raison, mais le terme où l'âme tout entière tend par nature.

Le sens divin n'apparaît donc pas comme un élément mystérieux, surnaturel, ni une faculté nouvelle. Cependant, on peut se demander si Gratry lui a constamment gardé le rôle qui est le sien.

Le motif qu'il apporte de la nécessité de reconnaître un élément expérimental dans la démonstration de l'existence de Dieu, c'est que nous parvenons à cette connaissance de la même manière qu'à celle de la nature ou à celle de l'âme (1). « La sensation donne à la connaissance du monde une base expérimentale, mais obscure et confuse, la raison y ajoute ses clartés » (2). C'est en effet au moyen de l'observation sensible que la raison parvient à dégager les lois du monde. Et si Gratry entend encore par connaissance du monde la perception du monde extérieur, on peut dire que suivant la théorie de l'inférence empruntée par Cousin à Descartes, l'affirmation du monde extérieur implique en effet l'intervention des princpes rationnels, à partir de la sensation. On cherche la cause de phénomènes qui ne peuvent provenir du moi.

La démonstration de l'existence de Dieu s'appuie aussi sur le principe de causalité. Mais celui-ci ne saurait s'exercer tout d'abord directement sur les données du sens divin. Qu'y trouverait il en effet ? De vagues émotions, des attraits confus, dont nous ne connaissons le but véritable qu'après avoir trouvé Dieu. Car, d'après Gratry lui-même, l'idée de l'infini, la notion de Dieu ne nous est pas donnée explicitement. Le sens divin ne nous offre ni idée claire, ni sentiment conscient de sa fin. Il nous faut connaître déjà l'infini pour savoir que c'est vers lui que se dirigent nos aspirations et nos désirs. Le sens divin ne présente donc pas au principe de causalité une matière spéciale, déjà marquée

---

(1) *Log.*, I, pp. 101-102.
(2) *Connaissance de Dieu*, II, p. 21.

d'une manière évidente du sceau de l'infini. Ce principe s'exercera, en premier lieu, de préférence, sur des faits plus clairs que sur les émotions profondes de l'âme.

D'autre part, si nous concluons à l'existence de l'âme, c'est que nous l'atteignons directement par la conscience. Or, nous n'atteignons pas Dieu directement, de l'avis même de Gratry.

Il y a donc entre la façon dont nous connaissons Dieu et celle dont nous connaissons le monde ou l'âme des différences profondes. Le sens divin ne nous présente pas une donnée d'où la raison n'a qu'à extraire le divin qu'elle renferme. Son rôle est plus indirect. Gratry, d'ailleurs, le marque très bien lorsqu'il en fait le ressort de la raison. L'attrait, dont le terme reste inconnu tant que la raison ne l'a pas découvert, la soutient dans sa recherche parce qu'il est un pouvoir impulsif. Tout désir, en effet, est une force d'élan, qui tend à entraîner vers son but, conscient ou non, toutes les autres puissances de l'âme. Le désir du beau, du vrai, du bien, le désir même du bonheur, qui n'est qu'un aspect des inclinations supérieures, possèdent cette énergie excitatrice qui provoque l'âme à la recherche de l'absolu.

Mais ces désirs sont aveugles, fatals, instinctifs; c'est la raison qui les révèlera à eux-mêmes. Ils ne correspondent d'abord qu'à ce besoin de l'explication pleine et totale, qui fait que la raison ne peut s'arrêter satisfaite qu'à Dieu. Lorsque Dieu est connu, l'âme s'aperçoit qu'elle le pressent déjà et que le cœur réclamait celui que la raison affirme. Et le cœur paraît alors si proche de la raison, les lumières de la raison sont si conformes aux aspirations du cœur, qu'il peut sembler que celles-ci sont la source de celles-là.

C'est cependant un cercle vicieux que de se servir, pour démontrer l'infini, du sentiment même de l'infini, puisque ce sentiment n'apparaît comme tel que lorsque l'infini est découvert par une autre voie.

Gratry retombe ici dans l'erreur qui l'a conduit à assimiler l'indéfini mathématique et l'infini métaphysique; il n'a pas fait, dans la recherche, abstraction de la connaissance déjà possédée, et l'infini qu'il faut poursuivre lui semble être déjà atteint.

Si donc on ne doit pas nier le rôle du sens divin, on ne saurait en faire une donnée sur laquelle la raison n'a qu'à se pencher pour y saisir l'infini. D'ailleurs, une telle conception n'est-elle pas en désaccord avec le reste de la théorie du procédé dialectique ? Quel besoin y a-t-il du monde extérieur et des faits bornés, dans la démonstration de l'existence de Dieu, si l'âme possède en elle-même la matière propre de la connaissance du divin ? Le monde, les faits finis servent à éveiller le sens divin, dira Gratry. Sans doute, mais ce n'est pas là toute la part qu'il leur a donnée. Ne les a-t-il pas montrés aussi, nettement, comme le point de départ de la raison qui du fini s'élève à l'infini ?

De la théorie du sens divin, il faut donc surtout retenir le rôle impulsif des sentiments supérieurs. Gratry a admirablement mis en lumière l'attrait vers l'idéal qui fait le fond de l'âme humaine et qui la pousse à une recherche qui est en définitive celle de Dieu.

En demandant que l'on tienne compte, dans l'examen de la démonstration de l'existence de Dieu, de ces désirs, de ces élans dont nous avons l'expérience, il a protesté contre l'analyse excessive qui introduit et qui maintient dans l'activité de l'âme des scissions irréelles.

Mais il a supposé une science de la nature et du but des attraits de l'âme, science qui suit et ne précède pas la connaissance rationnelle de Dieu. Lorsqu'on possède celle-ci, les désirs obscurs s'éclairent et se précisent, les attraits vers le Beau, le Bien, le Vrai apparaissent comme des tendances qui s'élancent vers l'infini. Les sentiments supérieurs reçoivent leur vrai sens. Et alors, mais pas avant, ils peuvent corroborer les conclusions de la raison et être tenus pour le vivant témoignage de notre origine et de notre destinée. Alors seulement le « sens », pressentiment confus et ignorant, peut être appelé « divin ».

CHAPITRE V

Les deux degrés de l'intelligible et les rapports de la raison et de la foi

Le procédé dialectique conduit à la connaissance de Dieu. Mais ne convient-il pas de se demander quelle est la nature et l'étendue de cette connaissance ? Gratry s'inquiète, en effet, de la déterminer et de préciser le point où aboutit l'effort de la raison. Saisit-elle le Dieu qu'elle affirme, et ne l'affirme-t-elle que pour l'avoir étreint, ou bien reste-t-elle loin de lui, sans parvenir au-delà d'une vue indirecte de ce Dieu ? En un mot, « l'esprit humain voit-il l'être en lui-même, c'est-à-dire Dieu lui-même, ou seulement le reflet de son invisible réalité ? C'est la question philosophique par excellence » (1), c'est celle qui, selon Gratry, sert de trait d'union entre la théologie et la philosophie et permet de résoudre le problème des rapports de la raison et de la foi.

---

(1) *Log.* II, p. 236.

Gratry repousse à la fois les théories qui refusent à la raison toute connaissance de l'absolu et celles qui admettent l'intuition intellectuelle de l'absolu. C'est à Hamilton qu'il demande la réfutation de ces dernières, qui confondent le reflet de ce qui est avec la réalité même. Car, « lorsque nous voulons pénétrer jusqu'à l'Etre en lui-même, et lorsque nous croyons l'avoir trouvé sur terre, par notre lumière naturelle, nous sommes des Ixions saisissant une nuée, mais non pas la déesse » (1).

L'absolu se dérobe aux prises de la raison. Est-ce à dire que celle-ci soit impuissante à dépasser le relatif et à concevoir même la notion d'absolu ? Si Gratry se sert des vues d'Hamilton contre celles de Schelling, d'Hégel et même de Cousin, il ne le suit pas dans son affirmation du principe de la relativité de la connaissance. A vrai dire, il n'aborde pas cette question. Il envisage la connaissance de Dieu non pas comme relative, mais comme indirecte. L'absolu n'est pas *inconnaissable ;* il est *inaccessible ;* aussi, notre science n'est-elle pas *tout au plus* le reflet de l'être : elle est *vraiment* ce reflet. Elle est le reflet, non pas d'une réalité inconnue, mais d'une réalité invisible.

Si la connaissance de l'infini n'est pas la connaissance directe, l'intuition de l'être dont elle affirme l'existence, le procédé dialectique ne conduit pas à voir Dieu, mais à concevoir que Dieu est. Dès lors, au-dessus de cette connaissance pour ainsi dire lointaine, il y a place pour une autre qui lui sera supérieure parce qu'elle sera directe et vivante. La foi pourra atteindre jusqu'où n'atteint pas la raison.

C'est à Platon que Gratry emprunte la distinction des deux degrés de l'intelligible qu'il reconnaît. Mais il remanie la conception platonicienne. Pour Platon, le terme suprême de l'ascension dialectique, c'est la seconde région du monde intelligible, c'est l'idée même du Bien. Or, la dialectique de Platon ne distingue pas l'idée de l'être. L'intelligence qui parvient à l'idée du Bien, atteint le Bien lui-même. C'est un élan de même nature qui porte l'âme, à partir du monde sensible, jusqu'à la seconde région de l'intelligible.

Gratry voit aussi la raison s'élever jusqu'à l'idée de Dieu. Mais

---

(1) *Log.*, ii, p. 230.

l'idée, chez lui, ne se confond plus avec l'être auquel elle correspond. Le but atteint par l'intelligence est un but purement logique ; la raison n'a pas dépassé la région des reflets ; il ne lui est pas donné d'entrer dans le monde suprême des réalités et d'arriver, dans son ascension, à la seconde région de l'intelligible, celle où Dieu est connu en lui-même.

Cette distinction entre l'être et l'idée, que nous devons surtout à Kant, ne se trouve pas chez Platon. Elle ne se trouve pas non plus chez Aristote, dont Gratry invoque cependant le témoignage. Dans cette doctrine où l'intelligence et l'intelligible sont identifiés, l'intellection apparaît comme une intuition, où l'âme qui connaît et l'objet de la connaissance ne font plus qu'un. L'union de l'intelligible et de l'intelligence dans l'acte le plus élevé de la connaissance, où l'esprit arrive à ce terme qui consiste « à voir l'intelligible comme il se voit lui-même, à le voir en le touchant » (1), n'est pas présentée par Aristote comme extra-naturelle.

D'ailleurs, si la pensée grecque a distingué, de la vie des sens, la vie de l'esprit, elle n'a pas vu en celle-ci, comme le fera la pensée chrétienne, une vie déjà divine qui s'élève au-dessus d'une vie purement humaine et introduit l'âme plus haut que le monde naturel, dans un monde surnaturel.

Aussi, Gratry garde les termes qui désignent la division introduite par Platon dans la région de la connaissance, mais il refoule au premier degré de l'intelligible, dans le domaine des ombres éternelles, des fantômes divins, la suprême conquête de la raison. Il maintient au-dessus de l'effort dialectique le second degré de l'intelligible.

Il y a deux degrés dans l'intelligible divin. Qu'est-ce à dire ? Cette distinction introduit-elle en Dieu une sorte de dualité ? Nullement. Elle marque seulement les limites et la faiblesse de l'intelligence humaine, qui ne saurait embrasser l'immensité divine ; elle s'applique au mode de connaître, non pas à l'objet de la connaissance. En effet, « il n'y a qu'une lumière en Dieu, qui est Dieu. Mais, pour l'intelligence créée, il y a deux degrés dans l'intelligible divin : on obtient d'abord la vue indirecte de Dieu, puis la vue directe, vue de l'essence » (2).

---

(1) ARISTOTE. *Métaph.*, XII, 7. — *Connaissance de Dieu*, I, p. 179.
(2) *Connaissance de Dieu*, II, p. 211.

Placée en face du monde sensible et de l'âme, la raison peut atteindre, en partant d'eux, le premier des deux ordres de vérités qu'on distingue dans l'intelligible divin. Elle peut arriver à affirmer l'existence de Dieu, à concevoir ses attributs, soit qu'elle les déduise tous d'un seul par voie d'identité, soit qu'elle les obtienne tous à partir du spectacle des choses créées, en vertu de ce principe : « les perfections de Dieu sont celles des créatures, moins la limite ». Il est clair, d'ailleurs, que la démonstration de l'existence de Dieu implique une certaine connaissance de Dieu, « car Dieu ne peut être démontré qu'autant qu'il est démontré doué de ses attributs essentiels, sans quoi on aurait démontré l'existence de quelque autre chose, non celle de Dieu » (1).

C'est ainsi que la raison, qui affirme que Dieu est, affirme aussi qu'il est infini, un, simple, immuable, éternel, immense ; elle le conçoit comme infiniment parfait, tout puissant et tout bon. La raison peut s'élever à une telle connaissance de Dieu ; elle le peut et elle le doit et, de fait, ce sont : « ces vérités, et d'autres de même nature, qui ont été démontrées par divers philosophes éclairés par la lumière naturelle de la raison » (2), comme le dit saint Thomas et comme le répète Gratry.

Cette idée de Dieu, obtenue par le procédé rationnel, est une connaissance véritable et certaine, mais c'est une connaissance indirecte. « C'est une lumière, une vraie lumière dont la source est Dieu même ; mais, comme les captifs de la caverne de Platon, nous lui tournons le dos : nous tournons le dos à sa source ; nous ne la voyons pas immédiatement et en elle-même, mais bien dans l'ombre qu'elle produit ou le reflet qu'elle donne » (3).

C'est en effet par le moyen du fini que la raison arrive à concevoir l'infini ; les êtres bornés, imparfaits, contingents la conduisent à affirmer le parfait, l'éternel, le nécessaire. « De l'être limité qu'elle voit, qu'elle tient, qu'elle est elle-même, notre âme, dans la lumière de la raison…, conclut l'être infini qu'elle ne voit pas, qu'elle n'est pas et qu'elle ne tient pas. Or, dans ce qu'on a, voir ce qui manque, voilà la lumière indirecte ou la vue de l'objet par l'ombre » (4). Dans ces objets finis, l'âme saisit le reflet des

---

(1) *Connaissance de Dieu*, II, p. 100.
(2) *Summa Contr. gentes*, cap. III. — *Connaissance de Dieu*, II, p. 212.
(3) *Connaissance de l'âme*, I, p. 304.
(4) *Connaissance de l'âme*, I, p. 304.

perfections qu'elle ne voit pas, mais qu'elle conçoit. La connaissance obtenue est une connaissance logique, dérivée d'un raisonnement ; elle ne suppose ni ne donne l'intuition même de la réalité qu'elle conclut. Les images par lesquelles Gratry la désigne et l'exprime font ressortir son caractère indirect. « La raison qui connaît que Dieu est, dit-il, arrive à ce premier degré de l'intelligible divin que tous les bons esprits regardent comme un reflet, une nuée, une ombre, un calque, un foyer imaginaire, un fantôme, un simulacre » (1).

Bien que Gratry marque la distance qui sépare la connaissance médiate de Dieu de la connaissance immédiate, il ne met pas en question la valeur de la raison ni celle des conclusions auxquelles elle parvient. Celles-ci n'en sont pas moins légitimes et rigoureuses, quoique obtenues d'une manière indirecte. Les ombres, les reflets, le calque que la raison atteint, ne sont pas des illusions de l'esprit, des conceptions vides ; ils n'ont pas une valeur seulement relative et subjective. Gratry met en relief la nature indirecte de la connaissance de Dieu ; il ne met pas en doute sa valeur objective. Le reflet que nous saisissons correspond à un être, à une réalité, dont il est la ressemblance et le témoignage.

Cependant, lorsque Gratry montre que cette connaissance de Dieu n'atteint que l'ombre de Dieu, n'oublie-t-il pas le rôle qu'il a donné dans l'ascension dialectique au sens divin ? Il peut sembler qu'il y a quelque opposition entre ces deux vues. Comment la connaissance de Dieu serait-elle seulement indirecte, si le sens divin y introduit un élément expérimental spécial ? Elle n'enferme pas uniquement la conclusion d'une démonstration rationnelle, mais encore un principe vivant et sensible, qui suppose la présence de Dieu dans l'âme. Dès lors, ne sera-t-elle que la contemplation de l'image de la divinité ? Ne suppose-t-elle pas, au moins dans une certaine mesure, que cette divinité est réellement saisie ? Il faut avouer que cette objection pourrait être sérieuse et nous avons vu, en étudiant le sens divin, combien l'interprétation du rôle que lui attribue Gratry était parfois délicate. Mais nous avons vu aussi qu'il faut écarter celle qui fait du sens divin un contact perçu de Dieu présent dans l'âme. Même aidée du sens divin, la connaissance de Dieu demeure médiate. L'expérience qu'elle

---

(1) *Log.*, II, p. 247.

suppose n'est pas une expérience directe, l'expérience de Dieu, mais l'expérience de l'action de Dieu dans l'âme. De même qu'au point de vue de l'observation externe, l'existence de Dieu est conclue d'une manière médiate, à partir des données sensibles, ainsi, au point de vue expérimental du sens divin, on ne saisit que les effets de Dieu. Ici le monde extérieur, là le moi intérieur donnent Dieu à la fois et le voilent. Entre Dieu connu et l'esprit connaissant s'interpose le créé qui, pourtant, manifeste le Créateur. Celui-ci est vu seulement dans son œuvre, et l'âme attentive ne peut contempler que le reflet de sa face dans le miroir des créatures.

On ne saurait donc invoquer ici, contre Gratry, sa propre théorie du sens divin, et l'opposer à son affirmation du caractère indirect de la connaissance de Dieu obtenue par la raison. Lui-même, en une page décisive, se déclare contre l'ontologisme de Malebranche et prévient nettement toute interprétation qui tendrait à rapprocher ses vues de celles de l'oratorien : « Selon Malebranche, Dieu opère en nous directement et immédiatement toutes nos idées et toutes nos sensations. Il les opère par sa présence et son contact, de la même manière qu'il opère en nous sa propre idée, l'idée de l'infini. C'est ici que Malebranche confond deux vérités. Malebranche croit que notre idée naturelle de Dieu est la vue de Dieu même directe, immédiate. Selon lui, la vue des créatures et la vue de notre âme ne sont qu'une vue de Dieu... Malebranche confond les deux degrés de l'intelligible divin : là est toute son erreur. Il attribue à la raison, c'est-à-dire à la vue naturelle de Dieu dans le miroir de l'âme, des caractères qui n'appartiennent qu'à la vision de Dieu dans son essence... Il rêve d'un rêve sublime que, dans sa raison, il a déjà la vue directe, immédiate de Dieu lui-même » (1).

Ces deux degrés de l'intelligible, que Malebranche confond, il est donc indiscutable que Gratry s'efforce de les séparer et de distinguer la connaissance indirecte de Dieu de la connaissance directe, la vue logique obtenue à partir du fini de la vue intuitive qui contemple l'infini. Il soutient nettement que « la fin de la raison, ce qu'elle cherche, c'est une vue claire, quoique indirecte

---

(1) *Connaissance de Dieu*, I, p. 401.

ou spéculative de Dieu » (1). Nous démontrons que Dieu est, et Gratry s'est efforcé de mettre en lumière la rigueur de cette démonstration, mais nous ne le voyons pas. Si loin qu'aille la raison, elle ne peut naturellement dépasser cette connaissance médiate ; tout ce qu'elle peut affirmer, c'est que « nous connaissons que Dieu existe et avec quels caractères essentiels de justice, de vérité, de bonté, d'infinité ; mais nous ne voyons pas l'essence et la substance de l'être immuable et de ses perfections » (2).

Tel est le but auquel la raison peut naturellement atteindre. Mais au-dessus de cette connaissance spéculative, « il y a un plus haut degré de lumière dont l'esprit humain a quelque naturel désir. L'esprit humain veut voir *la cause première elle-même, en elle-même* » (3). C'est ici le second degré de l'intelligible. Il présente non plus la vue spéculative de la divinité, mais la vue directe de la lumière qui est Dieu, l'essence même de Dieu. C'est le domaine de la réalité, dont le premier degré ne renfermerait que l'ombre. C'est la région de la lumière surnaturelle, parce que Dieu est au-dessus de toute nature.

En ce degré de l'intelligible lui-même, il y a deux degrés de clarté ; « il y a la vue confuse, implicite, éblouie, inexpérimentée ; c'est la foi, lumière de grâce, et il y a la vue claire, vision suprême dans la lumière de gloire » (4). La foi seule intéresse la vie présente.

Mais, la foi est-elle du domaine de la philosophie ? La raison ne doit-elle pas se contenter de la connaissance de Dieu telle qu'elle peut l'atteindre à l'aide des forces naturelles de l'âme ? Gratry ne le pense pas : « On ne saurait, dit-il, aller jusqu'au bout de la raison sans parler de la connaissance surnaturelle de Dieu » (5). La philosophie est pour lui l'effort vers la sagesse totale. Pourquoi l'homme restreindrait-il volontairement son ambition à une sagesse diminuée ? La vraie philosophie, « la saine et droite et utile philosophie humaine, dans son effort complet vers la sagesse totale, peut être appelée du nom que lui donnait le moyen âge :

---

(1) *Log.*, II, p. 77.
(2) *Log.*, II, p. 87.
(3) *Connaissance de Dieu*, I, p. 325.
(4) *Connaissance de Dieu*, I, p. 326.
(5) *Connaissance de l'âme*, I, p. 307.

« l'intelligence à la recherche de la foi » (1). « Il n'y a pas d'autre philosophie salutaire que la poursuite de la lumière dans l'un et l'autre degré de l'intelligible divin » (2).

Gratry entend donc rester dans le domaine de la philosophie et il s'adresse à ceux « qui, privés du don de la foi, n'y apportent encore que l'effort de la saine raison » (3). Or, « le véritable progrès de la saine raison est d'arriver jusqu'à son terme, et ce terme est une lumière nouvelle, la lumière de la foi surnaturelle » (4).

Les rationalistes, il est vrai, prétendent s'arrêter au premier degré de l'intelligible et dédaignent le second, qu'ils ne veulent pas connaître. Ils se contentent de cette lumière pâle et froide, de ce calque mort de la réalité qu'est la connaissance purement rationnelle, et se détournent de cette lumière plus haute dont le genre humain a cependant toujours soupçonné l'existence (5). Est-ce que l'histoire, en effet, ne découvre pas, chez tous les peuples de tous les temps, des institutions et des croyances qui marquent le désir de dépasser, non seulement la vie matérielle, mais la vie proprement humaine et d'atteindre, par la vie religieuse, un monde supérieur ? Est-ce que la science psychologique, dans son progrès moderne, n'arrive pas et ne touche pas à cette plus haute vie ?

Quelque différentes que soient par ailleurs ces croyances et ces spéculations, elles sont cependant semblables par le besoin qu'elles manifestent toutes, celui de dépasser les bornes du visible pour s'élancer vers l'invisible ; semblables aussi par la conviction que les unes et les autres impliquent, que ce n'est pas la raison qui peut donner le dernier mot de tout.

Comment se pourrait-il que ce mouvement universel soit sans importance ? N'affirme-t-il pas, contre le rationalisme, la réalité de l'objet qu'il poursuit ? Ceux qui le méconnaissent, ne méconnaissent-ils pas des phénomènes psychologiques certains, ces désirs d'une science directe de la divinité qui tourmentent l'âme et que l'intelligence réclame comme le cœur ?

---

(1) *Connaissance de Dieu*, II, p. 192.
(2) *Connaissance de Dieu*, II, p. 339.
(3) *Connaissance de Dieu*, II, p. 181.
(4) *Connaissance de Dieu*, II, p. 190.
(5) *Crise de la Foi*, p. 16.

En effet, la loi même de l'esprit le pousse vers une connaissance plus parfaite. Est-ce qu'Aristote ne remarque pas que l'objet de l'intelligence c'est ce qui est, c'est l'essence même des choses (1). Le progrès intellectuel consiste donc à voir l'essence même des choses. Après avoir affirmé que Dieu existe, la raison souhaite de voir ce Dieu lui-même. « Notre désir naturel de connaître n'est pas satisfait par cette première connaissance, qui montre seulement que Dieu est, et non ce qu'il est en lui-même » (2). La raison parvenue aux ombres veut voir Dieu.

La philosophie ne saurait négliger un fait d'une si grande importance, « le plus grand des faits de l'âme » (3), et le déclarer dénué de sens. Il a au contraire une immense portée, parce qu'il nous révèle la fin même de l'esprit humain.

Gratry cherche donc ici un appui à sa thèse dans un phénomène indéniable, dans les aspirations incessantes de l'âme vers des clartés plus hautes, dans le désir que tout homme porte naturellement en lui de connaître Dieu, non plus d'une manière spéculative, mais directement, comme une réalité présente par elle-même aux regards de l'esprit. « Est-il certain, par l'expérience de chacun de nous, comme par l'histoire entière de l'esprit humain, demande-t-il, que le premier des deux degrés cherche, regrette et désire l'autre et que, plus un esprit s'élève dans cette première région, développe sa raison et porte haut sa vue, plus il comprend que sa vue est partielle et que ce qu'il voit n'est que l'ombre, mais non l'essence et la substance du vrai ? Est-il certain que la lumière naturelle de la raison, à mesure qu'elle grandit, produit une soif de plus en plus ardente ? Mais soif de quoi, sinon de la Vérité même essentielle et totale, substantielle et vivante, dont le portrait de plus en plus distinct, dont les rayons de plus en plus nombreux dans le miroir de l'âme y allument le désir de la réalité, de la totalité ? » (4).

Si cela est certain, on ne saurait dépouiller ces phénomènes de leur signification et les traiter comme des illusions. Il faut avouer que « le premier degré de l'intelligible appelle l'autre ». La certi-

---

(1) *De anima.* — Voir *Connaissance de Dieu*, II, p. 306.
(2) *Log.*, II, p. 238.
(3) *Log.*, II, p. 239.
(4) *Connaissance de Dieu*, II, p. 363.

tude rationnelle de l'existence de Dieu ne suffit pas à l'âme ; elle veut s'approcher davantage de celui qu'elle a découvert ; elle veut le connaître plus et mieux. La raison naturelle est une force qui, par regret et privation, cherche la lumière surnaturelle, quoiqu'elle ne puisse la concevoir.

Ce recours à l'argument psychologique, qui s'efforce de trouver, dans les aspirations de l'âme, la preuve de leur objet, est pour ainsi dire classique, et Gratry d'ailleurs ne se cache pas de l'emprunter à saint Thomas d'Aquin. Mais, cependant, sa démonstration est personnelle, par la conviction et l'éloquence avec lesquelles il représente la tristesse et le vide laissés par une connaissance purement spéculative, surtout lorsqu'elle est celle du but suprême de l'âme humaine. Dans ces pages pleines de la forte saveur de l'expérience, on sent vibrer son âme elle-même, son âme éprise de la vie, de la vie pleine et complète. Avec quelle ardeur émue il dit le besoin qu'a la raison d'une lumière plus grande et meilleure, d'une lumière d'une autre nature que la sienne propre ! « Les hommes arrivés loin dans les travaux de l'esprit le savent : il nous faut une lumière meilleure ; celle-ci ne nourrit pas et ne vivifie pas. Ombres, fantômes, axiomes, reflets et abstractions ne suffisent pas à notre besoin de connaître, d'admirer et d'aimer.

« Quelle est l'âme, restée vivante sous le poids des années et de la science humaine la plus vaste, la plus chèrement achetée, qui, parfois, ne compare ces spectacles de la pensée abstraite à la vivante réalité, à la vue de la terre féconde, parée, radieuse, sous le soleil, aux pénétrants et mystérieux parfums de la nature, à la saveur des plantes et de leurs généreux produits, à la vigueur de l'air vital et des fluides excitateurs qui nous pénètrent, nous raniment et nous électrisent, à la vue des hommes qui espèrent et qui cherchent, au spectacle de ce qui reste de noblesse et de beauté humaine, au commerce des âmes, à l'amour ! Quelle est, dis-je, l'âme demeurée vivante qui, lorsque ce contraste se montre, ne le sente et ne dise : Je n'ai dans la tête que des ombres : ombres certaines, incontestables, mais ombres ! J'ai épuisé ma vie à découvrir le monde, à en étudier les ressorts ; je n'ai pas dénoué l'énigme ; je n'en ai pu saisir que des parties, et le peu que j'en tiens n'est qu'un calque mort de la vie » (1).

---

(1) *Connaissance de Dieu*, II, pp. 282, 281.

Ce sentiment et cette intelligence de l'insuffisance d'une connaissance abstraite, indirecte, conduit Gratry à affirmer avec énergie la nécessité de prétendre à quelque relation directe avec le réel, même dans la connaissance de Dieu. La connaissance des autres objets, de l'âme et du monde, ne se présente pas comme purement logique : elle est accompagnée d'intuitions sensibles ou de conscience immédiate. « Je vois bien, s'écrie Gratry, les corps et la terre qui sont si différents de moi ; je me vois et me sens moi-même ; je vois l'esprit et l'âme des autres hommes par la parole et le regard ; je vois les immuables vérités, aussi vides que certaines, qui ne font qu'exciter mon regard à chercher une lumière plus pleine ; pourquoi donc ne verrais-je pas Dieu ? Est-ce que Dieu, dans la lumière de qui je vois et je connais tout, ne peut se faire connaître et voir, comme un esprit se montre à mon esprit, comme mon âme se montre à elle-même ? » (1).

Pourquoi la connaissance de Dieu serait-elle la seule à n'atteindre que le reflet de son objet ? Pourquoi Dieu ne serait-il connu que par ses œuvres, par le monde et par l'âme ? L'esprit, qui connaît les autres objets, ne conçoit pas seulement leur existence, il saisit en même temps quelque chose de leur réalité. Et il le faut bien, car la science abstraite des apparences ne peut construire qu'un monde artificiel et sans vie, un monde phénoménal, d'où la raison même, et par conséquent la science, seront bientôt bannies à leur tour. Mais, si le monde et l'âme peuvent être ainsi connus d'une manière directe, pourquoi ne serait-il pas permis d'affirmer une connaissance analogue de Dieu, une connaissance qui complèterait la connaissance indirecte, autant que la connaissance de l'infini par le fini peut l'être ici-bas ; qui la confirmerait aussi par une sorte de contre-épreuve. Car le doute est toujours possible lorsqu'on désespère d'atteindre jamais en lui-même l'objet de la connaissance ; mais lorsqu'une relation directe est admise entre le connaissant et le connu, les conclusions de la raison reçoivent une assurance nouvelle de ces nouveaux rapports.

Au-dessus de la région du monde intelligible, où l'esprit voit les fantômes divins, ombres de Dieu, mais non pas Dieu, il y a donc, les désirs de l'âme la pressentent, une autre région. La première sert à nous faire souhaiter l'autre, « celle qui montre

---

(1) *Connaissance de Dieu*, II, p. 285.

Dieu même, celle où notre âme est éclairée d'ailleurs, comme dit Bossuet, et où, dans cette puissante et vivifiante lumière, l'ardeur se soutient, les langueurs sont guéries, les incompréhensibles grossièretés sont vaincues et l'âme apprend à ne plus se replonger dans la matière » (1).

Mais, si cette région existe, comment l'atteindre ? Si cette connaissance est possible, quel est le moyen de l'obtenir ? La théorie du sens divin semblait parfois osciller jusqu'à donner naturellement à l'âme, par ce sens, la connaissance directe de Dieu. Nous trouvons ici une nouvelle preuve que ce n'est pas à lui, en réalité, que Gratry l'attribue. Le moyen de cette connaissance, c'est toujours la raison, mais ce n'est plus la raison naturelle. Celle-ci peut démontrer la nécessité d'une autre lumière ; elle ne peut la donner. « Pour voir Dieu, il faut que la raison se transforme et devienne vertu » (2), en s'enracinant dans la foi qu'elle précède et qu'elle cherche.

La foi est en effet l'ébauche de la vision directe de Dieu. « La foi, cet essai de vision, dit Bossuet ; la foi, cet œil du cœur, dit saint Augustin ; la foi, cette vision commencée, dit saint Thomas » (3), tel est le moyen d'arriver au second degré de l'intelligible, par une science divine qui vient continuer, mais non supprimer la science humaine.

Gratry laisse de côté l'étude de « la vision de gloire », c'est-à-dire de la pleine connaissance du second degré de l'intelligible, qui appartient à la Théologie. Il aborde celle de la foi. Il veut rendre à la foi sa place dans la philosophie en montrant celle qu'elle occupe dans l'intelligence, et les liens étroits qui l'unissent à la raison.

Cette question des rapports de la raison et de la foi, si importante encore de nos jours, avait été inconnue à l'antiquité païenne. La religion possède trop peu de dogmes, et des dogmes trop vagues, trop flottants, pour que les croyances puissent s'opposer aux spéculations de la raison. Le moyen âge ne l'avait pas posée non plus. Chez la plupart des âmes qui pensent, la raison affermit la foi et la foi aide la raison. Si un conflit se produit, parfois, entre

---

(1) *Connaissance de Dieu*, II, p. 71.
(2) *Connaissance de Dieu*, I, p. 256.
(3) *Connaissance de Dieu*, I, p. 269.

les spéculations et les croyances, cela reste un fait singulier. On ne généralise pas l'indépendance ou l'antagonisme des unes et des autres.

A l'époque de Gratry, l'examen de ce problème était plus que jamais opportun. La scission accomplie, par le dix-septième siècle, entre la raison et la foi, subsistait complète. Ceux qui l'avaient faite n'en avaient pas prévu les conséquences. Le rationalisme de Descartes prétendait, d'ailleurs, non pas supplanter la foi, mais raffermir toute vérité en essayant l'éducation de la raison prise en elle-même. Gratry rend justice à Descartes lorsqu'il remarque que, « comme son doute méthodique, cette rigoureuse séparation de l'ordre purement rationnel fut, de sa part, une manœuvre dans ce grand combat que livre l'esprit de vérité aux ténèbres toujours renaissantes du doute, de l'ignorance, de l'incrédulité » (1).

Ce n'est pas, du reste, à Descartes seul qu'il faut attribuer la séparation de la raison et de la foi. La Sorbonne, suivant Régis (2), veut remédier aux désordres des siècles passés, qui donnaient trop de part au raisonnement dans l'étude de la religion. Ainsi, tandis que la philosophie prétend se passer de la foi, la théologie abandonne les preuves et les raisons philosophiques. Les forces, qui auraient dû s'allier pour la défense de la vérité, brisent leurs liens et se séparent, non point parce qu'elles se dédaignent l'une l'autre : « La Sorbonne était aussi jalouse du triomphe de la raison que Descartes, dans sa solide piété, était jaloux du triomphe de la foi » (3), mais on pense ainsi mieux faire face aux attaques les ennemis communs. Au mauvais scepticisme mystique du nisme et du protestantisme, on trouve plus habile d'opposer la raison seule, tandis qu'on combat le *libertinage* des raisonneurs légers à l'aide de la seule autorité de la foi.

Cette tactique, en dehors de la tradition de la pensée chrétienne, philosophique et théologique, devait avoir pour résultat de laisser couper par l'ennemi l'aile droite de l'aile gauche de la vérité, comme l'a dit ingénieusement Lacordaire. Désormais, les forces isolées seront plus menacées ; bien plus, séparées, désunies,

---

(1) *Connaissance de Dieu*, I, p. 365.
(2) Régis, *Concordance de la foi et de la raison*, liv. III, chap. 28, p. 370.
(3) Régis, *Concordance de la foi et de la raison*, liv. III, chap. 28, p. 358.

on les amène à se combattre. On attaque la foi au nom de la raison et la raison au nom de la foi. Le rationalisme s'élève contre toute croyance au surnaturel ; le fidéisme renouvelle les erreurs de Luther, de Calvin, de Baïus, de Quesnel, et Lamennais dépouille la raison de la certitude. L'opposition entre la foi et la raison paraît irrémédiable à beaucoup.

Gratry a le dessein de montrer que non seulement la foi et la raison ne doivent pas se combattre, mais qu'elles sont faites pour s'entendre et se soutenir. Il voit dans cette réconciliation et dans cet accord un principe de rénovation pour la philosophie. Celle-ci, en s'éclairant de la double lumière de la raison et de la foi, doit s'enrichir de conquêtes nouvelles et continuer le mouvement de progrès que la pensée humaine a accompli lorsqu'elle a mis en œuvre toutes les forces qu'elle peut avoir.

Si l'on veut savoir, en effet, ce que la raison peut gagner à ne point se séparer de la foi, que l'on compare la philosophie antique à la philosophie chrétienne. C'est dans Aristote, c'est dans Platon surtout que, suivant Gratry, la saine philosophie, purement humaine, atteint son plus haut point. Mais, tout ce qui se dessine et s'ébauche dans ces doctrines, s'épanouit, s'élève, s'achève à la lumière d'un soleil nouveau. L'éclat de la révélation pénètre les brumes de la pensée humaine. Saint Augustin et saint Thomas d'Aquin complètent et dépassent Platon et Aristote.

Que l'on ne s'étonne pas que la théologie chrétienne accepte la philosophie païenne. « Les docteurs chrétiens, quand la lumière de l'Evangile illumina le monde, n'avaient point à changer les éléments de philosophie véritable qui était dans le monde » (1). Ils étaient trop sages pour renier la raison et prétendre la détruire par la foi. Ils s'efforcent au contraire d'unir les deux clartés qui doivent conduire l'esprit de l'homme vers la vérité ; et la philosophie chrétienne devient le chef-d'œuvre de la raison.

Ce passé apparaît à Gratry comme un enseignement pour l'avenir. Dans l'intérêt le plus pressant de la philosophie, il lui semble important d'en recueillir les leçons et de rétablir l'antique alliance de la raison et de la foi.

Ainsi, dans le cas de la séparation de la raison et de la foi, une philosophie appauvrie, laborieuse, impuissante ; dans le cas de

---

(1) *Connaissance de Dieu*, I, p. 194.

l'alliance de la spéculation et de la croyance, une philosophie transfigurée, forte et riche, forte de toutes les énergies de l'intelligence, riche de la lumière de la révélation, c'est de la sorte qu'apparaissent à Gratry les conséquences du problème qu'il traite.

Que la philosophie doive s'inquiéter de la révélation, c'est ce qu'on peut soutenir d'une manière analogue à celle dont Janet (1) soutient l'intérêt de la théologie qui spécule sur la révélation. En effet, ou celle-ci est d'origine divine, ou elle est d'origine humaine. Si elle est divine, il est évident qu'il faut la respecter et qu'il est prudent d'en tenir compte ; si les dogmes qu'elle présente sont d'origine humaine, fruits de l'invention et de la spéculation, « pourquoi la métaphysique ne ferait-elle pas cause commune avec une œuvre qui vient comme elle de l'initiative et de l'invention de l'esprit humain ? » De toute manière il faut donc tenir compte de la révélation et de la théologie.

Mais Gratry n'emploie pas cet argument, qui n'est peut-être pas impuissant à démontrer tout au moins l'étrangeté d'un dédain complet des données de la révélation. C'est par une analyse profonde qu'il veut mettre en lumière la réalité des rapports de la raison et de la foi.

Parmi les philosophes qui admettent des liens entre la croyance et la science, les uns prétendent partir de la foi pour arriver à la raison ; les autres, au contraire, vont de la raison à la foi. Gratry unit dans sa thèse ces points de vue divers. La foi lui apparaît comme doublement liée à la raison ; elle est l'auxiliaire de ses opérations et comme le couronnement de ses connaissances ; elle se présente à la fois comme la condition et l'achèvement du savoir.

C'est qu'il distingue, d'une part, la foi naturelle, sur laquelle s'appuie la raison ; d'autre part, la foi surnaturelle, qui s'appuie sur la raison et la dépasse.

Le même mot désigne donc deux ordres différents de croyances. Mais la même attitude de l'esprit se retrouve dans la foi surnaturelle et dans la foi naturelle. L'une et l'autre impliquent une adhésion de l'esprit qui n'est pas fondée sur une démonstration, ni sur une intelligence complète. Il est donc légitime d'envisager, dans une même étude, les acceptions diverses du mot foi, et de recher-

---

(1) *Principes de métaph. et de psych.*, t. I, p. 195.

cher les liens qui les unissent l'une à l'autre et toutes deux à la raison.

Gratry distingue donc dans l'âme l'existence d'une foi naturelle. « Il faut savoir, dit-il, que, dans l'ordre naturel, il existe une sorte de foi qui, par son autorité intérieure, impose à l'esprit l'assentiment » (1). Cette foi est étroitement liée au sens divin et il semble que, parfois, elle se confonde avec lui. C'est que Gratry l'aperçoit alors dans les profondeurs de l'âme, où sourd la vie, et où se mêlent, à l'état naissant, toutes les forces qui vont s'épanouir et se différencier. Les aspirations, les pressentiments confus, les « croyances implicites » sont comme l'ébauche, ou mieux, la racine de la foi ; elle puise son énergie dans ce fonds de nature où elle naît.

Mais ces tendances confuses ne représentent que des instincts ignorants ; la foi offre un caractère nettement intellectuel que Gratry est loin de lui dénier, et qui ne permet pas d'y voir l'équivalent pur et simple du sens divin.

Cette foi fait partie de la nature humaine. « C'est la foi dont le principe est la lumière naturelle qui éclaire tous les hommes dans la conscience et dans la raison » (2). Les philosophes désignent par ce mot « l'adhésion spontanée, immédiate, aux premiers principes indémontrables de la raison ou spéculative ou pratique » (3). C'est d'elle que parle Aristote lorsqu'il remarque que le principe de la démonstration n'est pas démonstration, et que le principe de la science n'est pas science. Toute science étant discursive, il n'y a pas de science des principes (4). L'esprit accepte ces principes, ou spéculatifs ou pratiques, par un acte de foi.

Cette foi naturelle, appelée encore foi morale, foi pratique particulière, se trouve à la base de l'action. Les démarches de la raison sont souvent longues, d'ailleurs, et il se trouve qu'il faut agir sans délai ; il faut prendre une décision immédiate. La foi supplée alors aux impossibles discours de la raison, et supprime les hésitations néfastes ; elle donne cette confiance robuste, si néces-

---

(1) *Connaissance de Dieu*, II, p. 247.
(2) *Connaissance de Dieu*, II, p. 255.
(3) *Connaissance de Dieu*, II, p. 255.
(4) *Post. analyt.*, 19. — *Connaissance de Dieu*, II, p. 255.

saire à l'action, et que la spéculation ne procure jamais aussi pleine.

C'est qu'elle est, la foi naturelle, « ce fonds de forces nécessaires, de convictions absolues et immédiates qu'on doit avoir parce qu'on est homme et dont l'abdication est le suicide de l'âme » (1). Elle consiste à « avoir foi dans son âme », c'est-à-dire à croire à ses aspirations, à ses tendances vers le bien, à cette lumière spontanée qui indique le but, et qu'on peut appeler *practicum conscientiae dictamen*. Chez les humbles, elle supplée parfois à l'effort de la recherche, au travail du raisonnement. Ainsi, tandis que la logique savante des philosophes prouve l'existence de Dieu, la foi naturelle prononce, sans raisonnement articulé, la même affirmation dans l'âme des ignorants (2).

Cette foi naturelle, on peut la faire sienne ou la repousser. Mais, si l'âme sait la maintenir en elle, cette foi la développe et l'embellit. Or, cette beauté même, cette élévation de l'âme, ne prouve-t-elle pas la valeur de la foi qui la produit ? « La beauté n'est pas discutable, pas plus la beauté d'âme que la beauté visible. La beauté porte en elle son évidence immédiate et absolue. Ce qui est beau, c'est l'homme de cœur, de courage et de conviction, qui croit d'une foi imperturbable que la vie a un but, que confiance et droiture mènent au but ; que le drame de la création finira bien et que l'espérance a raison et que le désespoir a tort ; qu'en face de la souffrance et de la mort, la piété ne peut être vaine, et que tout être retrouvera le fruit de tout effort et de toute souffrance. Celui qui croit cela est beau par cette foi seule. Or le vrai seul est beau » (3).

On peut discuter cet argument, bien conforme au génie de Gratry, qui fait de la beauté la marque infaillible de la vérité. Ce qui est indiscutable, c'est le rôle de ce qu'il appelle si bien « la foi humaine » dans la vie morale. Celle-ci reçoit des convictions sa direction, son énergie et, en quelque sorte, son ton. L'importance de la foi naturelle, indiquée seulement par Gratry, devait être étudiée par l'un de ses disciples. Reprenant et développant les idées de son maître, Ollé-Laprune traitera cette question de la

---

(1) *Crise de la foi*, p. 10.
(2) *Philosophie du Credo*, p. 11.
(3) *Crise de la foi*, p. 8.

foi morale, l'une des plus graves que la philosophie puisse agiter. Là, ce qui importe surtout à Gratry, c'est de signaler l'existence et la nécessité de la foi naturelle ; c'est de montrer ensuite qu'elle n'entre pas en lutte avec la raison.

Cette foi « que l'homme a parce qu'il est homme », et qui a sa part dans toutes les manifestations de la vie humaine, n'est point en effet une opinion aveugle. Lorsque l'esprit accepte, par exemple, les principes premiers de la connaissance, bien que ceux-ci soient indémontrables, la raison n'abdique pas devant la foi, bien au contraire. Les premiers principes apparaissent dans cette clarté qui produit l'assentiment ; l'adhésion de l'esprit est une adhésion à l'évidence. En effet, « croire n'est pas opposé à voir, mais à démontrer et à comprendre radicalement » (1). La raison approuve l'assentiment ainsi donné. Elle voit qu'il convient d'accepter les principes et de les accepter sans démonstration. Ainsi, l'adhésion de l'esprit est en même temps un acte de foi et un acte de raison, ou, si l'on veut, un acte de foi rationnelle. De sorte que foi et raison se trouvent liées étroitement.

Bien plus, l'acte de foi est impliqué, non sans doute dans la raison, mais dans l'usage de la raison. Si l'on refuse, en effet, l'adhésion aux premiers principes, si l'on veut introduire le raisonnement et la démonstration où l'évidence suffit et doit suffire, la vérité devient insaisissable et l'on aboutit finalement au scepticisme. La foi humaine naturelle, qui est à la base de la vie pratique, est, « dans l'individu, comme la base de la raison humaine » (2).

Et ce n'est pas seulement au point de départ du raisonnement que la foi a sa place ; elle vient plus ou moins au secours de l'intelligence dans le cours de son travail. C'est que, comme le signale saint Augustin (3), « il y a dans toute lumière humaine une racine de foi. Pour l'homme, la foi subsiste avec l'intelligence, avec la vue. Pourquoi ? Parce que l'homme n'a jamais le *prius absolu* de rien, n'étant qu'intelligence seconde et non intelligence première. Même quand il voit, il ne voit pas tout et son regard ne pénètre de part en part aucun être, aucune vérité » (4).

---

(1) *Connaissance de Dieu*, II, p. 265.
(2) ROHRBACHER, cité par GRATRY, *Connaissance de Dieu*, II, p. 355.
(3) *De utilit. cred.* n° 25.
(4) *Connaissance de Dieu*, II, p. 266.

Aussi, la saine raison, bien loin de repousser la foi naturelle, l'accepte et en reconnaît la valeur : « La saine raison est celle qui ne s'abstrait pas de la foi naturelle, sa base et sa boussole, sans laquelle, comme on l'a très bien dit, elle perd son orientation » (1). Elle se sert des lumières que fournit la foi, et ne prétend pas arriver sans elle à la connaissance.

Suivant Gratry, le but de Kant a été justement de montrer la nécessité de l'accord de la raison et de la foi humaine dans la poursuite de la connaissance. La critique kantienne se propose de remédier au rationalisme exagéré de Descartes et de faire voir le danger que l'on court à se servir de la raison seule. Kant a cherché à ruiner le scepticisme et l'idéalisme, qui résultent de la substitution du raisonnement à l'évidence immédiate. « Pour cela il distingue la raison abstraite, séparée de cette foi rationnelle, naturelle, qui la rend solide, saine et droite ; il la distingue de la saine raison, de la droite raison qui s'appuie sur cette foi ration, nelle, ainsi nommée par lui en propres termes (*Vernunft glaube*), « qui seule, dit-il, peut donner à la raison humaine son orientation » (2).

Ainsi, la distinction faite par Kant de la raison pure et de la raison pratique apparaît à Gratry comme destinée à mettre en lumière l'impuissance de la première réduite à elle même, le besoin qu'elle a du secours de la seconde, la nécessité de maintenir entre l'une et l'autre les rapports établis par la nature même.

La critique de Kant ne semble donc pas à Gratry, comme à Renouvier (3), l'incompréhensible agencement de deux systèmes qui se détruisent mutuellement. Il ne croit pas que Kant ait besoin de rectifier ; il a eu l'intention d'unir les deux raisons pour l'établissement de la certitude. Cependant Gratry avoue que Kant a assez mal réussi dans son entreprise. Il a poussé la distinction à outrance, si bien que ses disciples s'y trompent. Ils s'emparent de « cette raison, artificiellement abstraite de la foi rationnelle, comme étant la raison elle-même, la vraie raison, la raison totale, et ils s'en servent pour tout détruire » (4). Mais,

---

(1) *Connaissance de Dieu*, II, p. 267.
(2) *Connaissance de Dieu*, II, p. 259. KANT, opuscul. VI.
(3) *Essais*, t. II, 2ᵉ *Essai*, pp. 217-223.
(4) *Connaissance de Dieu*, II, p. 260.

les résultats qu'ils obtiennent sont la meilleure condamnation de leur système. Ils prouvent par l'absurde que la raison sans la foi est impuissante, et que la philosophie ne peut, sans détriment, se passer de la foi humaine.

La foi naturelle agissante, efficace, ne se présente donc pas comme l'ennemie de la raison. Il n'y a entre elles aucun antagonisme naturel, mais, au contraire, une alliance que la nature elle-même pose et qu'une fausse philosophie peut seule détruire. Foi et raison ne sont pas séparées par une cloison étanche ; chacune suivant son rôle concourt au même but. Celle-là fournit les fondements sur lesquels sera bâtie la connaissance raisonnée ; celle-ci atteint la connaissance raisonnée elle-même. Ainsi, la foi aide la raison dans ses spéculations ; en lui fournissant des notions premières, elle permet à la raison d'agir ; la raison en retour déclare la foi raisonnable, et la revêt de l'autorité de son approbation, car si elle ne peut démontrer l'objet de la foi, elle peut donner les raisons d'y croire.

La foi, qui se rencontre à la base de la vie spéculative et de la vie pratique, est donc tout ensemble rationnelle, puisque la raison l'approuve, et nécessaire, puisque l'esprit qui prétend s'en passer s'interdit toute action humaine.

On désirerait peut-être voir Gratry marquer davantage les caractères de la foi naturelle, et donner, de sa valeur et de sa légitimité, des arguments plus nombreux. Il la juge par ses effets, par son rôle, et cela lui paraît suffisant. Il lui semble qu'une force sans laquelle l'homme ne saurait agir en homme, et souvent ne pourrait pas agir du tout, n'a pas besoin d'autres caractères de légitimité que sa nécessité même.

Mais, une fois admise la valeur de la foi naturelle, ne sommes-nous pas encore bien loin de la foi divine ? La première, comme le dit Gratry, « étant acte pur de conscience et de raison, est l'acte propre de la nature humaine » (1). La connaissance à laquelle elle aide la raison à parvenir ne dépasse pas « le premier degré de l'intelligible » ; elle est de l'ordre naturel. La foi divine est de l'ordre surnaturel. Elle nous introduit dans un état de connaissance non seulement plus complète, mais plus parfaite.

Comment donc passer de l'une à l'autre ? Est-ce que, par la

---

(1) *Philos. du Credo*, p. 12.

foi surnaturelle, comme le remarque Gratry, on ne change pas de monde ? Comment ce changement est-il possible, comment se fera-t-il ? Si c'est à l'aide de la raison qu'on prétend le réaliser, ce changement n'est qu'illusoire. On demeure, quoiqu'on prétende, dans l'ordre naturel, dans la connaissance logique. Aucune garantie supérieure ne vient s'ajouter à cette conviction rationnelle, qui peut être ébranlée par le doute si des circonstances nouvelles se présentent. La lumière plus haute du second degré de l'intelligible est rabaissée au niveau de la raison, puisqu'elle doit se proportionner à elle pour en être comprise. D'autre part, si cette foi est vraiment une lumière nouvelle, complètement distincte de la raison, elle n'a aucun lien avec elle. N'apparaît-elle pas, alors, comme en désaccord avec la nature raisonnable ou, du moins, ne lui est-elle pas étrangère, et son autorité ne s'impose-t-elle pas au prix d'une sorte d'abdication de la raison ?

Ces difficultés, suscitées par la rencontre de deux ordres de connaissances dans le même homme, à la fois raisonnable et croyant, Gratry va s'efforcer de les résoudre et d'établir que la foi, bien que supérieure à la raison, n'est pas sans relation avec elle.

L'alliance de la foi humaine et de la raison montre déjà qu'entre la raison et la croyance, il n'y a pas un antagonisme naturel, mais au contraire une union fondamentale, qui tient à la constitution même de l'homme. De son côté, la croyance surnaturelle présente, dans son développement, de telles analogies avec celui de la raison humaine, qu'elle apparaît, à l'observateur attentif, non point opposée, mais parallèle à la nature, et ayant avec elle des harmonies profondes

La lumière de la raison vient de Dieu, ainsi que la lumière de la foi : ici, lumière de grâce, il est vrai ; là, lumière de nature ; mais, il reste que, « il y a une lumière secrète au fond de l'âme, qui dans l'un et l'autre cas est l'élément principal » (1).

La foi se développe par l'enseignement (*Ex auditu, fides*, dit saint Paul). La raison n'est pas non plus indépendante ; elle ne relève pas, même une fois donnée, de l'individu seul. « Elle est comme un germe lumineux que Dieu met dans chaque homme, mais la parole articulée, survenant du dehors, développe le ger-

---

(1) *Connaissance de Dieu*, II, p. 236.

me » (1). La raison, dans son développement, dépend aussi de l'enseignement.

Qu'y a-t-il donc, dans la foi, qui puisse répugner à la raison ? La nature elle-même ne se charge-t-elle pas, pour ainsi dire, de nous y préparer en nous montrant un ordre similaire ? Mais ce n'est point seulement par de simples analogies que se justifie la foi : la raison elle-même la recherche et l'accueille.

Lorsque la raison est parvenue à sa fin naturelle, « c'est-à-dire à une connaissance de Dieu naturelle, abstraite, médiate, indirecte, puisée dans le miroir des créatures » (2), elle n'est cependant pas arrivée à sa fin dernière ; elle n'a pas accompli sa plus haute démarche, qui est de conclure à l'existence d'une lumière supérieure à celle qu'elle possède. « La raison, arrivée à sa fin naturelle, veut sa fin surnaturelle » (3). Cette lumière, cette vue directe de Dieu en soi, qu'elle désire, elle se sent incapable de l'atteindre par elle-même. Elle se voit, comme le dit Descartes, imparfaite, incomplète, dépendante ; impuissante par conséquent à conquérir cette connaissance qu'elle souhaite. Ainsi, la raison ne se repose point satisfaite au but qu'elle atteint. Elle en apprécie la valeur ; elle en comprend aussi les bornes. « Elle montre à l'âme, d'une part, qu'elle ne voit point ce Dieu qui est ; de l'autre, qu'il faut le voir » (4). De sorte que, « par la lumière naturelle, la raison démontre qu'il lui faut une autre lumière : la raison appelle la révélation, l'intelligence cherche la foi » (5).

La dernière démarche de la raison est donc d'arriver à reconnaître la possibilité, l'utilité et la nécessité de la révélation divine.

Cette foi, la raison la déclare d'abord possible. Le rapport nouveau de l'âme à Dieu, qu'elle suppose, n'implique, en effet, aucune contradiction logique. Il est parfaitement concevable que l'on puisse, par quelque révélation admirable, entrer en relation avec l'Etre, dont l'âme connaît déjà l'existence ; une telle idée ne présente rien d'absurde en soi. L'Etre que le monde révèle à la raison

---

(1) *Connaissance de Dieu*, II, p. 233.
(2) *Log.*, II, p. 200.
(3) *Log.*, II, p. 200.
(4) *Connaissance de l'âme*, I, p. 305.
(5) *Connaissance de Dieu*, II, p. 308.

attentive, l'Etre que cette raison conçoit comme tout-puissant, a pu se faire connaître aux âmes autrement et d'une manière plus directe que par ses œuvres. L'idée de la révélation n'est pas opposée à la raison ; celle-ci n'a pas besoin d'abdiquer pour lui faire place ; bien au contraire, elle la conçoit, l'examine et la déclare possible.

Elle la trouve, de plus, utile et nécessaire. Elle est nécessaire, car, sans elle, l'homme ne saurait atteindre la perfection pour laquelle il est fait. La vie est en effet mouvement ; aussi, celui qui n'avance pas recule ou périt. Or, si l'homme arrivé au bout des forces de la raison, en possession de la science abstraite, dédaigne et méconnaît la foi, qui lui ouvre des horizons et lui offre des progrès nouveaux, il ne tarde pas à tomber de la froide cime où il était monté et à se perdre dans les sens. Il faut citer cet argument d'une forme si personnelle et d'une observation si vraie. Gratry y a marqué fortement le découragement de la raison, non satisfaite du résultat de ses poursuites laborieuses, la déception de l'âme, avide de saisir la vie et qui, voyant qu'une vie plus haute lui échappe, se précipite vers la vie plus basse, où, au moins, la réalité se fait sentir. On peut soulever des objections contre cette preuve qui, sous cette forme, tend plutôt à montrer que la foi est désirable qu'à établir qu'elle est nécessaire, et qui, basée sur l'expérience, peut être contredite au nom d'une autre expérience. On ne saurait refuser d'en admirer la dramatique éloquence : « S'il n'y a point, dit-il, au-delà de la froide clarté de ma raison, la lumière sainte, la lumière vivificatrice, la lumière vivifiante, la lumière amoureuse, torrent de voluptés en même temps que torrent de clartés, alors ma raison m'a trompé. J'aurais mieux fait de cultiver la terre et de me reposer dans ses biens. Je ferais mieux, aujourd'hui même, d'abandonner le vain travail de la pensée pour rentrer dans la réalité vivante et descendre de ce froid sommet, où il était inutile de monter.

» Et, de fait, cette tentation est celle qui atteint, au sommet de la vie, la plupart des esprits qui avaient cherché le travail de la pensée. Au moment où l'homme a passé son plus haut point et commence à descendre vers la vieillesse, il hésite. Il y a là une époque de crise, où l'âme se reprend à la terre, où les sens se ravivent et développent toutes leurs plus dangereuses délicatesses. La science médicale le comprend et l'enseigne.

» C'est une leçon que la nature nous donne. Quand l'homme

s'est élevé au plus haut point, a conquis sa hauteur naturelle et a gravi jusqu'où les forces humaines pouvaient aller, il doit monter plus haut, il doit aller vers la divinité. S'il ne le fait, il redescend vers l'animalité.

» Oui, si l'homme, arrivé au sommet de la vie, après avoir été si longtemps à monter, ne veut redescendre rapidement vers la vallée où est sa tombe ; si, lorsqu'il est encore plein d'espérances sans réalisations, de forces sans emploi et de progrès conçus et espérés ; s'il ne veut voir décroître avec une inconcevable vitesse toutes ses forces, toutes ses beautés, sa clairvoyance et sa limpidité, son élan, son courage, sa noblesse, son cœur même ; s'il ne se veut sentir tourner à la matière, retourner à la terre et s'enfouir dans toutes les inerties, les grossièretés et les opacités du corps ; s'il ne veut cette triste fin, il faut qu'il se décide à cesser d'être fils de la terre et à devenir fils du ciel ; à entrer tout entier dans la réalité surnaturelle.

» Or, il ne se peut pas qu'un vain effort suivi d'une chute et d'un retour aux sens soit toute la destinée de la raison ; il ne se peut pas que l'effort, quel qu'il soit, vers la sagesse et vers la vérité, soit vanité. Donc, il faut croire au char de feu et à l'autre lumière » (1).

La révélation apparaît donc comme nécessaire ; la foi est le seul remède aux découragements de la raison, aux sollicitations de ce « démon de midi » qui guette l'homme au milieu de sa journée. En un mot, la foi apporte à l'âme les éléments de vie et de progrès dont elle a besoin.

Cependant, Gratry le comprend, la question réclame plus de précisions. Il ne ressort pas assez, évidemment, des développements précédents, que la perfection propre à l'homme ne peut être atteinte par ses seules forces, au moyen même des ressources de sa nature. Pourquoi serait-il condamné à déchoir, s'il ne s'élève par la foi ?

Gratry cherche son point d'appui chez saint Thomas d'Aquin, qui déclare que « la nature raisonnable seule est immédiatement subordonnée au premier principe, à l'Être universel » (2). Qu'en résulte-t-il, selon Gratry ? « C'est que l'homme n'atteint sa per-

---

(1) *Connaissance de Dieu*, II, pp. 286-287.
(2) 2ᵃ 2ᵃᵉ q. 1, art. 3. — *Connaissance de Dieu*, II, p. 291.

fection dernière que par une participation surnaturelle à la vie de Dieu même » (1). Tandis que tout être créé a son nombre, son poids, sa mesure arrêtée, « l'homme seul ici-bas a pour mesure un nombre indéfini, une mesure grandissante, sans autre limite supérieure arrêtée que l'infini lui-même » (2). Or, si cela est, comment l'homme, mobile, fini et incomplet en tout, parce qu'il est dans le temps, pourrait-il jamais arriver à réaliser ce développement sans fin ? « Il ne peut le produire, puisqu'il ne peut devenir Dieu, Dieu seul est tout actuel en même temps qu'infini » (3). Voilà donc pourquoi est nécessaire la foi, qui nous introduit dans cet ordre surnaturel, sous cette action divine, qui veut achever l'œuvre impossible aux seules forces de la nature humaine.

Gratry, pour mieux mettre en relief sa pensée, emprunte aux mathématiques une comparaison. Il lui semble voir « l'homme et toute sa vie raisonnable et libre, dans sa croissance et son effort vers la perfection, comme comparable à ces merveilleuses quantités géométriques qu'on appelle des séries convergentes en développement » (4).

C'est que, pour terminer ces quantités en croissance et les amener à réaliser l'unité vers laquelle elles tendent, il leur faut l'intervention de l'infini mathématique. Elles sont « l'Image parfaite de l'être raisonnable et libre, qui ne saurait jamais pousser à l'acte tout son possible » (5). Mais Dieu, qui est l'infini, peut, en surajoutant à l'être créé un don nouveau qui est lui-même, donner cette intégrité, cette perfection à la créature raisonnable.

L'esprit du mathématicien aime à se reposer en cette comparaison qu'il trouve frappante. Nous ne la discuterons pas, puisqu'il s'agit là non d'une démonstration, mais d'une image.

Mais le raisonnement même de Gratry présente des défauts graves. Il prend pour point de départ une assertion non démontrée, qu'il interprète comme signifiant précisément ce qu'il veut prouver. Bien plus, ce raisonnement constitue un cercle vicieux.

---

(1) *Connaissance de Dieu*, II, p. 292.
(2) *Connaissance de Dieu*, II, p. 292.
(3) *Connaissance de Dieu*, II, p. 293.
(4) *Connaissance de Dieu*, II, p. 294.
(5) *Connaissance de Dieu*, II, p. 296.

Que la foi surnaturelle soit nécessaire à l'homme pour atteindre la perfection, peut-être. Mais, qui enseigne à l'homme qu'il est fait pour cette perfection ? Est-ce la raison ? Comment le pourrait-elle ? Elle sent trop ses limites, elle voit dans l'homme trop de faiblesses pour concevoir une telle ambition. La foi seule peut apprendre à l'homme une destinée si haute. C'est la foi, non la raison, qui lui enseigne qu'il est fait pour être parfait. Or, la raison n'a pas le droit de faire appel à la foi pour justifier la nécessité de cette même foi.

Les arguments par lesquels Gratry tente d'établir que la raison déclare la foi nécessaire, laissent donc place à la critique. Mais il reste que la raison démontre la possibilité et la convenance, l'utilité de la foi et de la révélation.

Entre la foi et la raison, il n'y a donc pas d'opposition, d'antagonisme. La raison reconnaît la foi comme une lumière supérieure et juge qu'il est bon qu'elle s'ajoute à la sienne. La dernière démarche de la raison est celle qui la soumet, ou mieux, qui la lie à la foi. Sa soumission n'est pas un désistement découragé, c'est l'acceptation consciente, raisonnée, d'une connaissance qui la dépasse sans la contredire, qui la complète sans la supplanter et qui, en se montrant supérieure à la nature, l'élève, l'agrandit et ne la détruit pas.

Par ses liens avec la raison, la foi apparaît donc comme raisonnable. Et « le devoir de la raison est d'accepter la foi » (1). Gratry aurait pu établir avec plus de force cette valeur rationnelle de la foi surnaturelle, s'il avait parlé des motifs de crédibilité humaine qui permettent à la raison d'adhérer à la foi, parce qu'elle les reconnaît comme la marque divine de la révélation. Du côté rationnel, en effet, la foi se ramène à la croyance au témoignage, subordonnée à l'évidence de crédibilité liée à la vérité attestée. Mais Gratry n'aborde pas ce côté de la question. Il se borne à montrer que la raison reconnaît la possibilité et l'utilité de la foi ; il ne dit pas que les vérités de la foi sont en nous à l'état de vérités reçues par témoignage ; à peine indique-t-il rapidement que la certitude de la foi se fonde sur la véracité divine (2).

Si la raison conduit au seuil de la croyance surnaturelle et aux

---

(1) *Connaissance de Dieu*, II, p. 357.
(2) *Log.*, I, pp. 50-51.

préambules de la foi, l'adhésion à la révélation ne saurait être l'œuvre propre de l'esprit, parce qu'il s'agit d'arriver, non point à une connaissance d'ordre naturel, mais à une connaissance surnaturelle, et que la nature ne saurait, par elle-même, élever à la surnature. La raison est nécessaire pour parvenir à la foi ; elle n'est pas suffisante ; il faut, pour produire cet acte nouveau, une force, une vertu nouvelle.

L'intelligence ne peut arriver par elle-même à la foi ; celle-ci est un don de Dieu qui, par sa grâce et son inspiration, nous conduit au-dessus de nous-mêmes. L'acte de la raison et l'acte de la foi sont ainsi radicalement distincts ; ils sont cependant intimement unis. C'est que, « en Dieu, source commune de la raison et de la foi, la raison et la foi sont deux rayons d'une même lumière » (1). Sans doute, cette lumière se différencie pour l'homme. Cependant, la raison et la foi nous viennent de Dieu comme d'un foyer central d'où rayonne toute clarté. Dieu ne cesse de parler à la créature raisonnable, et cette parole, c'est d'abord la source de la lumière naturelle, de la raison. Mais la foi est là, toute proche. « Pendant que la raison parle et que la lumière proprement naturelle se montre, la grâce parle en même temps, la lumière surnaturelle est déjà là, comme Dieu même, avec Dieu même qui l'offre » (2). En la raison se trouve donc déjà comme la sollicitation à la foi. « Dieu ne montre sa lumière naturelle dans le miroir de l'âme que pour engager l'âme à se retourner et à le regarder lui-même, qui est surnaturel, et cette intention est déjà la grâce » (3). Ainsi, l'ordre naturel est dirigé vers l'ordre surnaturel et Dieu, comme le dit Fénelon, mêle le commencement du don surnaturel aux restes de la bonne nature. Mais, tandis que la raison est la lumière nécessaire, la foi est la lumière libre : « lumière nécessaire qu'on a parce qu'on est homme, lumière libre qu'on a parce que Dieu veut la donner et qu'on veut la recevoir. La foi est une communication libre, morale, personnelle, volontaire de Dieu à l'homme et de l'homme à Dieu » (4).

Cette communication que Dieu offre sans cesse, il la donne dès

---

(1) *Philos. du Credo*, p. 14.
(2) *Connaissance de Dieu*, II, p. 315.
(3) *Connaissance de Dieu*, II, p. 319.
(4) *Philos. du Credo*, p. 14.

que l'obstacle est levé. L'obstacle, c'est l'homme qui le pose lorsqu'il refuse d'obéir à sa conscience et à sa raison. « Dieu verserait dans l'âme le don surnaturel toujours offert, si l'âme voulait l'écouter et lui obéir dans l'ordre naturel » (1). Et, en effet, lorsque « l'homme, par l'effort de sa raison, de sa bonne volonté, s'est fait homme et a maintenu la beauté humaine de son âme, il est élevé par Dieu au-dessus de l'homme et reçoit la beauté divine » (2).

Voici donc comment l'intelligence arrive à la foi divine, par les liens secrets qui unissent celle-ci à la foi humaine. La préparation nécessaire à la foi, c'est la rectitude de l'esprit et de la volonté, dociles aux lumières de la foi naturelle. « Nous sommes chargés de nous faire hommes »; c'est là notre devoir et notre tâche; mais ensuite, « Dieu se charge de nous faire dieux », comme s'exprime saint Grégoire de Naziance. « La foi divine est déjà presque toujours au fond, implicite du moins, là où se trouve la foi naturelle nécessaire » (3). Elle est là, prête à s'épanouir, et elle s'épanouit en effet lorsque l'âme donne à Dieu, qui se révèle à elle, l'assentiment libre de sa raison et de sa volonté.

C'est ainsi que la raison prépare l'âme à la foi; c'est ainsi que l'âme raisonnable et libre peut recevoir, ou refuser, le don gratuit qui lui est offert; résister à l'attrait divin qui la sollicite en résistant à la conscience et à la raison, ou y répondre, en développant d'abord en elle ces forces humaines et passer alors, par sa volontaire adhésion, de la lumière naturelle à la lumière surnaturelle.

Gratry montre donc la foi comme toute voisine de la raison; elle y est même si bien impliquée qu'elle paraît parfois se confondre avec elle. Sans doute, il a soin de remarquer que c'est en Dieu seulement que la foi et la raison sont les rayons d'une même lumière, tandis qu'elles forment, relativement à l'homme, deux degrés de connaissance; sans doute, il affirme, à plusieurs reprises, la distinction de ces deux ordres, et déclare que « l'esprit ne peut pas plus passer de la raison jusqu'à la foi par un développement naturel, que le fini en grandissant ne peut devenir infini » (4).

Cependant, dans cette analyse, si délicate d'ailleurs, des rapports

---

(1) *Connaissance de Dieu*, II, p. 317.
(2) *Crise de la foi*, p. 28.
(3) *Crise de la foi*, p. 28.
(4) *Connaissance de Dieu*, II, p. 356.

de la raison et de la foi, la distinction manque souvent de netteté et l'on dirait parfois qu'elle s'efface. Le don naturel et le don surnaturel, ou, comme Gratry les appelle, le sens divin naturel et le sens divin surnaturel, semblent être là également instruments de la raison, attendant le choix de l'âme, prêts à l'aider à monter où il lui plaît. « Que ne voit-on l'intelligence faite pour les deux degrés de l'intelligible divin, capable par ses élans et sa volonté libre, sous la double donnée divine, de s'élever tantôt à l'un, tantôt à l'autre, selon qu'elle s'appuie sur l'un ou l'autre côté du ressort caché, sur le sens divin naturel ou sur le sens divin surnaturel ; s'élevant dans le premier cas aux ombres immuables de l'infini, de l'éternel ; dans le second, à l'infini, à l'éternel lui-même » (1). Les impulsions du sens divin naturel, source de la foi humaine, et celles du sens divin surnaturel, source de la foi divine, se mêlent et se confondent dans l'âme, « peut-être comme les deux battements du cœur » (2). Dieu offre tellement ensemble son double secours naturel et surnaturel qu'il semble, du même don, conférer la raison et la foi. Le germe de cette dernière, déjà mêlé à la raison, semble n'attendre, pour se déployer, que le déploiement de la raison même. Ainsi, le développement normal de la raison et de la foi humaine paraissent logiquement aboutir à la foi divine. Ce n'est pas que l'âme semble toujours trop active, au contraire. En même temps que se voile le caractère de vertu infuse qui appartient à la foi, se dissimule, aussi souvent, l'effort libre de l'âme qui soumet la raison à la foi. Gratry, en effet, met fortement en lumière la nécessité de la préparation à la foi, le devoir qu'a l'homme de s'efforcer d'être pleinement homme, c'est-à-dire raisonnable et bon. Il ne marque pas suffisamment le caractère de l'adhésion raisonnable, et aussi volontaire, qui constitue, du côté de l'homme, le passage de la raison à la foi ; la nécessité du consentement et du concours librement donnés à la grâce faite par Dieu. L'âme apparaît trop passive. Et cela parce que, une fois la préparation achevée et l'obstacle enlevé, comme le dit Gratry, il semble que la foi survienne en quelque sorte infailliblement.

Ainsi, d'une part, l'effort de l'homme, dans l'acte même de la

---

(1) *Connaissance de Dieu*, II, p. 252.
(2) *Connaissance de Dieu*, II, p. 252.

réception du don de la foi ; d'autre part, la non innéité de ce don, se ne montrent pas assez clairement.

Mais ce sont là des apparences, que corrigent les passages où Gratry affirme la liberté divine et humaine, en même temps que la différence, essentielle par rapport à l'homme, de la lumière surnaturelle et de la lumière naturelle.

On peut faire à la thèse de Gratry une objection plus méritée.

C'est le désir d'amener l'esprit au-delà de la connaissance purement logique, hors des « fantômes » qu'atteint la raison quand elle demeure dans la lumière naturelle, c'est ce désir qui a conduit Gratry à parler de la foi surnaturelle. Selon lui, la foi fait passer l'intelligence de la région des ombres et des reflets à celle des réalités ; elle l'introduit dans cette seconde région de l'intelligible qui est la vue directe de Dieu même. Sans doute, Gratry a soin de remarquer que la foi ne nous donne pas cette vue pleine ; « elle n'est que le commencement, l'essai de la vision directe » (1). Mais ce commencement obscur, cet essai imparfait est cependant reconnu par lui comme une connaissance directe. Et certainement elle l'est, mais seulement par rapport à celle que nous donne la raison. Tandis que celle-ci conduit à conclure Dieu à partir de ses œuvres, la foi recueille la parole même de Dieu et entend des secrets naturellement cachés à toute créature. La raison ne connaît Dieu que du dehors, *ab extra ;* la foi pénètre plus avant : elle connaît Dieu *ab intra*, suivant l'expression de l'École. Mais cette connaissance, pour supérieure qu'elle soit à la première, n'autorise point les expressions de Gratry qui semble en faire parfois une connaissance en quelque sorte sensible. Il parle de toucher et de voir Dieu, de le connaître d'une connaissance immédiate (2). Emporté par son désir d'étreindre la réalité entrevue, il croit déjà la saisir dans la foi. Celle-ci ne paraît plus être pour lui une connaissance encore enveloppée d'ombres, mais la claire lumière de matin, le commencement de la vue du soleil même. La lumière de grâce se confond avec la lumière de gloire qui donne la vue de l'essence divine, comme tout à l'heure la lumière de la raison semblait se mêler à celle de la foi.

C'est que Gratry semble oublier les caractères précis de la foi,

---

(1) *Connaissance de Dieu*, p. 193.
(2) *Connaissance de Dieu*, II, pp. 284-285.

qui connaît, mais par le moyen de l'évidence du témoignage ; non par suite de l'évidence intrinsèque, de la vue directe de la vérité proposée, mais par suite de l'autorité même de Dieu qui la propose.

Ce n'est pas la vue immédiate de l'essence divine qu'elle donne à l'âme, vue qui ravirait cette âme et lui enlèverait toute liberté d'adhésion. Dieu se fait connaître, mais en se voilant. Il proportionne à sa créature les confidences qu'il lui fait. Il parle aux hommes le langage des hommes et se révèle à eux non pas tel qu'il est, mais tel qu'ils sont.

La connaissance immédiate de l'absolu, que Gratry refuse justement à la raison, ne lui est pas donnée non plus par la foi. C'est une connaissance plus haute qu'on en reçoit, une connaissance qui atteint la vie intime de l'Etre infini, mais qui l'atteint indirectement.

Si Gratry exagère la portée de la foi surnaturelle, il met fortement en lumière les étroits rapports que la foi divine et humaine présente avec la raison. Naturelle, la foi se rencontre à la base de la raison ; surnaturelle, elle offre des titres de crédibilité que la raison peut examiner, et ainsi elle apparaît rationnelle. Si elle ne place pas la raison face à face avec la Réalité divine, elle donne pourtant à l'intelligence des lumières nouvelles et se présente, non pas comme un amoindrissement de la nature humaine, mais comme un accroissement. Sans elle, la raison peut sans doute achever l'ascension dialectique et conclure à l'existence de Dieu ; elle ne peut avoir aucune réponse légitime au sujet des questions qu'elle se pose sur la vie même de ce Dieu ; elle reste en dehors de la « seconde région de l'intelligible » où se trouve le secret de la vie divine et dont la foi lui fait franchir le seuil.

Gratry, en s'efforçant de donner une place en philosophie à la foi surnaturelle, n'a fait que tenir compte des désirs de l'âme humaine, qui réclame une connaissance plus intime du Dieu qu'elle affirme. Au fond, sa thèse est psychologique, car elle s'appuie sur des faits de conscience auxquels il cherche à donner leur signification et leur valeur. Il croit que l'âme a le droit d'aller jusqu'au bout de ses aspirations et, après s'être élevée jusqu'au premier degré de l'intelligible au moyen de la raison, elle peut accepter l'aide de la foi pour monter plus haut encore.

Ainsi la foi surnaturelle est l'alliée de la raison et un principe de développement et de progrès transcendant. C'est par elle que s'achève l'ascension terrestre de l'âme vers l'infini. L'itinéraire de Platon se trouve repris, mais il est complété. C'est qu'il s'agit d'atteindre, non plus seulement l'idée du Bien, dans sa vérité abstraite, mais le Dieu vivant, dans le secret même de sa vie divine.

C'est jusqu'à ces hauteurs que Gratry prétend conduire la raison dont il a si ardemment étudié les démarches. C'est ici que se termine sa Théodicée où il décrit et où il justifie les moyens de connaître Dieu.

Les idées qu'il expose au sujet de la nature de Dieu sont celles de la tradition classique éclairée de la pensée chrétienne. Elles n'ont rien d'original. En somme, sa Théodicée est surtout un itinéraire de l'âme vers Dieu. Il s'inquiète d'indiquer à l'homme la voie qui mène à l'infini et de lui en montrer la sécurité, certain que le voyageur qui la suit arrivera à la même connaissance de Dieu que possèdent ceux qui, avant lui, ont fait le même chemin.

CHAPITRE VI

L'âme et sa loi de développement
La sensibilité

Dans la première partie de la philosophie de Gratry, dans la Théodicée et la logique, la psychologie occupe déjà une grande place. La connaissance de Dieu se présente, en effet, dans son œuvre, comme l'étude de la méthode par laquelle l'homme parvient à affirmer et à démontrer l'existence de l'Être parfait. L'exposé du procédé dialectique embrasse toute la vie psychologique, vie intellectuelle et vie morale, considérée de ce point de vue spécial : la recherche de la Science de Dieu

Dans la *Connaissance de l'âme*, Gratry se propose d'étudier directement cette âme dont il a suivi l'essor vers l'infini. Ou, plutôt, c'est l'homme tout entier qu'il veut connaître, et « l'âme séparée, l'âme prise à part, n'est pas tout l'homme » (1). L'âme se présente soumise à de doubles rapports, liée par de doubles liens, et Gratry ne veut pas l'établir dans un isolement artificiel, mais bien la considérer dans ses relations avec le corps et avec Dieu.

---

(1) *Connaissance de l'âme*, I, p. 2.

Il l'étudie dans sa complexité vivante. Il se garde de la déchirer pour la mieux voir. Il ne veut pas scruter les lambeaux d'une âme disséquée et nous les présenter bien séparés et étiquetés, abstractions conventionnelles, bientôt devenues des entités indépendantes. Il se penche sur l'âme tout entière ; il essaye, non pas seulement d'en distinguer les pouvoirs, mais de percevoir leurs attaches, leurs articulations, leurs racines. Il écoute la vie de l'âme battre son rythme harmonieux et plein, où toutes les forces se mêlent, s'aident et se complètent.

On peut accuser une telle méthode de manquer de précision ; on peut lui reprocher de laisser subsister parfois l'obscurité. Elle offre, en effet, un vif contraste avec celle des Écossais, qui s'efforcent de tout classer, de tout numéroter dans l'âme, qu'ils traitent en machine compliquée. Mais, ce qu'elle perd en netteté, elle le gagne en vie, en vérité. C'est ce que remarque, d'une manière pittoresque, A. Cochin, qui compare l'impression produite sur lui par l'ouvrage de Gratry à celle que lui fait éprouver le *Traité des Facultés de l'âme* de Garnier. « J'entre dans un livre de M. Garnier comme dans une filature, dit-il ; on m'explique un à un les ressorts, on me compte les fils, on pousse les broches ; je sors l'oreille pleine d'un tic-tac, ayant peu compris, prêt à tout oublier, si ce n'est que la machine est fort ingénieuse et qu'elle est un système inventé pour faire de la toile. J'entre dans le livre du P. Gratry comme dans une salle de concert, et au lieu de compter les cordes des instruments, j'entends, ravi, ou leur suave cantilène, ou leur entraînante harmonie. Je sors, sentant que l'âme n'est pas une toile, mais une lyre ; que la philosophie n'est pas l'autopsie de la pensée ; que, pour la voir en détail, il ne faut pas la disséquer, mais l'illuminer » (1).

D'ailleurs, Gratry ne se contente pas de nous faire entendre la musique qui s'exhale de l'âme humaine. La *Connaissance de l'âme* n'est pas une audition enchantée, mais paresseuse. S'il se refuse à briser la lyre pour la mieux comprendre, il se propose d'en étudier les harmonies, de distinguer les sons fondamentaux dans les accords les plus complexes, et de chercher la loi des mélodies et des symphonies. Tout en respectant l'unité vivante de

---

(1) *Lettre inédite à Montalembert*, citée par CHAUVIN, GRATRY, p. 286.

l'âme, il veut en démêler les facultés, les tendances, saisir la façon dont elles se pénètrent, se modifient, se soutiennent, s'organisent. Sa psychologie n'est pas une dissection ; elle est cependant une analyse, mais qui se garde d'autant plus de détruire la vie, que c'est la vie même qu'elle se propose de connaître.

Or, comment saisir la vie de l'âme, si ce n'est dans l'âme même, par l'introspection. Aussi, la psychologie de Gratry, qui se maintient sans cesse en contact avec la réalité, emploie-t-elle « la méthode expérimentale d'observation interne » (1).

Cette observation est vigoureuse, personnelle. Gratry ne jette pas sur l'âme un regard rapide et superficiel. Il veut autant que possible en explorer les profondeurs.

Et voici qu'il aperçoit comme deux mondes en ce monde intérieur où pénètre sa réflexion attentive. L'observation de la vie complète de l'âme, de la vie de l'âme unie au corps, le conduit à distinguer deux sphères de la vie : la vie de l'âme en son corps et la vie de l'âme en elle-même.

Dans la première sphère, ce qu'il aperçoit tout d'abord, c'est une confusion, un immense chaos de mouvements obscurs, de sensations sourdes : frémissements de la vie physique dont le secret profond se dérobe à l'esprit curieux de l'homme, comme son rythme échappe à sa volonté. La conscience se dégage cependant de ces ténèbres (2) : outre les sensations obscures, il y a les perceptions claires, et l'observateur aperçoit en lui, au-dessus de la région où il ne voit rien, où il ne peut rien, où il sent vaguement la fermentation de la vie, il aperçoit une région lumineuse où il voit, où il agit, où il se trouve en rapport avec les autres hommes et la nature extérieure.

Si, maintenant, il laisse de côté ce que voit et sent l'âme ou dans son corps ou par son corps, il constate qu'il lui reste à explorer en lui tout un autre monde : c'est la seconde sphère de vie, la vie de l'âme dans l'âme. Les phénomènes qui la manifestent apparaissent comme totalement différents de ceux de la première. « Le désir du bonheur, le besoin de connaître, la vue des vérités certaines, la compassion pour les souffrances des hommes, l'en-

---

(1) *Connaissance de l'âme*, I, p. 3.
(2) *Connaissance de l'âme*, I, p. 32.

thousiasme du beau, la soif de la justice, l'amour ou l'amitié, voilà des sentiments, des clartés d'un autre ordre » (1), qui, par leurs caractères, révèlent l'existence d'une vie nouvelle. Et, cependant, celui qui l'étudie, et qui s'efforce d'en atteindre le fond, rencontre des aspects analogues à ceux de la première sphère. Il aperçoit une fermentation confuse et continue des éléments de la vie, une sorte d'abîme frémissant et obscur, monde qui se dérobe aux prises de la conscience et de la volonté. Mais, outre cet abîme obscur, il y a une région lumineuse dans l'âme, des vues claires, des évidences, et aussi des mouvements distincts et volontaires.

Gratry distingue donc tout d'abord comme les grandes zones de la vie de l'âme ; d'une part, une vie psycho-physique, de l'autre, une vie purement psychique. Dans l'une et l'autre de ces vies, une région de phénomènes obscurs, confus, puis une région illuminée par la claire conscience. « Voilà, dit-il, ce que m'apprend un premier regard sur mon âme. Je vois en moi une double vie ou deux sphères de la vie. Je vois mon âme vivre, en son corps et par son corps d'abord, d'une fermentation sourde, continue et involontaire, qui est la source de sa vie corporelle, et puis de perceptions distinctes et de mouvements volontaires. Je vois en outre mon âme vivre en elle-même, d'abord d'un fond continu de sentiments qui sont les sources de sa vie propre, et puis d'idées et de volontés libres, qui découlent de la source et réagissent sur elles. Dans les deux sphères, je vois un fond, un centre obscur et comme *impersonnel*, qui vit en moi sans moi, qui est le principe de la vie, et puis, si j'ose le dire, je vois comme deux autres couches de la vie qui enveloppent ce centre, qui vivent en moi, par moi et avec moi et que je dirai *personnelles*. Et je vois que, sous ce rapport, la vie du corps et celle de l'âme, c'est-à-dire la vie de l'âme dans le corps et la vie de l'âme en elle-même sont comparables. Dans le corps, j'appellerai ces trois distinctions de la vie : *Principe* ou racine d'où tout sort, *perception sensible et mouvement ;* et dans l'âme : *Principe* ou racine d'où tout sort, *connaissance, acte libre* » (2).

---

(1) *Connaissance de l'âme*, t, p. 33.
(2) *Connaissance de l'âme*, t, p. 35.

Ce qui frappe dans cette esquisse à grandes lignes de la vie psychologique, c'est la distinction faite entre la vie de l'âme dans le corps et la vie de l'âme dans l'âme. On peut se demander si une telle distinction est légitime. En effet, la vie de l'âme dans le corps est encore une vie psychologique et, comme telle, elle se rattache à ce que Gratry appelle la seconde sphère de vie ; ou bien elle est physiologique et n'intéresse pas directement la psychologie. Si le principe de la vie de l'âme dans le corps, si la perception et les mouvements volontaires sont totalement différents du principe de la vie de l'âme dans l'âme, de la connaissance et de l'acte libre, il faut en effet les classer à part. Mais, si le principe de vie est le même, si la perception peut se ramener à la connaissance, si le mouvement volontaire n'est pas autre chose qu'un acte libre, la classification qui les sépare apparaît comme arbitraire. Or, lorsque l'âme se sert du corps comme d'un instrument de ses actes, ceux-ci ne paraissent pas d'un autre ordre ; ils ne présentent pas des caractères essentiellement différents de ceux qu'elle opère sans l'intermédiaire de son corps. Ce sont les mêmes facultés qui s'y exercent : sensibilité, intelligence, volonté. Que l'on supprime en effet la volonté libre qui ordonne le geste, et celui-ci n'est plus qu'un mouvement instinctif ou réflexe. Que l'intelligence distraite résiste à l'avertissement transmis par le sens, et la perception, acte intellectuel, n'aura pas lieu. La vie de l'âme en son corps ou par son corps ne reçoit pas de pouvoirs différents ou nouveaux. D'ailleurs, la vie de l'âme ne saurait, d'autre part, être complètement renfermée en elle-même. Ses actes les plus intérieurs ont un retentissement physiologique. De sorte que c'est toujours la vie de l'âme en son corps qu'étudie la psychologie, ou mieux la vie d'une âme faite pour être unie à son corps.

Mais si Gratry introduit cette distinction inutile dans la vie psychologique, c'est, nous le verrons, qu'il espère retirer de nouvelles lumières du parallélisme établi entre ces deux sphères de vie. Pour le moment, il déclare qu'il ne veut s'occuper que de la vie de l'âme dans l'âme. Nous le suivrons en nous souvenant qu'il étudie, ce faisant, toute la vie psychologique, puisque les phénomènes qu'il a mis à part se rattachent aux pouvoirs qu'il va examiner.

L'analyse de Gratry est fine, pénétrante. Il écarte tout d'abord l'enveloppe des phénomènes apparents qui entourent et qui masquent les états sub-jacents. Il plonge jusqu'à la source de l'âme ;

il fouille jusqu'en ses entrailles. Ces régions profondes qui, depuis Leibniz, attirent de plus en plus l'attention des psychologues, il s'efforce d'en découvrir le rôle et l'importance. Elles lui paraissent renfermer le secret même de la vie. Il y surprend les premiers tressaillements de l'âme. Il la voit là, toute bouillonnante encore de la vie qui vient de lui être ou donnée ou conservée, agitée dans son centre par un mouvement mystérieux qui ne semble faire qu'un avec la vie elle-même. Ce mouvement, c'est le désir, racine de l'âme, sa source, sa première force (1). C'est lui qui la remue d'inquiétudes, d'espérances, de recherches, qui sont ici-bas si bien le fond de notre vie que « l'homme est mort dès qu'il cesse d'espérer, de désirer et de chercher » (2).

Mais ce fond de vie, c'est un centre implicite de lueurs confuses, de vagues amours, de frémissements instinctifs. D'où viennent ces désirs, ces inquiétudes ? L'âme voit seulement qu'elle n'en est point l'auteur volontaire et conscient. Leur origine lui échappe, et elle ignore encore ce qu'ils veulent, où ils tendent.

Cependant, ce mouvement qui agite l'âme n'est pas destiné à rester le stérile bouillonnement de désirs instinctifs. Cette source est faite pour jaillir vers la lumière, cette racine doit croître, produire des fleurs éclatantes de beauté, des fruits pleins de saveur et de bonté. Du fonds de désirs, de lueurs, d'instincts vont sortir des amours libres, des mouvements délibérés, des connaissances claires ; les pouvoirs de l'âme se dégagent des obscurités de la vie profonde. Au-dessus de la vie implicite, instinctive et obscure, au-dessus du sens, s'épanouissent l'intelligence et la volonté.

On le voit, Gratry ne multiplie pas la division des facultés de l'âme. Il préfère aux nombreuses distinctions de Reid ou à celles de Garnier, la simple classification qui, de nos jours, est la plus usuelle et qui commençait d'ailleurs à avoir cours alors. Ch. Levêque à la Sorbonne, Cousin dans *Le Vrai, le Beau, le Bien*, reconnaissent aussi dans l'âme la sensibilité, l'intelligence et la volonté.

Cette classification de Gratry n'est pas étroite, minutieuse. Elle établit un ordre large dans les aspects de l'âme, dont elle res-

---

(1) *Connaissance de l'âme*, 1, p. 12.
(2) *Connaissance de l'âme*, 1, p. 12.

pecte la vivante souplesse. C'est que Gratry saisit l'âme dans ses phénomènes clairs et distincts et dans ses sphères obscures. Au-delà des faits de conscience bien définis, il aperçoit la multitude des faits sourds et, plus loin encore, la région profonde d'où jaillit la vie. Il n'enrichit pas l'âme seulement d'une sub-conscience, où tout ce qui s'agite est analogue à ce qui se passe dans la claire conscience, il montre, au delà de ces zones crépusculaires, des profondeurs mystérieuses qui sont action, puissance et vie, sources de vie. Et ce sont ces réalités profondes qu'il comprend sous le nom de sens, en même temps que les tendances instinctives et les phénomènes distincts de la sensibilité.

Cette exploration hardie de l'âme débordait de beaucoup le cadre de la psychologie classique contemporaine. Elle annonce les recherches des Myers, des James. Ceux-ci pensent aussi que le domaine de l'âme est plus étendu que celui de nos perceptions claires, ou même de nos états sourds. Le moi conscient de chacun de nous, dit Myers, ou comme je l'appellerais plus volontiers, le moi empirique ou supraliminal, est loin de comprendre la totalité de notre conscience et de nos facultés. Il existe une conscience plus vaste, des facultés plus profondes (1), enfin une région du moi qui déborde le champ ordinaire de conscience. Cette région, ces auteurs la voient s'étendre jusqu'au monde invisible, inconnu, qu'ils appellent le monde spirituel. C'est elle qui met le moi humain en contact avec l'infini.

C'est aussi par ces profondeurs que, pour Gratry, l'âme humaine semble communiquer naturellement avec Dieu. Cette âme lui apparaît comme une activité toujours jaillissante, dont la source mystérieuse n'est autre que l'infini.

Mais les psychologues qui s'efforcent de suivre l'âme jusqu'aux limites extrêmes du moi subliminal inclinent volontiers au panthéisme ou, au moins, ils évitent de se prononcer et ils affirment seulement « que nous vivons dans un milieu inconcevable et sans limites, monde de pensées ou univers spirituel, chargé de vie infinie, pénétrant et dépassant tous les esprits humains, ce que les uns appellent l'âme du monde, les autres Dieu » (2).

A Gratry, l'âme humaine apparaît comme l'œuvre d'un Dieu

---

(1) MYERS. *Personnalité humaine*, p. 20.
(2) MYERS, op. cit., p. 87.

transcendant et personnel. Cette vie profonde, source toujours remuante, qu'il remarque en elle, atteste non son union au grand Tout, mais sa dépendance à l'égard du Créateur. C'est de Sa volonté, de Son intelligence qu'elle s'élance. Elle est une parole sans cesse prononcée (1), un acte toujours voulu de Dieu.

Ainsi, les liens de l'âme avec la Vie sont maintenus, comme dans le panthéisme. Mais cette vie est la Vie par excellence, le Dieu vivant, auteur de toute vie. La personnalité, la transcendance de Dieu, comme la personnalité de l'âme, sont sauvegardées, en même temps qu'est affirmée la réalité de cette région du moi humain par laquelle le créé tient au Créateur.

L'attention donnée par Gratry à l'origine de l'âme, à la source de son être et de sa vie, le conduit à marquer sa psychologie d'un caractère d'activité. Il ne conçoit pas l'âme dans un état de repos et de stabilité définitifs, mais dans un mouvement continuel et appelée à un continuel progrès. Ce mouvement et ce progrès de l'âme lui viennent d'abord de Dieu, qui lui donne continuellement l'impulsion, qui va à la faire croître et grandir sans cesse, et notre vie consiste, en premier lieu, comme le dit saint Augustin, « à être perpétuellement faits par Dieu, perpétuellement perfectionnés par Dieu en nous tenant toujours liés à lui » (2).

Mais l'homme a sa part dans son progrès, dans cette élévation toujours grandissante, « image de l'infini » (3). Il reçoit la vie de l'âme et ses puissances fondamentales ; la source toujours mouvante lui est donnée : il doit mettre en valeur ces richesses et développer ces forces qui le sollicitent à la perpétuelle croissance, à la continuelle nouveauté. « La source se remue en moi sans moi... Mais ce fond instinctif, involontaire, riche et puissant, c'est ma ressource, ma force, ma base, mon point d'appui, mon aliment, que Dieu lui-même, par lui-même ou par la nature, opère en moi sans moi. Et puis, il faut que j'emploie cette ressource, que je fasse valoir ce talent, en moi, par moi. Il faut que je cherche à comprendre moi-même, à opérer moi-même ce qui m'est proposé. Il faut que je m'efforce de savoir clairement, de marcher librement » (4)

---

(1) *Connaissance de l'âme*, I, p. 11.
(2) Cité : *Connaissance de l'âme*, I, p. 10.
(3) *Connaissance de l'âme*, I, p. 11.
(4) *Connaissance de l'âme*, I, p. 13.

L'œuvre de Dieu réclame le concours de l'homme. Celui-ci est appelé à devenir l'artisan de sa propre grandeur, à façonner, avec les dons divins, sa propre personnalité. Il doit faire naître et s'épanouir les germes déposés en lui par la main divine ; il lui appartient de devenir toujours plus actif, plus intelligent, plus libre. Encore une fois, « la sphère obscure des instincts, ma racine, mon commencement, se forme en moi sans moi. Mais il faut que j'agisse aussi. La raison et la liberté ne sauraient vivre en moi sans moi. Je ne puis être raisonnable sans le savoir ni libre sans le vouloir. C'est à moi maintenant de veiller et d'agir, de suivre par mon effort ce qui est commencé, de puiser la sève dans ma source, de l'élever, de la distribuer. C'est à moi, suivant le sens profond du mot évangélique, c'est à moi maintenant de faire valoir le talent que Dieu me confie » (1).

Ainsi, l'âme se fait sans cesse, à la fois par Dieu et par l'homme. Elle se meut dans un perpétuel devenir dont la fin est une ressemblance toujours plus grande à l'image divine. L'homme peut dévier ce mouvement, mais non pas l'arrêter ; il peut précipiter son âme dans la chute, il ne saurait la fixer dans l'inertie.

Quelle est donc la loi et l'histoire de la croissance de l'âme, c'est-à-dire du développement des trois puissances ?

C'est le sens qui s'éveille d'abord en nous, sans nous. Il enferme le double germe de l'intelligence et de la volonté, sous formes de lueurs confuses, d'instincts aveugles encore. La connaissance claire, la volonté libre, qui procèdent du sens et qui en diffèrent, l'enferment cependant à leur tour. « L'intelligence voit et regarde : qu'est-ce à dire, sinon qu'elle sent la donnée, la voit et veut la voir ? Voilà les trois dans la seconde. La volonté est excitée par le désir, elle choisit, elle agit, c'est-à-dire qu'elle agit à la fois avec désir et avec intelligence. Voilà les trois dans la troisième. Nul sentiment vivant sans lueur ni désir ; nulle intelligence claire sans sentiment et volonté. Nul acte libre sans connaissance et impulsion du désirable » (2).

La nature présente donc les trois puissances impliquées les unes dans les autres, unies de l'union la plus étroite. Toutes ont leur rôle dans l'acte de chacune. Mais l'action de l'homme doit s'ajou-

---

(1) *Connaissance de l'âme* I, p. 104.
(2) *Connaissance de l'âme*, I, p. 37.

ter à la nature pour la perfectionner. Cet accroissement de vie, pour l'obtenir, il faut en connaître la loi. Or, cette loi n'est autre que celle que l'analyse attentive découvre dans l'âme qui s'éveille, dans le jeu spontané des trois puissances ; les trois facultés doivent se distinguer de plus en plus les unes des autres, tout en maintenant entre elles une unité profonde. « Que ces trois se distinguent et soient un » (1). La différenciation dans l'intégration, telle est la norme du perfectionnement des puissances, la loi du développement de l'âme.

En une âme qui réaliserait totalement la loi, « tout sentiment nouveau éveillerait, en survenant, toute la lumière qui peut lui correspondre et toutes les décisions volontaires, tout l'amour libre que, dans la vérité, mérite l'objet qui le produit » (2). Mais cet état idéal est inaccessible à l'âme humaine, car il faudrait, pour que cette égalité des trois forces pût se réaliser en nous, « que tout ce qui est puissance au fond de l'homme passât en acte ». Or, évidemment, jamais tout ce que l'âme peut sentir ou posséder implicitement, jamais toute cette puissance ou possibilité ne passera en acte, en lumière pleine, en amour libre, en décisions, en actes correspondant à toute cette connaissance et à toute cette puissance (3). L'activité de l'âme limitée, finie, ne saurait s'étendre à l'infini.

Mais si l'homme ne peut arriver à cette parfaite égalité et union des puissances de l'âme, il doit constamment y tendre. Gratry trouve dans la négligence à cet égard, dans le mépris de la loi fondamentale de sa croissance, la cause des déchéances de l'âme. Qu'arrive-t-il, en effet, d'ordinaire ? « Les trois termes ne se distinguent pas, ou, en se distinguant, ils se séparent et, en se séparant, ils se détruisent » (4). Combien d'âmes demeurent closes et enfouies. » Toute pensée y est sourde et confuse, tout amour y est passionné et instinctif » (5). L'intelligence ne se dégage pas, victorieuse et claire, de cette masse de lueurs vacillantes ; la volonté s'y confond avec les impulsions aveugles. « La vie spontanée

---

(1) *Connaissance de l'âme*, I, p. 38.
(2) *Connaissance de l'âme*, I, p. 41.
(3) *Connaissance de l'âme*, I, p. 42.
(4) *Connaissance de l'âme*, I, p. 38.
(5) *Connaissance de l'âme*, I, p. 38.

des sentiments, des passions, des désirs domine à peu près parfaitement l'intelligence et la volonté. Dans bien peu d'hommes se développent, au-dessus du sentiment, la raison, et au-dessus du sentiment et de la raison, la liberté » (1).

Sans doute, aucune âme, que l'on peut dire normale, ne demeure absolument implicite, mais le grand nombre se développe à peine. S'il s'agit de l'intelligence, en combien d'âmes et pour combien de temps se déploie ce qu'on peut appeler son verbe, c'est-à-dire une intelligence personnelle et vivante, qui soit la vie de l'âme, « l'âme en lumière », se voyant, se connaissant elle-même. On se contente d'une intelligence toute verbale qui s'arrête aux mots sans s'efforcer d'atteindre les choses. On prend pour la réalité et la vie « ces froides écritures, comme les captifs de la caverne de Platon croyaient voir les objets dont ils ne voyaient que les ombres » (2). On se satisfait d'un verbe emprunté, « lueur superficielle et sans fécondité, qui ne grandit pas, qui ne vit pas, qui ne multiplie pas, qui dort, qui ne vient pas de source, qui est toujours ancienne, jamais nouvelle » (3), sorte de lumière morte, sans action réelle, sans efficacité. Or, si le verbe n'arrive pas à se distinguer, à s'engendrer dans l'âme, c'est que, dès qu'il cherche à se poser et à se distinguer, il se sépare.

En chaque homme, à l'âge où la raison réfléchie se pose, c'est d'abord avec excès, en s'isolant. « L'esprit s'admire dans sa force nouvelle, se confie sans réserve à ses plus purs raisonnements et compte pour rien les flots de vie qui cherchent à monter du cœur vers la pensée » (4). Et, même en dehors de cette crise, lorsqu'une lumière originale jaillit, l'homme s'en empare aussitôt ; il la détache de la racine d'où elle procède, du centre qui est à la fois chaleur et lumière ; il la considère froide et sèche, et il la voit peu à peu s'éteindre et mourir. Or, il faut que l'intelligence, en se distinguant, demeure unie au foyer de l'âme ; il faut que la pensée ne se sépare point du cœur, du sens et de l'expérience, sous peine de devenir artificielle et vaine et de ne plus correspondre à la vie ; il faut, comme le dit Gratry en son langage métaphorique, « que

---

(1) *Connaissance de l'âme*, I, p. 40.
(2) *Connaissance de l'âme*, I, p. 48.
(3) *Connaissance de l'âme*, I, p. 48.
(4) *Connaissance de l'âme*, I, p. 44.

tout flot de lumière, venant des inspirations et des impressions qui sont la racine de la vie, reflue aussitôt vers la source comme une onde de lumière, afin d'en ressortir encore plus complet et plus jeune, dans un flot nouveau, en sorte que le rayon qui vibre et se déploie ne cesse pas un instant d'être porté par son principe, et que le rayonnement total ne perde jamais en force centrale ce qu'il gagne en circonférence ; il faut qu'il ne devienne jamais cette lueur vide et creuse qu'aucune source n'alimente plus, qui n'est plus que surface et qui s'épuise en s'étendant ; qui ne sert qu'à entretenir en nous le sens superficiel des mots ; qui n'est plus le verbe présent, mais son sépulcre » (1).

L'intelligence perd donc sa force en s'exaltant et en se séparant du foyer de la vie. Que devient la volonté ou, plutôt, comme le dit Gratry, l'amour ? Car, pour lui, comme pour saint Thomas, de même que le Verbe est l'intelligence développée et unie à la première puissance, de même l'amour est la volonté développée, unie à la connaissance et au désir. Que dit donc l'expérience de chaque homme au sujet du développement de l'amour, ou, suivant l'expression de saint Thomas, « de la procession de l'amour suivant la volonté ? »

Le principe de vie, l'activité fondamentale de l'âme, qui se déploie et cherche à engendrer le verbe, cherche aussi à engendrer l'amour. Ils doivent naturellement surgir ensemble, du même essor, lumière chaude et forte, force chaude et lumineuse. Mais il arrive pour l'amour ce qu'il arrive pour l'intelligence : il ne se distingue pas ; il demeure enseveli sous le poids des instincts ; ou bien, s'il arrive à se développer, il se sépare bientôt de la source pure de la vie, du cœur et de l'intelligence. L'égoïsme de l'homme s'empare du don de l'amour, comme il s'est emparé de la lumière de l'esprit. L'amour n'est bientôt plus qu'un feu sombre. Il tombe dans la chair et les sens où il s'isole, et se corrompt en s'isolant ; il devient un amour dégradé, qui n'est pas l'amour, mais un obstacle à l'amour. Ainsi, la troisième puissance, parce qu'elle ne suit pas la loi, ne peut arriver à se déployer ; elle n'est plus représentée que par « un instinct aveugle, un élan passionné, une force brutale, un feu mauvais qui consume et dévore » (2).

---

(1) *Connaissance de l'âme*, I, pp. 49-50.
(2) *Connaissance de l'âme*, I, p. 45.

L'amour véritable, en effet, « aime tout, tout ce qui est aimable, selon que chaque chose est aimable. L'amour universel et ordonné est seul vrai et mérite seul ce nom » (1). Un tel amour doit demeurer uni à la connaissance, s'efforcer d'être en harmonie avec elle, afin de se proportionner aux objets qu'elle lui montre. Il doit essayer de s'égaler, autant qu'il se peut, « à l'ensemble des données actuelles de la vie, c'est-à-dire à ce principe, à ce fond implicite d'inspiration et d'illumination que Dieu opère en nous sans nous » (2), et qui vont à nous exciter à l'aimer, lui que notre raison nous montre comme très aimable.

S'il faut que l'amour reste uni à l'intelligence et à la sensibilité pour qu'il réalise sa loi et se pose, il faut aussi l'union harmonieuse de ces énergies pour que la première puissance ait toute sa force. En effet, « que devient le principe de l'âme, ce centre qui n'est occupé qu'à produire des lumières qui s'évanouissent et des amours qui se corrompent ? Il est, par cela même, comme perpétuellement épuisé par l'incontinence des rayons qui emportent et ne rapportent rien » (3).

L'âme tout entière est donc atteinte dans sa santé, dans son développement, lorsque la grande formule de sa vie, de sa croissance demeure inaccomplie. Alors, « on ne peut dire de l'âme : ces trois sont une seule chose, car ils ne sont pas trois et ils ne sont pas un ; ils ne sont pas trois parce qu'ils ne sont pas un. Chacun des trois est encore à venir et cherche à naître, mais avorte sans cesse, parce qu'il ne se déploie qu'en s'isolant » (4). Parce que l'âme se refuse à maintenir en elle l'unité, elle ne peut acquérir les facultés fortes et puissantes. « Union et distinction des forces ; union croissante et distinction croissante ; simultanéité et proportion croissante dans le déploiement des trois forces radicales de la vie », telle est en effet la loi que révèlent l'observation et l'expérience, et hors de laquelle l'âme tombe dans un état de décadence et de perturbation.

Cette étude délicate et sagace met fortement en relief la responsabilité de l'homme dans la formation de sa personnalité.

---

(1) *Connaissance de l'âme*, I, p. 53.
(2) *Connaissance de l'âme*, I, p. 53.
(3) *Connaissance de l'âme* I, p. 55.
(4) *Connaissance de l'âme*, I, p. 55.

La loi du développement de l'âme, comme il convient à un agent libre, réclame, pour s'accomplir, l'activité humaine. Cependant, Gratry semble oublier le rôle de l'effort dans le progrès, pour ne retenir que celui de l'harmonie. La paresse de l'homme compromet cependant sa croissance intellectuelle et morale. C'est par haine de l'action énergique, et non pas seulement par excès d'isolement, que l'intelligence ne franchit pas ce degré médiocre, si bien décrit par Gratry, qu'elle renonce au grain des choses pour se contenter de la paille des mots, et se condamne à l'à peu près, ce signe des décadences. C'est la peur de l'effort, aussi, qui fait de l'homme le jouet des passions et des instincts et le porte à se laisser ballotter à tout vent d'influence. La liberté forte et fière, sans laquelle il n'y a pas de vraie volonté, ni d'amour véritable, est une conquête et se gagne par la lutte.

Mais, cette nécessité de l'énergie et de l'effort, n'est-elle pas sous-entendue, dès lors que le but à atteindre est indiqué comme élevé, difficile ? D'ailleurs, l'idée du rôle de l'intervention humaine dans l'évolution des facultés de l'âme, mise en telle évidence, suffit pour marquer cette psychologie d'un caractère hautement moral.

Gratry ne perd pas de vue, en analysant l'âme, le souci pratique de l'action personnelle de l'homme. Nous l'avons vu signaler cette action et en peser l'importance dans l'acte de la connaissance. Ici, il ne saurait assister en spectateur désintéressé aux mouvements et aux états de l'âme. S'il veut en découvrir l'aspect et la vie, il ne se résout point à les seulement décrire. Il ne saurait oublier que la destinée de l'âme, son développement, sa grandeur dépendent de l'exercice de ces puissances qui procèdent sans cesse du fond de la vie toujours donnée, mais qu'il appartient à l'homme de perfectionner ou de diminuer.

Mais, et c'est en cela qu'il est surtout original, il n'admet pas un développement partiel de l'âme. S'il insiste avec raison sur le concours que se prêtent mutuellement les diverses facultés, peut-être a-t-il exagéré les conséquences qui résultent de la prédominence de l'une d'entre elles. Sans doute, si l'une d'elles absorbe à son profit l'activité de l'âme, le désordre s'introduit dans le jeu de toutes les puissances ; l'âme vit d'une vie incomplète. Mais l'égalité de développement, et surtout l'exercice simultané de toutes ces forces, semblent être un bel idéal plutôt qu'une réalité possible. Gratry lui-même l'indique, bien qu'il semble l'oublier ensuite.

C'est un idéal aussi, et n'est-ce pas celui de Platon, que cette harmonie qui résulte de l'accord des facultés. Mais elle procède de la subordination de ces facultés les unes aux autres par ordre de valeur, plutôt que de leur égale croissance. Le point de vue de Gratry est différent. Il part de la notion de l'unité de l'âme et il veut que cette unité en marque fortement tous les gestes. Toutes les énergies de cette âme devront donc agir de concert, toute son activité, avec ses caractères divers, devra se retrouver dans chaque acte. Il ne suffit pas, par exemple, que le savant, l'intellectuel, possède aussi, avec une forte intelligence, une belle énergie. Il faut que chacune de ses pensées, claire et lumineuse, soit aussi chaude et vibrante, que tout son cœur, toute sa volonté se portent au devant d'elle. C'est demander beaucoup à l'humaine faiblesse, à notre activité si vite lasse, que de la charger à la fois de tant de fardeaux. Puis, n'y a-t-il pas des spéculations qui, de leur nature, excluent le sentiment, comme les questions mathématiques, par exemple ? N'y a-t-il pas des cas où la raison doit, pour juger sainement, juger avec froideur ? Et si la volonté et l'intelligence sont inséparables, n'y a-t-il pas des volitions qui se posent en dépit de la sensibilité révoltée et cela, parfois, dans les plus nobles âmes ?

Il semble qu'il convient d'apporter quelque tempérament à la loi de Gratry et qu'il faut en retenir la direction générale vers l'essor équilibré des facultés, liées par une solidarité étroite, plutôt que la formule précise. Malheur, en effet, comme le dit Bossuet, comme le répète si souvent Gratry, malheur à la connaissance stérile qui ne se tourne pas à aimer et se trahit elle-même. L'âme qui dirige dans un seul sens toute son activité se déforme et se diminue. L'hypertrophie de l'intelligence, aux dépens du cœur et de la volonté, est néfaste aussi bien que l'hypertrophie de la volonté aux dépens du cœur. L'homme n'a pas trop de toutes ses puissances pour voir clair et pour bien vivre. Il doit donc, comme le recommande Gratry, s'efforcer de les développer toutes, harmonieusement, sinon également.

Gratry ne se contente pas, pour étudier l'âme, de la méthode d'observation interne. Pour éclairer cette observation, pour affermir les résultats qu'elle donne, il y joint la méthode de comparaison. Comparaison de l'âme à Dieu : il retrouve l'image de la Trinité divine dans les trois puissances de l'âme, et « la pénétration mutuelle des facultés » lui paraît être une vérité qui répond à ce qu'on nomme en théologie « *circumincession*, des personnes ». Comparaison de l'âme au corps, des facultés de la première aux organes et aux fonctions du second. Mais, il faut le dire tout de suite, ces comparaisons ne sauraient fournir à sa psychologie les lumières et le contrôle qu'il en attend. Elles sont basées en effet sur ces deux affirmations : l'âme est l'image de Dieu, le corps est l'image de l'âme, que Gratry ne se met pas en peine d'établir sérieusement.

Le fondement de la première est tout théologique. Or, est-il légitime d'appuyer une psychologie d'expérience sur une affirmation de foi que, d'ailleurs, on n'entoure d'aucune des preuves particulières qui lui conviennent ?

La seconde assertion serait-elle démontrée par cette étude du corps faite avec l'idée préconçue qu'on doit y retrouver l'image de l'âme ? N'y a-t-il pas là une sorte de cercle vicieux : les fonctions du corps et leur rôle étant expliqués par ce que l'on sait déjà des puissances de l'âme et de leurs rapports, peut-on prouver légitimement en retour que le corps explique l'âme ?

D'ailleurs ces affirmations, fussent-elles soutenues de preuves, il y aurait encore une autre difficulté à résoudre. Admettons que l'âme soit l'image de Dieu. Mais entre une telle image et son modèle, il y a nécessairement des différences. Comment le fini représenterait-il intégralement l'infini ? Il s'agit donc de connaître et d'apprécier ces différences. Or, d'une part, la connaissance humaine de l'Infini ne peut être qu'imparfaite ; de l'autre, les différences entre Dieu et l'âme sont évidemment infinies. La raison ne saurait les saisir avec précision ; la foi seule et la révélation peuvent les indiquer.

Si la comparaison de l'âme à Dieu est discutable au point de vue philosophique, celle de l'âme au corps ne paraît pas devoir conduire à des résultats scientifiques et certains. Comment comparer avec rigueur la matière à l'esprit ; comment saisir, non seulement les rapports, mais aussi les divergences qui séparent cet être matériel, étendu, composé de parties, mesurable, avec cet être spirituel dont l'unité et la simplicité sont les caractères essentiels ?

Aussi l'analyse psychologique de Gratry ne semble-t-elle recevoir ni lumières ni certitudes nouvelles des rapprochements auxquels il la soumet. Le premier, opéré très souvent par les théologiens, est basé sur une autre science que celle qui vient de l'observation et de la raison. Le second, préparé par la distinction faite entre la vie de l'âme dans l'âme et la vie de l'âme dans le corps, éclaire l'étude du corps par celle de l'âme, non celle de l'âme par celle du corps.

Gratry, il faut le dire, n'avance rien au sujet des organes, des fonctions, qui ne soit en accord avec les théories physiologiques les plus autorisées de son époque. Les descriptions sont exactes et consciencieuses, mais toutes pénétrées des vues que l'analyse de l'âme lui a d'abord suggérées. Le corps lui semble comme la traduction, en langage matériel, des aspects de l'âme, de ses puissances, de ses formes de vie.

Il y retrouve les sphères de vie impersonnelle et personnelle déjà découvertes dans l'âme. L'une comprend les fonctions et les organes de nutrition ; l'autre répond aux organes de la perception et du mouvement volontaire. Et, de même que dans l'âme les puissances s'impliquent les unes les autres, de même, les fonctions dans le corps s'unissent et les sphères de la vie corporelle se pénètrent, sans se confondre, par leurs réseaux nerveux, le grand sympathique étant celui qui gouverne la vie impersonnelle, le système cérébro-spinal, celui qui dirige la vie personnelle.

Cette union dans la distinction, si sensible déjà dans les systèmes nerveux, le devient davantage dans le cœur, qui tient à la fois à la vie personnelle en tant que muscle innervé par les nerfs cérébraux, et à la vie impersonnelle, car il renferme autant de nerfs issus du grand sympathique.

Et, ce qu'il dit du cœur, Gratry pense pouvoir le dire avec raison de la poitrine entière. « La poitrine est vraiment le lieu des trois fonctions (nutrition, mouvement, perception) tournées en habitude et vivant en pénétration mutuelle » (1). Elles atteignent ici leur plein développement dans l'unité. La nutrition régénère le sang par un mouvement incessant qui le met en contact avec l'air, véritable aliment de la vie. « Là est encore le lieu, l'organe de la perception continue et totale, perception générale de la vie telle qu'elle est en nous » (2).

---

(1) *Connaissance de l'âme*, t, p. 83.
(2) *Connaissance de l'âme*, t, p. 85.

Dans la structure même des différents nerfs, Gratry veut voir comme la marque des puissances de l'âme. « Le premier (le grand sympathique, système de la vie impersonnelle), par ses fibres grises, molles, mêlées, imperceptibles, préside aux sensations sourdes, dont l'esprit ne s'aperçoit pas, et aux mouvements instinctifs, que la volonté n'opère pas. Le second, par ses fibres blanches, fermes, larges, saillantes, distinctes et toujours séparables en fibres motrices et sensitives, préside par elles aux perceptions claires que l'esprit aperçoit ; et, par les autres, aux mouvements précis qu'opère la volonté.

« Voilà bien dans le corps la signature de ces trois choses : 1° le principe producteur qui implique tout ; 2° l'intelligence qui perçoit clairement ; 3° la volonté qui opère librement.

» Mais qu'est-ce qui répond à l'amour, à ce fruit double, dans la volonté, de l'intelligence qui choisit et de l'instinct qui pousse ? » (1). C'est le petit sympathique qui naît dans le crâne, mais affecte dans ses terminaisons la forme ganglionnaire et semble devenir comme une partie du grand sympathique. Et il se trouve que ce nerf « de la pénétration mutuelle des trois fonctions » a pour lieu propre la poitrine, dont on a dit déjà le rôle : « c'est là qu'il règne, qu'il développe ses plexus les plus abondants » (2).

Gratry fait encore appel, pour démontrer sa thèse, aux résultats obtenus par l'embryogénie et à la triple distinction qu'elle signale dans l'unité de la vie qui commence entre « le feuillet végétatif », qui correspond à la vie de nutrition, le « feuillet animal », qui correspond aux organes de relation et de mouvement ; « le feuillet intermédiaire », qui, selon Gratry, correspond à ce troisième terme de la vie qui est l'union ou la mutuelle pénétration des deux autres.

Toutes ces comparaisons sont ingénieuses, soutenues par la pensée la plus élevée, exposées dans une langue vivante, imagée. Mais ne prouvent-elles pas surtout que le corps, fait pour être l'instrument de l'âme, est merveilleusement apte à cet usage, et que l'âme trouve dans la variété de ses organes, dans son admirable réseau nerveux, par exemple, le concours nécessaire à certaines de ses propres actions. Gratry découvre entre l'âme et

---

(1) *Connaissance de l'âme*, I, pp. 87-88.
(2) *Connaissance de l'âme*, I, p. 90.

le corps une ressemblance ; ne peut-on pas dire qu'il y a entre eux une harmonie plutôt qu'une analogie ? Considéré de ce point de vue, on ne peut qu'admirer ce rapide aperçu physiologique, où Gratry montre si bien qu'il a senti toute la beauté de cet admirable organisme qu'il appelle « une merveille inconnue ». C'est avec amour et respect qu'il se penche sur lui pour l'étudier ; c'est avec éloquence qu'il en chante les aspects divers, la splendide ordonnance, la structure si délicate et si parfaite. Nous citerons seulement, parmi bien d'autres, cette page sur la circulation, où la science revêt une forme si pleine de vie. « Le sang, cette chair coulante, c'est notre vie. Le sang est comme le produit et le fruit de l'organisme entier... Le sang est, dans notre corps, ce que sont, dans notre esprit, non pas les matériaux de la mémoire, mais les idées. Le sang, terme des opérations de la vie, est aussi le principe vivificateur qui l'entretient et qui la continue. Chacun des battements du cœur, projetant le sang, provoque du cerveau une réponse, une sorte d'influx électrique, et cette provocation et cette réponse, qui se supposent et qui s'appellent, constituent la pérennité de la vie. Et non seulement le cœur provoque la tête et en appelle l'activité, mais il va réveiller aussi, à chaque instant, chaque point du corps, même les os, et il excite et vivifie le tout par l'atmosphère vitale de ses globules, par l'oxygène, l'électricité, la chaleur que porte cette atmosphère. Les globules sont des organes vivants, des agents, des courriers, des ouvriers, des porteurs d'oxygène, mais nullement des matériaux... Chacun de ces globules est lui-même un organe distinct. Ils roulent dans nos artères comme des navires sur un canal : ils roulent au milieu de la sève et au milieu des matériaux. Ils les stimulent et provoquent aussi l'organe à recevoir ces matériaux. Chacun d'eux va porter sur un point son étincelle ; puis ils reviennent éteints ; ils rentrent fatigués, dans le cœur, qui les reprend, les relève vers la vie, les pousse jusqu'au contact du principe vivificateur, qui du dehors couve notre vie et la nourrit de sa perpétuelle inspiration. Puis le cœur les reçoit encore, et les renvoie vers tous les points du corps pour y porter encore une fois leur étincelle et les dons nouveaux de la vie » (1).

Ne sent-on pas l'âme d'un poète vibrer dans cette description

---

(1) *Connaissance de l'âme*, I, pp. 78, 79.

si vraie, si précise, où s'animent et s'ennoblissent les phénomènes de la vie corporelle ? Et, lorsque Gratry a achevé l'étude émue des harmonies et des beautés de l'organisme humain, il semble qu'il se sente cependant au-dessous de sa tâche, en face de cette œuvre magnifique surgie à la voix de Dieu. « Peut-être nous voyons mal, s'écrie-t-il, mais certainement nous n'admirons pas trop. Si le prodige n'est pas ce que nous croyons voir, sans doute il est plus grand » (1).

Quoiqu'il en soit des rapprochements faits par Gratry, l'observation de l'âme l'a conduit à distinguer en elle trois puissances, étroitement unies, bien que distinctes. La première, c'est le sens ou la sensibilité.

Cette première faculté, « mystérieuse racine de l'âme » (2), est la sphère profonde de la vie cachée, « celle des fonctions que Dieu ou la nature opèrent en nous sans nous » (3), où l'âme est passive et reçoit sans agir. Elle se développe et sort, en partie, des obscures régions de l'inconscience sous l'influence du monde extérieur. Elle en sort en partie seulement, car la source même de la vie, le fond de l'âme, demeurent, nous l'avons vu, non pas sentis, mais vaguement pressentis.

L'âme est placée dans un milieu qui convient admirablement à l'éveil de cette sensibilité, « dans un monde très saillant, très étincelant, très divers, très successif et ainsi très accessible aux sens » qu'il frappe d'impressions vives et variées. Son action, qui s'exerce sur l'âme par le moyen des sens, y éveille des sensations. Mais Gratry ne borne pas le pouvoir de la sensibilité à recevoir les impressions des objets extérieurs. « L'âme sent tout ce qui est ». Elle sent Dieu, elle se sent elle-même et les autres âmes ; elle sent la nature. Sa triple capacité de sentir reçoit trois noms suivant l'objet : sens externe, sens interne, sens divin (4). Nous avons déjà considéré la théorie du sens divin, qui a sa part dans le procédé dialectique. Quant à la sensation, Gratry ne l'étudie point en elle-même. C'est son rôle qui lui importe, et ce rôle, pense-t-il, n'est pas seulement de faire connaître à l'homme le monde

---

(1) *Connaissance de l'âme*, I, p. 100.
(2) *Connaissance de l'âme*, I, p. 189.
(3) *Connaissance de l'âme*, I, p. 191.
(4) *Connaissance de l'âme*, I, p. 192.

extérieur, mais encore de le conduire peu à peu à « sentir les êtres moins extérieurs et moins visibles » (1) et à découvrir Dieu, au moins d'une manière indirecte, dans le miroir des créatures.

Ainsi, la sensation a pour but dernier de nous aider à sortir du domaine des sens ; elle se présente comme un degré, un échelon fait pour nous amener à la plus haute connaissance, celle de l'infini. C'est sous cet aspect, déjà envisagé dans la méthode dialectique, que Gratry l'étudie.

La sensibilité, qui nous met en relation avec le monde extérieur, nous met aussi en relation avec les autres âmes. Il ne s'agit pas ici d'une communication indirecte, par le moyen des sens. C'est d'une sorte de conscience de l'âme d'autrui que Gratry parle, conscience qui a lieu par le sens intime, comme la conscience de nous-mêmes. « L'âme, par le sens intime, sent en elle-même les autres âmes ». « Le sens d'autrui tient au sens intime. C'est en effet par le même sens que nous devons sentir nous et les nôtres, notre âme et l'âme de nos semblables » (2).

C'est à l'expérience qu'il convient de demander des preuves de ce « sens d'autrui ». Et c'est ce que fait Gratry. Il insiste sur le caractère expérimental de la transmission des mouvements d'une âme à l'autre, « surtout dans les grandes crises morales comme à l'heure de la mort, et particulièrement entre les âmes unies par l'amitié, l'amour, les liens du sang » (3). Il fait appel à l'autorité de ceux qui ont déjà étudié ces phénomènes, des physiologistes comme Burdach, des philosophes comme Fichte, des savants comme Laplace. Il affirme avoir constaté lui-même le fait dans « des expériences certaines, qui l'obligent à dire que, non seulement les mouvements du cœur, mais encore les mouvements intellectuels, sont en certaines circonstances transmissibles d'une âme à une autre » (4). Dans l'étroite union de cœur, de pensée, d'espérance où vivaient à l'Oratoire le maître et les disciples, « que de fois, dit-il, on se sentait comme envahi par des éclats d'âme venant directement d'autrui, et poursuivi par des fermentations de sentiments et de pensées qu'un autre vous envoyait ! Il y a

---

(1) *Connaissance de l'âme*, I, p. 103.
(2) *Connaissance de l'âme*, I, 207.
(3) *Connaissance de l'âme*, I, p. 208.
(4) H. Perreyve, p. 121.

tel détail qu'on ose à peine raconter, parce qu'étant vrai, il est invraisemblable. « Mais qui donc, depuis hier soir et cette nuit même, et toute la matinée, s'est obstiné à suivre cette idée dont il n'était cependant pas question hier ? Il me semble que c'était vous ? » — « C'est moi-même en effet, répond aussitôt Henri Perreyve » (1).

A ces communications intimes et subtiles, Gratry attribue la force de l'association intellectuelle que l'Oratoire devait s'efforcer d'utiliser. Force manifeste, bien souvent remarquée (2), qui multiplie le pouvoir de chaque intelligence. « Ce n'est plus la force de six, c'est la force de toutes les combinaisons qu'on peut faire avec six unités dont chacune est une force vive » (3).

D'autres fois, « de fortes émotions d'une âme amie et proche, proche par l'amour, non par le lien, viennent retentir dans une autre âme de manière que l'impression soit sentie et occupe de son influence l'homme entier, jusqu'à faire connaître à l'esprit sa cause et son point de départ » (4).

Cette communication des âmes ne se produit pas seulement dans certaines conditions d'étroite union intellectuelle et morale. Elle est constante.

« Les mouvements de toutes les âmes retentissent dans chaque âme » (5). — De même, peut-on dire, les mouvements de l'univers se répercutent dans la monade de Leibniz. — Il est vrai, l'âme ne se rend pas compte, avec une claire conscience, de toutes ces actions exercées sur elle par les autres âmes. C'est que « les mouvements quotidiens se neutralisent par leur diversité et leur multiplicité, et l'habitude les rend très peu sensibles » (6). Cependant, lorsque l'état d'un grand nombre d'âmes est analogue, il se fait

---

(1) H. PERREYVE, p. 122.
(2) « C'est une propriété de la nature humaine que, lorsque plusieurs individus ont commerce les uns avec les autres, ils ne se communiquent pas seulement du dehors certaines connaissances, certaines méthodes déterminées ; mais, par une sorte de contagion interne, ils influent sur l'esprit et sur l'âme les uns des autres. L'esprit, dit Goethe, a cette puissance d'exciter éternellement l'activité de l'esprit. » (BOUTROUX, *Revue bleue*, 13 décembre 1913).
(3) H. PERREYVE, p. 122.
(4) *Connaissance de l'âme*, I, p. 208
(5) *Connaissance de l'âme*, I, p. 208.
(6) *Connaissance de l'âme*, I, p. 208.

sentir aux autres : « Certains grands mouvements passionnés d'une masse d'hommes emportent parfois l'individu comme un grain de poussière dans un tourbillon » (1).

Ainsi la transmission directe des états de conscience explique, pour Gratry, la contagion morale qui se produit dans les foules ; sans doute aussi, cette éclosion mystérieuse de la même idée, à la même époque, dans des consciences diverses. Il y a comme une circulation incessante de pensées, de sentiments, d'émotions, de désirs dans l'univers spirituel ; les âmes se les communiquent parce qu'elles se sentent les unes les autres. De sorte que, « les innombrables variations que chacun sent en soi, ces étranges et brusques passages, sans cause connue, de la joie et de l'enthousiasme à la tristesse et à la prostration ; et les affaissements dans la bassesse de la sensualité, et les résurrections subites et les retours vers la lumière, tous ces mouvements, plus rapides que le temps, ne viennent pas seulement de notre liberté, ni seulement de l'influence du corps, des aliments, des heures du jour ; ils viennent encore et des influences actuelles de Dieu dans l'âme, et de l'influence actuelle des autres âmes et des autres esprits » (2).

Le lien de la solidarité morale ne serait donc pas seulement créé par l'influence de l'exemple ; il est plus intime encore, plus étroit ; il lie directement les âmes. L'ardeur intérieure de cette âme vertueuse, ses pensées élevées, ses aspirations généreuses, bien que non exprimées, rayonnent comme une influence invisible, mais sensible et directe, qui va porter la vie aux autres âmes qu'elle touche. Les lâchetés secrètes de cette autre tendent au contraire à faire baisser le niveau moral des autres âmes qui en sentiront le contact mauvais. Quelle conséquence pour tous, au point de vue de la responsabilité, entraînerait cette action exercée sur la vie des autres par notre vie la plus intime, ne se trahît-elle au dehors par aucune manifestation !

Mais, il semble que plusieurs des exemples présentés par Gratry sont susceptibles d'être expliqués autrement qu'il ne le fait. Ces phénomènes d'excitation intellectuelle ou de contagion morale peuvent avoir leur point de départ et leur cause, non dans la transmission immédiate des idées et des sentiments des autres, mais dans la perception, au moyen des sens, de faits extérieurs qui

---

(1) *Connaissance de l'âme*, I, p. 208.
(2) *Connaissance de l'âme*, I, p. 209.

résultent des faits intérieurs et qui les expriment. Les gestes, les attitudes, les jeux de physionomie, si faibles et si fugitifs qu'on les suppose, peuvent fournir à l'intelligence le signe au moyen duquel, par une induction plus prompte que l'éclair, elle découvrira chez autrui tel état d'âme. Le travail de l'esprit peut être si rapide qu'il passe inaperçu ; il ressemble à une intuition mystérieuse, et nous pouvons le prendre pour tel. Or, étant donnée notre tendance à l'imitation, notre penchant à la sympathie, cet état d'âme sera sur le champ partagé par nous, surtout si les circonstances sont les mêmes pour nous et pour autrui. Ou bien, commençant par nous mettre en harmonie de gestes et d'expressions avec ceux qui nous entourent, nous serons bientôt, par là même, en harmonie de sentiments et de pensées avec eux, suivant la loi psychologique qui constate que l'acte conduit à l'idée. Il semble donc que les mouvements passionnés des foules, les états d'esprit collectifs, puissent être expliqués sans invoquer aucune relation occulte d'âme à âme, par l'imitation et la sympathie.

La vigueur qui résulte de l'association intellectuelle, ou de toute autre association, peut se comprendre aussi sans l'existence du sens d'autrui. Ces âmes, réunies à la poursuite d'un même but, communiquent entre elles d'une façon étroite, par un échange constant d'exemples et de pensées. N'en résulte-t-il pas une excitation continuelle qui multiplie les forces, une aide mutuelle qui aplanit les difficultés ? Et si, bien souvent, il semble que l'on pense ensemble, n'est-ce pas que les idées dont on s'est fait part, méditées par chacun, ont continué à déployer leurs conséquences par un travail peut-être sub-conscient ? Et si, encore, les mêmes vues sont conçues, les mêmes découvertes sont faites parfois à la même époque par des hommes différents, cela ne tient-il pas aux circonstances extérieures qui sont propices à l'éclosion de ces théories, de ces inventions ? Il n'y a peut-être pas d'idées ambiantes ; il y a des esprits semblables, placés en face des mêmes données et parvenant ainsi aux mêmes conclusions.

Enfin, il ne semble pas qu'il soit nécessaire, comme le dit Gratry (1), d'être en relation directe avec l'âme de son prochain

---

(1) *Connaissance de l'âme*, I, p. 207 : « L'âme doit sentir autrui comme soi-même pour pouvoir, en développant ce sens dans la lumière et dans la liberté, pratiquer la grande loi : « Aimer son prochain comme soi-même ».

pour pratiquer la charité. La sympathie suffit, c'est-à-dire une communication tout idéale des consciences, que réalisent l'imagination et le cœur, et qui se fonde sur une idée de l'état d'autrui conçue par analogie avec nos propres expériences.

Quant aux transmissions télépathiques à distance, elles présentent un champ largement ouvert à l'hypothèse, et ce sont elles surtout qui ont suggéré à Gratry l'idée de communications directes entre les âmes. Ces phénomènes n'avaient pas alors attiré l'attention comme ils l'ont fait depuis. Ils n'avaient pas surtout été observés d'une manière coordonnée et scientifique. Des faits isolés, notés de temps à autre, avaient contribué à former une notion vague de la possibilité de la communication des esprits entre eux ; on n'en avait essayé aucune explication systématique ; il n'en existait pas de théorie définie. Gratry a pressenti l'importance que devaient prendre ces phénomènes dans la psychologie contemporaine. C'est à Ed. Gurney que Myers attribue le premier essai d'expérimentation « basée sur un nombre considérable d'observations soigneusement vérifiées et sur des expériences entourées des plus strictes garanties » (1).

Il devait être suivi de beaucoup d'autres, et les mêmes philosophes qui admettent un agrandissement du champ de la conscience au-delà des limites du moi supra-liminal, admettent que le moi humain communique avec les autres moi, dans le monde invisible qu'atteint le moi sub-liminal, et qui constitue le milieu naturel de l'âme (2).

Gratry ne fait pas, au sujet du sens d'autrui, d'hypothèse précise. Pour lui, c'est la conscience, qui nous met en relation avec les autres âmes ; mais il ne dit pas si ces relations ont lieu dans le champ habituel de la conscience ou dans des régions éloignées de ce que les psychologues contemporains appellent le moi empirique. Il semble bien que, pour lui, les âmes étrangères pénètrent jusqu'à la conscience proprement dite, puisque « l'âme sent autrui comme soi-même » (3). Gratry ne prétend d'ailleurs qu'indiquer « cette riche et immense région » de phénomènes dont la science,

---

(1) MYERS. *Personnalité humaine*, p. 213.
(2) MYERS. *Personnalité humaine*, pp. 87, 138.
(3) *Connaissance de l'âme*, I, p. 207.

dit-il, commencera un jour le défrichement, à l'étonnement de ceux qui auront eu si longtemps des yeux pour ne point voir » (1). Il ne formule donc pas une théorie systématique. Il fait surtout part de ses observations.

Mais l'expérience, qu'il invoque pour prouver cet ordre de faits, est personnelle; beaucoup ne l'ont jamais faite et peuvent, par conséquent, la nier contre ceux qui l'affirment; elle reste donc peu probante, parce qu'elle manque du caractère d'universalité qui seul peut donner une valeur objective et de l'autorité aux témoignages de la conscience. Gratry voit du reste ce côté faible de ses conjectures. « N'entrons pas plus avant, s'écrie-t-il, dans ces analyses psychologiques et n'allons qu'à ce qui est manifeste pour tous » (2), comme s'il ne se sentait pas encore en mesure de prouver à tous ce que quelques-uns seulement ont éprouvé.

Le sens interne par lequel, suivant Gratry, l'âme communique immédiatement avec les autres âmes, lui permet aussi de se sentir elle-même. « L'âme se sent » (3). Et ici, Gratry n'entend pas étudier la conscience qu'a l'âme des phénomènes clairs et distincts qui se passent en elle, conscience qui est sentiment, sans doute, mais aussi connaissance. La conscience, pour lui, est un sens : le sens interne atteint non seulement les actes et les modifications de l'âme, il atteint cette âme elle-même. Par lui l'âme sent — très vaguement, il est vrai — mais enfin sent « toute cette immensité qu'elle est » : elle sent sa propre vie et sa substance, puisqu'elle sent « cette prodigieuse essence pleine de germes » qui n'est autre qu'elle-même (4). Comme Leibniz, Gratry pense donc que la conscience saisit l'être même de l'âme. Mais il n'arrive pas à cette conviction par la même voie. C'est la raison qui conduit Leibniz à affirmer que, par la conscience, l'âme se sent elle-même comme substance. C'est de l'expérience interne immédiate, du fait premier du sens intime, que part Gratry. Ce sens est implicite, obscur et confus : « il n'est qu'instinct et lueur vague, au lieu de pensée claire et d'acte libre » (5). Cependant, tel qu'il est, dans une sorte

---

(1) H. PERREYVE, p. 121.
(2) H. PERREYVE, p. 122.
(3) *Connaissance de l'âme*, 1, p. 198.
(4) *Connaissance de l'âme*, 1, p. 198.
(5) *Connaissance de l'âme*, 1, p. 200.

de contact direct, il saisit l'âme elle-même ; il atteint son essence, sa vie profonde : il ne fait qu'un avec elle ; il ne fait qu'un avec cette intime réalité, qui se dérobe aux prises de l'intelligence, mais qui en est la source, comme elle est aussi source de volonté.

Ainsi, Gratry affirme à la fois que la vie psychologique n'est pas tout entière du domaine de la claire conscience, et que le sentiment conduit à une connaissance que ne saurait donner l'intelligence. Double assertion qui s'oppose à l'intellectualisme cartésien. Descartes ne tient compte que des idées claires ; il traite avec défiance les idées confuses. Pour lui, la pensée est l'essence de l'âme ; il ne distingue pas la conscience de la raison. L'âme se connaît avec une évidence qui vient de la clarté de l'intuition par laquelle elle s'atteint, elle se voit. Gratry s'élève contre ce « préjugé cartésien que ce qui n'est pas l'idée claire n'est rien » (1). Il lui reproche de négliger la partie obscure et cachée de l'âme pour s'occuper seulement de la partie lumineuse. Or, « il y a en nous une conversation intérieure qui n'est pas toujours par discussions claires, ou discours arrêtés, ou pensées lumineuses, mais plus souvent par pensées sourdes, par impressions et mouvements. Il y a des vues claires et froides, il y a des mouvements ardents et passionnés ; il y a des impressions secrètes, des désirs implicites, des lumières presque imperceptibles » (2). Aussi, « en excluant ce qui n'est pas l'évidence pure de la réflexion actuelle, l'esprit repousse les sources de l'évidence à venir : en ne voulant que ce qui est clair maintenant, il rejette tout ce qui sera clair un jour » (3).

L'intelligence ne doit donc pas exclure systématiquement les données du sens interne ; il faut qu'elle reste unie à cette vaste région de l'âme, obscure mais vivante, dont elle peut recevoir un apport qui la nourrit, ainsi que l'huile nourrit la flamme brillante qui, sans elle, baisse et fume.

Cette doctrine, qui revendique pour le sens interne un rôle primitif, irréductible à l'intelligence, mais source de connaissance, se rattache à la théorie de la sub-conscience de Leibniz et, aussi,

---

(1) *Connaissance de l'âme*, I, p. 200.
(2) *Connaissance de Dieu*, II, p. 177.
(3) *La Sophistique contemporaine*, p. 94.

aux philosophies qui, à toutes les époques, ont opposé, aux diverses formes du rationalisme, le rôle et la valeur des éléments irrationnels de l'âme et ont fait de l'instinct, du sentiment, un pouvoir de connaître. Sous des formes et à des degrés divers, cette tendance se retrouve au dix-septième siècle chez Pascal et Vauvenargue, chez Shaftesbury, Hutcheson, Smith, Butler. Pour Malebranche, la conscience est un sentiment plus qu'une connaissance, ou, plutôt, elle est une connaissance sensible. Mais, si l'on en excepte l'école écossaise, qui s'appuie sur l'expérience immédiate et les données du sens commun, c'est la dialectique qui domine la première moitié du dix-neuvième siècle, et la théorie de Gratry apparaît comme une réaction contre le rationalisme de l'éclectisme. Ainsi, elle annonce ce courant de la pensée contemporaine dont Maine de Biran est aussi le précurseur, dont Ravaisson, W. James, Bergson sont les principaux représentants : l'âme humaine s'atteint et se connaît elle même, avant l'intervention de l'intelligence. Elle saisit sa propre activité dans le sentiment de l'effort, ou, même, sa substance par la conscience. C'est ainsi que Ravaisson fait de la conscience une faculté vraiment métaphysique, qui saisit l'absolu, Dieu lui-même. Bergson montre, au-dessous de la vie consciente superficielle, dont les états sont susceptibles d'être clairement définis, une vie profonde, un moi fondamental, dont les états confus se pénètrent dans une étroite fusion. Les impressions délicates et fugitives de ce moi profond, domaine du sentiment, de la sensation, de la sensibilité en un mot, ne sauraient être saisies telles quelles par l'intelligence. Celle-ci ne peut comprendre sans diviser, sans distinguer. Or, la continuité est le caractère essentiel des états profonds. Lors donc que nous croyons avoir analysé notre sentiment, nous lui avons substitué une juxtaposition d'états inertes, traduisibles en mots, symboles substitués à la réalité, mais inadéquats à cette réalité, infiniment plus complexe et plus mouvante que l'idée même qui la traduit (1).

W. James déclare que « la raison ne fait qu'effleurer la surface de la vie intérieure, si riche, si profonde » (2). L'activité de l'âme, dans sa réalité vivante, déborde l'intelligence, « le sentiment est

---

(1) V. *Les Données immédiates de la Conscience*, pp. 98, 100, 101.
(2) *Expér. religieuse*, p. 63.

la base de la personnalité. C'est seulement dans les plus secrets replis du cœur qu'on peut saisir sur le vif une réalité qui se fait pour se manifester ensuite au dehors » (1). — Ce ne sont pas, d'ailleurs, seulement les états de l'âme qui se dérobent à l'intelligence, c'est la vie en tout sens. La connaissance intellectuelle demeure constamment inadéquate aux formes complexes de la vie. L'instinct en est plus proche ; il la saisit directement, tandis que l'intelligence n'en atteint que le schème, et interpose, entre elle et la conscience, le symbole de ses représentations imparfaites.

La pensée commune à tous ces philosophes, c'est que « le réel n'est en aucune façon discursifiable ». L'idée claire n'enferme donc pas toute connaissance. « Les concepts permettent de définir et de classer les faits, mais il reste toujours un je ne sais quoi d'intime que le sentiment seul peut saisir » (2).

Ils ont tous, et Gratry avec eux, le sens du caractère incomplet de la connaissance purement intellectuelle, le besoin de saisir, en dehors des abstractions sèches et froides, la réalité vivante. L'intelligence ne saurait se suffire à elle-même ; la pensée qui se sépare du sentiment se sépare de la vie, pour s'enfermer dans les mots, signes morts de la vie. « La prétention de saisir la pensée en elle-même fait que l'esprit cesse d'observer les choses, sans parvenir à s'observer lui-même. Il ne s'observe plus vivant, agissant, produisant la pensée ; il ne regarde que la pensée produite, exprimable, exprimée. Il se détourne donc de lui-même, aussi bien que de tout objet, car il ne cherche que la pensée ; mais, comme la pensée ne se soutient dans l'esprit que par la présence de son objet ou la présence de son signe, il en résulte que l'habitude de réflexion factice qui détourne l'esprit des objets le porte vers les mots. Abandonnant la vue des choses et la vue de lui-même, l'esprit s'engage dans la sphère des mots et s'enferme dans une vie logique. C'est par cette voie que quelques philosophes sont parvenus aux conclusions suivantes : « Toute vérité est nominale ». (Hobbes). « Toute science se réduit à une langue bien faite ». (Condillac) (3).

Il faut donc retourner à la réalité, « remonter aux sources vives du discours, comme le dira E. Le Roy, et retrouver sous la croûte des constructions schématiques l'inexprimable mer de la réalité

---

(1) E. Le Roy, *Science et philosophie*, Revue de Métaph. et de Morale, 1899.
(2) James, *Exp. relig.*, p. 381.
(3) *Logique*, 1, p. 86.

mouvante et continue, où les flots et les reflets se mêlent et se pénètrent dans l'unité d'un perpétuel devenir » (1).

Cependant, si la doctrine de Gratry est voisine de ces théories par la place donnée à la vie profonde de l'âme, par l'importance accordée à la sensibilité, qui révèle le moi fondamental, elle s'en distingue par le rôle attribué à cette connaissance sensible et par les rapports qu'il lui voit avec l'intelligence. Il ne pose pas le primat du sentiment sur la raison ; il ne réclame pas « le retour à la réalité par l'abandon de la pensée claire pour la pensée vécue « (2), mais la vivification de la pensée discursive par l'union de l'intelligence et de la sensibilité. Pour arriver à ce sens intime de l'âme, il ne réclame pas, comme le fait l'intuition bergsonienne, un mouvement de la volonté allant contre le mouvement intellectuel. Il faut se recueillir, concentrer toutes ses forces psychologiques, écarter surtout tout mouvement moral capable d'agiter l'âme, de la déformer momentanément. Et, bien que l'exemple qu'il donne (3) semble être surtout emprunté, comme il le dit d'ailleurs lui-même, à l'imagination, qui ne peut pas avoir une grande valeur au point de vue de l'observation interne, il fait aussi allusion à des états bien connus, ces états de vigueur et d'allégresse spirituelles, où toutes les énergies de l'âme semblent vibrantes et unies, où la puissance intellectuelle et morale semble recevoir, de cette harmonie, un merveilleux accroissement. Alors, « en contraste avec la turbulence obscure, la tristesse inquiète, la dispersion et l'affaissement de la vie ordinaire, notre âme et notre corps paraissaient transparents, lumineux, pleins de force et de sérénité, de recueillement et de paix » (4).

---

(1) *Science et philos.*, p. 53. *Revue Métaph. et Morale* 1900.
(2) E. Le Roy, loc. cit.
(3) *Connaissance de l'âme*, 1, pp. 201-202 : « Je sentais comme une forme intérieure, portée de Dieu, portant mon corps, une forme pleine de force, pleine de beauté et pleine de joie. Je voyais par l'imagination, non pas factice mais vraie, une forme de lumière et de feu me portant tout entier ; forme stable, toujours la même, souvent retrouvée dans ma vie, oubliée dans les intervalles et toujours reconnue avec transport et avec cette exclamation : « Ah ! voilà l'état vrai ! »
Telle est la vraie forme de l'âme, son plan vivant à la fois idéal et réel, que Gratry prétend sentir : c'est le fait du sens intime pleinement éveillé, dit-il, et saisi dans son énergie la plus haute et la plus étendue.
(4) *Connaissance de l'âme*, 1, pp. 201-202.

Gratry ne déclare pas, non plus, que « l'instinct marche en avant, l'intelligence le suit docilement » (1). L'instinct, le sens, les lueurs confuses, toute la première puissance en un mot, est la nourrice de l'intelligence, non sa supérieure ou son substitut. En ce qui concerne l'âme elle-même, celle-ci, sans doute, se sent d'abord, mais c'est pour arriver à se voir. La conscience est un sentiment destiné à procurer une connaissance, non pas seulement sensible, mais intellectuelle. Le « sens » ne s'oppose pas à l'intelligence ; il est son auxiliaire, sa racine. Dans ses données implicites, elle puise la sève qui, en elle, s'épanouira en vues claires, en idées nettes et distinctes. Il est aussi, d'ailleurs, racine de volonté, ses obscurs instincts la renferment à l'état naissant. C'est d'eux qu'elle sort, comme la plante robuste de la semence frêle et ténue. Ce sens, en effet, enferme deux éléments (2), l'un affectif, l'autre perceptif, double germe de la seconde et de la troisième puissance auxquelles il fournit la vie. Il convient donc de dire, mais en un sens nouveau : « Rien ne vient dans l'intelligence qui n'ait d'abord été dans le sens ». L'intelligence vient de lui parce qu'il la renferme en puissance dans ses lueurs confuses ; parce qu'encore c'est sous ses excitations, les sollicitations de l'expérience, qu'elle croit et se développe ; c'est lui, enfin, qui fournit à l'intelligence les matériaux qui lui sont nécessaires.

Ainsi, quelle que soit la forme sous laquelle on la considère — sensation, sens interne, sens divin — la sensibilité joue dans l'âme un rôle très important. Ce rôle, Gratry ne cesse de s'efforcer de le mettre en lumière. La nécessité de prendre l'expérience comme base de la connaissance est une des idées maîtresses de sa philosophie, et c'est cette idée qu'il faut surtout retenir de l'étude de la sensibilité.

Celle-ci est une faculté d'expérience, à laquelle l'intelligence doit avoir toujours recours, sous peine de bâtir à vide. Car, l'intelligence n'est pas en contact avec le réel que touche la sensibilité : c'est cette sensibilité qui est chargée de relier la raison à la réalité.

Gratry ne considère donc pas les conceptions intellectuelles comme inférieures à la tâche qu'elles ont de nous représenter cette réalité. Ce qu'il ne veut pas qu'on oublie, c'est qu'elles ne

---

(1) JAMES, op. cit. p. 64.
(2) *Connaissance de l'âme*, 1, p. 202.

sauraient l'atteindre directement, par elles-mêmes. L'intelligence saisit le réel par l'intermédiaire de l'expérience, de la sensibilité. Elle connaît, par suite, autrement que ne le fait cette sensibilité. Mais si ses idées claires, ses concepts distincts n'embrassent pas la totalité des états de conscience, ni de la vérité vivante quelle qu'elle soit, cela doit conduire, non pas à mépriser la connaissance intellectuelle pour revenir à la connaissance sensible, mais à maintenir les rapports naturels du sens et de l'intelligence. La connaissance intellectuelle s'appauvrit et devient incomplète seulement lorsqu'elle prétend se passer du recours à l'expérience, du contact vivifiant de la sensibilité, qui la nourrit de ses apports.

C'est l'erreur du rationalisme, contre lequel Gratry s'élève si souvent dans ses ouvrages, que cette séparation des deux puissances. Le rationalisme veut que « la pensée pure se suffise à elle-même, que la raison qui est en nous puisse, sans données extérieures à elle-même, connaître l'âme, Dieu et le monde » (1). Il croit à une science *a priori* du monde, et il se propose de deviner et de construire la nature au lieu de l'écouter, de la regarder, de la suivre et de lui obéir (2), méthode déplorable, contre laquelle s'élevait Bacon, mais que l'hégélianisme a renouvelée en Allemagne.

C'est l'observation, soit interne, soit externe, observation dont la sensibilité est l'instrument et l'intermédiaire, qui fournit, on l'a vu, la base de la connaissance de Dieu et de celle de l'âme Hors d'elle, l'esprit bâtit des hypothèses qui, quelle que soit leur séduisante apparence, n'ont pas plus de valeur que ces châteaux de cartes, vains amusements des enfants.

Ainsi, la sensibilité ne supplante pas l'intelligence : rien n'est plus loin de la pensée de Gratry ; elle n'offre pas une connaissance meilleure, parce que plus adéquate, malgré son caractère d'obscurité et de confusion. Elle constitue une connaissance première, d'où l'intelligence doit partir, dont elle doit sans cesse tenir compte, sous peine de se séparer de la réalité et de la vie.

Il faut « recevoir pour savoir », et c'est la sensibilité qui donne. Elle donne ses intuitions confuses, ses instincts obscurs, ses émotions enveloppées et multiples, fugaces ou durables, et aussi ses

---

(1) *Connaissance de l'âme*, I, p. 228.
(2) *Connaissance de l'âme*, I, p. 227.

impressions nettes et vives. Elle donne la matière du savoir ; elle lui donne aussi la vie, en pénétrant sans cesse, d'une nouvelle sève, les vues intellectuelles qui, séparées d'elle, s'érigeraient en abstractions indépendantes, vues théoriques et mortes qui remplaceraient la réalité aux regards de l'esprit.

Ce n'est donc point parce que Gratry juge l'intelligence inapte à se représenter les choses qu'il réclame pour le sens un rôle important. C'est parce qu'il croit, au contraire, que l'esprit est fait pour penser le réel, s'il sait le saisir dans la sensibilité qui le lui présente, s'il sait aussi garder à l'idée ses liens avec la complexe réalité que l'intelligence ne nous représente clairement que successivement et par parties.

L'intelligence doit donc accepter le concours du sens et ne pas mépriser les instincts implicites qui remuent les profondeurs de l'âme. Elle doit tenir compte des lueurs confuses, qui s'étendent au-delà de l'idée claire, et qui relient la zone intellectuelle et logique, la zone lumineuse de l'âme, à travers la sub-conscience, avec la source mystérieuse d'où surgit la vie.

Cette théorie compréhensive s'efforce de concilier les exigences de l'intellectualisme avec les conditions réelles de la connaissance. Elle ne rétrécit pas le domaine de l'intelligence au profit de la sensibilité ; elle l'accroît au contraire de celui du sens. L'idée claire reste le but de l'effort intellectuel. Mais, à côté d'elle, il faut faire une place à l'idée obscure, à l'émotion même qui la complète, qui l'achève et qui la vivifie.

C'est que le monde de la pensée n'est pas un monde à part ; il n'est rien, s'il n'est que cela, car il n'est alors que symboles, formules, abstractions vides. Mais il est, il doit être en contact constant avec le monde réel, et c'est la sensibilité qui l'y rattache.

On peut reprocher à cette thèse de risquer d'introduire dans l'esprit les confusions qui se trouvent dans le sens. Si l'intelligence ne s'affranchit pas des mouvements multiples de la sensibilité, si les vues obscures s'ajoutent à l'idée claire, on n'arrivera point à ces conceptions nettes, qui sont d'un maniement commode, parce qu'elles sont une simplification du réel, si complexe et si varié. Une telle doctrine rend impossible la science qui ne saisit, dans le donné, qu'un seul aspect, celui qui l'intéresse.

L'ensemble de la philosophie de Gratry, sa théorie de la raison surtout, proteste contre une semblable interprétation. Il ne veut pas que la science renonce à ses formules simples, à ses clairs symboles. Ce qu'il demande, c'est qu'on se souvienne que ces symboles et ces formules ne représentent qu'une vue partielle des choses ; c'est qu'en dehors d'elles, il y a une réalité qu'elles n'embrassent pas, mais qui importe cependant. Voilà ce que le philosophe ne doit pas oublier.

Et, en ce qui concerne les vérités morales, il réclame qu'on ne les divise point, qu'on ne sépare point le côté clair du côté chaud et vivant. Si le « sens » n'a point de part au calcul mathématique, si le savant doit souvent manier l'abstraction pure, le philosophe, le moraliste doivent toujours tenir compte, dans leurs conceptions des données de la sensibilité, des tendances, des instincts, des émotions de l'âme humaine. Ainsi, l'étude particulière du sens conduit Gratry à affirmer une fois de plus la solidarité des puissances psychiques, la nécessité de conserver, dans leur exercice, l'union étroite qui les lie dans l'unité d'une même âme. Mais cette union doit être fondée sur la connaissance et le respect de leur rôle. Il doit y avoir fusion et non pas confusion.

CHAPITRE VII

La faculté de connaître

La faculté de connaître, nous l'avons vu, est tout d'abord enfermée dans le sens. Mais cette théorie de Gratry n'est pas l'expression d'un empirisme qui fait dériver la raison de la sensibilité. Le « sens » ne comprend pas, en effet, seulement l'ensemble des émotions, des sentiments, des sensations, ainsi que le pouvoir de les ressentir. Il est encore le fonds donné par le créateur. Il contient à l'état virtuel les autres puissances de l'âme. En lui se trouvent ces « perceptions confuses » dont parle Leibniz, germes d'idées ; « ce premier instant de la pensée, antérieur à la pensée elle-même » (1). L'intelligence se trouve d'abord dans la première puissance, à l'état de vie passive et impersonnelle qui est le principe et le commencement de l'esprit.

On reconnaît ici la théorie des virtualités de Leibniz. Maine de Biran dira aussi : « La raison est bien une faculté innée à l'âme humaine, mais elle n'opère pas primitivement et à vide. Il y a un antécédent de la raison, qui est le moi primitif » (2).

L'âme possède la raison d'abord enveloppée, naissante et comme dormante. Mais cette raison, « consubstantielle au sens dans l'unité de l'âme, en est distincte par sa fonction » (3). Elle n'est pas le sens

---

(1) *Connaissance de l'âme*, I, p. 315.
(2) *Œuvres*, t. V, p. 389.
(3) *Connaissance de l'âme*, I, p. 249.

transformé, la première puissance expliquée et développée. Elle a son existence à elle, sa forme propre. Si donc il est vrai de dire : « Il n'y a rien dans l'intelligence qui n'ait été dans le sens », il faut ajouter avec Leibniz : « si ce n'est l'intelligence elle-même » (1).

Qu'est-ce donc que l'intelligence elle-même, qu'est-ce que la raison ?

« La raison, c'est notre âme connaissant ou cherchant à connaître » (2), c'est-à-dire à voir ce qui est ; non pas à le percevoir seulement, mais à le « savoir », à le comprendre. « Savoir, c'est, dans le spectacle confus et dispersé de l'univers, distinguer et unir pour obtenir le rapport de chaque point du spectacle à l'ensemble, et le rapport des points dans l'unité du tout.

» On peut donc dire que notre raison est une force qui cherche l'unité » (3).

Quelle sera cette unité, cherchée par la raison à travers les éléments variables et différents des choses ? Cherchera-t-elle sous les aspects divers une essence commune, une substance unique ? (4). C'est l'erreur du panthéisme de ne concevoir qu'un seul aspect de l'unité et de poursuivre l'identité, même celle des contraires. Or, l'unité ne consiste pas toujours dans l'identité. Il y a unité, encore, quand il y a ordre, subordination. De là deux sortes d'unités : l'unité de substance et l'unité hiérarchique de la cause à l'effet. La raison cherche l'une et l'autre.

Elle n'a pas, en effet, une seule forme ni une seule méthode. « Elle a deux principes d'union, deux liens logiques, deux espèces de rapports » (5). Après Leibniz, Gratry admet que les axiomes de la raison, dégagés par la puissante analyse d'Aristote, sont au nombre de deux. Il écarte les nombreuses distinctions de Kant, « esprit complexe », pour ne garder, avec Gioberti et Cousin, que « deux jugements primitifs fondamentaux irréductibles ».

Toutes les recherches, tous les actes de la raison se fondent sur ces deux principes, d'identité et de causalité : « La raison ne cherche et ne peut chercher que deux choses : d'abord ramener

---

(1) V. *Connaissance de l'âme*, I, p. 249.
(2) *Connaissance de l'âme*, I, p. 276.
(3) *Connaissance de l'âme*, I, p. 257.
(4) *Connaissance de l'âme*, I, p. 260.
(5) *Connaissance de l'âme*, I, p. 260.

les qualités à la substance, les phénomènes épars à l'unité et à l'identité ; puis rapporter les effets aux causes. Plus simplement encore, je dirai : la raison cherche en toute chose deux éléments : le *particulier*, l'*universel*, ou bien l'*image* et le *modèle*, ou bien l'objet pris en lui-même et l'objet ramené à sa cause » (1).

Gratry retrouve dans le langage la marque de cette double forme de la raison. « Il y a, dit-il, dans les mots deux sens corrélatifs aux formes de la raison.

» Il y a deux espèces de propositions ou de jugements corrélatifs ou deux principes logiques.

» Il y a deux espèces de verbes qui servent à exprimer les deux formes de jugements.

» Il y a deux procédés de raisonnement, fondés sur les deux principes ou axiomes » (2).

Partout donc, dans l'œuvre de l'esprit, on rencontre une dualité logique qui correspond aux deux formes de la raison. Dans les mots, car ils présentent un double sens, relatif aux deux éléments que la raison recherche en toute chose : le particulier et le général. Il y a un sens étroit des mots, qui s'arrête à l'objet dans sa réalité finie, sa forme accidentelle. Il sert à l'esprit qui cherche le particulier. Il y a un grand sens des mots (3) qui implique, outre l'objet qu'on voit, l'idéal invisible de cet objet. L'esprit en quête de l'universel conçoit ce sens large et poétique des mots.

Ensuite, on peut dire « qu'il y a dans le discours humain deux sortes d'affirmations radicalement distinctes : l'une qui affirme l'identité d'un attribut et d'un sujet, et l'autre qui affirme la relation d'un effet à une cause » (4).

Quant aux verbes, on en distingue deux sortes : le verbe dit intransitif, qui affirme en restant dans l'identité du sujet, puis le verbe transitif, qui affirme d'un sujet à l'autre (5).

Enfin, il y a deux procédés de raisonnement, le syllogisme et l'induction, « le syllogisme qui procède par voie d'identité et de

---

(1) *Connaissance de l'âme*, I, p. 269.
(2) *Connaissance de l'âme*, I, p. 266.
(3) *Connaissance de l'âme*, I, p. 138.
(4) *Connaissance de l'âme*, I, p. 270.
(5) *Connaissance de l'âme*, I, p. 270.

duit d'un principe ce qu'il contient, et l'induction, qui s'élève à des vérités plus hautes que le point de départ » (1).

Le double mouvement de la raison et les effets par lesquels il se manifeste sont ainsi présentés par Gratry dans un tableau d'une séduisante simplicité. Et, si l'on considère du point de vue le plus général l'activité de l'esprit, c'est bien de l'une et l'autre de ces deux manières qu'on la voit s'exercer. Ou bien, elle va du particulier au particulier et cherche à identifier pour expliquer ; ou bien, elle va du particulier au général et trouve l'explication qu'elle souhaite dans l'ordre qu'elle découvre.

Mais ce sont là les lois les plus générales de la raison ; si toutes les autres s'y rattachent et en dérivent, cependant, on ne saurait oublier leurs rôles spéciaux, les rapports différents que chacune aide à dégager. Gratry ne parle pas des principes dérivés des vérités premières. Son esprit synthétique aime à s'en tenir aux formules rationnelles les plus compréhensives, qui dominent et embrassent les démarches secondaires. Il ne veut pas détailler, dans une analyse minutieuse, les catégories de la raison, mais les grouper, les réduire, jusqu'à ce qu'il ait atteint les lois irréductibles, qu'il affirme nécessaires et suffisantes.

C'est sous la forme du principe de contradiction, énoncé par Aristote, qu'il présente le principe d'identité : « Il est impossible que le même soit et ne soit pas en même temps » (2). Et il est vrai que ces deux principes expriment la même vérité et ne se distinguent pas l'un de l'autre. Mais, dans l'identité que réclame ce principe directeur, qui affirme qu'une chose est ce qu'elle est, Gratry semble voir uniquement l'identité de substance. Au moyen de ce principe, dit-il, la raison cherche « l'identité consubstantielle de tout ce qui est identique » (3).

Or, l'identité que demande la raison, c'est, non pas l'identité de substance, mais celle d'être, bien plus générale. L'identité de substance n'est, en effet, qu'un cas particulier d'identité. Et, d'ailleurs, l'idée de substance est si peu essentielle au principe d'identité, qu'il trouve son application la plus parfaite dans les sciences démonstratives, où les vérités dont on s'occupe sont toutes abstrai-

---

(1) *Logique*, I, p. 14.
(2) *Met. lib.*, II (IV) ; *cap.* III. — *Connaissance de l'âme*, I, p. 267.
(3) *Connaissance de l'âme*, I, p. 272.

tes, idéales. C'est qu'il s'exerce dans l'ordre logique, non pas dans l'ordre métaphysique. Il affirme, non pas la nécessité pour les choses d'être réduites à une même substance, mais la nécessité pour la pensée de rester d'accord avec elle-même, sous peine de se détruire en se posant. Il veille à la stabilité des concepts dans l'esprit, en écartant tous les éléments contradictoires qui feraient d'eux des néants d'idée. Ces concepts peuvent n'avoir aucun lien avec la réalité ; peu importe. Le principe d'identité ne considère que leurs rapports avec eux-mêmes, les liens qui les rattachent aux affirmations antérieures et à ce que celles-ci renferment, implicitement ou explicitement. Il ne s'inquiète donc que d'une identité purement logique et idéale.

Si Gratry attribue à tort au principe d'identité la charge de « construire les unités consubstantielles » (1), il semble qu'il restreint la portée du second principe en assimilant totalement le principe de raison suffisante au principe de causalité, qu'il retient, d'ailleurs, de préférence à l'autre. Or, le principe de raison suffisante a une généralité beaucoup plus grande que celui de causalité, qui en dérive. La raison, c'est ce qui explique une chose et la rend possible. Donc, la cause est une raison qui explique l'effet, mais c'est une raison seulement dans l'ordre de l'existence réelle. La raison s'entend aussi de l'existence idéale, de l'ordre de la connaissance abstraite et des vérités qui s'y rattachent. La recherche de la cause ne résume donc pas toutes les recherches rationnelles en face du donné. D'ailleurs, lorsqu'on a découvert la cause d'une chose, on ne l'a pas pour cela expliquée entièrement. Il reste à chercher, au moyen des autres dérivés du principe de raison, sa substance, les lois de son existence et même sa fin.

Sans doute, si Gratry préfère l'énoncé du principe de causalité à celui de raison suffisante, c'est qu'il considère surtout la démarche suprême de la raison qui s'explique le monde par Dieu, cause du monde ; c'est pour cela qu'il néglige les autres raisons, qui lui paraissent ne servir que d'une manière secondaire à l'intelligibilité des choses. Ne peut-on pas mieux dire, cependant, que Dieu est la raison du monde, puisque cette conception de Dieu explique non seulement la cause du monde, mais encore ses lois et sa fin ?

---

(1) *Connaissance de l'âme*, I, p. 263.

C'est donc bien sous le nom et dans le sens où les présente Leibniz qu'il faut accepter les principes directeurs, pour y trouver le fondement irréductible des démarches de la raison, la base des deux modes de raisonnement par lesquels elle cherche la vérité. Alors, il est indiscutable que le syllogisme a pour ressort et pour garantie le principe d'identité, tandis que l'induction s'appuie sur le principe des lois, dérivé de l'application du principe de raison suffisante au principe de causalité.

Mais Gratry exagère la différence qui sépare ces deux méthodes. Il veut les voir complètement indépendantes l'une de l'autre. Il n'aperçoit pas, ou ne met pas en lumière, le rôle du principe d'identité dans le raisonnement inductif. Nous l'avons vu en étudiant le procédé dialectique. L'induction lui paraît sauter d'un bond du même au différent ; les liens créés entre le connu et l'inconnu par le principe de cause et de substance lui échappent, et, par conséquent, le caractère d'identification partielle du raisonnement inductif, par laquelle celui-ci s'efforce de ramener, dans quelque mesure, les diversités et les variations à l'unité.

Les faits que Gratry invoque pour prouver la dualité des mouvements de la raison ne sont pas tous, semble-t-il, à l'abri de la critique. Il est possible de ramener tous les jugements de relation aux deux formes dont parle Gratry et qui correspondent aux jugements analytiques et aux jugements synthétiques de Kant. La première sorte s'occupe des vérités nécessaires, dont parle Leibniz. On affirme, au moyen d'un verbe intransitif, l'identité d'un attribut et d'un sujet : l'attribut est extrait du sujet par analyse. La seconde, qui répond aux vérités contingentes ou de fait, s'exprime au moyen d'un verbe transitif ; l'attribut est ajouté au sujet. Cependant, ce jugement n'exprime pas seulement, comme le dit Gratry, la liaison d'un effet à une cause, mais tout rapport de liaison ou de convenance.

De plus, si les rapports de l'attribut au sujet, et le verbe qui les lie, répondent à la double démarche de l'esprit — celle qui se fonde sur le principe d'identité et celle qui s'appuie sur celui de raison, — il ne semble pas que le sens des mots, tel que l'entend Gratry, porte la marque du même travail. Lorsqu'il parle du sens large des mots, il n'oppose pas, en effet, aux termes particuliers ceux, plus extensifs, obtenus par la généralisation. Le grand sens des mots est un sens imaginatif, et non pas logique. Il n'appartient pas au terme, mais à l'esprit qui le pense (1) ; il est, non pas plus étendu, mais plus profond ou plus poétique. Dès lors, il semble bien qu'il ne témoigne pas d'une opération logique, comme le ferait un terme général ; sa signification lui est donnée par l'imagination créatrice de l'orateur ou du poète.

Il faut donc écarter ce témoignage du sens large et étroit des mots ainsi présentés. Et l'on peut, d'ailleurs, affirmer sans lui que la raison est une force qui cherche l'unité. Par là, il faut comprendre, non pas seulement l'identité, mais « tous les rapports des choses entre elles et leurs rapports avec Dieu » (2).

Cette recherche de l'identique ou de l'invariable, de l'universel, par la raison, n'apparaît pas à Gratry seulement comme une démarche logique. Il y voit « un sacrifice ». L'opération de la raison qui écarte le variable, le différent, pour atteindre l'identité de ce qui paraissait divers, le mouvement intellectuel surtout, « qui sépare en tout ce qui vit les mêmes éléments, l'essentiel et l'accidentel, l'universel et le particulier, et qui sacrifie l'un à l'autre » (3), lui semblent analogues à l'acte de la volonté qui, pour atteindre le bien le meilleur, écarte et sacrifie les moindres biens. « La vertu, comme la raison, dit-il, est une force qui, par le sacrifice, monte à Dieu » (4).

Le mouvement de la raison et celui de la volonté ont en effet même but. Dieu est la vérité suprême que poursuit la première ; il est aussi le Bien que cherche la seconde ; le vrai et le bien s'identifient en lui. Mais peut-on dire, cependant, que l'acte de la raison saine soit un « sacrifice », comme l'est celui de la volonté vertueuse ? Tandis que la raison obéit dans ses démarches à des lois fatales, la liberté est la loi de la volonté. Cette différence creuse un abîme entre les œuvres de l'une et celles de l'autre. La volonté seule accomplit un sacrifice lorsqu'elle renonce aux moindres biens et résiste aux sollicitations de l'intérêt ou du plaisir. La raison va d'elle-même à l'universel, à l'identique. En elle-même, elle est infaillible. « L'intellect ne peut se tromper » (5).

---

(1) *Connaissance de l'âme*, I, pp. 130 et suiv.
(2) *Connaissance de l'âme*, I, p. 272.
(3) *Connaissance de l'âme*, I, p. 273.
(4) *Connaissance de l'âme*, I, p. 274.
(5) Saint Thomas d'Aquin, 1ª, q. 85, a. 6. — *Connaissance de l'âme*, I, p. 254.

Ce n'est qu'autant que la volonté intervient dans ses actes qu'elle y introduit, avec des causes de perturbations, un élément moral, comme nous l'avons examiné déjà. Le mouvement de la raison, considéré en lui même, est un acte purement logique et, bien qu'il ait pour fin la recherche de Dieu ; bien qu'il doive, pour affirmer l'universel et l'infini, laisser de côté le particulier, le variable et le fini, cet abandon ne constitue pas un sacrifice, une vertu, parce que la raison ne l'accomplit pas volontairement, mais fatalement.

Mais d'où vient à la raison cette impulsion qui l'excite à chercher l'universel ? Comment se fait-il que, en face du monde divers et borné, en face des choses variables et périssables, elle conçoive l'ordre, l'unité, la stabilité ? Qu'est donc la nature de cette raison qui sait s'élever au-dessus des multiples impressions des sens pour saisir les lois du monde et affirmer l'auteur de ces lois ?

« La raison naturelle de l'homme n'est autre chose que le reflet dans l'âme de la clarté divine », dit Gratry après saint Thomas (1). C'est la lumière de Dieu vue en nous, réfléchie dans le miroir de l'âme, participation de la lumière éternelle, mais indirecte et éloignée. Cette raison nous est donnée et nous appartient ; elle nous est personnelle. Mais il y a aussi une raison universelle, impersonnelle, qui est Dieu. « Et, dans la vie ordinaire de l'âme, la pensée n'est qu'une lutte entre ces deux raisons, la raison de Dieu cherchant sans cesse à redresser, à éclairer la raison de l'homme, et la raison de l'homme s'égarant par sa pente, parce que l'orgueil l'égare et que la sensualité l'aveugle » (2). C'est à Fénelon que Gratry emprunte l'analyse qui découvre dans la raison de l'homme la raison même de Dieu. « Cette règle fixe et immuable est si intérieure et si intime que je suis tenté de la prendre pour moi-même ; mais elle est au-dessus de moi puisqu'elle me corrige, me redresse, me met en défiance contre moi-même et m'avertit de mon impuissance...

» Cette règle intérieure est ce que je nomme ma raison, mais je parle de ma raison sans pénétrer la force de ce terme (3).

» A la vérité, ma raison est en moi, car il faut que je rentre sans cesse en moi-même pour la trouver ; mais la raison supérieure

---

(1) *Exposition in David*, ps. 36. — *Connaissance de l'âme*, I, p. 243.
(2) *Connaissance de l'âme*, I, p. 251.
(3) *Traité de l'existence de Dieu*, première partie, chapitre II, n° 54.

qui me corrige dans le besoin et que je consulte, n'est point à moi et ne fait point partie de moi-même... C'est un maître intérieur... : ce maître est partout, et sa voix se fait entendre d'un bout de l'univers à l'autre, à tous les hommes comme à moi (1).

» Voici donc deux raisons que je trouve en moi : l'une est moi-même, l'autre est au-dessus de moi. Celle qui est moi est très imparfaite, fautive, incertaine, prévenue, précipitée, sujette à s'égarer, changeante, opiniâtre, ignorante et bornée ; enfin, elle ne possède jamais rien que d'emprunt. L'autre est commune à tous les hommes et supérieure à eux : elle est parfaite, éternelle, immuable... Où est-elle, cette raison parfaite qui est si près de moi et si différente de moi ?... Où est-elle, cette raison suprême ? N'est-elle pas le Dieu que je cherche ? » (2).

Si l'on examine, non dans leurs détails, mais dans leur ensemble, les solutions apportées au problème de la raison, on peut, semble-t-il, distinguer trois points de vue. Parmi les philosophes, les uns s'attachent au caractère universel qu'ils découvrent dans la raison et la déclarent impersonnelle, commune à tous les hommes. L'intellect actif, chez Aristote, n'appartient pas à l'âme : il entre en elle du dehors. Averroès développe cette doctrine. L'intellect actif est, dans l'averroïsme, une sorte d'entendement universel, qui opère en toutes les âmes, et fait passer à l'acte l'intellect « matériel ». Cousin, pour défendre la raison contre les attaques de Lamennais, revient à une conception voisine de la théorie averroïste de l'unité de l'intellect. Il admet une raison impersonnelle, commune à tous les esprits.

D'autres philosophes considèrent la raison en chaque homme : ils affirment que la raison, quelle qu'en puisse être l'origine, renferme des principes qui sont les mêmes chez tous les hommes, mais qu'elle appartient à chacun. Descartes soutient énergiquement les droits de cette raison individuelle.

Cependant, comment ne pas voir que l'homme, tout raisonnable qu'il soit, se trompe souvent ; que la raison, pourtant moyen suprême de la connaissance, est mobile, incertaine. Comme le remarque Gratry, elle apparaît à la fois faillible et infaillible, su-

---

(1) *Traité de l'existence de Dieu*, première partie, chapitre II, n° 55. — *Connaissance de Dieu*, I, p. 410.
(2) Chapitre II, n° 60. — *Connaissance de Dieu*, I, p. 412.

jette à l'erreur et maîtresse de vérité. Pour expliquer ces contradictions apparentes, certains philosophes admettent que la raison de l'homme n'est pas seule, réduite à ses propres forces. Outre la raison humaine, personnelle, qui est en chaque homme, il y a une raison universelle : c'est la raison divine, c'est Dieu.

Ainsi, dans la philosophie chrétienne, depuis saint Augustin jusqu'à Bossuet, Fénelon, se trouvent modifiées et conciliées les thèses de la raison personnelle et de la raison impersonnelle. Sans doute, des différences séparent les vues de saint Augustin, par exemple, de celles de saint Thomas. Bossuet ne pense pas tout à fait comme Fénelon. Mais, d'une manière générale, on peut affirmer que tous voient la raison de Dieu en rapport avec la raison humaine. C'est de ce point de vue très large que Gratry célèbre leur accord, c'est sur cette base qu'il rapproche Fénelon et saint Thomas.

Fénelon, nous l'avons vu, parle de deux raisons. Saint Thomas distingue dans la raison l'action de Dieu et l'action de l'homme. « L'opération intellectuelle, dit-il, vient de l'esprit qui la produit comme cause seconde, mais de Dieu comme cause première » (1). Gratry conclut : « Les deux raisons dont parle Fénelon, ou leurs actes, sont donc, l'une, l'opération intellectuelle en tant que la cause première l'excite en nous, et l'autre, l'opération intellectuelle en tant que nous, cause seconde, la produisons en nous. La première de ces deux raisons, c'est la raison telle qu'elle nous est donnée, et la seconde est la raison telle que nous la faisons » (2).

Mais l'expression d'opération intellectuelle qu'emploie Gratry, comme équivalent de raison, donne quelque équivoque à sa pensée ; le don de la raison humaine, comme faculté distincte de la raison divine, n'apparaît pas assez clairement. Il semble même ne laisser à l'homme que l'usage du « point infaillible où Dieu produit le commencement de toute opération intellectuelle » (3). La part de l'homme lui semble être surtout celle de l'erreur : car, lorsque cet homme s'empare de l'impulsion divine, « les développements, les conséquences ou les combinaisons, les jugements, les énoncés de ces données vraies peuvent cesser d'être vrais » (4).

---

(1) 1ª, q. 105, a. 3., ad. 3. — *Connaissance de l'âme*, I, p. 252.
(2) *Connaissance de l'âme*, I, p. 252.
(3) V. *Connaissance de l'âme*, I, p. 253.
(4) *Connaissance de l'âme*, I, p. 253.

C'est en effet le souci d'expliquer comment la raison, « reflet de la lumière divine », peut pourtant se tromper, qui le porte à ne pas discerner assez nettement ici la nature même de l'âme raisonnable, ou la raison reçue de Dieu, et le rapport actuel de Dieu à l'âme. L'élément infaillible de la raison ne lui paraît pas constituer l'essence naturelle de la raison, donnée par Dieu à l'âme comme faculté ; il lui semble venir du secours actuel de Dieu. Cependant, pour expliquer comment il se fait que la raison se trompe, fallait-il l'accuser elle-même ? Ne suffit-il pas de remarquer qu'elle n'agit pas seule, mais que la volonté, les passions peuvent l'égarer par l'influence qu'elles exercent sur elle ? La complexité des choses, la faiblesse d'une attention vite épuisée, sont aussi des causes d'erreurs. Les principes directeurs qui constituent la raison ont beau être infaillibles, leur application rencontre assez de difficultés pour expliquer la faillibilité des jugements humains.

Mais il ne faut pas juger les vues de Gratry sur la raison par ce seul passage. Il discerne ailleurs plus clairement la raison humaine et la raison divine. La première est distincte : elle est développée à part. « Sa lumière est un rayon de la force de Dieu brillant dans l'âme » (1). Cette lumière vient de Dieu et tient à Dieu ; cependant, elle est à l'âme ; elle la reçoit en même temps que la vie.

Puis, outre cette « raison naturelle », personnelle, il y a le secours actuel de Dieu dans cette raison. Il l'excite, il la meut, il la pousse à l'acte ; il continue à la donner et à diriger son rayonnement.

Voici donc établis l'existence et les rapports de ces deux raisons : la raison humaine et la raison divine. L'une et l'autre sont la même lumière. Mais l'une est cette lumière elle-même ; l'autre en est « un rayon simple, réfrangé en l'âme » (2), lumière indirecte, « tempérée et abaissée ».

Il y a donc bien une raison personnelle, et Gratry admet avec saint Thomas que « les principes de la raison sont des données naturelles qui existent dans l'âme » (3). Il y a aussi une raison impersonnelle. Ce n'est pas la comparaison de Fénelon assimilant l'esprit de l'homme à l'œil qui reçoit la lumière qui nous semble

---

(1) *Connaissance de Dieu*, II, p. 272.
(2) *Connaissance de Dieu*, II, p. 40.
(3) V. *Connaissance de Dieu*, II, p. 200.

exprimer la pensée profonde de Gratry sur les rapports de ces deux raisons, bien qu'il cite ce passage (1). N'a-t-il pas fait sienne la définition de saint Thomas : la raison est le reflet de la clarté divine dans l'âme ; et, dès lors, comment pourrait-il vraiment admettre que cette raison est semblable à un organe obscur par lui-même, seulement capable d'être éclairé d'ailleurs, de telle sorte qu'il semble ne rester à l'homme que la capacité de recevoir la lumière de cette raison universelle qui rayonne sur le monde.

C'est bien plutôt saint Thomas qui nous semble traduire la pensée de Gratry, dans ce passage que celui-ci rapporte, où une « force propre », donnée à l'homme, est reconnue dans l'âme, force active et non point réceptivité purement passive : « Au-dessus de l'intelligence humaine, il faut une intelligence supérieure qui lui communique la vertu d'être intelligente..., et qui l'aide à voir.

Mais, étant donné cet *intellect actif*, supérieur à l'homme, il faut en outre admettre dans l'âme humaine elle-même une vertu dérivée de cette intelligence supérieure, et qui agisse dans l'opération intellectuelle. Car partout, outre l'opération de la cause première, il y a dans chaque agent secondaire une force propre. Il faut donc dire aussi qu'il y a, dans notre âme, une force intellectuelle dérivée de l'intelligence supérieure. Il y a donc ces deux choses : la cause première de toute opération intellectuelle, et la force propre à la cause seconde. Cette dernière, Aristote la compare à la lumière diffuse venant du soleil et reçue dans l'air. Et quant à cet intellect supérieur qui agit sur les âmes, Platon le compare au soleil, source de la lumière ». Dieu donc « nous illumine comme cause universelle, et, de plus, nous donne une force propre pour agir intellectuellement » (2).

Ces passages, Gratry les commente et met sa propre pensée en relief, en même temps qu'il étudie celle de saint Thomas. « Ainsi Dieu, continue-t-il, par la lumière dont il brille (*quo tu luces*), donne à notre âme l'intelligence (*a quo anima virtutem intelligendi obtineat*). Il lui donne d'abord une certaine force propre, une certaine faculté (*aliquam particularem virtutem*), qui est quelque chose appartenant à l'âme (*aliquid animae*). En outre, cette vraie lumière qui éclaire tous les hommes par son action sur l'âme

---

(1) V. *Connaissance de Dieu*, II, p. 415.
(2) *Som. théol.* pars. I, LXXIX, a. IV. — *Logique*, I, pp. 47-48.

(*imprimentem in animas*), l'aide à comprendre actuellement la vérité (*quo juvetur ad intelligendum*). Dieu lui donne actuellement la lumière (*lumen intellectuale*), en répandant sur elle la lumière de sa face (*signatum est super nos lumen vultus tui, Domine*). La lumière que l'homme reçoit est un reflet dans l'âme (*refulgentia in anima*). Mais la source de cette lumière est le divin soleil. Et la connaissance naturelle de la vérité (*cognitione naturali*) qui en résulte est une vue dans la lumière de Dieu » (1).

On peut dire, en effet, comme Fénelon, que l'âme voit tout dans la lumière de Dieu, lorsqu'on a distingué la faculté propre, donnée à l'âme, de la Raison divine, et lorsqu'on a vu, dans cette raison individuelle, non pas seulement une capacité de recevoir la lumière divine, mais une activité personnelle, bien que dérivée de cette source supérieure. Alors, on comprend comment « nous ne connaissons et ne jugeons que par la participation à la lumière de Dieu. Car la raison même est une certaine participation à la lumière divine » (2). Et cette lumière divine peut être comparée sans équivoque à la lumière du soleil, qui nous permet de voir les choses sensibles. Car, ce n'est plus parce que « mon esprit est comme un organe par où passe la lumière originale et qui en est éclairé » (3), qu'il peut voir et comprendre, c'est qu'il possède, par essence, quelque chose de cette lumière ; et cette lumière diffuse, qui vient de la lumière supérieure, est la force propre qui agit dans l'opération intellectuelle.

La raison humaine est d'ailleurs sans cesse soutenue par la raison divine qui lui conserve l'être et qui l'excite, qui lui donne un continuel secours. « Dans la lumière de l'âme humaine, outre le don même de la raison que l'homme possède une fois pour toutes, il y a des élans, des mouvements et des renouvellements qui viennent de Dieu, et qui sont des secours, des bienfaits et des excitations de Dieu dans l'ordre naturel » (4).

L'étude de l'origine des idées achève de préciser et de développer les conceptions de Gratry au sujet de la raison.

L'idée est une certaine vue de Dieu. Qu'est-ce à dire ? Sera-t-

---

(1) *Logique*, I, pp. 48-49.
(2) *Saint Thomas*, 1ª q. XII. a. XI ad 3ᵐ. — *Log.* I, p. 49.
(3) FÉNELON, *Traité de l'ex. de D.* — *Connaissance de Dieu*, I, p. 415.
(4) *Connaissance de Dieu*, II, p. 272.

elle la vue directe et immédiate de l'essence divine ? C'est l'erreur de Malebranche qui accorde à l'âme la vision de Dieu en toute chose, spirituelle ou corporelle. « Nous ne voyons aucune chose, même les corps, qu'en voyant leurs idées qui sont en Dieu et qui sont Dieu » (1). Cette doctrine est l'exagération de cette vérité, que toute connaissance implique Dieu. Car l'âme n'est pas à elle-même sa propre lumière, et ceux qui disent qu'elle « n'aperçoit en aucune manière Dieu dans la lumière de la vérité, ceux-là se trompent par défaut. L'homme n'est pas la lumière, car il n'en est que le témoin » (2).

Gratry repousse de même le Réalisme exagéré, qui fait de l'idée une entité subsistant à part, et le nominalisme, qui la réduit à n'être qu'un mot. Il n'admet pas le sensualisme qui soutient que toutes les idées viennent des sens, mais il n'accorde pas non plus aux rationalistes que : « l'idée ne soit que l'esprit de l'homme, développé et transformé par sa seule force interne » (3). Pour lui, il n'y a pas d'idée sans Dieu ; toute idée est une vue de Dieu, mais indirecte et médiate.

Cela est vrai, d'abord des vérités nécessaires et axiomatiques, et Gratry voit la majorité des philosophes l'affirmer avec lui. N'est-ce pas en effet la lumière divine qui éclaire la raison humaine, elle-même reflet de cette lumière, chez Aristote, Platon, saint Thomas, saint Augustin, Descartes, Bossuet, Fénelon, pour ne citer que les plus grands noms ? Pour Platon, les idées nécessaires sont les « fantômes divins », les « ombres de ce qui est » (4), le reflet des idées éternelles, qui sont en Dieu et qui sont Dieu (5). Toutes les vérités scientifiques, dit saint Augustin, qui sont d'une absolue certitude, sont intelligibles comme sont visibles les objets qu'illumine le soleil. Mais ici c'est Dieu qui éclaire » (6). Lorsque Descartes dit : « l'idée de Dieu, c'est Dieu même, existant dans l'entendement, non pas, à la vérité, formellement comme il est en lui-même, mais objectivement, c'est-à-dire en la manière que

---

(1) MALEBRANCHE. *Recherche de la Vérité*, liv. III, 2ᵉ part., chap. V. — *Connaissance de Dieu*, I, p. 216.
(2) *Connaissance de l'âme*, I, p. 288.
(3) *Connaissance de l'âme*, I, p. 291.
(4) PLATON. *De Repub.* — *Connaissance de Dieu*, I, p. 108.
(5) V. *Connaissance de Dieu*, I, p. 114.
(6) *Soliloq.*, I, 12. — *Logique*, I, p. 39.

les objets ont coutume d'exister dans l'entendement » (1), il considère surtout le rapport de cause à effet : l'effet garantit l'existence de la cause, mais il est aussi l'image de cette cause : « Cette image, dira-t-il, est l'*image* d'une vraie et immuable nature » (2). Bossuet s'écrie : « C'est en Lui, d'une certaine manière qui m'est incompréhensible, que je vois les vérités éternelles ; et les voir, c'est me tourner à celui qui est immuable et recevoir ses lumières » (3). Saint Thomas dit que « la créature raisonnable voit dans la lumière de Dieu » (4). Et voir dans la lumière de Dieu, « ressemblance de sa substance » (5), c'est voir Dieu d'une manière indirecte, mais véritable.

Cette définition à laquelle s'arrête Gratry, « une idée est une certaine vue de Dieu indirecte et médiate » (6), conclusion qu'il s'efforce d'appuyer de nombreuses autorités, découle d'ailleurs de la définition de la raison qu'il a proposée. « La vue de la vérité dans la connaissance naturelle, c'est la vue, non pas de la lumière créée, mais bien de la lumière de Dieu, c'est-à-dire de la lumière dont brille Dieu lui-même. Et cela, parce que la lumière de la raison n'est autre chose que le reflet de Dieu en nous » (7). Donc, la raison qui se voit elle-même, en voyant les axiomes, les vérités nécessaires, les principes premiers qui la constituent, voit par là Dieu d'une manière indirecte.

S'il est vrai que la vue des vérités nécessaires soit une vue indirecte de Dieu, la vue des créatures n'impliquera-t-elle pas aussi quelque vue de Dieu ?

Lorsque l'âme est en face du monde et regarde le monde pour le connaître, elle ne regarde pas une chose morte et arrêtée : « Le monde est une parole de Dieu vivante actuellement. C'est un discours, comme le dit admirablement saint Augustin, que Dieu nous adresse pour se faire entendre de nous. Et c'est en même

---

(1) T. I, p. 371. — *Connaissance de Dieu*, I, p. 348.
(2) T. I, p. 316. — GRATRY, *Ibid.* cit., p. 351.
(3) *Connaissance de Dieu et de soi-même*, chap. IV. — *Logique*, I, p. 30.
(4) *Expos. in* DAVID, ps. XXXVI. — *Logique*, I, p. 43.
(5) *Ibid.* — *Logique*, I, p. 43.
(6) *Connaissance de l'âme*, I, p. 284.
(7) *Logique*, I, p. 45.

temps un spectacle que Dieu met sous nos yeux pour se faire voir à nous » (1). Car le monde que nous voyons, ce n'est pas le monde seul, indépendant. Le monde ne se sépare pas de sa cause. Séparé de sa cause, il ne serait pas. Aussi, l'étoile, qui scintille au ciel, montre Dieu en un sens. « Cette étoile, peut-elle être où elle est sans Dieu, sans Dieu qui la soutient et qui la porte actuellement ? Peut-elle briller, si Dieu ne lui ordonne actuellement de luire ? Et peut-elle obéir à cet ordre, si Dieu ne concourt pas actuellement à sa lumière ? » (2). Le monde nous manifeste l'action divine de la cause première, qui donne et entretient la vie. — Dieu opère en tout opérant. — Le monde nous manifeste encore la pensée divine : les êtres sont les expressions des Idées qui sont en Dieu. C'est pour cela qu'on peut les appeler un discours par lequel Dieu se fait entendre à nous. Dieu nous parle au moyen du monde, « par ces grandes images et cette merveilleuse poésie, pour montrer à sa créature ce qu'il pense, c'est-à-dire ce qu'il est » (3).

Donc, des créatures, quelque chose de Dieu nous arrive, modifié, il est vrai, par elles. « Chacune d'elles participe, suivant sa nature, à l'éclat, à la force, à la vie, à la lumière de Dieu » (4).

Ainsi, la vue des choses créées, comme celle des vérités nécessaires, est quelque vue de Dieu, vue indirecte, puisqu'elle est celle de la lumière divine réfléchie dans le miroir des créatures ou dans le miroir de l'âme. C'est en ce sens que Gratry conclut : « Oui, en voyant les idées, nous voyons en même temps et notre âme et Dieu. En voyant le monde extérieur, nous voyons en même temps et le monde et notre âme et Dieu » (5).

Mais comment l'âme parvient-elle aux idées, aux idées nécessaires, qui sont une certaine vue de Dieu. Les porte-t-elle dès son commencement ? A cette question, nous avons déjà trouvé la réponse dans le rôle donné par Gratry à la sensibilité et à l'expé-

---

(1) *Connaissance de l'âme*, I, p. 277.
(2) *Logique*, I, p. 32.
(3) *Connaissance de l'âme*, I, p. 277.
(4) *Logique*, I, p. 34.
(5) *Logique*, I, p. 35.

rience dans la connaissance. Il rejette l'innéité de la connaissance, comme le pur empirisme, et admet une solution empirico-rationaliste comme Aristote, saint Thomas, Leibniz et aussi Descartes. Cette conception, il la précise dans son étude de la faculté de connaître, résumant la doctrine de saint Thomas d'Aquin sur ce point.

« La science vient en partie du dehors, en partie du dedans » (1). Les idées sont dans l'âme en puissance. Pour passer en acte, elles réclament à la fois le concours des données sensibles et celui de l'intellect actif. Alors, l'intellect possible reçoit cette idée, cette forme intelligible qui le détermine à connaître l'universel, le nécessaire. Il faut donc, mais il suffit, « que l'occasion soit donnée, comme le dit Paul Janet, pour que mon esprit, par sa vertu propre, dégage des circonstances particulières les circonstances générales de toute intelligibilité ». Donc, ce qui est inné à l'âme, ce n'est pas la connaissance des idées nécessaires, des notions premières, c'est la faculté de les dégager des choses, sous la double action de la vue de ces choses et de la lumière divine. C'est la doctrine même de la connaissance virtuelle à laquelle, sans en changer le fond, Leibniz donnera une expression différente. Mais saint Thomas, et par suite Gratry, puisqu'il admet sa théorie, marquent davantage les rapports de l'intelligence divine et de l'intelligence humaine. Ce secours continuel de l'intellect actif, dont parle saint Thomas après Aristote, c'est, suivant l'expression de Gratry : « l'infini qui porte l'âme » (2). La raison cependant, en elle-même, est finie, mais elle est « l'image de l'infini », dont elle conçoit l'idée ; elle opère sous l'influence de l'infini qui crée l'homme, l'illumine et le rend raisonnable.

Ainsi, Dieu est le seul intelligible ; c'est lui qui donne l'intelligibilité aux choses, comme à la raison le pouvoir de comprendre. Ce pouvoir, naturel et inné, entre en acte aidé de la raison divine qui l'excite, qui le dirige, sous l'action des objets sensibles, à l'occasion desquels les notions premières, les premiers principes deviennent actuellement intelligibles dans l'âme. Et c'est Dieu que la raison voit, en quelque sorte, en voyant elle-même ou le monde.

---

(1) SAINT THOMAS, *De mente*, q. 10, a. 6. c. — *Connaissance de l'âme*, I, p. 293.

(2) *Connaissance de l'âme*, I, p. 280.

Cette théorie de la raison n'est pas proprement originale. Elle est surtout inspirée par un éclectisme qui s'efforce de synthétiser les théories des docteurs chrétiens, soit de ceux qui se rattachent à Aristote, soit de ceux qui se rattachent à Platon. Gratry y a-t-il réussi ? Il le semble. Le fondement sur lequel il s'appuie, malgré quelques hésitations de pensée, c'est saint Thomas auquel il emprunte sa doctrine de la connaissance et de la nature de la raison. Mais cette doctrine ne s'oppose pas à la conception platonicienne des Idées, vue surtout en saint Augustin, Bossuet ou Fénelon. Les Idées divines ne sont-elles pas aussi la lumière divine dans laquelle, selon saint Thomas, la créature raisonnable a le privilège de voir ?

Gratry a d'ailleurs admirablement exposé lui-même, en résumant ses vues personnelles, l'accord qui résulte d'un rapprochement entre les conceptions d'Aristote, de saint Thomas, de Platon, de saint Augustin. « Il y a Dieu, dit-il, il y a l'âme, il y a les autres esprits, et il y a le monde visible. Comment la science naît-elle de là ? Comment l'homme connaît-il ? Comment l'esprit arrive-t-il aux idées ? Le voici : Dieu connaît son essence, et il la voit partiellement imitable par des êtres finis. Cette connaissance, en Dieu, constitue les idées de tous les êtres possibles. Ces idées divines sont en Dieu et sont Dieu. Elles sont les principes de toute chose, principes qui créent tous les êtres et illuminent tous les esprits. Les êtres et les idées sont leurs effets et leur ressemblent, c'est-à-dire sont les effets de Dieu et lui ressemblent partiellement. Mais comme les êtres ne sont pas par eux-mêmes et commencent lorsque Dieu les crée, de même les esprits ne sont pas lumière par eux-mêmes et connaissent quand Dieu les éclaire. Notre esprit n'est d'abord qu'en puissance et passe à l'acte quand Dieu l'éveille. Mais comment Dieu l'éveille-t-il, et comment l'appelle-t-il à quelque participation de ses idées ? D'abord en lui inculquant au-dedans, en imprimant en lui l'image de la vérité incréée, image qui renferme en puissance toutes les idées : car l'âme elle-même, en tant que créée et vivifiée de Dieu à son image, implique en elle, en puissance, l'image et la ressemblance de ces divines idées. Mais l'idée, dans notre âme, n'est encore ici qu'en puissance. Elle passe à l'acte, devient idée actuelle, déterminée, quand Dieu, en même temps qu'il l'éclaire au dedans par la lumière actuelle et universelle des premiers principes — et cet universel luit dans notre âme, mais d'une manière confuse avant la connaissance des êtres particuliers, — Dieu lui présente en même temps au dehors ses idées réalisées par la création. Dieu alors nous parle à la fois au dedans et au dehors. Il nous parle par le dehors, car les créatures sont les signes vivants où il parle, puisque, à travers leurs formes visibles, brille l'intelligible divin, l'idée divine qui les crée, les porte, les vivifie. Mais ces signes extérieurs ne sont que la cause secondaire de l'idée, l'instrument qui en détermine les formes particulières et les détails, ou, plutôt, ils sont l'occasion qui porte l'âme éclairée de Dieu à distinguer tous les traits de l'idée, en analysant la lumière de l'intelligible divin qui luit sur elle » (1).

Ainsi, dans cette page, d'une clarté et d'une précision lumineuse, se trouve condensée le fond harmonieux de la pensée des philosophes dont Gratry a consulté les doctrines. Elles s'achèvent et se complètent les unes les autres pour donner de l'origine des idées et de la nature de la raison une explication métaphysique et psychologique profonde et complète.

À cette théorie de la raison est liée la théorie de la certitude qu'expose Gratry.

La certitude elle-même est le critérium de la vérité. Si Gratry n'insiste pas, comme Descartes, sur la cause de la certitude, l'évidence, c'est que évidence et certitude sont tellement liées, que l'on peut indifféremment considérer l'une ou l'autre. La certitude est subjective ; elle appartient à l'esprit qui pense, mais avec une relation à l'objet pensé. L'évidence est objective, elle appartient à l'objet pensé, mais avec une relation à l'esprit qui pense. Il ne peut y avoir de certitude sans évidence. Donc, ce qu'on dit de la certitude est dit aussi de l'évidence. « La certitude est un état de l'âme qui exclut le doute. Cet état suppose la possession de la vérité. Il ne peut y avoir certitude de ce qui n'est pas vrai » (2).

Ainsi Gratry, comme Descartes, comme tous les dogmatiques, admet que la véritable certitude est incompatible avec l'erreur. Il redirait volontiers avec Spinoza : « Jamais on ne me fera dire qu'un homme qui se trompe puisse être certain, si forte que soit son adhésion à l'erreur » (3).

Ce n'est jamais en effet sur l'erreur que porte la certitude. « La

---

(1) *Connaissance de l'âme*, I, pp. 299-300.
(2) *Logique*, I, p. 19.
(3) *Éthique* part. II, prop. 49.

certitude d'une affirmation mixte, mêlée d'erreur et de vérité, ne porte que sur la vérité renfermée dans l'affirmation. La certitude apparente, qui affirme le faux, n'est qu'un acte de volonté, exécuté malgré l'incertitude de l'esprit, malgré les réticences et les oppositions de la conscience » (1). Ce n'est pas une certitude véritable.

Les sceptiques pourront trouver insuffisante l'assurance des dogmatiques et réclamer une définition plus complète de la certitude, ou, plutôt, une marque objective, comme Helvétius la demande à Descartes. Mais c'est seulement l'expérience personnelle qui peut distinguer la vraie et la fausse certitude : *adhaesio mentis firma et immutabilis sine errandi formidine*, de l'adhésion incomplète, hésitante, forcée.

On ne saurait oublier le caractère subjectif de la certitude. On a pu dire : « Il n'y a pas de certitude : il n'y a que des hommes certains ». C'est en effet chacun qui est le juge de sa propre certitude, et apprécie si son esprit jouit de la paix qui se rencontre dans la vérité, *quies mentis in vero*. Et il est clair que l'intelligence légère et superficielle n'a pas à ce sujet les mêmes exigences que l'esprit profond et cultivé. La certitude vaut ce que vaut l'homme. Cependant, elle reste pour chaque homme le critérium de la vérité, le signe suprême de la possession du vrai. C'est ce qu'exprime Gratry avec une énergique brièveté : « Comment prouver que la certitude nous donne la vérité, sinon par la certitude même ? » (2).

Gratry n'examine pas les autres critères de la vérité. Il les écarte par cette affirmation si juste. C'est en effet toujours la raison qui juge en dernier ressort des preuves alléguées, et elle en juge au moyen de la certitude. Mais cette certitude même, si elle en doute, comment la jugera-t-elle ? Ce sera encore par la certitude de l'évidence de cette certitude. La certitude est donc le critérium suprême du vrai, et si l'on réclame une autre preuve de cette preuve dernière, comme le dit Montaigne, « nous voilà au rouet » (3).

Les sceptiques, cependant, s'élèvent contre la certitude et

---

(1) *Logique*, I, pp. 19-20.
(2) *Logique*, I, p. 20.
(3) *Essais*, II, p. 12.

mettent en doute, non pas son existence, mais sa valeur. Ils demandent, par exemple, si l'homme, qui a la certitude de l'existence du monde, a raison d'en être certain ? Gratry laisse de côté les objections diverses des sceptiques pour retenir seulement ce qu'il considère comme le vice originel de la doctrine. « L'erreur du scepticisme consiste à demander la démonstration de ce qui n'est pas démontrable, et à ignorer qu'il y a, dans l'esprit humain, des données aussi indémontrables que certaines » (1). Le sceptique, en effet, rejette les évidences immédiates, les intuitions rationnelles. Il réclame que les unes et les autres soient fondées sur une démonstration. « Il rejette comme n'existant pas, ou comme n'étant pas de son domaine, toutes les données que le raisonnement n'analyse pas d'une manière adéquate » (2).

Mais cette démonstration qu'il exige, il la rend impossible en s'attaquant à la raison, dont il montre l'impuissance de se prouver à elle-même sa propre légitimité. Il déclare ne se fier qu'au raisonnement, et, aussitôt, il le rend impraticable en sapant les bases du raisonnement, qui sont ces vérités premières ou évidences dont il doute. Pour lui, « l'évidence d'une identité logique ne prouve pas cette identité »; et, puisque le fondement de toute démonstration lui semble ruineux, « l'évidence d'une démonstration ne prouve pas la vérité de la proposition » (3).

Le sceptique, cependant, n'a pas le droit de conclure au doute universel. Il lui faudrait prouver d'abord que toute vérité est démontrable et que tout ce qui n'est pas démontré est incertain. Or, il y a au contraire, dans l'esprit humain, « des données aussi indémontrables que certaines » (4). Par là, Gratry entend les données véritablement premières de la raison ou des sens, l'évidence des axiomes et des principes, la conscience de notre existence, et aussi l'affirmation de l'existence du monde, parce qu'elle ne lui semble pas provenir d'une inférence Le monde est affirmé en même temps que perçu. « La vue du monde n'étant autre chose que le monde même, en présence de l'homme ou vu par lui, implique nécessairement, ou plutôt manifeste directement son existence » (5).

---

(1) *Logique*, I, p. 24.
(2) *Logique*, I, p. 25.
(3) *Logique* I, p. 23.
(4) *Logique*, I, p. 24.
(5) *Logique*, I, p. 23.

Il entend encore ces notions dont parle Leibniz lorsqu'il distingue, d'une part, « des vérités diverses en apparence, que l'analyse peut ramener à l'identité », et, d'autre part, « des vérités diverses en apparence et en réalité, qu'aucune analyse ne peut ramener à l'identité » (1). En somme, c'est en faveur de toute vérité indémontrable, ou même de toute vérité dont la démonstration ne satisfait point les sceptiques, comme par exemple l'existence de Dieu prouvée par l'existence du monde (2) — que Gratry développe un argument mathématique que lui inspire Leibniz (3). Dans l'ordre abstrait, absolu et géométrique, il y a, dit Gratry, des quantités irrationnelles qui, comme la racine carrée de deux, par exemple, ne peuvent être représentées par aucun nombre entier ou fractionnaire. « Cette racine existe, néanmoins ; j'entends, qu'elle a sa grandeur précise. Car le côté d'un carré étant un, la diagonale est la racine carrée de deux. Voilà cette quantité visible aux yeux, ou, si l'on veut, à la raison » (4).

« Donc, la géométrie saisit des quantités que l'arithmétique ne peut saisir. La science mathématique obtient par l'un de ses instruments ce que l'autre ne peut atteindre » (5).

« De même, disons-nous, dans la logique générale, l'esprit saisit par la vue ou l'intuition immédiate des données que la raison ne peut atteindre.

» Mais ce n'est pas seulement une comparaison ; c'est un exemple dans l'espèce.

» En effet, les nombres sont des mots qui expriment les grandeurs ; les formes géométriques sont l'image, ou, plutôt, la vue même des grandeurs. Il y a donc dans l'esprit des données que la vue peut atteindre, mais que la logique ne saurait exprimer. Elles

---

(1) *Les Sophistes et la Critique*, p. 226.
(2) *Logique*, I, p. 22.
(3) *De libertate*, p. 184. — *Connaissance de l'âme*, I, p. 271. — Venit in mentem analogia quaedam veritatum cum proportionibus... Quemadmodum in proportionibus aliquando quidem exhauritur analysis, et pervenitur ad communem mensuram... interdum vero analysis in infinitum continuari potest... ita similiter veritates interdum demonstrabiles sunt seu necessariae, interdum liberae vel contingentes, quae nulla analysi ad *identitatem* tanquam ad communem mensuram reduci possunt.
(4) *Logique*, I, p. 24.
(5) *Logique*, I, p. 25.

sont irrationnelles, quoique visibles, et certaines, quoique indémontrables » (1).

Cet argument vaut-il contre le scepticisme ? Tel que Gratry l'énonce là, on peut d'abord le contester en lui-même. La géométrie n'est pas seulement une science d'intuition, elle est aussi une science de rapports et de rapports rationnels, qui reçoivent dans la formule qui les représente une expression logique. Qu'importe qu'ils ne puissent être traduits en langage arithmétique, s'ils reçoivent en langage algébrique une expression. Gratry lui-même ne dit-il pas que l'algèbre est un langage et qu'une équation est une proposition ? (2). De plus, ces rapports sont susceptibles de démonstration. Ils apparaissent comme des points d'arrivée du raisonnement, non comme des points de départ. Ils ne sauraient donc représenter les évidences immédiates et les notions premières de la raison.

D'ailleurs, le sceptique qui doute de la valeur des principes rationnels n'aura pas plus de confiance à l'égard des axiomes mathématiques. Il rejettera en bloc la preuve de Gratry, en mettant en suspicion la légitimité même des mathématiques.

Si l'argument de Gratry semble impuissant contre le vrai sceptique, aura-t-il quelque valeur aux yeux du rationaliste épris de démonstration, mais qui admet cependant la valeur des premiers principes ? La démonstration qui le satisfait, Gratry l'appelle la démonstration continue. Elle procède en ne laissant autant que possible aucun hiatus dans l'enchaînement des preuves et, pour cela, elle prétend « établir de tout point à tout autre un passage continu du même au même » (3) et se fonder constamment sur le principe d'identité. Or les mathématiques, en reconnaissant dans leur domaine l'existence de termes incommensurables, qu'une même unité ne saurait mesurer à la fois, montrent par là, suivant Gratry, que la démonstration continue peut devenir impossible. Elles y renoncent et ne cherchent plus le rapport arithmétique de la circonférence au diamètre pour arriver à la quadrature du cercle.

La philosophie, au contraire, ou, du moins, certains philoso-

---

(1) *Logique*, 1, p. 25.
(2) *Connaissance de l'âme*, 1, p. 151.
(3) *Logique*, 1, p. 75.

phes, se scandalisent des antithèses « entre lesquelles on ne trouve ni passage rationnel, ni déduction possible : unité et pluralité, fini et infini, esprit et matière, éternité et mouvement, prescience divine et liberté, inspiration ou grâce et liberté, Dieu et monde » (1). Ce sont là les incommensurables de la philosophie, et Gratry lui demande de les reconnaître comme tels, ainsi que le font les mathématiques.

Cependant, les différences qui séparent les incommensurables des antithèses philosophiques semblent interdire de les assimiler les uns aux autres.

Ainsi, il est possible d'établir en mathématique que le rapport géométrique incommensurable n'est pas exprimable en nombre, par conséquent, qu'il n'existe pas de rapport arithmétique entre la diagonale et le côté du carré par exemple. On ne saurait prouver, en philosophie, que les certitudes, dont la relation échappe, n'ont entre elles aucun rapport logique.

Il n'est pas nécessaire en effet que les valeurs géométriques soient traduisibles exactement en valeurs arithmétiques. Ce sont là deux ordres de grandeurs qui procèdent de notions idéales différentes et il suffit, dans l'application aux mesures du réel, que l'on rencontre une expression approximative d'une valeur géométrique par une valeur arithmétique. Les mathématiques ne considèrent que l'idéal, qu'elles construisent suivant les principes rationnels sans doute, mais à partir de notions convenues et définies. Si donc, on ne peut trouver le rapport arithmétique de la diagonale au côté du carré, cela tient, non pas à l'impuissance de la raison, mais à la nature des conceptions qu'elle considère et qui n'admet pas la possibilité de ce rapport.

Il en est autrement en métaphysique. Le philosophe ne crée pas les objets de sa science comme le mathématicien ; il ne les possède pas comme lui entièrement par la raison, à partir des axiomes qui le dirigent et des notions idéales qu'il pose, jusqu'à leurs dernières conséquences. Le philosophe se trouve en face du donné, en face de faits et d'êtres dont il cherche à découvrir la nature et les lois. Il ne saurait donc connaître pleinement ces objets, comme le mathématicien ceux qui l'intéressent. Aussi ne peut-on dire que « le problème de la création est le même que celui des

---

(1) *Logique*, I, p. 82.

incommensurables » (1). En face du problème de la création, la raison ne nous montre pas qu'il n'y a aucun rapport rationnel entre l'infini qui crée et le fini créé ; bien plus, elle nous dit qu'il doit y en avoir un, visible à la raison suprême, invisible à la nôtre. La raison voit ici son impuissance, mais elle continue à croire à l'intelligibilité du donné.

Il y a plus : les rapports qu'examine le mathématicien ou ceux que recherche le philosophe ne sont pas de même sorte. Les premiers sont des rapports de grandeur, de situation, de quantité et se fondent sur le principe d'identité. Les rapports métaphysiques ne sont pas des rapports de quantité, et c'est lorsqu'on pose mal le problème de la création qu'il devient assimilable à celui des incommensurables, parce que, alors, on semble chercher une commune mesure entre Dieu et le créé, comme si l'un et l'autre étaient des quantités.

En faisant du problème de la création, ou de toute autre antithèse philosophique, l'analogue des indémontrables mathématiques, Gratry veut prouver qu'on peut avoir des certitudes d'une valeur scientifique, bien que ce soient des certitudes séparées et qu'on ne puisse ramener leurs objets à une commune unité. Or, sa démonstration conclut à ceci : — lorsqu'on ne peut établir un rapport d'identité entre deux vérités, on ne peut trouver entre elles aucun rapport logique. Et, cependant, ne maintient-il pas sans cesse qu'il y a d'autres rapports que ceux d'identité ? Et ne combat-il pas précisément cette « démonstration continue » qui se base uniquement sur eux ? Gratry raisonne comme ceux qu'il combat, bien qu'il conserve, lui, la valeur des vérités entre lesquelles on ne peut trouver de commune mesure ; et il semble oublier ce qu'il soutient si fortement, que le syllogisme n'est pas l'unique méthode de la raison.

Le problème de la création est d'une autre sorte que celui des incommensurables, et, s'il est insoluble en partie pour la raison humaine, ce n'est pas parce qu'il n'est pas traduisible par des rapports d'identité ; c'est parce que cette raison est impuissante à comprendre, jusqu'au fond, les natures des êtres en présence, qu'elle ne peut arriver à comprendre entièrement leurs relations. Mais, si celles-ci lui sont incompréhensibles, elles ne lui sont pas

---

(1) *Logique*, I, p. 82.

tout à fait inconnues. Le rapport de Créateur à créature, par exemple, si mystérieux qu'il soit dans son fond, n'implique-t-il pas des éléments saisis par la raison, bien qu'incomplètement, par exemple, celui de cause et d'effet, celui d'être, quelque différents que soient ces êtres, dont l'un est l'acte pur, l'autre plus ou moins en puissance.

Ce n'est pas en comparant les antithèses philosophiques aux incommensurables qu'on peut convaincre les partisans de la démonstration continue de l'inutilité de leurs efforts. C'est en leur montrant, au contraire, que les problèmes qu'ils envisagent sont d'autre nature. C'est justement pour cela qu'ils dépassent la raison humaine. Gratry a raison lorsqu'il invite celle-ci à ne pas gaspiller ses forces en de vains efforts pour dépasser ses limites. Mais celles-ci, encore une fois, ne lui interdisent pas seulement la connaissance des rapports, elles lui interdisent encore l'entière connaissance des deux termes. Il n'est donc pas étonnant qu'elle ne puisse en posséder le lien. Elle doit donc se contenter de tenir fortement, comme le dit Bossuet (1), ce qu'elle possède des deux bouts de la chaîne, bien qu'elle ne voie pas comment ils se rattachent l'un à l'autre.

Quant aux évidences immédiates de la raison, il faut dire après Aristote, à ceux qui refusent de les accepter, que c'est une faiblesse d'esprit de chercher des raisons là où il ne s'agit que de voir. Vouloir tout démontrer, c'est se condamner à raisonner à l'indéfini ou à rester dans un cercle ; dans l'un et l'autre cas, c'est ne rien démontrer. De sorte que si tout pouvait être démontré, rien ne le serait.

Ainsi, l'on peut suivre Gratry dans ses conclusions ; on ne saurait admettre l'argument mathématique par lequel il les appuie et qui assimile précisément les deux ordres de vérités qu'il veut séparer.

Comme il le dit, la démonstration continue n'est pas toujours possible, et il faut admettre la valeur de la certitude qui n'est pas fondée sur elle. De plus, le scepticisme, en montrant l'impossibilité de toute démonstration, quand on n'admet pas de points de départ indémontrables en même temps qu'infaillibles, prouve, par sa critique même, la valeur des premiers principes et des no-

---

(1) *Lib. arb.*, chap. IV.

tions premières, dont l'évidence donne la certitude, certitude qui ne peut tromper.

A cette certitude, Gratry cherche une base métaphysique et il la trouve, comme Descartes, dans la véracité divine. « Cela même que j'ai tantôt pris pour une règle, dit Descartes, à savoir que les choses que nous concevons très clairement et très distinctement sont toutes vraies, n'est assuré qu'à cause que Dieu est et existe, et qu'il est un être très parfait, et que tout ce qui est en nous vient de lui ; d'où il suit que nos idées ou notions, étant des choses réelles et qui viennent de Dieu en tout ce en quoi elles sont claires et distinctes, ne peuvent en cela être que vraies » (1).

Pour Gratry aussi, l'origine de nos idées nous garantit leur valeur, et le fondement métaphysique de la certitude lui est logiquement donné par sa théorie de la raison.

« Toute idée, a-t-il assuré, est une certaine vue de Dieu ». Toute idée proprement dite, c'est-à-dire toute idée claire et évidente, et par conséquent suivie de certitude, étant une vue de Dieu, est nécessairement vraie, car Dieu est vérité.

Aussi Gratry admet-il, « que l'idée est la chose même, conçue » (2), affirmation qu'il traduit ainsi : « tout ce qui est idéal est réel », mais dans un sens tout différent de celui que donnera Hegel à la même formule. Si tout ce qui est rationnel est réel aux yeux de Gratry, ce n'est pas parce que l'idéal a une garantie logique et que la raison domine tout ; c'est parce que Dieu lui-même est le garant des vues de la raison ; parce qu'on le voit dans les idées rationnelles, lui, le Réel par excellence. De même, tout ce qui est réel est idéal parce que les idées des êtres réels sont en Dieu qui les connaît, qui les veut et les crée.

Ainsi, Dieu est le fondement de la certitude parce qu'il est lui, la vérité même, le principe de l'être en qui se confondent, par suite, la vérité et l'existence. Il est le principe des êtres visibles, du monde des corps ; il est le principe de la raison. Où y a-t il place pour l'erreur ? Ce ne sera pas dans les objets de la connaissance, réalisation des idées divines ; ce ne sera pas non plus dans la raison faite pour la vérité. Aussi Aristote et saint Thomas déclarent-ils que l'intellect ne peut être faux. « Quiconque se trompe, au point

---

(1) *Discours de la Méthode*, pp. 41-42.
(2) *Connaissance de Dieu*, t. I, p. 347.

où il se trompe, cesse de faire acte d'intelligence » (1), dit aussi saint Augustin. Donc, « là où est l'idée, là est la vérité » (2), si l'on entend par idée non pas un concept quelconque, mais l'intuition rationnelle, la claire vue de l'évidence. Par suite, « là où il n'y a pas vérité, là n'est pas l'idée » (3), ou, si l'on veut, l'évidence et la certitude qu'elle peut seule donner.

Si le fondement métaphysique de la certitude est la vérité divine, la certitude n'a-t-elle pas le même fondement que la foi ? « On croit parce que Dieu parle » (4) ; on croit parce que les paroles de Dieu, la vérité même, ne peuvent tromper. De même, on est certain parce que toute idée est une manifestation, une certaine vue de Dieu, et comme une parole divine. « Le fondement de la certitude, dit saint Thomas, est la lumière de la raison humaine, lumière que Dieu met en nous et dans laquelle il nous parle » (5). « Dieu nous parle dans toute vérité et il ne peut nous tromper, parce qu'il est la vérité même » (6).

Ainsi la certitude, comme la foi, repose sur Dieu. « La certitude ne trompe point parce que, dans toute certitude, c'est Dieu, Dieu la vérité même, que l'esprit voit ou qu'il entend. La certitude est une paix de l'esprit que Dieu seul peut donner » (7).

Et encore : « Quand on est certain, c'est que Dieu le veut et l'opère, et quand le doute est impossible, c'est qu'on s'appuie sur Dieu » (8).

Ce n'est pas pourtant que Gratry veuille confondre la certitude et la foi divine. Il sépare toujours l'ordre naturel et l'ordre surnaturel. Si la certitude est une foi, c'est dans l'ordre naturel. Il a parlé, nous le savons, de cette foi humaine naturelle « qui, par son autorité intérieure, impose à l'esprit l'assentiment » (9) ; de cette foi qu'on a parce qu'on est homme. Mais, alors, il lui gardait son caractère propre, il n'en faisait pas une adhésion de l'esprit

---

(1) V. *Logique*, t. I, p. 52.
(2) *Logique*, t. I, p. 31.
(3) *Logique*, t. I, p. 31.
(4) *Logique*, t. I, p. 28.
(5) *Vérit.* q. II, art. 1. — *Logique*, t. I, pp. 37-51.
(6) *Logique*, t. I, p. 50.
(7) *Logique*, t. I, pp. 51-52.
(8) *Logique*, t. I, p. 36.
(9) *Connaissance de Dieu*, p. 247.

à Dieu. Ici, en démontrant que toute certitude de l'esprit est, au point de vue métaphysique, une affirmation de Dieu vu indirectement en toute vérité, il semble oublier que la certitude, en elle-même, si elle suppose une foi, suppose la foi en la raison et non en la véracité divine. C'est cette foi en la raison, et non pas la foi en Dieu, qui est à la base de toute certitude ; c'est parce que les sceptiques la suppriment qu'ils se condamnent à douter, et non pas parce qu'ils nient Dieu. Un athée, en effet, peut admettre la valeur de la certitude, pourvu qu'il veuille admettre la valeur de la raison. Mais si l'on supprime la foi en la raison, la croyance en Dieu elle-même est sapée par sa base. Car la foi suppose des motifs de crédibilité jugés valables par la raison, qui ne croirait pas, si elle ne voyait pas qu'il faut croire, comme le remarque saint Thomas. Il faut donc croire à la raison avant de croire à Dieu et à la parole de Dieu. Le métaphysicien peut voir que la certitude, en adhérant à l'évidence, ne fait qu'adhérer à Dieu. Mais la raison, qui affirme ce qu'elle voit vrai, ne l'affirme pas en considération du fondement métaphysique de l'évidence, mais à cause de l'évidence même.

Si la certitude était, en elle-même, une foi à Dieu, tout raisonnement serait basé sur un cercle vicieux. On croirait à la raison parce qu'on croirait à Dieu ; on croirait à Dieu parce qu'on croirait à la raison.

La certitude elle-même, la certitude état psychologique et logique, suppose donc la foi en la raison. C'est d'ailleurs ce que remarque saint Thomas, par ces paroles où il compare, sans les assimiler l'une à l'autre, la certitude et la foi surnaturelle. « De même que l'homme, par la lumière naturelle de l'intelligence, adhère aux principes, de même, par la lumière de la foi divinement répandue dans l'âme, l'homme adhère aux choses de la foi » (1).

C'est donc aux premières données de la raison qu'il faut que l'homme ait d'abord confiance ; toute explication métaphysique ne saurait venir que plus tard, et n'avoir de valeur qu'autant qu'on en accorde à ces premières données. Aussi saint Thomas d'Aquin, que Gratry cite, dit-il : « Le fondement de la certitude est la lumière de la raison » ; il ajoute : « lumière que Dieu met en nous et dans laquelle il nous parle » (2). Mais il montre d'abord

---

(1) 2. 2ᵈᵉ, q. II, art. 3. — *Logique*, I, p. 37.
(2) *Verit.*, q. II, art. 1. — *Logique*, I, pp. 37-51.

la certitude fondée sur la raison. C'est la raison elle-même, et non la certitude, qu'il explique ensuite par ses rapports avec Dieu. L'explication métaphysique cherchée ne concerne plus directement la certitude elle-même, qui demeure, en dernière analyse, une foi en la raison ; cette explication est la recherche de la nature de la vérité, objet de la certitude, et celle de la nature de la raison. On ne peut pas s'en servir pour prouver la valeur de la certitude sans faire un cercle vicieux.

L'application à la théorie de la certitude des doctrines métaphysiques proposées par Gratry au sujet de la raison et de la connaissance ne saurait apporter une garantie nouvelle à la certitude même. C'est que celle-ci, « preuve dernière de la vérité » (1), comme le dit Gratry lui-même, ne saurait être prouvée, puisque l'esprit ne peut démontrer qu'il est capable de connaître la vérité sans présupposer cette capacité.

Tout n'est pas dit encore en ce qui concerne la raison. Celle-ci, en effet, n'est pas indépendante. Non seulement elle a, avec Dieu et avec le monde extérieur, des relations que Gratry s'est efforcé de décrire, non seulement elle a des liens profonds avec la sensibilité et la volonté dans l'âme, mais encore « le genre humain, par sa parole et l'expression de sa raison déjà formée, excite l'âme à voir et développe, par une très mystérieuse génération, le germe obscur de la raison » (2).

Le langage joue, envers la raison naissante, le rôle d'excitateur : « Dans le fait, la raison de chaque homme s'éveille par la donnée de la parole telle qu'elle existe dans l'humanité » (3). Ce n'est pas que Gratry oublie le rôle des autres influences qui agissent sur la raison naissante et qui l'éveillent, de concert avec la parole : celle de Dieu, celle du monde. Elles concourent à donner à l'esprit l'intelligence du mot que la voix de l'homme fait résonner près de l'enfant. « Sous l'influence de Dieu, qui parle intérieurement dans la lumière de la raison, et au dehors par le spectacle de la nature ; sous l'influence de l'homme qui parle ; sous l'influence enfin du son qui frappe l'oreille, l'âme de l'homme nouveau-né donne en elle la vie et l'esprit à un mot » (4).

---

(1) *Logique*, I, p. 20.
(2) *Connaissance de Dieu*, II, p. 237.
(3) *Connaissance de l'âme*, I, p. 109.
(4) *Connaissance de l'âme*, I, p. 109.

Mais si le langage n'apparaît pas comme le seul excitateur de la raison, il apparaît comme l'excitateur nécessaire. Non seulement la raison naissante ne se fait pas son langage, mais, « loin de créer son corps, la pensée de chaque homme ne s'éveille d'abord, ne se développe ensuite, ne se maintient en acte que par le corps » (1). L'esprit rencontre le langage comme il rencontre le monde physique ; ou, plutôt, le langage le prévient, l'entoure et, sous cette forme sensible, c'est la raison de tous les hommes qui vient à la raison individuelle, non seulement pour l'éveiller, mais pour la façonner. « La forme de la raison commune est d'abord donnée du dehors à chacun » (2) et entre en lui par les sens et par la mémoire. « Une sorte de raison toute faite est imposée d'abord à la raison individuelle qui cherche à naître ; une forme de pensée fixe, arrêtée, nécessaire, que cet esprit ne changera pas plus qu'il ne changera sa constitution corporelle, s'offre comme point d'appui, comme milieu, comme aliment, comme vêtement, comme instrument, comme modèle et comme plan à cette force pensante qui veut agir » (3).

Si l'on se demande pourquoi ce moule fixe de la raison commune, ce corps de la raison de l'humanité, qui s'impose d'abord physiquement, nécessairement, avant tout développement de la liberté et de l'originalité de chaque esprit, c'est que, sans lui, l'union des esprits, la société, seraient impossibles. Il faut qu'une forme commune de langage soit imposée à chacun, comme une forme générale de corps est donnée à chaque âme venant en ce monde, pour éviter les bizarreries, les monstruosités et, en tout cas, une invraisemblable et irréductible diversité. Il le faut, pour que les hommes puissent s'entendre, pour que la raison humaine puisse se développer. « Que deviendrait l'humanité si chaque homme pouvait librement créer le corps de sa pensée ? Malgré les formes communes nécessaires, qui, dans ces langages individuels, résulteraient des lois essentielles de la pensée et de la raison, l'humanité ne serait qu'une poussière d'esprits nains et resterait éternellement bien au dessous des derniers degrés de l'état sauvage, tel qu'il est sous nos yeux » (4).

---

(1) *Connaissance de l'âme*, p. 111.
(2) *Connaissance de l'âme*, I, p. 109.
(3) *Connaissance de l'âme*, pp. 109-110.
(4) *Connaissance de l'âme*, I, p. 111.

L'influence du langage sur la pensée est grande, en effet. Il est bien vrai que, par les relations qu'il établit entre les esprits, il constitue l'instrument par excellence de la vie sociale, qui, sans lui, serait inférieure, rudimentaire.

Il nous porte la pensée d'autrui et, comme le remarque Gratry, la pensée de chaque homme serait bien pauvre sans l'apport que lui offre la pensée des autres. Dans le langage parlé par ceux qui l'entourent, la raison naissante trouve, non seulement des idées amassées pendant des siècles, résultats de recherches, d'observations, d'expériences, de réflexions multiples, mais encore un moule dans lequel elle coule ses propres pensées, et suivant lequel se façonne l'esprit. On sait comment la langue conserve le génie national, cette tournure d'esprit commune à tout un peuple, si bien que la nation subsiste, même sur un sol dont elle est dépossédée, tant que la langue n'est pas perdue.

Mais si l'esprit reçoit une si forte empreinte du langage, si celui-ci est « le point d'appui, le milieu, l'aliment, le vêtement, l'instrument, le modèle et le plan de la force pensante qui veut agir », cependant cette force peut s'éveiller et agir sans lui. Sans doute, l'intelligence se développe beaucoup plus, beaucoup mieux et avec plus de rapidité lorsqu'elle rencontre cet instrument incomparable du langage, déjà formé et préparé pour elle par d'autres intelligences. Elle peut, pourtant, s'exercer sans lui. C'est ce que montre l'expérience.

Est-ce d'abord la parole de l'homme qui, en frappant l'oreille de l'enfant, éveille en lui la raison ? D'autres influences sollicitent évidemment la raison naissante avant celle du mot. L'enfant comprend, interprète les gestes de sa nourrice, avant de comprendre et d'interpréter ses paroles. Les jeux de physionomie, le son de la voix, sont les premiers signes humains qui le frappent. La raison est éveillée et saisit déjà des rapports avant que la parole lui soit devenue intelligible. C'est même parce que sa raison est en exercice qu'elle saura revêtir et comprendre la forme du langage qui lui est offerte. En effet, les mots ne sont que de vains bruits tant que l'intelligence ne les a pas vivifiés. Ce sont des corps, il est vrai, mais des corps sans âme, tant que l'esprit ne s'est pas glissé en eux pour les animer.

Ainsi, même en considérant la raison en face d'un langage déjà formé, il faut accorder que son éveil précède l'intelligence des mots ; qu'elle ne parvient à cette intelligence des mots et de leurs rapports que parce que, déjà, elle est en exercice et a acquis quelque expérience au moyen de l'observation du monde extérieur et des signes naturels, dont la signification est la première qui lui apparaît.

Mais, de plus, on ne saurait oublier que la raison humaine ne s'est pas toujours trouvée en présence d'une langue constituée, et qu'il y a eu un moment où le langage a dû commencer. Comment alors s'est fait l'éveil de la raison, si le langage en est l'une des conditions nécessaires ? Gratry se défend de faire aucune hypothèse au sujet de l'origine du langage. Cependant le rôle et l'importance qu'il lui donne seraient seuls expliqués par la théorie traditionaliste. Celle-ci, en présentant le langage comme inspiré par Dieu à l'homme, accorde que, dès le principe, la raison humaine s'est trouvée en possession de son instrument ; le langage et la raison apparaissent comme inséparables. Dès lors, toute intelligence nouvelle se trouve dans la situation où la place Gratry, en présence d'un langage constitué, parlé par le premier homme, langage qui lui porte la forme de la raison commune en lui portant, sous une expression sensible, les idées, patrimoine de l'humanité ; en les éveillant en elle, où elles ne sont qu'en puissance.

Cependant, si Gratry fait effectivement remonter l'origine du langage au premier homme, dans le court passage (1) où il exprime rapidement son opinion, tout en prétendant ne la dire point, il diffère des traditionalistes par la manière dont il comprend cette origine.

Pour de Bonald, le langage est un don accordé par Dieu à nos premiers parents. Ceux-ci n'ont eu qu'à le recevoir, et la formation de leur langage échappe complètement à leur activité. Gratry cite le texte de la Genèse : « Dieu, ayant créé les choses, les présenta à Adam pour qu'Adam les nommât ; et les noms qui furent ainsi donnés sont les vrais noms ». Il voit, sans doute, l'influence de Dieu sur l'esprit d'Adam, mais il voit aussi celle de l'objet, en même temps que l'activité intellectuelle du premier homme s'exerçant à donner leurs noms aux choses. « Est-ce que, demande-t-il, l'enfantement de ce mot a pu s'opérer autrement que par un puissant effort de l'âme entière, sous l'influence actuelle de l'objet et sous l'influence actuelle de Dieu, montrant l'objet dans la lumière

---

(1) *Connaissance de l'âme*, I, p. 137.

intelligible ? » (1). Gratry admet donc, au moins pour le premier homme, une activité intellectuelle indépendante des mots, la possibilité d'une pensée antérieure au langage puisque, évidemment, Adam pense avant de trouver le mot et pour trouver le mot.

Mais Gratry semble faire, de ce pouvoir, un privilège du premier homme. Si la pensée de celui-ci a pu se créer son corps, il n'en est pas de même pour chacun. « La pensée de chaque homme ne s'éveille d'abord, ne se développe ensuite, ne se maintient en acte que par son corps » (2). Gratry lie donc étroitement le mot à la pensée. Sans le mot, la pensée ne saurait commencer, ou, en admettant qu'elle puisse commencer, elle ne saurait se soutenir. Avec Aristote, les scolastiques, saint Thomas, Gratry admet que, dans l'état présent, l'homme ne peut rien concevoir sans s'appuyer sur quelque signe ou quelque image. Mais il va plus loin, il fait du mot le seul signe : « Essayez de voir votre esprit, vos idées ; regardez bien. Tant qu'il n'y a pas de mots sous ce regard intellectuel, vous n'apercevrez rien, et, dès que vous voyez, il y a des mots » (3). Ainsi, la pensée sans la parole est impossible dans l'intérieur de chaque esprit. « La pensée pure, sans le signe sensible des mots, nous serait comme imperceptible » (4).

On le voit, Gratry pousse à l'exagération cette vérité, que les mots dans l'esprit fixent, arrêtent, rassemblent, portent et conduisent la pensée. Il ne se contente pas de montrer que les mots sont le signe par excellence et que la pensée devient plus claire, plus distincte et plus maniable lorsqu'elle s'exprime par la parole intérieure. Mais ce discours intérieur n'est pas nécessairement formé de mots. Nous exprimons très souvent nos pensées, à nous-mêmes, par des images. Ici des mots, là des schèmes à notre usage, plus compréhensifs que des mots, nous servent de signes, de point d'appui pour la pensée qui, plus rapide et plus riche que la parole, poursuit son cours.

La parole intérieure n'est donc pas nécessaire à la pensée ; des séries d'images peuvent l'aider et la soutenir à la place de mots.

---

(1) *Connaissance de l'âme*, I, p. 137.
(2) *Connaissance de l'âme*, I, p. 111.
(3) *Connaissance de l'âme*, I, p. 113.
(4) *Connaissance de l'âme*, I, p. 113.

Cependant, quelque importance que Gratry donne au langage dans la pensée, il n'enlève pas à l'esprit son activité indépendante des mots. Il affirme, il est vrai, qu'il n'y a pas d'éducation de l'esprit sans la parole (1) ; que, d'ordinaire, la pensée, la raison ne se développent pas plus sans la donnée extérieure du langage que l'âme sans le corps. Mais, une fois l'esprit éveillé par le langage et en possession du langage, il doit devenir capable de maîtriser le langage. Aucun esprit ne peut penser sans mots, nous venons de voir Gratry s'efforcer de le montrer. Cependant la situation de tous les esprits en face des mots est loin d'être la même.

Pour en montrer les différences, Gratry se sert d'un rapprochement original. Il compare le rapport des mots à l'esprit, dans l'organisme intellectuel, au rapport de la vie organique et des parties inorganiques chez les êtres vivants.

Il y a des esprits qui ressemblent à ces masses protoplasmiques qui recouvrent une pierre sans la pénétrer : « leur pensée est l'enveloppe des mots ; elle n'est rien du tout sans ces mots ; les mots bruts, indigérés, non assimilés, la forment, la portent, la dirigent » (2).

D'autres, « esprits très obscurs, très étroits, très obstinés, très lents, pour qui les mots sont comme des enveloppes pierreuses opaques », une demeure dans laquelle ils se ferment et à travers laquelle ils ne voient plus rien, « sont comparables aux animaux portant coquille et qui restent où tient l'enveloppe » (3).

Mais il y a des esprits qui sentent l'obstacle qu'offrent les mots à la pensée vraiment personnelle. Ceux-là, loin de s'enfermer dans les mots, en ont horreur. Par prétention à la pensée pure, ils ne veulent souffrir aucun mot solide et consistant. Esprits confus, vagues, faibles, « qui, manquant de l'excitation et de l'appui solide des mots qu'ils méprisent trop, sortent très peu d'eux-mêmes, agissent peu, avancent peu » (4). Ceux-là ressemblent aux animaux sans squelette, sans membres pour le mouvement.

Enfin, les esprits qui savent lutter contre les mots, et qui arrivent, non pas à les mépriser, mais à les maîtriser, sont les es-

---

(1) *Connaissance de l'âme*, I, p. 114.
(2) *Connaissance de l'âme*, I, p. 117.
(3) *Connaissance de l'âme*, I, p. 118.
(4) *Connaissance de l'âme*, I, p. 119.

prits vraiment développés. Chez ces esprits graves, profonds, sérieux, dociles, humbles et forts, la parole n'est pas « brisée, flétrie, faussée », mais « domptée, assouplie, pénétrée, assimilée par la pensée » (1).

Ces observations sont pénétrantes et profondes. Si Gratry a exagéré le rôle du mot dans l'éveil de la pensée, et la dépendance de la seconde à l'égard du premier, ici il marque admirablement les différentes attitudes du mot qui peut paralyser et rétrécir la pensée, la gêner dans son essor ou lui servir au contraire de point d'appui, de base d'élan. Il caractérise finement ces intelligences médiocres qui, n'ayant aucune énergie propre, se servent des mots sans en pénétrer le sens, soit au hasard des circonstances, soit au contraire avec une routine qui les emprisonne. Ces esprits sont ceux dont parle Leibniz, qui « prennent la paille des mots pour le grain des choses » (2). Ils ne se détachent pas du mot ou, même, ils s'y enferment.

Les esprits qui méprisent les mots sont ces esprits nébuleux chez qui la pensée n'est jamais coulée dans une expression limpide : littérateurs décadents qui malmènent la langue sous prétexte d'arriver à une « écriture artiste », supérieure au langage classique. Mais Gratry a peut-être tort de ne ranger dans ce groupe que des intelligences avides d'indépendance. Les esprits paresseux, trop nonchalants pour se saisir des mots, présentent les mêmes caractères de vague et d'obscurité.

Ce sont surtout les progrès et les développements de l'esprit, capable de s'élever à la pensée personnelle, qui sont étudiés par Gratry avec une perspicacité qui révèle l'expérience. Gratry signale les efforts de l'écrivain, du penseur, aux prises avec les difficultés du langage et traitant avec défiance les mots qu'il a reçus jusquelà sans critique, mais qu'il parvient de mieux en mieux à pénétrer, jusqu'au moment où il réduit cet outil, d'abord rebelle, à devenir entre ses mains un instrument d'une merveilleuse souplesse et dont il connaît à fond toutes les ressources. « Quand un esprit est destiné à un degré plus ou moins grand de développement original,... il vient un temps où il repousse les mots, les froisse, les brise et s'en dégage... C'est un effort vers la liberté, mais un effort

---

(1) *Connaissance de l'âme*, I, p. 120.
(2) *Théodicée*, 3ᵉ partie, nº 320.

manqué n'est rien. Il faut, sous l'influence de la vie, reconstruire ces débris, édifier tous ces éléments en un vivant et utile mécanisme, ou plutôt, il ne faut rien briser dans ce roide système de pensée. Il ne faut point rejeter cette sorte de raison toute faite que nous a donnée le langage, mais il faut tout analyser et refaire la synthèse du tout sous l'influence actuelle de la vie. Il faut en pénétrer l'ensemble et chaque détail, et j'ajoute qu'il en faut être pénétré de telle manière que l'ensemble de notre parole articulée et intérieure soit entièrement conforme à la vie de notre pensée, se déploie, se meuve avec elle, soit flexible par elle... Il faut que la parole articulée et tous ses éléments, tous ses détails et tous ses mots, fassent tellement partie de notre esprit, que tout cela soit souple sous tous nos mouvements, et que tout cela vive, se nourrisse, se colore et s'imprègne de l'âme et de la pensée. Il faut que l'esprit, à son tour, ayant su s'abstenir de donner une forme arbitraire à sa parole en la façonnant de main d'homme, l'ait laissée librement croître en lui, par l'opération intérieure de la vie, selon sa nature propre et la nature des choses, et sur un plan inconnu à lui-même. Alors, appuyé sur ce merveilleux mécanisme, d'une force énorme et d'une incomparable délicatesse, il marche, bondit, s'élance, plane, est debout » (1).

Ainsi sont marqués les efforts personnels nécessaires à l'intelligence qui aspire à une pensée vraiment originale, vraiment sienne ; la part à laisser au développement spontané de l'esprit, de la parole, « qui croît en lui sur un plan inconnu à lui-même » n'est pas oubliée. Si, en effet, le travail est indispensable, si l'analyse, la critique, doivent servir de préparation, il faut ensuite ne pas entraver, par l'effort même, le libre jeu de l'inspiration dont les ressorts profonds sont ignorés de l'homme.

Cette analyse sagace ne paraît pas suffisante à Gratry. Parmi « les esprits qui pensent », il établit encore une distinction ; il trouve chez eux deux manières de traiter la parole. Les uns, maîtres de leur parole, « voient clair en eux-mêmes et dans leurs propres pensées, mais très peu hors d'eux-mêmes, très peu dans la pensée d'autrui, très peu dans la pensée universelle » (2). Pour les autres, « les mots sont devenus des foyers et des réflecteurs

---

(1) *Connaissance de l'âme*, pp. 125, 126, 127.
(2) *Connaissance de l'âme*, I, p. 128.

de lumière » (1), non seulement pour la lumière qui est en eux, mais pour la lumière d'autrui. « La parole s'est développée à la fois selon la vie individuelle et selon la vie universelle. Elle est devenue un conducteur en qui l'esprit individuel, l'esprit du genre humain et l'esprit de Dieu communiquent » (2). Les premiers prennent les mots dans leur sens étroit, « celui que l'on borne et que l'on arrête à l'objet tel que nous le voyons de nos yeux, ou tel que notre connaissance présente le définit » (3). Mais il y a un grand sens des mots, et c'est celui que pénètrent les seconds ; ils découvrent le mot tel qu'il est, non seulement signe de leur propre pensée, mais « image de la nature des choses, de l'âme, de Dieu » (4).

« Les premiers recevront les mots avec froideur, rigueur, défiance, parcimonie. Ils y verront ce qu'on y voit nécessairement, ce qu'il faut en prendre pour s'entendre et parler. S'ils sont penseurs, ce que nous supposons, ils les prendront comme signes bien arrêtés et définis des pensées claires et arrêtées qu'ils ont déjà. Il n'y a, disent-ils, dans les mots, que ce qu'on y a mis. Les plus grands mots du langage humain ne leur apporteront jamais que ce qu'ils y ont mis eux-mêmes, au moment où ils ont fait leur langue et se sont arrêtés » (5).

« Quant à l'autre nature d'esprit, ils donnent à la parole une plus large hospitalité... Ils croient qu'elle peut leur donner des lumières qu'ils n'ont pas. Ils savent qu'elle représente la pensée de l'humanité, plus grande que leur pensée, et la pensée de Dieu, plus grande que la pensée du genre humain » (6).

Gratry (7) retrouve la trace de ces grandes distinctions des es-

---

(1) *Connaissance de l'âme*, I, p. 129.
(2) *Connaissance de l'âme*, I, p. 129.
(3) *Connaissance de l'âme*, I, p. 138.
(4) *Connaissance de l'âme*, I, p. 141.
(5) *Connaissance de l'âme*, I, p. 140.
(6) *Connaissance de l'âme*, I, p. 141.
(7) Qu'il y ait plusieurs sens des mots, Gratry prétend le prouver en invoquant l'algèbre, cette langue de la géométrie, qu'il est possible, dit-il, de transposer. « La transposition algébrique reproduit toute une série de vérités nouvelles, rattachées aux premières par un rapport très simple, mais d'ailleurs tout à fait différentes dans leurs formes géométriques visibles ». (*Connaissance de l'âme*, I, p. 152).
L'exemple nous conduit loin, semble-t-il, de ce que Gratry veut montrer,

prits à l'égard de la parole dans l'histoire du langage humain, dans la nature diverse des langues qui se partagent le globe.

Il choisit comme types trois langues, appartenant chacune à l'une des trois grandes familles que distinguent les philologues : le chinois, dans le groupe touranien ; le sanscrit, dans le groupe aryen ; l'hébreu, dans le groupe sémitique. C'est de Humbolt qu'il prend pour guide dans l'étude rapide dont il prétend tirer des conclusions en faveur de sa thèse.

Si Gratry se proposait seulement de montrer que l'on peut reconnaître, dans le style des écrivains, deux tendances opposées, qui se manifestent aussi dans le langage des différents peuples, ses idées ne seraient pas originales, mais on ne pourrait qu'y souscrire.

Comme le remarque Humbolt, il y a un usage scientifique de la parole, où elle est considérée surtout comme signe de la pensée ; et un usage oratoire, où elle est prise surtout comme expression des choses (1). Il y a des écrivains dont la langue claire, précise, mais froide, convient admirablement à l'expression des idées. Chez d'autres, la même langue revêt des formes chaudes, colorées, un sens poétique et vivant. Les premiers choisissent les termes abstraits et tournent leur attention vers la pensée plutôt que vers l'objet extérieur ; les seconds se servent de mots surtout concrets, savoureux, pittoresques, qui parlent aux sens et à l'imagination autant qu'à la raison ; ils se placent en face des objets, ou de leur image, plutôt qu'en face de la pensée pure.

---

savoir, que le même mot peut offrir plusieurs significations. Ici, si le sens des expressions algébriques change, c'est qu'on a changé les relations des termes qui les composent. Il est donc logique d'obtenir un résultat différent, bien que lié au premier, puisque, suivant l'aveu de Gratry, il lui est rattaché par un rapport très simple. — Mais dans le cas d'un mot connu, comme ceux qu'analyse Gratry, celui du mot jour par exemple, dont il cherche la signification absolue, il n'y a pas entre ce terme et ses divers sens de rapports mathématiques, d'une valeur déterminée ; il n'y a que les relations que forme l'activité de l'esprit en étendant par analogie le sens du mot. C'est ainsi que Gratry passe lui-même du sens strict du mot jour, période de vingt-quatre heures, d'abord à un sens plus étendu, celui que met un monde à présenter sa sphère totale à son soleil, puis à un sens plus général encore : un jour, c'est le rapport total d'un être à son principe. (*Connaissance de l'âme*, I, p. 144).

(1) *Connaissance de l'âme*, I, p. 132, cité par GRATRY. — *Introduction à l'étude des langues malaises*.

Ces aptitudes différentes, qui se remarquent chez les écrivains d'une même nation, se remarquent aussi dans l'ensemble d'un peuple. Il y a des peuples, des races rationalistes, dont le langage abstrait, fait pour l'expression des idées, se prêtera mal à celle des sentiments ; il y a des peuples poétiques, dont la langue souple, pleine de couleur et de vie, rend les nuances d'une pensée toute pénétrée de sensibilité, d'une imagination riche et brillante.

C'est ainsi que de Humbolt (1) montre le Chinois monosyllabique, raide, exact, avec des mots comme des signes algébriques et des propositions comme des équations, « langue qui entretient l'activité de la pensée abstraite au détriment de tout ce qui pourrait en varier et en embellir l'expression, parce qu'elle supprime les couleurs, les nuances, les symétries des formes (2) et arrive à la forme la plus froidement rationaliste que la pensée de l'homme ait jamais revêtue » (3).

Le sanscrit, au contraire, polysyllabique, a une souplesse et une flexibilité que rien n'épuise. Cette langue a des formes grammaticales d'une incomparable richesse, et, par cette multiplicité, elle parvient à exprimer « toutes les nuances de la pensée et toutes les impressions des choses sur l'âme » (4). Le mot n'y est plus traité comme un signe pur : il y est personnifié. C'est une langue colorée, poétique, où les choses vivent et s'animent.

L'hébreu n'a pas la même richesse de flexion que le sanscrit, et le mot ne peut recevoir, avec autant de liberté, toutes les formes. Mais cette langue use volontiers de termes concrets et elle exprime, par des comparaisons, les idées abstraites. Sa méthode est un symbolisme délicat, qui exprime l'invisible à l'aide du visible. De là une grande puissance poétique, une forme de pensée imagée, artistique.

Parmi ces langues, les unes traitent donc le mot comme signe représentatif de la pensée, les autres comme représentant la chose. Et, comme le dit Humbolt cité par Gratry, « les nations peuvent, en formant les langues, suivre deux routes absolument différentes : s'attacher strictement au rapport des pensées en tant que

---

(1) V. *Connaissance de l'âme*, I, p. 168.
(2) Lettre à M. Abel de Rémusat. — *Connaissance de l'âme*, I, p. 164.
(3) *Connaissance de l'âme*, I, p. 168.
(4) *Connaissance de l'âme*, I, p. 171.

pensées, et n'exiger de la langue que l'énonciation claire et précise de ces pensées..., ou bien cultiver la langue comme un monde idéal, analogue au monde réel » (1).

Que la puissance oratoire et poétique des langues soit dans leur plus ou moins grande faculté de flexion, cela encore doit s'admettre. Les langues flexionnelles, synthétiques, avec leurs formes grammaticales multiples et variées, leur facilité de composition, de dérivation, l'abondance des mots concrets, la rareté relative des mots abstraits, sont plus vivantes, plus pittoresques, plus favorables à l'éloquence, à la poésie. Elles s'adressent surtout à l'imagination, à la sensibilité, fort peu à la raison seule. D'ailleurs, la concision par laquelle elles condensent plusieurs idées en un seul mot, leurs inversions, les longues périodes si aptes à rendre le mouvement et les nuances de la pensée, sont un obstacle à l'expression claire de vues purement intellectuelles.

Les langues sans flexion, qui rendent chaque idée par un mot spécial, ayant dans la phrase sa place déterminée, manquent des ressources des langues flexionnelles, mais se prêtent mieux, en revanche, à l'expression de la pensée pure, claire et précise, car leur forme analytique, en même temps qu'elle assure un signe pour les éléments de cette pensée, force celui qui l'exprime à l'analyser. Plus froides, car l'analyse tend à exclure l'image et le sentiment, moins énergiques, moins pathétiques, moins artistiques, elles atteignent un degré d'abstraction qui en fait éminemment les langues des affaires, des sciences, les langues de la raison.

Que Gratry donne la supériorité aux langues flexionnelles, éloquentes et poétiques, cela n'est pas pour surprendre. Son âme d'artiste, toute vibrante de sensibilité, riche d'une imagination puissante, est plus faite pour se plaire aux couleurs, à l'élégance, à l'harmonie de ces langues surtout littéraires, qu'à la précision un peu froide des langues analytiques. On peut, d'ailleurs, suivant le point de vue où l'on se met, voir un progrès ou une décadence dans l'évolution résumée par Ampère : « Les langues commencent par être une musique et finissent par être une algèbre ». Et, peut-être, la perfection est-elle dans ce milieu où la place Gratry en donnant sa préférence à l'hébreu, dont la puissance flexionnelle est plus modérée que celle du sanscrit.

---

(1) Lettre à M. A. de Rémusat. — *Connaissance de l'âme*, I, p. 159.

D'ailleurs, cette préférence pour les langues synthétiques est la conséquence de l'une des idées dominantes de sa philosophie : la défiance de la pensée pure, la conviction qu'il faut tenir la sensibilité, l'énergie unies à la raison et aller au vrai avec l'âme tout entière.

Mais si le choix de Gratry en faveur des langues flexionnelles peut être légitimé, si les faits présentés sont indiscutables, les explications qu'il en donne, les conclusions qu'il veut en tirer semblent ne pas l'être.

En effet, lorsque Gratry parle de deux manières de traiter la parole, il n'a pas en vue seulement l'esprit qui se sert du mot, mais le mot en lui-même. Pour lui les mots, si l'on en excepte les mots de pure construction rationnelle, « qui ne contiennent ni plus, ni moins, ni autre chose que ce qu'on y a mis » (1), les mots ont une valeur propre, indépendante de l'esprit.

« Il y a, dit il, des mots exprimant des objets sensibles ou intellectuels qui peuvent renfermer plus que ce qu'on y a mis ». Ces mots « ne sont pas seulement l'œuvre de l'esprit qui les forme, mais encore le cachet des objets qu'ils expriment. Les mots sont à la fois signe de notre pensée et représentation des choses » (2).

Ainsi, pour Gratry, les mots ne sont pas les signes au moyen desquels notre pensée se représente les choses ; ils renferment en eux quelque chose de la nature de l'objet désigné ; bien plus, quelque chose de l'âme et de Dieu. « Tous les mots qui expriment des objets réels, physiques ou spirituels, peuvent et doivent ressembler par quelque endroit à l'âme et à Dieu » (3).

Dès lors, le grand sens des mots, le sens poétique, ce n'est pas seulement celui qui laisse résonner dans le mot toutes les émotions du sentiment, qui sait le revêtir des brillantes couleurs de l'imagination : « c'est celui par lequel les mots ressemblent à l'âme et à Dieu » (4). Si le mot a plus de force chez l'écrivain dont la langue colorée, puissante, semble évoquer la vie, c'est qu'il est employé dans le sens de tout l'être qu'il exprime réellement. Au contraire, le sens étroit des mots ne voit dans le mot que ce

---

(1) *Connaissance de l'âme*, I, p. 133.
(2) *Connaissance de l'âme*, I, p. 133.
(3) *Connaissance de l'âme*, I, p. 137.
(4) *Connaissance de l'âme*, I, p. 137.

que l'esprit même y a mis ; il le vide de son être propre. Ceux qui l'emploient « ne se doutent point que les mots tiennent à des êtres réels, sous l'influence desquels ils ont été conçus, dont ils portent l'image et sont des messagers » (1).

De quelle façon les mots tiennent-ils aux idées, aux choses et à Dieu ? Lorsque Gratry parle de l'origine du langage, il voit l'homme nommant les choses « par un puissant effort de l'âme entière, sous l'influence actuelle de l'objet et sous l'influence actuelle de Dieu, montrant l'objet dans la lumière intelligible » (2). Les noms ne sont donc pas arbitraires ; ils ne résultent pas non plus de l'observation faite par l'homme de quelque caractère accidentel de l'objet, du bruit qu'il émet, par exemple, et que la voix humaine cherche à imiter ; ils n'expriment pas quelque ressemblance lointaine, dans l'aspect extérieur, ou l'usage de cet objet, avec un autre déjà nommé. Les noms sont le résultat de la connaissance qu'a l'esprit de la nature des choses, vues dans la lumière de la raison, sous l'influence actuelle de Dieu. Ils expriment donc, non seulement les conceptions de l'esprit, les impressions de la sensibilité à l'égard de cet objet, mais encore cet objet lui-même dans ses caractères essentiels. La raison humaine, en face des choses, a été amenée à concevoir les idées mêmes de ces choses. Elle les a vues, non pas d'une manière directe, sans doute, mais d'une manière très réelle et très véritable dans la lumière intelligible dont Dieu l'éclairait. C'est d'après ces idées mêmes qu'elle a nommé les choses ; les noms expriment les idées ; ils ne sont donc pas seulement le signe des objets, ils enferment une connaissance métaphysique des choses. Le grand sens des mots est celui où ils sont pris ainsi, dans leur acception complète. C'est « celui qui implique, outre l'objet qu'on voit, l'idéal invisible de cet objet, tel que Dieu peut le présenter à l'âme ou tel qu'il est en Dieu lui-même » (3). Gratry rattache donc à sa théorie des idées ses conceptions sur le langage. Il ne lui suffit pas que celui-ci soit le signe qui, pour l'esprit, représente l'idée, bien qu'il n'y ait pas entre celle-ci et celui là de rapports rationnels fondés sur la nature des choses. Le mot est lié à l'idée, non par suite de la convention ou de l'usage, mais

---

(1) *Connaissance de l'âme*, I, p. 140.
(2) *Connaissance de l'âme*, I, p. 137.
(3) *Connaissance de l'âme*, I p. 138.

par suite d'une convenance intime, profonde, clairement perçue à l'origine, et par laquelle, en signifiant le concept que se forme la raison à l'égard de l'objet, il signifie par là même l'idée de l'objet telle qu'elle existe en Dieu.

Aussi Gratry appelle-t-il esprits nominalistes ceux qui privent les mots de ce grand sens. Il lui semble qu'ils réduisent l'idée générale à n'être qu'un mot, s'ils ne voient pas, dans ce mot, au-delà des conceptions abstraites qui peuvent se rattacher à lui, l'objet idéal qu'il représente. Mais le véritable nominalisme nie l'existence de l'idée générale en elle-même, et dans l'entendement divin, et aussi dans l'esprit humain. Ce n'est pas être nominaliste que d'admettre que les mots sont les signes liés par l'esprit, d'une part aux objets tels que nous les voyons, d'autre part aux conceptions auxquelles l'expérience et la réflexion ont conduit l'intelligence à l'égard de ces objets. Pour le nominaliste, le nom général est vide. Il l'est aussi pour celui qui l'accepte comme un signe, mais seulement tant que l'esprit ne lui a pas donné un contenu. Sans la pensée, le langage demeure un pur « psittacisme ». C'est la pensée vivante et agissante de chacun qui lui donne l'âme et la vie.

D'ailleurs, la théorie des idées est en réalité indépendante de celle de la valeur des mots, et les rapports que Gratry établit entre elles ne sont pas des rapports nécessaires. On peut admettre que les idées générales existent à la fois dans l'entendement et dans la réalité, sans admettre que les mots, en les exprimant, expriment la nature même des choses. Le Réalisme, le réalisme modéré, qui est celui de Gratry, n'a pas pour conséquence directe l'affirmation du « grand sens des mots ». En effet, l'esprit peut concevoir une idée générale sans pouvoir lui donner une expression qui l'enferme telle quelle. Il peut la représenter par un signe qui n'a pas avec elle d'autres rapports que celui qu'il lui donne lui-même. Dès lors, en vertu de l'association, le signe évoquera l'idée et réciproquement. Mais que ce signe n'enferme pas l'idée elle-même, ce qui le prouve, c'est qu'il ne suffit pas de l'étudier en lui-même pour obtenir l'idée. Celui qui reçoit le mot pour la première fois, doit recevoir aussi une définition qui l'explique et qui révèle la conception qu'il représente. L'étude des mots n'instruit pas sur la nature des choses, comme elle le ferait si les mots représentaient cette nature. Ainsi, pour prendre un exemple dans Gratry lui-même, c'est à l'aide de commentaires qu'il précise et qu'il explique le sens qu'il accorde aux mots jour, marche, consommation. Il élève le sens ordinaire de ces mots, et l'étend, à l'aide des développements qu'y ajoute sa propre pensée, au moyen de rapprochements ; il ne rejoint pas, dans le mot lui-même, une idée plus haute qui s'y trouvait, pour ainsi dire, déposée (1).

D'ailleurs, quels sont les arguments invoqués par Gratry en faveur de sa thèse ? Il s'appuie sur le texte de la Genèse. Dieu amène au premier homme les oiseaux du ciel et les animaux de la terre : *Ut videret quid vocaret ea : omne enim quod vocavit Adam animae viventis, ipsum est nomen ejus* (2).

Or, ces paroles montrent seulement que ce fut Adam qui donna leurs noms aux êtres créés placés sous ses yeux ; il n'est pas question de la manière dont il le fit. L'interprétation qu'en donne Gratry apparaît tout à fait arbitraire. Et, même si l'on admet cette interprétation, on peut se demander, en face des évolutions profondes des langues, sensibles dans leurs diversités, ce qu'est maintenant devenu cet élément du mot qui implique l'idéal même des choses. Où s'est-il conservé dans les langues multiples du globe ? Toutes l'ont-elles gardé malgré leurs formes différentes ? ou si quelques-unes, si une seule le possède, comment le reconnaître ? Sera-ce par la tendance que Gratry signale, et qui consiste à prendre le mot dans son sens concret, à le personnifier ? Qui ne voit que c'est là un témoignage insuffisant ? Il révèle la nature de l'esprit qui se sert de la langue, le génie de ceux qui l'ont formée, mais non point la propriété du mot à signifier la nature intime des choses.

En effet, en faisant appel aux caractères des différentes langues, Gratry met en lumière les difficultés de sa théorie, plutôt qu'il ne la soutient. Il dégage la diversité des formes grammaticales

---

(1) *Connaissance de l'âme*, I, pp. 144-145. — Il dit que le sens étroit du mot jour signifie une durée de vingt-quatre heures. Mais, dans l'ensemble de la création, un jour est une période d'un monde relativement à son soleil. Cela c'est encore un sens relatif au monde des corps. Il y a un soleil invisible qui illumine et féconde les esprits. Alors un jour c'est, dans le sens absolu, le rapport total d'un être à son principe. De même marcher, ce n'est pas seulement franchir du pied une distance, c'est avancer, aller vers un but, l'avenir qu'on poursuit. On marche pour arriver au repos, et ce repos est Dieu pour tout être. La « marche » aboutit à la consommation en Dieu.
(2) Chap. VII, v. p. 19.

et celle des mots. Or, qu'est-ce qui a produit cette diversité, sinon l'intelligence même, en modelant le langage suivant ses tendances, ses besoins, ses aptitudes ? Si la langue varie suivant les races, c'est que le génie de la race a sur elle une influence profonde ; c'est qu'il s'exprime en elle et par elle. Sans cela, les choses elles-mêmes demeurant invariables, si le mot en représente la nature, il devra présenter partout au moins un élément invariable. Or, d'une langue à l'autre, non seulement les racines changent, mais le mot qui désigne un même être considère tantôt l'une, tantôt l'autre de ses propriétés, de ses qualités ou de ses usages ; le mot, tout en signifiant le même objet, varie dans sa représentation fondamentale. Il semble bien, dès lors, qu'il soit « le signe de ce qu'on veut dire », non pas « l'expression de ce qui est ».

Gratry est d'ailleurs forcé de reconnaître la libre action de l'esprit sur les mots. Mais il considère comme une faute, une sorte d'infidélité à la lumière intelligible donnée par Dieu, l'habitude intellectuelle de manier le mot comme un signe et de ne pas savoir y trouver « sa ressemblance à l'âme entière, à la nature des choses et à Dieu même » (1). Il accuse l'esprit chinois d'avoir opposé « au génie créateur des langues » (2) de grandes entraves et d'étroites limites. Il voit, dans l'emploi du sens étroit des mots, par les individus comme par les peuples, la manifestation de l'inclination égoïste de l'âme qui s'enferme en elle-même, dans ses impressions personnelles et ses réflexions abstraites, au lieu de s'élancer hors d'elle et jusqu'à l'infini. D'où l'athéisme, qui caractérise la Chine ; tandis que l'Inde, avec une langue au génie excessivement concret, personnificateur, est panthéiste, et que la Judée, qui manie de préférence l'expression concrète, mais avec plus de modération que l'Inde, est monothéiste.

Il est possible qu'une tendance trop grande à l'abstraction soit peu favorable à la connaissance de Dieu, bien que cela soit discutable. Mais cette absence de croyance en Dieu n'a rien à voir avec les mots pris en eux-mêmes. Il se trouve seulement que la négation de l'existence de Dieu coïncide chez un peuple avec une langue algébrique parce que ces deux faits résultent d'un certain tempérament intellectuel et moral. Il n'y a pas de l'un à l'autre

---

(1) *Connaissance de l'âme*, 1, p. 162.
(2) *Connaissance de l'âme*, 1, p. 166.

de rapport causal ; ce sont deux effets d'une même cause. Il en est de même en ce qui concerne l'Inde ou la Judée : le caractère de la langue et celui des croyances procèdent l'un et l'autre du génie de la race, — si l'on ne considère pas, dans la croyance, les fondements surnaturels qu'elle peut présenter.

Si la tendance à l'abstraction tend à dessécher l'esprit, ce n'est point parce que, en lui obéissant, on s'éloigne du sens concret du mot, c'est parce qu'on s'éloigne de la réalité même pour s'enfermer dans le mot ; parce qu'on ne sait pas voir, au-delà du mot, cette réalité saisie par une pensée qui déborde le mot.

Gratry pense maintenir le contact de l'esprit avec le réel en plaçant dans le mot quelque chose de ce réel, et comme « tout réel est idéal », il croit maintenir en même temps la pensée proche de cet idéal. Mais le réel atteint par la raison n'est pas incorporé dans le mot ; celui-ci est un signe sans rapport intime avec cette réalité ; signe qui en réveille l'idée dans l'esprit dans la mesure où celui-ci la connaît déjà, par une étude ou une expérience ultérieure. Tout ce que le mot, par lui-même, peut révéler des objets, c'est seulement, parfois, leurs caractères de sonorité qui se retrouvent alors peints dans le mot, image sonore. Aussi les onomatopées sont-elles, dans ce sens, les signes les plus près des choses.

Le contenu du mot, sa signification, sa valeur, lui est donnée par l'esprit qui pense, et si certains mots présentent à certains esprits une signification plus étendue, ce n'est point parce que ceux-ci savent trouver dans le mot l'idée même des choses, c'est parce que la vue du mot ébranle par association les idées acquises déjà, les émotions éprouvées, toute une vie intérieure vigoureuse et riche de souvenirs (1). L'imagination s'en empare, et si c'est

---

(1) « Le hasard des circonstances, de l'éducation, des lectures, des voyages, des mille impressions qui forment le tissu de notre vie morale, a fait associer tels mots, tels ensembles d'expressions à telles images, à tels ensembles de sensations. De là tout un monde d'impressions vagues, de sensations sourdes, qui vit dans les profondeurs inconscientes de notre pensée, sorte de rêve obscur que chacun porte en soi. Or les mots, interprètes grossiers de ce monde intime, n'en laissent paraître au dehors qu'une partie infiniment petite, la plus apparente, la plus saisissable, et chacun de nous la reçoit à sa façon et lui donne à son tour les aspects variés, fugitifs, mobiles, que lui fournit le fonds même de son imagination ». — DARMESTETER. *La vie des mots*, p. 70.

celle d'un poète, elle revêt les conceptions éveillées d'images brillantes. La poésie, en effet, cet « élan de la pensée qui voit en beau et en grand toutes les choses qu'elle regarde » (1), est un essor de l'imagination guidée par la raison, mais non pas un procédé logique. Elle part des choses, et le grand sens qu'elle trouve aux mots, elle l'emprunte, non à ces mots eux-mêmes, mais au spectacle de l'univers, aux ressources intellectuelles et morales de l'âme, aliments de son activité. Les mots ne font donc qu'exprimer la vie qui est dans la pensée, ou l'éveiller ; ils ne la portent point en eux-mêmes. L'esprit forme la parole à son image et à sa ressemblance. Le langage est comme un miroir où vient se refléter la pensée avec ses lois essentielles, ses aptitudes, ses tendances, ses défauts et ses qualités. On peut, par conséquent, retrouver dans le langage d'un individu et d'un peuple quelque chose de son âme, et c'est ce que fait Gratry lorsqu'il étudie les trois langues qu'il prend pour types. Mais on ne saurait retrouver dans aucun mot, même le plus concret, le plus personnifié, l'empreinte de la nature réelle des choses.

Gratry, dans cette étude du langage, s'appuie sur de Humbolt qu'il cite longuement. Mais toute l'interprétation métaphysique des observations faites appartient à Gratry. Lorsque de Humbolt reconnaît que la parole est à la fois expression des objets et signe de la pensée, il ne donne pas à ces termes : « expression des objets », la signification que leur donne Gratry. Pour de Humbolt, le mot représente l'aspect que revêt l'objet aux regards de l'esprit qui le nomme. Et, en effet, il remarque que, en différentes langues, « les mots qui désignent les objets sensibles sont synonymes sans doute en tant qu'ils désignent le même objet, mais en tant qu'ils expriment diverses manières de les concevoir, leur sens varie aussi » (2), affirmation qui ne saurait s'allier avec celle de Gratry, qui trouve dans le mot l'expression de l'Idée même de l'objet.

Gratry prétend (3) que saint Anselme a indiqué, dans le chapitre LXV du *Monologium*, les conceptions qu'il expose lui-même. Dans ce chapitre, en effet, saint Anselme semble admettre impli-

---

(1) *Connaissance de l'âme*, I, p. 148.
(2) *Introduction à l'étude des langues malaises*. — *Connaissance de l'âme*, p. 131.
(3) Note de la page 150, *Connaissance de l'âme*, I.

citement que les paroles, incapables d'exprimer l'essence ineffable de Dieu, « désignent ordinairement d'autres natures » (1) et peuvent exprimer le caractère propre de l'essence des choses. Il oppose la manière de désigner un objet avec une complète exactitude et tel qu'il est, à celle dont nous usons lorsque, « à l'aide d'une expression empruntée, nous désignons des objets que nous ne voudrions ou même ne pourrions faire connaître avec une exacte propriété de termes » (2). Ce sont là des expressions qui semblent indiquer une manière de voir analogue à celle de Gratry. Mais elles ne sont soutenues d'aucune démonstration. La préoccupation de saint Anselme, dans ce chapitre, est d'établir que, malgré l'infirmité du langage humain et le caractère ineffable de l'essence divine, ce que nous en exprimons par images et similitudes, au moyen des mots, est pourtant vrai (3).

Il ne s'inquiète point d'établir nettement quelle valeur il attribue aux mots pris en eux-mêmes. D'ailleurs, il ne les juge pas propres, comme Gratry, à ressembler par quelque endroit à Dieu, puisqu'il insiste précisément sur la distance qu'il y a entre leur sens et la nature divine dont il s'agit de parler.

L'opinion de Gratry peut être rapprochée de celle de Cratyle, exposée par Platon dans le dialogue de ce nom. Cratyle admet qu'il y a, pour chaque chose, un nom juste qui lui convient par nature (4). Cela implique que « celui qui a établi les noms connaissait les choses » (5). Pour Gratry, celui qui connaît, c'est l'homme qui voit ces choses dans la lumière intelligible. Cratyle incline vers une origine toute surhumaine du langage. Il pense « qu'une puissance plus grande que la puissance humaine a imposé les noms aux choses, de sorte que, nécessairement, ils sont justes » (6). Quant à Platon, il semble d'abord admettre cette manière

---

(1) *Monologium*, p. 196.
(2) *Monologium*, p. 197.
(3) « Tous les noms par lesquels on désigne cette nature suprême n'expriment pas tant son être réel qu'une sorte de ressemblance ; ils l'expriment, en effet, d'après les conceptions que nous puisons dans les choses créées et, cependant, la manière dont on l'énonce ou dont on l'apprécie par ces mots n'est point fausse ». *Monologium*, p. 195.
(4) CRATYLE, *Dialogues de Platon*, p. 383.
(5) CRATYLE, *Dialogues de Platon*, p. 436.
(6) CRATYLE, *Dialogues de Platon*, p. 438.

de voir. Selon lui, le meilleur nom est celui qui exprime l'essence de la chose, et l'on peut concevoir un langage parfait qui correspondrait exactement à la réalité. Alors, « si au moyen de lettres et de syllabes on parvenait à imiter l'essence de chaque chose, cette imitation ne ferait-elle pas connaître la chose imitée ? » (1). Mais cette conception du langage est purement idéale. Platon rejette la théorie de Cratyle. Il voit bien que le langage imparfait ne peut être l'œuvre des dieux, et que chaque chose ne reçoit pas dans le mot une expression adéquate. Il est impossible, par exemple, de trouver, pour chaque nom de nombre, une forme convenant à sa nature. Pour Platon, en somme, le langage est l'œuvre de la pensée ; elle s'en sert comme d'un signe des choses, dont l'emploi est bien souvent déterminé par la convention et l'usage. Platon ne lie donc pas, comme Gratry, le mot à l'idée, fût-ce, ainsi que lui, par l'intermédiaire de la raison. Aussi, la classification qu'il établit entre les esprits ne saurait-elle se rapporter, comme le prétend Gratry (2), aux différentes attitudes des esprits à l'égard des mots. C'est par rapport à la réalité même que Platon distingue les esprits qui vivent dans les apparences et ceux qui vivent sans l'impression des choses mêmes ; ceux qui s'arrêtent aux ombres intelligibles et ceux qui vont à l'intelligible même.

En s'efforçant de faire du mot l'expression de la nature des choses, de leur idée, Gratry a construit une hypothèse hasardeuse, que l'observation du langage contredit, et qui n'a, d'autre part, aucun rapport nécessaire avec la métaphysique de la raison.

Sa théorie du langage donne au mot trop d'importance et trop de valeur ; elle en fait l'instrument nécessaire de l'éveil et de l'usage de la raison ; elle le présente comme enfermant l'idée même des choses. Elle exagère deux vérités : la première, c'est l'utilité

---

(1) CRATYLE, *Dialogues de Platon*, p. 453.
(2) *Connaissance de l'âme*, I, p. 122. « Platon divise les intelligences en deux grandes catégories : celles qui vivent dans le monde intelligible et celles qui n'y vivent pas, mais seulement dans le monde sensible... Le premier groupe se subdivise : il y a les esprits qui vivent dans les apparences et ceux qui vivent sous l'impression des réalités ; le second groupe se subdivise aussi : il y a ceux qui vivent des ombres intelligibles et ceux qui vivent de l'intelligible lui-même. (*Répub.*, liv. VI). Gratry prétend que cette division de Platon correspond à celle qu'il a lui-même établie entre les esprits par rapport à l'usage des mots, et que nous avons déjà examinée.

du langage pour la pensée qu'il éclaircit, qu'il fixe, qu'il précise, qu'il perfectionne et aide puissamment ; la seconde, c'est que le mot représente quelque connaissance. Mais, encore une fois, cette connaissance, dont il n'est que le signe, n'est pas enfermée en lui ; ce n'est pas dans le mot que l'esprit la retrouve : c'est en lui-même. Le mot sert de point d'appui à l'esprit parce qu'il est la base d'une série d'associations d'idées.

Logiquement, la place donnée par Gratry au mot, dans la connaissance, aurait dû restreindre celle du libre mouvement de la raison et le rôle de l'expérience sensible. Cette raison éveillée, façonnée par les mots, et qui reçoit en eux l'idéal même des choses, se trouve, semble-t-il, enfermée dans le langage. Il n'en est rien cependant. Toute la philosophie de Gratry nous montre cette raison s'élevant à la connaissance à partir de l'expérience. De plus, s'il n'en fait pas, sans doute, une force absolue procédant par elle-même, et par elle seule ; elle est dirigée dans son mouvement et dans son cours, non seulement par la parole qu'elle reçoit des hommes, non seulement par l'influence du monde extérieur et par l'influence divine, mais encore par nous-mêmes.

Le développement de la raison dépend, en définitive, « du travail, du courage, de l'effort de chacun » (1), et non pas seulement de l'action des mots. Faut-il voir là une inconséquence dans la théorie de Gratry ou, plutôt, ne faut-il pas chercher, sous l'exagération à laquelle il pousse parfois ses idées, sa pensée véritable. S'il demande que l'esprit se dégage de la piperie des mots (2), dont parle Montaigne, s'il se délie d'eux et les juge dangereux, c'est donc qu'il ne leur concède pas toujours cette valeur, indépendante de l'esprit de chacun, que leur suppose sa thèse : c'est qu'il voit que l'activité de l'esprit doit dominer les mots. De là à accorder que c'est lui qui leur prête « leur grand sens », par le contenu qu'il leur donne et l'emploi qu'il en fait, il n'y a, semble-t-il, qu'une conséquence logique. Alors même, les remarques de Gratry sur les différents esprits et les différents styles subsistent.

Quant à l'action du mot dans l'éveil et dans l'usage de la raison, il semble qu'on peut l'entendre dans un sens moins absolu que lui donne Gratry en apparence. Pour lui, n'est-ce point l'éveil

---

(1) *Connaissance de l'âme*, I, p. 121.
(2) *Connaissance de l'âme*, I, p. 115.

complet, savant, de la raison qui ne saurait se faire sans le mot, et non l'éveil proprement dit ? De même, si l'emploi du mot est nécessaire pour penser, ne s'agit-il pas là de la pensée complète, achevée, de la conception claire, qui s'appuie de préférence sur le mot ? Ainsi, la raison ne serait pas liée au mot, mais s'exprimerait au moyen du mot, surtout lorsqu'elle atteindrait la pleine possession d'elle-même. Gratry n'a-t-il pas admis, avec saint Thomas, que la raison réellement développée s'épanouit en verbe ? (1).

Les idées de Gratry au sujet du langage présentent donc quelque incertitude. Tantôt la pensée, la connaissance, semblent soumises au langage, tantôt la raison apparaît dominer celui-ci. C'est que Gratry a cherché à concilier la valeur qu'il attribue au mot, expression de la nature des choses et de leurs rapports à l'âme et à Dieu, avec l'activité de l'esprit, qu'il ne peut méconnaître. Il a voulu admettre à la fois l'hypothèse d'une origine du langage qui fait des mots les véhicules d'une connaissance métaphysique des objets, et les faits qui montrent que l'intelligence peut se façonner un langage adapté à ses tendances. Or, ces deux attitudes sont inconciliables. Car si, dans le principe, les mots expriment vraiment l'essence des choses, il faut, pour que leur valeur soit utile, que l'intelligence la reconnaisse sans cesse et s'y maintienne. Alors le mot, au moins dans son élément essentiel, dans sa racine, fait partie de données primitives, patrimoine de l'humanité, et doit se conserver dans son caractère primordial. La puissance de l'esprit sur le langage, loin de lui permettre des remaniements profonds, ne peut dépasser des modifications accidentelles.

Or les langues, de l'aveu même de Gratry, présentent des diversités profondes, qui témoignent en tout cas de transformations fondamentales. Il n'y a pas de mots, ni d'éléments de mots, en dehors de ceux de pure construction rationnelle, qui aient un sens absolu et universel.

C'est assez de considérer le langage, non pas comme présentant à l'esprit l'idéal invisible des objets, mais comme lui offrant, suivant sa perfection, un moyen puissant d'éducation et de développement, dont cet esprit profite plus ou moins, suivant son propre effort.

---

(1) *Connaissance de l'âme*, I, p. 75.

Gratry résume du reste admirablement ce rôle de l'esprit en face de l'influence du langage, en face de toutes les influences qui s'offrent à lui pour l'aider à croître : « Les hommes nous imposent, dès l'origine, par la communication du langage, une sorte de raison toute faite, plus ou moins développée, plus ou moins pure, mais où se trouvent nécessairement tous les éléments essentiels de la raison ; ils nous forment par le dehors, pendant que Dieu ne cesse de provoquer en nous la source vive de la raison originale, certaine, éternelle, infaillible ; et, sous ces influences, l'âme raisonnable et libre, selon son ardeur ou sa lenteur, son indifférence ou son avidité pour la lumière, son recueillement ou son épanchement au dehors, s'attache plus ou moins, soit à cette source originale, soit à cette raison toute faite, soit à ses éléments essentiels, soit à ses développements bâtards » (1).

Les mots nous portent la pensée des autres hommes ; ils coulent la nôtre dans un moule plus ou moins parfait ou délicat ; mais, tels que nous les trouvons, ou que nous les faisons, ils ne sont que des signes représentatifs des objets ou, du moins, ils n'en expriment que certains caractères ou certains aspects. Ils tiennent toute leur valeur de l'intelligence qui les manie, de la puissance de l'imagination, de la vivacité de la sensibilité, qui s'exercent non sur les mots, mais sur les choses. Et la pensée déborde sans cesse les mots.

---

(1) *Connaissance de Dieu*, II, p. 238.

CHAPITRE VIII

La culture de l'esprit
La science comparée

Au milieu des recherches théoriques, les préoccupations pratiques n'abandonnent jamais Gratry. Il s'inquiète, tout au long de son œuvre, des conditions les meilleures pour atteindre la vérité ; il signale sans cesse les causes qui peuvent conduire à l'erreur. Son ambition n'est pas seulement de proposer, au sujet des grands problèmes qui intéressent l'homme, les solutions qu'il croit justes ; c'est encore, c'est surtout d'apprendre à l'intelligence comment elle peut arriver par elle-même à découvrir et à posséder le vrai. Nous l'avons vu décrire les conditions morales de la connaissance et montrer avec énergie les liens de la raison et de la volonté ; il a condamné à mainte reprise tous les exclusivismes et signalé aux esprits qui pensent les dangers de l'égoïsme philosophique.

Mais il veut préciser encore ces conseils si souvent donnés ; il veut s'adresser au petit nombre de ceux qui voudront et pourront le suivre jusqu'au bout (1), « à cet homme de vingt ans, esprit

---

(1) Ollé-Laprune devait se résoudre, comme nous l'indiquent ses notes intimes, à suivre les conseils et le programme exposés dans les *Sour-*

rare et privilégié, cœur encore plus privilégié qui, au moment où ses compagnons ont fini, comprend que son éducation commence » (1).

Il prend ce disciple de choix au moment où la vie s'ouvre devant lui avec la promesse des honneurs, des succès, des richesses. Il lui demande de sortir de la foule empressée de ceux qui se précipitent à la poursuite d'un but avantageux, brillant ou agréable, et de se résoudre à un travail austère, sérieux, prolongé pendant plusieurs années. A l'heure où tous ne songent qu'à se distinguer par leur activité extérieure, la fécondité de leurs productions, Gratry veut que le jeune homme mûrisse sa pensée dans une lente et consciencieuse préparation, destinée à le rendre apte à une action vraiment forte, à des œuvres gonflées de sève vigoureuse. Ainsi, il rappelle, à une époque enivrée de vitesse et trépidante d'impatience, que le vrai savoir ne s'improvise pas, qu'il réclame de longs soins, un labeur soutenu : utile protestation contre les méthodes pédagogiques qui visent à instruire rapidement plutôt que solidement, et qui mettent leur gloire à obtenir des résultats précoces sans s'inquiéter s'ils sont durables et sérieux. Aussi ne peuvent-elles donner qu'un savoir superficiel, un savoir incomplet, source funeste d'opinions erronées. Elles forment des esprits sans profondeur, qui se contentent des apparences, sans probité intellectuelle, qui poursuivent le brillant, l'original plutôt que le vrai ; des esprits paresseux, malgré leur bruyante effervescence, parce qu'ils reculent devant le travail obscur des patientes recherches, des longues méditations.

Au milieu de l'agitation et de la fièvre contemporaines, Gratry impose au jeune homme une longue halte dans le recueillement de l'étude. Et ce n'est pas à une étude spéciale, destinée à perfectionner sa science en telle ou telle matière, qu'il doit se livrer ; en cela, il serait semblable à tous ceux qui ambitionnent de s'éle-

---

ces : six années, employées à l'étude sérieuse des Sciences et de la Théologie, suivant la méthode chère à Gratry, qui prescrit d'aller au vrai de toute son âme.

Ces conseils, d'ailleurs, Gratry avait commencé par les pratiquer. Aussi ne présentent-ils pas seulement un intérêt théorique, mais encore psychologique, et les *Sources* sont comme la transposition des *Souvenirs de jeunesse*, où se livre l'âme de Gratry.

(1) *Les Sources*, p. 3.

ver dans leur carrière au-dessus de la médiocrité. Gratry convie son disciple à reprendre par la base le savoir acquis par l'écolier et l'étudiant ; à accomplir, avec les ressources d'un esprit déjà cultivé, et aussi avec une volonté généreuse et un cœur résolu, une seconde éducation, dont la première n'est que l'ébauche. C'est qu'il sait la valeur unique, pour la formation intellectuelle, de ces années où l'âme s'ouvre pleinement à la vérité et à la vie. Jusqu'alors, le jeune homme a poursuivi, dans l'acquisition des connaissances, un but plus ou moins intéressé ; il a été dirigé par l'autorité des maîtres, par les exigences des programmes, soutenu par une émulation louable, sans doute, mais qui propose cependant une fin intérieure. Il n'a pas eu, ordinairement, le temps ni la pensée de chercher la vérité seule, non plus qu'il n'a saisi l'importance sérieuse de la vie. Il comprend maintenant le prix de l'une et de l'autre. Et maintenant aussi il peut, s'il le veut, avec un esprit plus vigoureux et une liberté entière, se livrer à la poursuite désintéressée de la vérité ; il peut être l'artisan d'une éducation personnelle que celle reçue des autres a seulement rendue possible ; éducation véritable, où l'âme se façonne par l'effort volontaire, dans la conscience nette du but à atteindre, avec le sentiment de la responsabilité qui lui incombe à l'égard d'elle-même, à l'égard des hommes ses frères. Car le jeune homme comprend qu'il a un rôle à jouer dans cette société dont il fait partie : il ne doit point passer inutile, il ne doit pas vivre pour lui seul. Il lui faut être le soldat fervent de la justice et de la vérité.

Gratry, en éducateur sagace, choisit donc l'heure où s'éveillent, dans une âme généreuse, ces pensées graves. Il lui apprend qu'elle doit, avant tout, se rendre capable de la tâche élevée qu'elle ambitionne et préparer ses armes avant de descendre dans l'arène où elle aspire à combattre. Ou, pour choisir une image plus exacte, peut-être, avant de jeter parmi les hommes les bienfaisantes semences de la vérité, de la justice, il faut que le jeune homme les recueille d'une main patiente, il faut qu'il les fasse germer d'abord en lui. Il doit les posséder, non pas d'une manière empruntée, mais personnelle et véritable.

Ainsi, Gratry ne se borne pas à enseigner la nécessité de préparer par un long travail la période d'activité extérieure ; il enseigne encore la valeur de l'effort libre et volontaire. La vérité ne saurait être reçue passivement ; il faut que l'esprit l'atteigne par son propre labeur ; qu'il l'accueille avec la probité sévère d'une âme sincère envers elle-même, qui se rend loyalement à l'évidence, aux motifs raisonnables de croire, mais qui est persuadé que son devoir est d'examiner, avec impartialité et courage, les titres de créance des solutions proposées. Gratry ne se contente pas, pour son disciple, d'une simple réceptivité intellectuelle, il réclame une diligente activité.

Mais comment s'exercera-t-elle ? Quelles seront les conditions de travail où devra se placer le jeune homme ?

Gratry lui demande d'abord de s'entourer de solitude et de silence. Discipline austère, mais sans laquelle les heures précieuses de l'étude sont menacées par l'envahissement du dehors, gaspillées par la dissipation, dispersées aux quatre vents d'occupations sans unité et souvent sans utilité. Tous ceux qui veulent se livrer au travail savent combien aisément le contact fréquent du monde oisif ravit, avec un temps considérable, la tranquillité nécessaire aux sérieux labeurs. On se rappelle Descartes, qui abandonne sans bruit ses appartements et s'installe en de lointains quartiers de Paris, pour fuir ses amis et ses connaissances, et poursuivre, ignoré, ses méditations et ses travaux ; Descartes, qui s'exile en un pays paisible, où il ne connaît personne, pour y trouver la quiétude sans laquelle il ne saurait mener son œuvre à bien.

Gratry demande d'abord à son disciple de s'entourer de solitude, parce qu'il veut l'établir dans le recueillement, où la pensée se fortifie par la réflexion, où l'âme attentive peut écouter Dieu, le Maître intérieur, dont les inspirations répondent à ses prières. Gratry voit dans l'absence de ce silence, qui permet le véritable labeur de l'esprit, une des causes de la médiocrité intellectuelle. Ce n'est pas seulement la foule bruyante des hommes qui compromet le recueillement. Il y a des manières studieuses de dissiper les forces de son intelligence. La lecture, lorsqu'elle est excessive, constitue pour l'homme d'étude un véritable danger. « Pendant tout le jour, l'homme d'étude écoute des hommes qui parlent, ou il parle lui-même, et quand on le croit seul et silencieux, il fait parler les livres avec l'extrême volubilité du regard, et il dévore en peu d'instants de longs discours. Sa solitude est peuplée, assiégée, encombrée, non seulement des amis de son intelligence et des grands écrivains dont il recueille les paroles, mais encore d'une multitude d'inconnus, de parleurs inutiles et de livres qui sont des obstacles » (1). Il faut donc lire modérément, et seulement d'excellents livres, éloigner de chez soi les profanes dont le bavardage cause au moins une perte de temps. Il faut surtout renoncer à donner de longs moments à la lecture des journaux. Gratry blâme « cet homme qui croit vouloir penser et parvenir à la lumière, et qui permet à la perturbatrice de tout silence, à la profanatrice de toutes les solitudes, à la presse quotidienne, de venir chaque matin lui prendre le plus pur de son temps, une heure, ou plus, enlevée de sa vie par l'emporte-pièce quotidien ; heure pendant laquelle la passion, l'aveuglement, le bavardage et le mensonge, la poussière des faits inutiles, l'illusion des craintes vaines et des espérances impossibles vont s'emparer, peut-être pour l'occuper et le ternir durant tout le jour, de cet esprit fait pour la science et la sagesse » (2).

Quel scandale pour beaucoup d'esprits contemporains que cette condamnation de la lecture assidue des journaux, pour ceux qui pensent qu'on doit tenir à honneur d'être au courant des dernières nouvelles et que l'homme le plus intelligent est celui qui est le mieux informé. Quoi, priver ainsi l'esprit de tout contact avec la vie journalière du monde ! Est-ce là une méthode sage ? N'y a-t-il pas une véritable imprudence à s'isoler dans une tour d'ivoire, où l'on ne laisse pénétrer ni la presse quotidienne, ni le livre nouveau ? Gratry retarde ; c'est un homme d'un autre âge, et son disciple n'est pas un jeune homme du monde : c'est un moine, qu'il enferme dans l'obscurité et le silence du cloître.

Il est vrai ; notre conception moderne de la vie intellectuelle veut que le savant, le penseur, reste en rapports étroits avec la société de son temps. Il faut qu'il suive de près le mouvement des idées et celui des faits, qui vont l'un et l'autre si vite. Il ne saurait ignorer son époque, sur laquelle il souhaite, d'ailleurs, d'avoir quelque action. Mais Gratry ne prétend pas réduire son disciple à l'ignorance du présent ; il veut seulement le défendre de la dissipation, préserver en lui la paix, la sérénité, sans laquelle l'œil, humecté des passions humaines, suivant le mot de Bacon, ne voit ni si clair ni si loin. Or, on ne saurait le nier, l'abus

---

(1) *Les Sources*, p. 6.
(2) *Les Sources*, p. 7.

de la lecture, celle des livres médiocres, celle surtout des revues, des journaux — plus abondants de nos jours, de beaucoup, que de ceux de Gratry — présente de nombreux inconvénients. L'esprit se fatigue à parcourir rapidement les chroniques et les articles ; il se disperse en des questions multiples, souvent mal présentées, trop proches, parfois, pour pouvoir être jugées. Il est saisi, ballotté, étourdi par une foule d'opinions contraires qui cherchent à s'imposer par leurs clameurs. Ce tumulte de la lutte, dont le bruit parvient ainsi jusqu'à lui, chasse la tranquillité où la pensée se recueille dans la réflexion profonde, en face de la vérité seule. Et, en tout cas, si l'homme d'étude parvient à se dégager de l'invasion des pensées étrangères, il reste qu'il a perdu son temps et dissipé des forces précieuses. Aussi Gratry a-t-il raison de s'élever contre l'usage ordinaire que l'on fait des journaux, contre cette lecture avide et habituelle de plusieurs feuilles. Il ne proscrit pas le contact avec la vie contemporaine, mais l'abus de relations inutiles, nuisibles. Que celui qui veut vivre une vie studieuse prenne une connaissance rapide de ce qui se passe : cela lui est nécessaire, mais qu'il évite tout long commerce avec la presse quotidienne ; qu'il ne laisse pas entrer dans ses préoccupations les questions qui passionnent l'opinion. La retraite où il vit ne sera point favorable au labeur de l'étude, si elle est sans cesse troublée par l'agitation du monde. Est-ce que les sages de tous les temps n'ont pas compris, comme Gratry, qu'il fallait vivre à l'écart de ce monde si l'on voulait avoir le loisir et le repos nécessaires au travail de la pensée ?

Ce n'est pas tout d'éloigner les rumeurs du dehors. En effet, « qu'est-ce que cette loquacité intérieure des vaines pensées, des désirs inquiets, des passions, des préjugés particuliers de votre éducation, des préjugés plus redoutables du siècle qui vous porte et vous inspire à votre insu ? » (1). Est-ce que ce ne sont pas des ennemis du silence, de la pensée impartiale et calme ? Il faut en triompher ; il faut s'affranchir des « *idola* » de toutes sortes, échapper au côté faux de l'esprit du siècle, que chacun porte en soi, et à ses propres passions ; il faut s'établir dans un entier dégagement de toute idée préconçue, de toute préférence secrète qui incline à telle ou telle opinion.

---

(1) *Les Sources*, p. 8.

Gratry réclame donc une totale liberté d'esprit, qui n'est qu'un idéal, peut-être, mais où doit s'efforcer de tendre celui qui prétend à la vérité. C'est là une disposition fondamentale nécessaire pour écarter tous les sophismes et pour recevoir, dans une intelligence attentive, les leçons des choses et celles de Dieu.

Car, celui qui cherche la science, doit se considérer comme un disciple, le disciple de la vérité. Mais cette vérité n'est-elle pas, en dernière analyse, Dieu lui-même ? N'est-il pas la Vérité souveraine, source de toute vérité ? Si donc l'on croit cela ; si, d'autre part, on admet des relations possibles entre l'âme et Dieu, n'est-il pas logique de voir, dans le recours à Dieu, dans la prière, dans le silence recueilli qui écoute, une source de lumière et d'intelligence ? Gratry est fidèle à sa philosophie tout entière lorsqu'il conseille à l'homme d'étude d'ouvrir son âme à l'action du Maître Divin. « Pythagore, dit-il, avait divisé la journée des disciples de la philosophie en trois parties : la première partie pour Dieu dans la prière, la seconde pour Dieu dans l'étude, la troisième pour les hommes et les affaires. — Ainsi, toute la première moitié du jour était pour Dieu » (1).

Et c'est, en effet, dans le silence du matin, aux heures sacrées du jour encore plein de la fraîcheur de son éveil, avant toute distraction et tout commerce humain, qu'il faut écouter Dieu. Mais, qu'est-ce qu'écouter Dieu ? — Ce n'est pas rester dans l'immobilité intérieure, comme le font les contemplatifs de l'Inde ; le recueillement que demande Gratry ne se confond pas avec la passivité. S'il faut se faire une âme silencieuse, ce n'est pas à dire qu'elle doive être inerte et vide. Elle n'est pas vide, car elle garde l'idéal qui l'a conduite à sa vie d'étude : le désir de la vérité et de la justice, l'amour de l'humanité. Elle n'est pas inerte, car sa prière, son recueillement sont eux-mêmes une action ; elle correspond par le travail aux inspirations de Dieu, à ces mouvements intérieurs purs, délicats et simples, qui sont sa voix. Elle ne se dépouille pas de son activité, de son intelligence, de sa volonté, de ses facultés en un mot, pour attendre les illuminations célestes comme une dictée d'en-haut. Elle sait que l'aide de Dieu va, non pas à suppléer son effort, mais à le soutenir, et qu'il lui faut agir pour saisir cette aide, agir encore pour en déployer les fruits,

---

(1) *Les Sources*, p. 10.

pour connaître et pour comprendre ; pour atteindre enfin, par ses moyens naturels, la vérité poursuivie. Aussi, ce serait bien mal interpréter la pensée de Gratry que de croire qu'il convie ici l'homme d'étude à un mysticisme qui compte uniquement sur les lumières divines. Il ne fait que l'inviter à cette prière qui implore de Dieu toute grâce, celle de voir comme celle de pouvoir, et qui jaillit spontanément, naturellement, du cœur de tous ceux qui croient en un Dieu bon et puissant.

Le matin est le moment privilégié, où l'âme reposée sent s'éveiller ses énergies et tressaillir tous ses élans. La poussière du jour et sa fatigue n'ont pas encore terni la vigoureuse fraîcheur de l'intelligence, ni énervé la délicatesse de la sensibilité. C'est l'heure où les idées suscitent des émotions puissantes et saines, où se conçoivent les fortes pensées, heure précieuse dont il faut savoir faire usage. Gratry ne veut pas que son disciple se contente alors de réflexions, que l'oubli aura bientôt effacées. Il veut qu'il écrive en même temps qu'il pense, et qu'il transforme ainsi en un véritable labeur ces moments où l'esprit se place en face des questions qui lui sont chères, dans le silence des méditations solitaires. Il voit, dans cet emploi « des meilleures heures du jour », la source du talent et même du génie. Car la nécessité d'exprimer ses idées réclame des efforts que la pensée seule ne demande point et qui conduisent l'esprit à d'immenses progrès ; car, aussi, l'écrivain reçoit de son œuvre même un élan qui ne peut venir que d'elle. C'est pourquoi il ne faut pas se décourager des difficultés du début et de ses insuccès ; peu à peu, ces essais, infructueux en apparence, créeront en l'âme l'aptitude à exprimer ses états intérieurs. Non point que Gratry juge que l'on doive se contenter d'une expression quelconque. Ce grand écrivain tient en haute estime l'art d'écrire ; et les conseils qu'il donne sont d'un maître expérimenté. Il ne veut point d'une rhétorique artificielle, qui s'inquiète plus des mots que des idées, ni, non plus, de la méthode qui ne se préoccupe que des idées seules. Pour lui, le style, c'est l'homme, c'est l'âme mise en lumière ; « pour écrire il ne faut pas seulement sa présence d'esprit ; il faut encore sa présence d'âme, il faut son cœur, il faut l'homme tout entier » (1). Il faut la sincérité parfaite d'une âme en accord avec elle-même, dont toutes les puissances vibrent

---

(1) *Les Sources*, p. 15.

en harmonie, de sorte que tout ce qui est écrit a été à la fois vu et senti et, pour ainsi dire, vécu. Quelle puissance de vie dans ce style qui est l'âme même ; puissance contenue, cependant, par un goût sobre, par une fière modération de l'âme, qui « renferme en elle, avec pudeur, l'enthousiasme de sa pensée et le maintient intime, caché, réservé, presque insensible, mais d'autant plus irrésistible et pénétrant » (1). — Ne dirait-on pas que Gratry analyse son propre style ?

Si le matin est l'heure par excellence où l'âme doit s'exercer à penser et à écrire, le soir, le temps du repos, peut être aussi un temps fécond. Faites travailler votre sommeil, conseille Gratry. « Posez-vous des questions le soir ; bien souvent vous les trouverez résolues au réveil » (2). Il compte sur le mystérieux travail subconscient que l'esprit opère, par un mouvement qui nous échappe, sur les données qu'on lui confie. « Quand un germe est posé dans l'esprit et le cœur, ce germe se développe, non seulement par nos travaux, nos pensées, nos efforts, mais par une sorte de fermentation sourde qui se poursuit en nous sans nous » (3). L'expérience confirme la réalité de ces faits qu'ont observés tous ceux qui travaillent. Laplace, l'illustre mathématicien, dit qu'il lui est arrivé de méditer le soir sur des problèmes qui, le lendemain matin, lui apparaissaient résolus. « Que de fois, dit Gratry, au réveil, la vérité qu'on avait poursuivie en vain brille dans l'âme au sein d'une clarté pénétrante ? On dirait que les fruits du travail se concentrent dans le repos et que l'idée se dépose en notre âme comme un cristal, comme un diamant, quand l'eau mère, longtemps agitée, vient à dormir » (4).

Mais si précieux que soit ce travail de la nuit qui continue, dans le repos même, la tâche du jour, il ne semble pas qu'il soit, comme le pense Gratry, toujours efficace ni toujours prudent. Il arrive qu'une étude trop intense, une réflexion trop attentive sur un sujet difficile, faites avant le sommeil, troublent et agitent celui-ci. L'effort se poursuit, c'est vrai, mais non pas un effort insensible ; c'est le labeur lourd et incohérent des rêves pénibles ; la nuit

---

(1) *Les Sources*, p. 24.
(2) *Les Sources*, p. 33.
(3) *Les Sources*, p. 33.
(4) *Les Sources*, p. 34.

n'apporte pas le repos nécessaire, non plus que l'idée recherchée. L'hygiène de l'homme d'étude exige bien plutôt que le travail du jour soit suivi de délassements, qui éloignent de l'esprit les préoccupations habituelles et le préparent au sommeil par le repos intellectuel. Si donc il faut voir, avec Gratry, une cause de fatigue dans l'emploi mondain du soir, qui arrache l'homme à ses études ou à ses affaires pour le jeter dans les conversations bruyantes, les réunions, les jeux, les visites, les spectacles, il faut voir aussi une menace du repos salutaire dans ce qu'il appelle « le travail du sommeil ». Sans doute, « le corps, l'esprit, le cœur, épuisés, dissipés, hors d'eux-mêmes, se précipitent, après une soirée vaine, dans un lourd et stérile sommeil, qui ne repose rien, parce que la vie trop dispersée n'a plus le temps ni la force de se retremper dans ses sources » (1). Mais l'esprit, lorsqu'il est toujours tendu, même sourdement, sur une idée, s'épuise aussi et se lasse. Il faut donc lui donner des temps de relâche d'où les questions arides et les problèmes qui l'occupent d'ordinaire seront bannis ; des temps de récréation, où l'esprit se « recrée » vraiment dans le libre jeu de son activité, au milieu de pensées nouvelles. Qui ne sait combien le travail est plus aisé, plus rapide, après ces moments d'oubli volontaire ? Les solutions cherchées à grand'peine se trouvent comme d'elles-mêmes ; les conceptions sont nettes et lucides. Et, puisque la période du soir qui précède le sommeil a en effet une grande influence sur celui-ci, il faut la rendre, non pas laborieuse et fatigante, mais agréable et pleine de joie calme, afin qu'elle conduise à un vrai repos.

Malgré son désir de doubler le temps du travail, désir qui l'expose à compromettre la qualité du sommeil, Gratry sait bien, d'ailleurs, le prix du repos et la valeur des délassements du soir. Il veut une place pour le repos dans chaque jour, dans chaque semaine, dans chaque année.

Le repos du soir, la journée achevée, doit recueillir et retremper l'âme dans des plaisirs à la fois paisibles et élevés. Entre tous, le meilleur est la musique. « Rien ne porte si puissamment au vrai repos que la musique véritable. Le rythme musical régularise en nous le mouvement et opère pour l'esprit et le cœur, et même pour le corps, ce qu'opère pour le corps le sommeil, qui rétablit

---

(1) *Les Sources* p. 35.

dans sa plénitude et son calme le rythme des battements du cœur, de la circulation du sang et des soulèvements de la poitrine » (1). Le repos de l'année conduit l'âme à « se retremper dans le spectacle de la nature, dans la lumière des arts, dans le commerce des grands esprits, dans les pèlerinages vers les absents, dans les amitiés saintes » (2). Et puis Gratry, dépassant les conseils pour le présent, voit la fin de la vie du sage s'écouler dans le repos en face de Dieu et de la mort. Comme Socrate en sa prison, il consacre ses derniers jours « à ne faire plus que de la musique » ; il les achève dans l'harmonie sacrée qui règne en une âme vertueuse.

Voilà donc tracé les grandes lignes et comme le cadre de la vie studieuse où le jeune homme va préparer son âme et son esprit à l'action future. Un silence recueilli la préserve des agitations du dehors et de celles du dedans, de la précipitation et des préventions qu'elles engendrent ; il assure le calme, l'impartialité intellectuelle, conditions de la recherche sérieuse et loyale de la vérité. Les heures du matin, par lesquelles commence le labeur du jour, sont destinées à ouvrir les sources de l'âme et de la pensée originale dans une réflexion profondément personnelle, faite la plume à la main ; celles du soir apportent le repos dans les joies de l'art et de l'amitié. La lecture a sa place aussi : lecture des livres saints où Dieu parle ; lecture des livres humains, des excellents surtout, où les grands génies donnent le meilleur de leurs pensées. Et, au-dessus de ces jours de recueillement et d'étude, pour les réchauffer et les éclairer, brillent les grandes idées qui ont conduit le jeune homme à sa résolution courageuse ; les grands amours qui l'inspirent : l'amour de Dieu et l'amour de l'humanité.

N'apparaît-elle pas rayonnante d'une pure beauté, cette vie, comme celle des sages antiques, voués eux aussi à la Vérité et volontairement séparés de la foule bruyante ! Dans le calme de leur retraite, sous le ciel bleu de Grèce, au milieu de leurs amis, ils oublient, pour des pensées éternelles, les luttes de l'ambition. Mais il manque à la sérénité noble de leur existence la splendeur du dévouement. L'idéal du disciple de Gratry est plus élevé et plus complet. S'il travaille et s'il cherche, ce n'est pas pour lui seulement ou pour quelques compagnons d'élite ; c'est surtout

---

(1) *Les Sources*, p. 37.
(2) *Les Sources*, p. 37.

pour les hommes ses frères, qui souffrent dans les ténèbres, accablés et foulés aux pieds par le mal, et qui attendent la justice et la lumière.

Comment le jeune homme arrivera-t-il à cette science qui doit le rendre capable de la mission qu'il ambitionne ? Quel programme d'étude lui conseille Gratry ?

Une idée domine ce programme et l'explique : celle d'une culture qui comprend toutes les branches des connaissances et permet d'arriver à la *science comparée*. C'est que le vaste esprit de Gratry s'alarme du savoir incomplet, mutilé, qui se contente d'un champ restreint et s'y enferme. Il sait les graves lacunes que produit l'abus de la spécialisation, la déformation intellectuelle à laquelle conduit l'habitude de considérer toutes les questions d'un point de vue unique. Tout se tient dans le domaine de la connaissance, et si nous devons, sans doute, nous résigner à ne savoir le tout de rien, cependant nous nous exposons à ne savoir rien du tout, rien de profondément et universellement vrai, en nous bornant uniquement à quelques aspects des choses. Aussi la question que pose ici Gratry, celle de l'étendue du savoir qui convient à un homme cultivé, est-elle importante et sérieuse. Une éducation intellectuelle trop uniquement littéraire ou scientifique est une source de jugements incomplets, exclusifs et, par suite, faux. L'expérience enseigne que le savant, très fort dans sa spécialité, peut être sur d'autres terrains d'une nullité lamentable. La supériorité particulière qu'il a acquise a pour rançon une fâcheuse étroitesse de vues, une incapacité d'adaptation à certaines questions. L'intelligence, formée à certains procédés, à certaines exigences, est désorientée et mécontente lorsqu'elle ne peut plus s'exercer suivant sa coutume : elle a perdu sa souplesse, son agilité. Comme ces ouvriers, très habiles à la part de travail, toujours la même, qui leur revient, mais qui ne savent point faire autre chose, elle s'enferme dans la routine, par là même qu'elle se borne à un unique labeur. Tout le monde sait combien les sciences exactes donnent de raideur à l'esprit. Il porte partout ensuite ses habitudes de démonstration rigoureuse et n'apprécie plus que ce qui peut être scientifiquement prouvé. « Les mathématiques isolées brûlent et dessèchent l'esprit », remarque justement Gratry [1]. Elles ne développent qu'une des facultés de l'intelligence

---

[1] *Les Sources*, p. 81.

et ne la développent qu'en un sens. « Cette étude, très féconde dans les esprits longtemps soumis à une culture profonde et générale, éteint ou fausse les autres. Seule, elle ne fortifie qu'un côté de l'esprit et le cultive incomplètement... Or, qui ne sait que la raison théorique et pratique ne règne que dans les intelligences proportionnellement développées en tout sens ?... Ne voit-on pas déjà que l'utopie, c'est-à-dire le faux en pratique, n'a pas de meilleur sol pour y prendre racine que les esprits habitués, par les études mathématiques, à ne pas sonder les principes et à pousser aveuglément les conséquences ? » (1).

Quant à la physique, c'est-à-dire à l'ensemble des sciences concrètes qui traitent du monde des corps, elle présente à l'esprit une masse de données qui ne sont pas encore toutes simplifiées par des théories achevées (2) ; aussi tend-elle à obstruer l'esprit (3).

Une page citée par Gratry résume bien les conséquences d'une culture exclusivement scientifique et signale les dangers qu'elle fait courir à la philosophie. « Par suite de la direction de jour en jour plus spéciale et plus divisée des études scientifiques, les professions savantes manquent presque tout à fait aujourd'hui de cette haute culture intellectuelle que donne la connaissance des langues classiques, de la littérature et de la philosophie générale... La philosophie, qui était autrefois, par la logique, la première nourrice de l'intelligence dans toutes les carrières libérales, n'est aujourd'hui, aux yeux de l'immense majorité de nos savants, qu'une spécialité tout à fait analogue à la leur propre, quoique fort inférieure, bien entendu. De là le dédain, ou, du moins, l'indifférence qu'ils affectent, en général, pour les spéculations métaphysiques ; de là surtout l'ignorance et l'incompétence vraiment remarquables dont ils font preuve lorsqu'il leur arrive de s'en mêler » (4).

Mais les études seulement littéraires présentent aussi des dangers, et Gratry ne s'en contente pas pour son disciple. C'est qu'elles menacent, dit-il, la profondeur et la sincérité de la pensée ; elles

---

(1) *Connaissance de Dieu*, I, pp. 13-14.
(2) *Connaissance de Dieu*, I, pp. 14-15.
(3) *Les Sources*, p. 81.
(4) Cité, p. 16, *Connaissance de Dieu*, I. — Louis PEISSE, p. XIV.

risquent de mettre l'esprit tout en surface. On se contente de l'expression des idées et des sentiments, pourvu qu'elle soit belle, éloquente, et l'on arrive à exprimer à peu près sans voir ni sentir ; à se satisfaire trop facilement des émotions éveillées par la beauté des œuvres lues et à s'installer dans un dilettantisme paresseux. « Le danger d'une éducation élégante et littéraire, a dit aussi Newman avec profondeur, est de rompre la relation entre le sentiment et l'action. Elle nous apprend les belles pensées, les belles paroles et les beaux sentiments sans nous mettre dans la nécessité d'accomplir les belles actions » (1). On prend l'habitude de sentir sans agir ; la sensibilité perd son rôle de force motrice et se déploie seulement en vibrations stériles : « Homme littéraire, homme dangereux et vain, disait quelqu'un » (2), parce que cet homme risque de vivre d'une vie artificielle, à l'écart de la réalité.

Quelle que soit donc la connaissance à laquelle l'esprit prétend s'adonner, l'exclusivisme qu'il professe menace sa parfaite santé, par cela même qu'il se développe alors seulement en un sens.

La spécialisation à outrance est aussi préjudiciable aux résultats obtenus. C'est une entreprise imprudente que de vouloir ignorer tout ce qui n'est pas le sujet qui nous intéresse. Ce que nous laissons ainsi de côté nous aurait préparé à mieux comprendre, et plus largement, la matière de notre étude, soit parce que notre intelligence en eût été agrandie, fortifiée et assouplie, soit parce que nous y eussions puisé des renseignements utiles. Cela est surtout évident en ce qui concerne le philosophe. Est-ce que les problèmes qu'il médite ne touchent pas à toutes les questions ? Peut-il faire de la métaphysique et spéculer par exemple sur la matière, son origine, sa nature, sans s'inquiéter des sciences qui l'étudient ? Peut-il s'occuper de l'esprit humain et de ses lois et ignorer le corps auquel il est uni, les conditions sociales de la vie, l'histoire des hommes à travers les siècles, tout ce qui a une influence sur l'intelligence et tous les faits par lesquels elle se manifeste ?

C'est donc fort justement que Gratry proteste contre la spéculation excessive. Il trouve son idéal d'éducation intellectuelle au dix-septième siècle, et prend pour types ces hommes largement

---

(1) *Parochial and plain sermons*, vol. VII, serm. 30.
(2) *Les Sources*, p. 78.

instruits, esprits ouverts à toutes les curiosités, à la fois mathématiciens, phycisiens, astronomes, naturalistes, historiens, théologiens, philosophes, écrivains. Il ambitionne pour son disciple une culture semblable. Il suppose que le jeune homme sort du collège avec de bonnes études littéraires et quelque commencement de philosophie. Qu'il laisse maintenant dormir en lui l'esprit littéraire et qu'il cherche l'esprit scientifique. Qu'il acquière, par des exercices nouveaux, une grande souplesse et une vraie vigueur d'esprit. Que par un labeur à la fois varié et profond il arrache les préjugés et les erreurs qui, déjà, peut-être, s'étaient implantés en lui ; qu'il corrige les incohérences nées de points de vue partiels. « Croisez votre littérature par la science, votre science par la théologie, lui conseille Gratry, Rompez vos premières habitudes d'esprit, vos premières formes de pensées. Quelle mince culture que celle de la première éducation ! Superposez à cette éducation une autre éducation et puis une autre encore. Rompez et domptez votre esprit en le labourant plus d'une fois en plusieurs sens :

« *Exercetque frequens tellurem atque imperat arvis.*

« Ne craignez pas de changer plusieurs fois de culture. Rien n'est plus favorable à la terre... » (1).

Ces influences multiples, qu'il importe de combiner pour arriver à une formation intellectuelle solide et harmonieuse, sont celles de toutes les sciences. Gratry n'en dédaigne aucune. Il voit chacune apporter sa part de vérité et le bienfait de son action particulière. Le jeune homme étudiera donc tout : les mathématiques, la physique, la chimie, l'astronomie, la mécanique, la physiologie, la géologie, la géographie, l'histoire, la philologie, la théologie. Programme immense, qui, à première vue, semble impossible à remplir. Comment, dira-t-on, une vie entière suffit à peine à un homme laborieux pour parvenir à bien connaître, non pas même une science, mais souvent une branche de cette science, et Gratry prétend charger son disciple d'une connaissance encyclopédique ! Cela se pouvait, à la rigueur, autrefois, quand le domaine du savoir était restreint et les sciences encore à leurs débuts. Mais les découvertes se sont ajoutées aux découvertes, les progrès aux progrès, et le temps n'est plus aux génies universels.

---

(1) *Les Sources*, pp. 79-80.

Et, en effet, si Gratry proposait une connaissance minutieuse de chaque matière, il faudrait reconnaître que son dessein est chimérique. Mais, ce qu'il souhaite, c'est que l'intelligence s'empare de la substance des sciences, de ce qui en constitue l'essentiel, non pas qu'elle essaie de posséder leurs préliminaires et leurs détails.

Pour cela, il faut avoir de bons maîtres, des maîtres qui sachent présenter rapidement les résultats et les totalités. L'intelligence du jeune homme est assez forte maintenant pour saisir les ensembles, et c'est d'eux qu'il faut partir pour bien comprendre l'esprit particulier de la science étudiée, ses méthodes, et profiter à la fois des notions qu'elle donne et de l'exercice intellectuel auquel elle soumet.

D'ailleurs, Gratry assure que l'esprit est moins chargé de l'étude variée de toutes ces sciences qu'il ne le serait s'il se consacrait uniquement à une seule. Il semble, au contraire, que sa capacité pour chacune est accrue de la présence des autres : « Ajoutez à votre philosophie toutes les sciences et la théologie, vous augmentez votre capacité philosophique. Votre philosophie, à son tour, augmente de beaucoup votre capacité scientifique, théologique ; ainsi de suite jusqu'à un certain point qui dépend de la nature finie de l'esprit humain et du tempérament particulier de chaque esprit » (1). De plus : « Rien n'augmente autant la vraie capacité de l'esprit qu'un cœur ardent. L'esprit grandit quand il fait chaud dans l'âme. Les pensées sont grandes quand le cœur les dilate. Les esprits les plus grands sont toujours ceux où il fait chaud » (2).

Ainsi, le but que propose Gratry ne semble pas inaccessible, parce qu'il consiste en une connaissance des sciences générale et large, non pas minutieuse et détaillée. L'esprit se délasse d'une étude par une autre et ses efforts le rendent apte à de nouveaux progrès. Il est d'ailleurs soutenu dans sa tâche par l'ardeur généreuse d'une âme qui aime la Vérité, et Dieu, et les hommes ses frères.

On ne saurait le contester. Un tel programme, qui réclame certainement, pour être mené à bien, une volonté pleine de courage, assure à l'intelligence une formation supérieure. Elle acquiert

---

(1) *Les Sources*, p. 82.
(2) *Les Sources*, p. 82.

un large et complet développement, une facilité précieuse à s'adapter à toutes les questions. Quel est l'homme intelligent et curieux qui n'a pas rêvé de posséder ces vastes connaissances qui permettent les points de vue compréhensifs et ouvrent à l'esprit des domaines nombreux ?

Mais si une semblable culture intellectuelle offre des avantages, donne-t-elle tous ceux que Gratry en attend ? Si, sous le rapport de la formation proprement dite, les résultats sont incontestables, il semble que les connaissances acquises en chaque matière ne peuvent être suffisantes pour permettre de juger, avec compétence, les questions difficiles qui se rattachent à plusieurs sciences.

En effet, l'homme d'étude, une fois cette culture générale achevée, poursuivra plus particulièrement la science de son choix et négligera les autres, dont les notions deviendront de plus en plus vagues. Et, alors, il compterait imprudemment sur ce qu'il a appris pour lui venir en aide dans ses difficultés ; ses connaissances ne sont plus assez sûres. — Ou bien, s'il continue ses études variées, il pourra connaître beaucoup de choses, mais aucune à fond, aucune avec cette maîtrise qui assure la supériorité.

Gratry prévoit, du reste, ces inconvénients et ces objections. Il voit bien qu'il ne peut enfermer dans une seule tête, comme c'est son désir, la science universelle, une science claire, précise, vigoureuse et sincère autant que vaste. Il n'espère pas cet homme de génie que rêvait Joseph de Maistre « pour mettre fin au dix-huitième siècle qui dure toujours » et en qui devait se faire à nouveau, comme chez les savants du dix-septième siècle, l'accord de la science et de la foi (1). A cette œuvre immense, le plus vaste génie ne suffirait pas. Et, cependant, Gratry ne saurait renoncer à son projet d'édifier la science comparée.

Ce qu'un seul ne saurait faire complètement, même au moyen du labeur dont Gratry lui a tracé le programme, l'association de plusieurs peut le faire. Plusieurs, liés par les mêmes ambitions de dévouement, et qui se réuniraient pour vivre et travailler

---

(1) « Attendez que l'affinité naturelle de la religion et de la science les réunisse dans la tête d'un seul homme de génie ; l'apparition de cet homme ne saurait être éloignée et peut-être même existe-t-il déjà. Celui-là sera fameux et mettra fin au dix-huitième siècle qui dure toujours ». *Soirées de Saint-Pétersbourg*, 11ᵉ entretien. — Cité : *les Sources*, p. 73.

ensemble, qui mettraient en commun leurs travaux et leurs connaissances, ceux-là feraient enfin tomber les barrières qui divisent en champs étroits et clos le grand domaine du savoir humain ; ils pourraient entreprendre l'effort nécessaire pour élever la science comparée.

La science comparée, cette idée si chère à Gratry, prétend ramener toutes les sciences à l'harmonie et veut « reprendre le faisceau trop longtemps brisé, des grandes lignes de l'esprit humain » (1). Cette science générale, encyclopédie véritable, ne peut se faire par juxtaposition du détail des sciences. « Ce sont, au contraire, ces détails et ces sciences que quelques grandes, simples et profondes idées, vues jusqu'au fond, doivent pénétrer, doivent en quelque sorte dissoudre et liquéfier au feu, puis transfigurer dans la lumière, comme quand la force de cristallisation, opérant dans le feu, coordonne le carbone et le transforme en diamant »(2). Travailler la science comparée, c'est prendre pour devise cette parole de Leibniz : « Il y a de l'harmonie, de la métaphysique, de la géométrie, de la morale partout ». C'est encore ajouter à cette immense et profonde parole deux mots, que Leibniz ne désavouerait pas, et dire : « Il y a de la métaphysique, de la *théologie*, de la *physique*, de la géométrie, de la morale partout » (3). En toute science, on recherchera donc sa ressemblance et ses liens avec les autres sciences. On la comparera autant que possible à toutes les autres.

Gratry prétend bien s'arrêter à la comparaison et blâme l'hégélianisme des confusions qu'il opère et de l'identité qu'il établit en tout. Cependant, lui-même pousse souvent bien loin ces comparaisons et établit des rapports étroits où des distinctions nettes doivent être maintenues. Nous l'avons vu rapprocher jusqu'à les confondre l'infini métaphysique et l'infini mathématique, et transporter sans cesse en philosophie des démonstrations empruntées à la géométrie. Il part d'une idée très juste en elle-même, celle des liens profonds qui existent entre les objets de la connaissance. Il ne veut pas les détacher les uns des autres et les considérer isolément, puisqu'ils font partie d'un tout. La véritable science

---

(1) *Les Sources*, p. 158.
(2) H. Perreyve, p. 127.
(3) *Les Sources*, p. 72.

voit les êtres et les idées, non dans leur essence isolée, mais dans leurs relations vivantes et nécessaires. Puisque la faiblesse de l'esprit humain le contraint de pratiquer l'analyse qui sépare ce qui est uni en réalité, il faut y remédier par de fréquents retours à l'ensemble, qui rétablissent l'union primitive et permettent de connaître l'objet à sa place, dans les relations qui l'unissent aux autres en le modifiant lui-même. D'où la nécessité de connaître plusieurs sciences, qui permettent de reconstituer le tout brisé par l'analyse et d'arriver à saisir la réalité dans sa vérité vivante. « Quand je dis feuille d'arbre, je ne dis pas feuille tombée, mais feuille tenant à l'arbre, s'écrie Gratry ». — Et il a raison de réclamer que l'esprit humain ne méconnaisse pas les rapports réels des sciences, qu'il se serve des données des unes pour mieux comprendre celles des autres, qu'il éclaire et complète les résultats obtenus en un sens par ceux déjà acquis ailleurs. Cette méthode est celle de toute science sérieuse. L'histoire s'aide de l'archéologie, de la paléographie, de la numismatique, de la philologie, de la linguistique et s'élève jusqu'à la philosophie. La psychologie prudente ne s'isole ni de l'histoire, ni des sciences naturelles, ni des œuvres littéraires. De nos jours, elle s'est engagée dans la voie que lui montrait Gratry. Elle n'étudie pas l'âme à part du corps, comme s'il s'agissait d'un pur esprit, et ses progrès sont dûs en grande partie aux procédés de comparaison préconisés par Gratry. Est-ce que la physique ne doit pas les siens à l'introduction de plus en plus considérable des mathématiques dans ses raisonnements ? Et la chimie, comme le prévoyait Gratry (1), ne marche-t-elle pas aussi dans ce sens ?

Il y a donc, dans les vues de Gratry, une part de vérité féconde, et il a bien compris que le perfectionnement des sciences devait venir du secours qu'elles peuvent se donner les unes aux autres. Mais il exagère cette conception si juste. Ce n'est pas seulement une sage association qu'il réclame entre les sciences qui ont de réels rapports, c'est le groupement de toutes dans l'unité d'une science unique, dont chacune n'est qu'un aspect. Il méconnaît ainsi les différences profondes, qui font cependant partie de la

---

(1) « Tout se calcule, tout est compté, pesé, mesuré. On finira sans doute par soumettre à l'analyse mathématique les phénomènes chimiques eux-mêmes ». *Les Sources*, p. 114.

réalité aussi bien que les ressemblances, et il cherche à rapprocher des objets nettement séparés. Il semble qu'il ait été égaré par une généralisation imprudente et enthousiaste de la découverte de Descartes. Descartes, en appliquant l'algèbre à la géométrie, avait conduit celle-ci à d'étonnants progrès. Gratry voit dans cette fusion de deux sciences un principe général qu'il étend aussitôt à toutes : « Quelle n'a pas été la fécondité de l'algèbre appliquée à la géométrie ; puis la fécondité de cette science double appliquée à la physique et à l'astronomie ! Que sera ce, quand on ira plus loin, et qu'on saura comparer les sciences morales aux sciences physiologiques et même physiques, et le tout à la théologie ? » (1).

Ainsi donc, ce ne sont pas seulement des sciences voisines par leurs méthodes et par la nature de leurs objets qu'il s'agit de comparer et d'unir ; ce sont les connaissances les plus étrangères les unes aux autres qui sont appelées à se prêter un mutuel appui. Les mathématiques viennent à l'aide de la métaphysique, la physique est associée à la théologie, l'astronomie et la psychologie offrent des rapprochements ; toutes les sciences fusionnent pour cet esprit trop avide d'harmonie.

Et il faut remarquer qu'il ne demande pas seulement que la philosophie s'occupe de toutes. En cela, en effet, il a raison ; car tout objet peut donner lieu à des spéculations philosophiques. Les sciences de la nature, la physique, la chimie, les mathématiques soulèvent des questions d'ordre métaphysique. Le philosophe se demande par exemple ce que c'est que la matière, l'espace, le mouvement. Et lorsqu'il étudie ces problèmes, il considère d'un point de vue particulier les objets propres de ces sciences. Il ne veut point en saisir seulement, comme le savant, la réalité et la valeur apparentes, mais la nature profonde et la signification la plus générale. Ses explications, ses recherches, bien que basées sur ces sciences mêmes, les dépassent et n'empruntent d'elles ni leurs méthodes spéciales, ni leur but propre.

Mais Gratry ne réclame pas uniquement une philosophie des sciences qui laisse chacune en son domaine particulier. Il ne veut voir de l'une à l'autre aucune barrière, parce que les conceptions des unes lui semblent devoir se ramener toujours de quelque ma-

---

(1) *Les Sources*, p. 83.

nière à celles des autres. Ce sont surtout les mathématiques qui lui paraissent avoir partout leur rôle (1). Il ne le montre pas seulement dans les sciences de la matière ; là, en effet, les mathématiques peuvent s'appliquer dans la mesure où il est possible de réduire les phénomènes à des formes, à des mouvements et des rapports de mouvements, où les qualités peuvent être ramenées à la quantité. Il fait appel en métaphysique aux formules et aux démonstrations mathématiques ; il prétend éclairer la psychologie par la géométrie. D'autre part, toutes les sciences lui semblent converger et s'unir dans la science du devoir. « Les sciences convergent, et c'est dans la science du devoir qu'elles semblent vouloir s'unir » (2). Elle est la science d'ensemble qui les renferme toutes.

Il est vrai que tout être peut, par ses rapports avec la personne humaine, devenir la matière d'un devoir. Mais ce n'est pas lui qui tombe sous la loi morale ; c'est toujours la volonté. Aussi, si la morale pénètre toutes les sciences qui s'occupent de l'agent humain, libre et responsable, comme l'hygiène, l'économie politique, la politique, l'histoire (3), on ne saurait y ramener celles qui traitent de la matière. Quel avantage peut-il y avoir à comparer la physique et la morale ? Les lois de l'une et de l'autre ne sont-

---

(1) « Non seulement Képler a montré le premier que la géométrie, non approximativement, mais en toute rigueur, comme a dit Laplace, était dans le ciel visible ; il l'y a vue et cette vue est la vue des grandes lois qui régissent toutes les formes et tous les mouvements astronomiques. Non seulement on a su depuis introduire les mathématiques dans toutes les branches de la physique, non seulement on a trouvé que la lumière et les couleurs sont nombres, lignes et sphères ; que le son est aussi nombre et sphère ; que la musique, dans sa forme sensible, n'est que géométrie et proportions de nombre ; mais voici que déjà la physiologie elle-même commence à s'appliquer la géométrie, comme dans les travaux de Carus et autres, par exemple dans ce beau théorème de Burdach : « Dans la forme la plus parfaite, le centre et la périphérie sont doubles ». Mais on ira plus loin. On introduira les mathématiques dans la psychologie pour y mettre de l'ordre et en apercevoir le fond ; ces vagues pressentiments de Platon, de Pythagore, de saint Augustin et de tant d'autres : « L'âme est un nombre ; l'âme est une sphère, l'âme est une harmonie » ; deviendront des précisions scientifiques. On verra ce qu'a dit Leibniz : « Il y a de la géométrie partout » ; on en trouvera jusque dans la morale ». *Les Sources*, pp. 92-93.

(2) *Les Sources*, p. 291.

(3) V. GRATRY, *Les Sources*, p. 293.

elles pas bien distantes ? En réalité, elles gouvernent deux mondes différents, et dont les caractères s'opposent : le monde de la liberté et celui de la nécessité. Il y a des philosophes, il est vrai, qui ont voulu introduire la physique en morale. Cela a été pour assujettir la volonté au déterminisme.

En appelant les sciences de la matière à apporter leurs conceptions et leurs méthodes à celles qui s'occupent des objets spirituels, on risque d'expliquer le supérieur par l'inférieur et de sombrer dans le matérialisme. A moins que le monde matériel, spiritualisé par son assimilation au monde de l'esprit, ne se confonde avec lui dans l'idéalisme. Ce n'est certainement pas ce que veut Gratry, et sa philosophie tout entière interdit une semblable interprétation. Il n'a pas posé, d'ailleurs, de principes tels que l'on puisse prétendre que la logique de son système le conduit à l'une ou l'autre de ces conclusions.

Quelles sont, en effet, les idées qui semblent inspirer la science comparée ? C'est que, toute chose venant de Dieu, l'action et la marque de Dieu se retrouvent en tout ; c'est encore que les procédés de l'esprit humain, pour arriver à la connaissance, sont toujours les mêmes. Or, la vérité de ces affirmations n'entraine pas comme conséquence la pénétration mutuelle des sciences. Les mêmes principes dirigent sans cesse l'esprit, mais il les applique d'une manière différente aux objets variés qui se présentent à lui, suivant leur nature et les résultats qu'il poursuit. La différence des objets, malgré le petit nombre des méthodes et l'unité de la raison, conduit cette raison à des conclusions différentes, suivant qu'elle s'exerce en mathématique par exemple, en psychologie ou en métaphysique.

De même, toute chose vient de Dieu sans doute ; mais cette communauté d'origine n'entraine pas une ressemblance fondamentale ; les effets de l'action de Dieu se présentent comme infiniment variés, et séparés parfois par des différences de nature, comme lorsqu'il s'agit d'une part du monde physique, d'autre part du monde moral. Comment, alors, les assimiler au point de vue rationnel ?

A vrai dire, malgré les confusions où semble parfois glisser Gratry, il maintient expressément à ces deux mondes leur caractère propre. En somme, à part la théorie de l'infini mathématique et celle des indémontrables qui proposent, non des comparaisons, mais de véritables assimilations, des preuves directes de vérités d'un autre ordre que celui auquel elles conviennent ; à part aussi, sous un autre rapport, les vues très justes qui signalent l'utilité de rapprocher les sciences présentant de véritables relations, on peut dire que la tentative de la science comparée se résout en un immense effort de symbolisme.

Symbolisme raisonné, d'ailleurs, et en grande partie mathématique, qui cherche à établir un parfait parallélisme entre le monde moral et le monde physique : « Hors Dieu, il y a deux choses, il y a l'âme, il y a l'atome ; l'unité matérielle, l'atome, et l'unité spirituelle, l'esprit créé, humain ou angélique. Ces deux choses sont les deux éléments qui composent tout cet univers. L'un est le sens, l'autre le signe de cette parole de Dieu qui est la création.

» Ce mot divin n'est pas une parole sèche et froide : c'est un mot divinement poétique et divinement chanté.

» La création est en effet une harmonie et la musique est le symbole de la création » (1).

« La musique, comme la création, se compose de sens et de signe, d'esprit et de matière. Comme dans la création, le sens, dans la musique, c'est l'intelligence, c'est l'amour, c'est la liberté, c'est le libre et lumineux mouvement de l'âme et de l'esprit. Et le signe, la matière, ce sont des nombres, des rapports de nombres et des figures géométriques, des sphères.

» Ces formes expriment cet esprit ; ce signe exprime ce sens ; c'est un fait.

» Voilà donc des mouvements physiques, des nombres et des rapports de nombres, des formes géométriques, des sphères ou des ellipses formées dans l'air, qui expriment des mouvements de l'âme, de l'amour, de la passion, de la sagesse, de la liberté.

» Il y a donc quelque ressemblance et quelque analogie entre ces nombres et formes, et ces mouvements d'âme ; entre cette morale et cette géométrie.

» En pourrait-il être autrement ? Tout ressemble à Dieu de quelque manière : donc, en un sens, tout se ressemble. L'âme et l'atome se doivent donc ressembler, quoique aussi radicalement distincts entre eux, par nature, qu'ils sont distincts de Dieu » (2).

---

(1) *Connaissance de l'âme*, II, p. 72.
(2) *Connaissance de l'âme*, II, p. 73.

Il y a donc de la géométrie dans l'âme, car tout est gouverné par la géométrie dans l'atome, symbole de l'âme, et dans les forces de l'atome, dans l'attraction, la lumière, la chaleur, symbole des forces de l'âme : tout cela n'est que nombre, poids et mesure.

L'atome et l'âme ont donc entre eux une étroite ressemblance. La vie de l'un semble n'être que l'expression sensible de celle de l'autre, et Gratry va jusqu'à dire que les lois de la morale sont les mêmes, peut-être, aux yeux de Dieu, que celles de la géométrie. Cependant, malgré cet étroit parallélisme, il maintient la différence de nature de l'âme et de l'atome. Mais on se demande ce que devient en réalité cette différence, si l'on retrouve en l'esprit « des mouvements, des formes, des nombres » qui expriment seulement les phénomènes physiques et caractérisent la matière. L'âme, jouissant de propriétés semblables, ne paraît-elle pas matérielle aussi ? Pas plus, dira Gratry, que le sens de la musique, son harmonie n'est matérielle, bien qu'elle soit liée à des mouvements qui le sont.

C'est en vain que Gratry appuie sa première comparaison par une autre : celle-ci peut même servir à faire ressortir les lacunes de celle-là. S'il y a un rapport de cause à effet entre les mouvements vibratoires du corps sonore et les émotions musicales, il reste cependant que cet effet est tout autre que cette cause. Entre les impressions qu'éveille la musique et les vibrations plus ou moins rapides de l'air qui sont susceptibles de produire un effet musical, il n'y a aucune ressemblance. Ce n'est que par métaphore que nous appelons les émotions des mouvements de l'âme. Elles sont irréductibles à des mouvements, tout comme la pensée ou les volitions. Elles ne peuvent être — la psychologie le démontre et Gratry l'admet (1) — ni situées, ni figurées. On ne saurait donc voir aucune analogie entre les phénomènes mécaniques auxquels se réduit la musique, tant qu'il n'y a pas une âme pour les recueillir et les transformer, et la traduction psychologique de ces faits matériels. Ainsi, la comparaison même dont se sert Gratry pour montrer les ressemblances qui doivent exister entre les uns et les autres, montre au contraire qu'ils sont absolument différents. Il faut choisir : ou l'âme obéit aux lois de l'atome, présente les propriétés de l'atome et est matérielle comme lui,

---

(1) *Connaissance de l'âme*, II, p. 196.

ou elle a d'autres caractères et d'autres lois : elle est spirituelle. Gratry veut concilier ces contradictoires. Il veut qu'il y ait une géométrie de l'âme semblable, et pourtant différente, de celle de l'atome. Mais que deviendraient des mouvements qui ne seraient cependant pas des mouvements, des formes qui ne seraient point des formes ? Ou bien on renoncera à ce parallélisme impossible entre l'esprit et la matière, ou bien l'on conservera les faits géométriques et matériels dans le monde de l'âme. Mais, alors, comment protester de sa spiritualité ? C'est cependant ce que fait Gratry. Il trouve à l'âme « quelques bornes, quelque forme, non pas physiques, mais idéales » (1). Il donne une signification réelle aux métaphores par lesquelles on semble reconnaître en l'âme une surface, une profondeur. « Est-ce que nous ne voyons pas tous dans notre âme un fond et une surface ? Est-ce que la profondeur mystérieuse du cœur est la même chose que la surface visible où courent les pensées claires et les images mobiles qu'apportent les sens ? » (2). Il admet que l'âme ait une figure. Et quelle est pour lui la figure qui représente l'âme ? Ou, plutôt, comme l'âme peut se présenter en deux états, celui de la vertu et celui de l'égoïsme, quelles seront les formes géométriques qui représenteront ces deux états de l'âme ?

La géométrie pure ne suffit pas ici à Gratry. Il tourne son regard vers le ciel où évoluent, suivant des mouvements que l'on peut retracer, les mondes innombrables, atomes de l'immensité. Il remarque que la configuration des corps célestes et leurs orbites présentent deux formes, toutes deux ellipsoïdes. Mais, chez les uns, les mondes inhabités, l'orbite est très allongée ; chez les autres, les mondes habités, l'ellipse est presqu'un cercle et, même, elle devient cercle périodiquement. Tandis que l'ellipse présente un double foyer, le cercle n'en présente qu'un. Chez lui, l'unité est parfaite. Le cercle, ou plutôt l'ellipse presque circulaire, voilà l'image de l'âme en laquelle toutes les forces convergent dans l'unité, tendent à se rassembler dans le centre ; l'ellipse est la figure de l'âme dont les énergies sont dispersées par les passions et forment un double foyer.

Et, ce n'est pas tout. La géométrie permet de figurer l'élan même

---

(1) *Connaissance de l'âme*, II, p. 74.
(2) *Connaissance de l'âme*, II, p. 74.

de l'âme qui, par la vertu, s'unit au souverain bien ; elle répète à sa manière le mot de Fénelon : « Sortir de soi pour entrer dans l'infini de Dieu ». Veut-on savoir comment ? « Voici qu'à chacun des foyers d'une ellipse répond, hors de l'ellipse, une ligne que j'appellerai le terme des corrélations extérieures de chaque foyer. Or, à mesure que les foyers se posent, s'écartent, à mesure que l'excentricité grandit au dedans de l'ellipse, les deux termes des corrélations extérieures se resserrent vers l'ellipse. On croirait voir le champ de la vie se rétrécir. Au contraire, à mesure que les deux foyers se déposent, que l'excentricité décroit, les deux lignes se dilatent amplement. Mais qu'arrive-t-il quand l'excentricité s'annule ? Il arrive qu'en même temps les termes des corrélations sont situés à l'infini ». Et Gratry conclut : « Ainsi, l'excentricité annulée au dedans fait passer du fini à l'infini la relation à ce qui n'est pas nous. Oui, l'anéantissement de l'égoïsme, le sacrifice total unit vraiment à Dieu » (1).

Ailleurs, les mathématiques lui fournissent un autre symbole de la vie morale. Il lui semble « voir l'homme et toute sa vie raisonnable et libre, dans sa croissance et son effort vers sa limite et sa perfection, comme comparable à ces merveilleuses quantités géométriques qu'on appelle des séries convergentes en développement » (2). Ces séries ne forment une somme égale à l'unité que lorsqu'on y ajoute l'infini. « Il faut l'intervention de l'infini lui-même pour que cette quantité en croissance ait son activité, atteigne sa plénitude, sa perfection, sa totalité absolue » (3). Et cette comparaison bien précise de la géométrie et de la théologie semble à Gratry admirablement propre à faire comprendre « comment notre raison n'aura sa perfection dernière que lorsque Dieu lui-même y descendra » (4). Les mathématiques envahissent tout, même la mystique et les rapports les plus élevés de l'âme et de Dieu. Il paraît à Gratry « que l'âme de l'homme est naturellement comparable à une ellipse close en elle-même, renfermant en elle-même ses foyers et n'y portant point Dieu, Dieu même

---

(1) *Connaissance de l'âme*, II, p. 81.
(2) *Connaissance de Dieu*, II, p. 294.
(3) *Connaissance de Dieu*, II, p. 297.
(4) *Connaissance de Dieu*, II, p. 298.

conçu par l'intelligence et l'amour. Il faut une surnaturelle transformation pour que l'ellipse s'ouvre et prenne la forme d'une fleur ouverte, d'un calice, d'un miroir ardent » (1).

La géométrie arrive jusqu'à Dieu lui-même. Et ce n'est pas étonnant, puisqu'elle peut servir à exprimer à la fois les états de l'âme et de l'atome qui se ressemblent et ressemblent à Dieu. Après Képler, Gratry voit dans la sphère le reflet de la Trinité (2). Au livre IV de sa *Logique*, il montre Képler guidé dans la découverte de ses lois par la conviction que les formes et les mouvements des astres doivent comporter quelque vestige de la Trinité, et que c'est la sphère qui renferme quelque ombre de ce grand mystère (3). Il n'y aura donc dans le ciel qu'une seule forme, le cercle, ou ses modifications. « Le cercle est un symbole de l'âme et de la Trinité de Dieu, de sorte que l'âme et Dieu seraient partout retracés dans le ciel et en seraient la loi » (4).

Bien plus, « si la sphère et ses dérivés sont partout, si cette forme renferme en effet quelque forme, quelque ombre du grand mystère, il s'en suit donc qu'il y a partout vestige de la Trinité » (5).

Dans l'étude du syllogisme, où Gratry ne fait d'ailleurs que présenter les considérations classiques, il propose de représenter la nature et les rapports des modes du syllogisme par une figure (6) qu'il appelle la rose syllogistique, par analogie avec la rose des vents. Il appuie la construction de cette figure de considérations symboliques, qu'il se garde d'ailleurs de donner comme des intuitions de l'absolu, mais où il remarque avec satisfaction la correspondance qui se trouve entre les caractères logiques symbolisés et les lignes géométriques qui les signifient. Ainsi, les quatre modes directs qui expriment la relation directe de la substance avec la qualité, placés sur les quatre axes rectangulaires, coïncident avec la notation usitée en géométrie pour les axes, l'affirmatif universel étant placé sur l'axe vertical positif, le négatif universel se trouve sur l'axe vertical

---

(1) *Logique*, II, p. 209.
(2) *Les Sources*, p. 118.
(3) *Logique*, II, pp. 65 et suiv.
(4) *Les Sources*, p. 108.
(5) *Les Sources*, p. 118.
(6) *Logique*, I, pp. 360 et suiv.

négatif, l'affirmatif particulier sur l'axe horizontal positif, le négatif particulier sur l'axe horizontal négatif (1). Enfin, « tout étant disposé, il est très remarquable que dans l'angle que les géomètres nomment tout positif, il n'y a sur les rayons que des modes positifs » (2).

Et Gratry conclut mystérieusement, dépassant ainsi l'analogie établie entre la géométrie et la logique et prolongeant son symbolisme jusqu'en théologie : « Notons enfin, en terminant, que Képler a traité de *Adumbratione Trinitatis in circulo* et a vu le

---

(1) *Logique*, I, p. 360.

Le centre représente la substance ; la circonférence la qualité ; les rayons la relation de la substance et de la qualité ; au centre sont placés les modes de la substance (première figure), qui concluent entre termes présentés comme

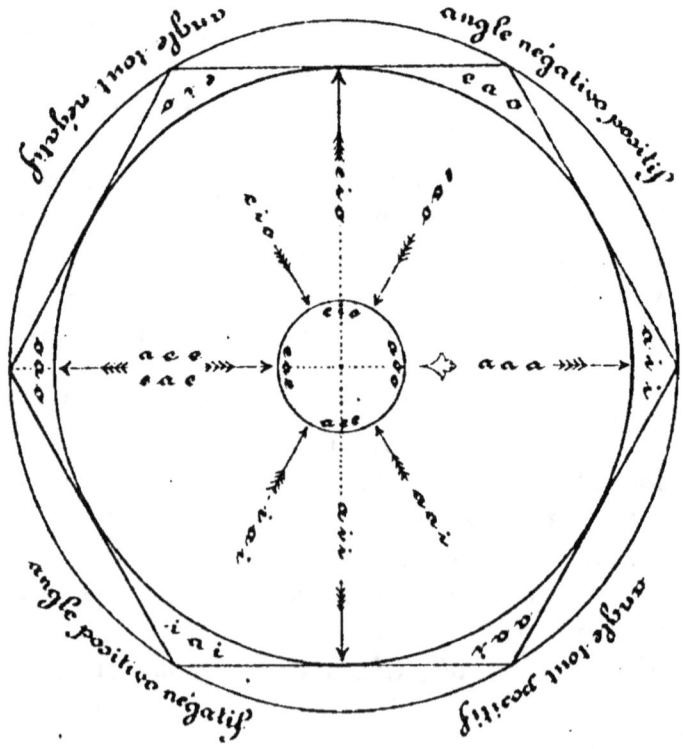

sujets ou substantifs. Sur la circonférence sont ceux de la qualité (seconde figure) qui concluent entre termes présentés comme qualificatifs. Sur les rayons sont les modes de la relation, qui concluent entre substantif et qualificatif ou réciproquement.

(2) *Logique*, I, p. 366.

centre, la circonférence et le rayon, dans leur distribution et leur unité, comme symboles des mystères de Dieu » (1).

Cet appel fait aux mathématiques pour symboliser l'invisible n'est d'ailleurs pas propre à Gratry. Saint Augustin compare au cercle la vertu, parce qu'elle peut se définir l'égalité d'une vie conforme à la raison (2). Marc-Aurèle dit que le sage, quand il est bien recueilli et ramassé en lui-même, est comme une sphère parfaite (3). Empédocle décrit l'univers idéal comme une sphère parfaite, pleine d'harmonie : rien de vide, rien de trop, tout sphérique (4).

Il semble que l'esprit humain trouve comme un soulagement à rapprocher de la claire figure géométrique ses conceptions de l'invisible. Les pythagoriciens, « frappés des analogies des nombres et des choses » (5), vont jusqu'à expliquer les objets eux-mêmes par les nombres qui sont à la fois pour eux, comme le dira Aristote, « la matière et la forme des choses ». Les mathématiques, par la netteté de leurs notions, la facilité avec laquelle on peut manier celles-ci et les rapprocher, séduisent l'esprit humain, en quête à la fois de précision et de simplicité.

Mais, lorsqu'on fait de ces nombres et de ces figures, destinés à représenter des propriétés et des rapports qui ne peuvent avoir une réalité approximative que dans le monde matériel, lorsqu'on en fait le symbole des choses spirituelles, il faut les traiter avec prudence, en se souvenant que l'image demeure bien différente, et d'une tout autre nature que la chose représentée. Elle n'en est point la formule équivalente.

Gratry n'échappe pas toujours à l'entraînement de sa comparaison ; elle lui semble répondre point par point à l'objet qu'elle figure. Il s'y appuie, il s'y fonde et son symbole mathématique lui semble éclairer d'une manière nette, et comme sensible, les considérations au sujet desquelles il l'invoque.

Les mathématiques ne sont pas la seule science à laquelle Gratry emprunte ses comparaisons. La physique, l'astronomie,

---

(1) *Logique*, I, p. 366.
(2) *De quantitate animae*, 27.
(3) *Pensées*, chap. 22.
(4) *Phil. veter. reliquiae* (KARSTEN, II, pp. 93-316). — *Connaissance de l'âme*, II, pp. 75-76.
(5) Arist. Méta. I, 5.

la théologie, la physiologie lui offrent des rapprochements nombreux.

Nous ne parlerons pas de celui qu'il établit entre la Trinité et l'âme (1) ; il lui est trop peu personnel. Il le fait à la suite d'un grand nombre de philosophes chrétiens. Il voit encore une image de l'âme dans la force électrique (2), dont les éléments peuvent être séparés et sont alors inactifs. Mais, si l'on établit un contact entre eux, les deux courants se précipitent, s'embrassent, s'unissent et leur embrassement est et s'appelle lumière, chaleur et vie. N'est-ce pas là l'histoire de l'âme, épuisée par la division des passions, mais vivante, forte et puissante lorsque ses énergies sont unies par le devoir ?

L'histoire de l'âme, le symbole de la vie intérieure et des diverses phases qu'elle peut présenter, Gratry les retrouve encore dans les révolutions des astres. Ces pages, que nous analyserons ailleurs, renferment le plus curieux mélange de symbolisme et de mysticisme. Gratry s'inspire à la fois des hypothèses scientifiques et des écrivains mystiques. Il s'efforce de retrouver dans les étoiles et les planètes le symbole des états spirituels décrits par sainte Thérèse dans le *Château de l'âme*. Le ciel entier serait l'image du monde des âmes, et chaque soleil, entouré de ses terres comme de demeures qu'il emporte dans sa course, figurerait une seule âme (3). Le soleil, au centre, symbolise le sanctuaire de l'âme où Dieu habite ; les planètes représentent, dans leur situation à une distance plus ou moins grande du centre, les diverses demeures dont parle sainte Thérèse. La vie intérieure de l'âme apparaît ainsi écrite dans ces symboles lumineux et splendides, dont l'éclat lointain perce nos nuits. Ils la racontent en signes de feu ; ils la tracent dans leur course comme une épopée gigantesque aux fastes des siècles.

Dans l'étude de l'âme et de ses facultés, Gratry ne s'est pas borné, nous l'avons vu, à marquer les rapports de l'âme et du corps et leur action réciproque. Il a voulu voir dans le corps et ses différentes parties l'image, et comme la traduction physiologique de chacune des puissances de l'âme. « Dans les réseaux nerveux,

---

(1) *Connaissance de l'âme*, I, pp. 23 et suiv.
(2) *Connaissance de l'âme*, II, p. 84.
(3) *Connaissance de l'âme*, II, pp. 262 et suiv.

leur constitution anatomique et leurs fonctions physiologiques, on peut, dit-il, lire la claire image des puissances de l'âme et de leur jeu » (1). — La nutrition, le mouvement, la perception, correspondent à chacune des trois puissances et, de même que ces puissances s'unissent et se pénètrent dans l'amour, qui réclame le sentiment, l'intelligence et la volonté, de même les trois fonctions du corps ont leur lien d'union plus intime et de mutuelle pénétration dans le cœur, dans la poitrine tout entière.

Tout le chapitre troisième du livre premier de la *Connaissance de l'âme* est consacré à ce rapprochement entre l'âme et le corps. Est-ce de la psychologie comparée ? Assurément non. C'est une étude symbolique du corps, qui cherche en lui la figure des pouvoirs de l'âme. Elle n'apporte aucune lumière à la question réelle et pratique de l'influence exercée par l'un sur l'autre, de la liaison des états du corps avec ceux de l'âme, et réciproquement. La psychologie n'y gagne rien ; la physiologie non plus. Il est inutile scientifiquement de se demander comment les organes et les fonctions corporelles représentent l'âme spirituelle ; cela ne peut être évidemment que d'une manière très lointaine, et tout à fait différente de son état véritable, et ne peut par conséquent donner lieu à aucune conclusion sérieuse. Il faut chercher bien plutôt, comme Gratry le fait ailleurs, comment l'âme se sert de son corps et quelles conséquences entraînent pour lui les états et les actes psychologiques ; quelles conséquences psychologiques ont les actes et les états corporels, soit normaux, soit pathologiques (2).

---

(1) *Connaissance de l'âme*, I, p. 68.

(2) Gratry a multiplié les comparaisons au sujet de l'âme. S'inspirant de textes bibliques, il l'appelle : « une parole de Dieu ». (*Connaissance de l'âme*, I, p. 5). A Kant, il emprunte le symbole du miroir ardent, qui présente un foyer réel ou imaginaire, suivant qu'il est concave ou convexe. Ainsi l'âme qui ne présente à la lumière que la surface, ne possède que des idées abstraites, sorte de foyer imaginaire du vrai. Il lui faut s'ouvrir tout entière à la vérité pour la posséder véritablement. (*Logique*, II, pp. 207, 209). Avec l'opinion commune, Gratry voit sur le visage le reflet et l'image de l'âme. (*Connaissance de l'âme*, II, p. 87). Il a des comparaisons plus poétiques, pourrait-on dire, quelques-unes très personnelles, comme celle où la raison humaine, dans ses diverses attitudes à l'égard de la vérité suprême, est comparée à un aigle qui, sur le bord d'un lac, contemple l'image du soleil et ne se précipite pas vers le reflet de l'astre, comme l'âme vers les créatures, mais s'élance au contraire vers l'astre lui-même comme s'élance vers Dieu

La logique et la théologie sont rapprochées à leur tour. Gratry voit dans le jugement un calque, une image du mystère de la Trinité. Celui-ci, comme l'enseigne la théologie, présente trois distinctions absolues dans l'unité d'une même essence : le Principe, le Verbe et l'Amour ; ou encore : le principe, l'image du principe et le lien. « Ces distinctions dans l'unité seraient le modèle précis de l'élément de la pensée, le jugement, dont le syllogisme est une suite. Le sujet du jugement, sur qui tout porte, à qui tout se ramène, répond au premier terme, au Principe ; le prédicat du jugement, qui énonce ce qu'est le principe ou sujet, répond au second terme, Verbe ou image du premier, et ce que les logiciens nomment la copule, ou lien du sujet et du prédicat, répond au troisième terme, qui a été nommé le lien des deux. Et, de même que la troisième personne de la Trinité procède des deux autres, de même la copule de la proposition procède aussi bien de l'attribut au sujet que du sujet à l'attribut ; sur quoi repose la possibilité de convertir la proposition en prenant à son tour l'attribut comme sujet et le sujet comme attribut » (1). — « Que si l'on cherche ce qui constitue la vérité de la proposition et du syllogisme, ne voit-on pas que c'est l'égalité des trois termes, ce qui rappelle une autre partie du dogme catholique : *Et in hac Trinitate nihil majus aut minus sed totae tres personae coaeternae sibi sunt et coaequales*. De là cette règle de la proposition, que l'attribut ne doit jamais être pris que dans une étendue précisément égale à celle du sujet et cette règle du syllogisme :

Latius hunc quam praemissae conclusio non vult (2).

On le voit, la lointaine et superficielle analogie, établie entre le nombre des termes et leurs rapports dans la proposition, offre un symbole bien imparfait du mystère de la Trinité. Comment pourrait-on, d'ailleurs, trouver entre des rapports logiques, qui traduisent la liaison des idées suivant les lois de la raison humaine, une image exacte des relations des per-

---

l'âme qui l'affirme. (*Connaissance de Dieu*, II, p. 344). Parfois, elles renouvellent des images employées par d'autres écrivains. Ainsi Gratry compare l'âme à un temple, comme sainte Thérèse l'a comparée à un château (*Connaissance de Dieu*, I, p. 270), et rapproche ses divers états par rapport à Dieu des parties du temple, plus ou moins éloignées de l'autel.

(1) *Logique*, I, pp. 390-391.
(2) *Logique*, I, p. 392.

sonnes divines dans leur vie ineffable ? On ne saurait éclairer la logique par des rapprochements avec des considérations théologiques qui concernent l'infini et qui, de plus, s'occupent de Mystères. La comparaison de Gratry n'est, du reste, pas toujours irréprochable en ce qui concerne les vérités logiques elles-mêmes. En effet, si la copule, en tant que lien, peut être comparée à la troisième personne divine, l'esprit d'amour qui unit les deux autres, ce n'est pas en tout cas sur l'égalité de ses rapports avec les deux termes que repose la possibilité de la conversion, mais bien sur l'étendue des termes. Toute proposition ne peut pas se convertir sans changement, comme semble le dire Gratry .En effet, seules les propositions particulières affirmatives et négatives sont réciproques.

Si l'on parcourt la philosophie de Gratry, il apparaît donc que les rapprochements, qu'il essaie d'établir entre les sciences qui n'ont pas entre elles de rapports véritables, n'aboutissent pas à une pénétration mutuelle de ces sciences ; ils le conduisent à un symbolisme poétique, et parfois mystique, mais sans valeur scientifique : par lui, il n'a pas fait œuvre de science ; il s'est seulement servi, dans ses comparaisons, d'idées fournies par les sciences.

Et, en effet, ou bien, comme le fait le panthéisme que combat sans cesse Gratry, il faut voir entre toutes les choses une communauté de nature, d'où résulte, à travers des différences accidentelles, des ressemblances essentielles. Il est alors possible de fonder une science unique de cette réalité, qui est toute matérielle ou toute idéale, toute finie ou toute infinie. Ou bien, comme Gratry, on maintient la distinction de nature du monde physique, de l'âme et de Dieu, mais alors, on ne saurait découvrir entre ces objets, dont les uns sont matériels, les autres spirituels, les uns finis, l'autre infini, de véritables analogies. On peut trouver entre la création et son auteur une harmonie universelle : elle est faite de l'ordre des rapports établis entre les êtres, non pas des ressemblances de ces êtres. Si elle permet de « lire dans l'ordre inférieur les vérités de l'ordre supérieur, de lire Dieu dans la nature » (1), ce n'est point parce que la nature est le symbole de Dieu, mais parce que la raison remonte de l'effet à la cause. Or, elle suppose, en même temps, la cause toute différente de l'effet.

---

(1) *Connaissance de Dieu*, II, p. 98.

Il faut donc admettre que les sciences se distribuent l'étude de la réalité et qu'il est des aspects de cette réalité qui sont, au point de vue scientifique, absolument irréductibles les uns aux autres. L'imagination peut saisir entre eux des ressemblances superficielles, d'où elle tirera des métaphores, des allégories : la raison ne saurait trouver entre elles un parallélisme véritable.

Gratry est prompt à former entre les choses ces analogies qui viennent de l'esprit qui les contemple et non pas de leur nature. Il s'en empare avec enthousiasme ; il les développe avec talent. Son intelligence d'artiste, qui se plaît à « voir », s'appuie avec complaisance sur ces expressions sensibles de vérités invisibles et cachées. Il aime à contempler le monde des choses intérieures et intangibles se déployer dans celui des choses visibles, et les faits mystérieux de l'âme, les réalités transcendantes, s'exprimer dans la netteté d'une formule mathématique. On ne sait, bien souvent, en face des pages où il déroule la richesse de ses images en un style plein d'éclat, de chaleur et de vie, s'il faut admirer les bonds prodigieux de cette imagination, son ampleur, sa puissance, ou s'il faut poursuivre le philosophe d'une implacable critique et lui montrer que ses comparaisons n'avancent pas les questions. Il est vrai, par exemple, que la passion divise et dissipe les forces de l'âme, que la vertu suppose la possession de soi-même, l'unité des énergies en une volonté raisonnable et forte, mais cela n'est ni plus clair, ni plus vrai quand on a comparé l'âme à une sphère, à une ellipse. C'est que la raison ne saurait trouver aucune connaissance, aucune explication nouvelle en ces symboles. Ils ne sont que la traduction arbitraire et imparfaite d'idées déjà connues.

Cependant Gratry tend à voir, par l'entraînement même de l'imagination, dans les comparaisons qu'il établit, non pas des images plus ou moins infidèles, mais l'expression adéquate, claire et naturelle des vérités qu'il leur fait figurer. Il ne s'aperçoit pas que toute leur valeur vient du commentaire dont il les accompagne et par lequel il rattache sans cesse, l'un à l'autre, deux objets bien différents dans la réalité.

Car on ne saurait comparer aucun être d'un monde à celui de l'autre, l'âme à l'atome ou Dieu à l'âme, sans le douer de propriétés qui ne sont pas les siennes, sans l'assimiler, au moins d'une manière figurée, à une nature étrangère. C'est donc une sorte de convention qui permet de voir dans l'image les caractères de l'objet, qui sont d'un tout autre ordre. Le symbole n'est pas fondé en nature, et c'est le talent du poète qui le forme, qui le soutient et qui l'explique. Mais on ne saurait oublier que, sous ces ressemblances imaginaires, ou apparentes, se maintiennent des différences essentielles, sans tomber en de regrettables erreurs. C'est le danger de l'analogie et du symbolisme. Il incline à perdre de vue les défauts de similitude. Bacon signale cette tendance chez ceux qui s'occupent de sciences physiques (1). Mais, si les choses physiques supposent une variété irréductible à l'uniformité, à plus forte raison ne saurait-on voir, entre le monde physique, le monde moral et Dieu, cette uniformité fondamentale que suppose un parallélisme basé sur la réalité.

L'insuccès des tentatives que nous avons signalées chez Gratry montre l'impossibilité d'une synthèse des sciences, d'une science comparée qui retrouve toutes les sciences en chacune et confond leurs méthodes et leurs résultats. L'effort de Gratry est cependant loin d'être inutile. Lorsqu'on écarte de ses vues l'exagération qu'elles présentent, il reste l'idée féconde d'une large culture, qui développe l'esprit en tous sens et le met en possession de toutes les ressources de la connaissance, culture plus nécessaire au philosophe qu'à tout autre (2). Il ne saurait, en effet, se désintéresser d'aucune science sans se désintéresser de la réalité qu'elle étudie, sans s'éloigner de l'expérience. Car, si la philosophie ne se borne

---

(1) « Intellectus humanus ex proprietate sua facile supponit majorem ordinem et aequalitatem in rebus quam invenit : et quum multa sint in natura monodica et plena imparitatis, tamen affingit parallela et correspondantia et relativa quae non sunt ». (*Nov. org.* liv. I, aph. 45).

(2) Gratry l'estime si désirable qu'il trouve que : « L'une des plus nécessaires réformes de l'enseignement public consisterait à donner aux professeurs de philosophie, dignes de ce titre, la plus grande importance, mais après leur avoir demandé, outre la pure littérature, les autres titres scientifiques indispensables pour savoir lire tous les grands philosophes du premier ordre : Aristote et Platon, saint Augustin et saint Thomas, Descartes et Leibniz ». *Introduction à la Logique*, 4ᵉ édit., cxxxiii). — Et il explique, en note : « Les professeurs de philosophie, tels qu'ils sortent de l'École normale, pourraient être considérés comme professeurs d'une *classe* déterminée ; puis, successivement élevés aux autres classes à mesure qu'ils présenteraient les diplômes de licenciés ou de docteurs en physique, en mathématiques, en sciences naturelles, en droit, en théologie. (*Logique*, 4ᵉ édit. cxxxiv).

pas, comme le voulait Comte, à être une coordination, une systématisation des sciences, il est vrai, cependant, que, pour les dépasser, elle doit les connaître, au moins dans leurs grandes hypothèses et leurs résultats les plus généraux. Elle représente le suprême effort de l'esprit humain cherchant l'explication dernière des choses, la solution des problèmes qu'au bout de toutes les sciences se pose encore l'intelligence curieuse. Elle commence où les sciences finissent, et ses conceptions, sous peine de s'enfermer dans l'*a priori* et les spéculations purement abstraites, doivent partir des données que ces sciences lui présentent.

C'est de cette façon que « la philosophie doit entrer dans le domaine des sciences » (1), non pour s'en emparer, non pour les soumettre, mais pour recueillir, avec les conclusions de leurs recherches, les questions qu'elles soulèvent et les termes dans lesquels la réalité les pose.

En un sens, la philosophie apparaît donc comme la science la plus compréhensive, qui a sans doute ses objets spéciaux, mais qui domine aussi ceux des autres sciences. Cependant, on ne peut dire que « les sciences reprennent leurs naturels rapports dans son unité » (2), car les sciences elles mêmes, sans l'intervention de la philosophie, respectent ces rapports qui les rattachent les unes aux autres sans les confondre. La philosophie, elle, voit les objets de ces sciences sous un point de vue nouveau ; elle est elle-même une science nouvelle, qui cherche de nouvelles explications, de nouveaux rapports, non pour absorber les sciences en elle, mais pour les continuer et achever l'œuvre de la raison, pour pénétrer, par une connaissance à la fois plus générale et plus profonde, les données de la réalité et les conséquences qui en résultent.

Si le tort de Gratry est d'avoir cru que la philosophie pouvait s'emparer des sciences et se servir parfois de leurs méthodes, de leurs conceptions telles quelles, son mérite est d'avoir montré qu'elle ne devait pas s'isoler de leurs efforts, de leurs résultats, dans une ignorance paresseuse ou dédaigneuse. Sans doute, il n'y a pas de géométrie en métaphysique, il n'y a pas d'astronomie en psychologie, ni de théologie en logique. On ne saurait retrouver dans l'objet de chaque science tous les caractères que présentent

---

(1) *Connaissance de Dieu*, I, p. 41.
(2) *Connaissance de Dieu*, I, p. 41.

les autres ; mais celui qui, comme le métaphycisien, veut connaître la réalité de la manière la plus rationnelle, dans son fond intime et ses explications dernières, doit savoir comment elle apparaît à ceux qui en étudient les phénomènes, leurs rapports et leurs lois.

Le dernier but de la science comparée, l'union de la philosophie et de la religion, et, par le moyen de la philosophie, l'union des sciences et de la religion, ne saurait être atteint, comme le pense Gratry (1), par la pénétration des sciences en théologie ou de la théologie dans les sciences.

Que les sciences, non pas dans leurs hypothèses parfois aventureuses, mais dans leurs résultats certains, ne puissent contredire la foi, c'est ce qu'il est permis au croyant d'affirmer, en se fondant sur la vérité supérieure qu'il possède. Mais, cette conviction ne saurait cependant lui faire préjuger en rien du résultat des sciences, parce que les données de sa foi ne les embrassent pas d'une manière directe et explicite. Le savant et le théologien ne considèrent pas la même face de la réalité, ni par les mêmes moyens. D'un côté, l'expérience et la raison ; de l'autre, la raison encore et le témoignage divin ; d'un côté, le monde dans son aspect et ses lois physiques, de l'autre, la révélation de faits et de rapports surnaturels. La philosophie, qui s'efforce de dépasser les conclusions des sciences pour sonder la réalité et atteindre l'absolu, apparait sans doute comme une sorte de lien entre les unes et l'autre ; mais ce n'est pas parce que, ayant absorbé les sciences en elle, elle va les faire pénétrer dans la théologie, ou bien celle-ci dans les sciences. C'est que cet effort d'explication suprême qu'elle représente sait bien affirmer l'absolu, Dieu, mais ne peut rien nous dire sur sa nature intime ; c'est que la raison s'arrête au seuil du monde surnaturel, et qu'ayant conduit l'homme de la connaissance purement scientifique des choses à la connaissance philosophique, elle ne saurait l'élever au-delà.

Les rapports de la philosophie et de la religion sont donc fondés, comme Gratry l'a montré, nous l'avons vu, sur les rapports mêmes de la raison et de la foi. La seconde prolonge pour ainsi dire la première et lui donne une lumière nouvelle, d'une autre nature,

---

(1) *Logique*, II, les deux degrés de l'intelligible, les rapports de la raison et de la foi.

et destinée, non pas à une connaissance plus grande des choses naturelles, mais à la connaissance surnaturelle.

S'il ne peut y avoir entre les sciences, la philosophie et la théologie la pénétration mutuelle que voulait Gratry, il est bon, cependant, que le théologien soit philosophe et savant, afin de mieux défendre sa foi contre les objections qui peuvent lui venir d'une part ou de l'autre ; il est bon aussi que le savant et le philosophe soient théologiens. Si cette « science divine » ne leur apporte pas un secours direct dans leurs recherches humaines, ils trouveront cependant en elle des réponses que l'expérience ni la raison ne sauraient fournir, et que les âmes réclament cependant.

Ainsi, tout en gardant à chaque science son domaine et son rôle, on reconnaît l'admirable harmonie des connaissances humaines que Gratry célèbre sans cesse. Elle vient, non de leur fusion, mais du respect de leurs véritables rapports, fondés sur la nature des choses.

CHAPITRE IX

La volonté et la liberté
Le procédé moral

La volonté procède à la fois de l'intelligence et de la sensibilité. Elle s'appuie et sur la force impulsive du désir, et sur la clarté de la raison ; « elle est le lien et quelquefois l'arbitre entre nos deux premières puissances » (1), car l'acte volontaire s'accomplit à la lumière de l'intelligence qui montre le but, et dans l'ardeur de la sensibilité qui le souhaite. Parfois, cependant, « la volonté hésite entre le désir qui entraîne et la raison qui voit et discerne » (2). Elle peut céder au premier. Mais la volonté « n'est point pourtant le désir transformé. Elle renferme tout autre chose que le désir. Elle renferme l'intelligence » (3). Tout acte vraiment volontaire est en effet posé à la suite d'un acte intellectuel, d'un jugement, et il ne faut pas confondre avec la volonté proprement dite, faculté raisonnable, cette force naturelle, impersonnelle — *voluntas ut natura* — que saint Thomas distingue de la volonté raisonnable.

---

(1) *Connaissance de l'âme*, I, p. 329.
(2) *Connaissance de l'âme*, I, p. 329.
(3) *Connaissance de l'âme*, I, p. 331.

Si l'impulsion du désir ne constitue pas la volonté, cependant les mouvements de celle-ci vers le bien sont moralement plus parfaits lorsque l'acte de volonté est en quelque sorte une synthèse des énergies de l'âme et procède à la fois de la raison et de la passion. Mais, tout en signalant une différence profonde entre la volonté et le désir, Gratry ne l'explique pas. Ces quelques réflexions sur la nature de la volonté, dont le fonds est emprunté à la doctrine de saint Thomas, sont exposées rapidement. Il effleure la question parce qu'il a hâte d'arriver à ce qu'il considère comme le point capital, le « point utile » dans l'étude de la volonté : la liberté.

« Ce qu'il faut savoir, c'est que la volonté est libre » (1). Mais quelles sont les preuves de cette liberté ? Gratry juge qu'il n'y en a besoin d'aucune. Pour lui, l'existence de la liberté morale est évidente. Il est sophistique de chercher à démontrer l'évidence. La liberté ne se prouve pas plus que l'existence des corps. Elle est un phénomène qui tombe sous la conscience, dont le sens intime témoigne. « Il y a liberté, puisque je la sens et la touche et l'exerce à chaque instant du jour » (2). Aucune démonstration possible ne vaut cette raison de l'évidence expérimentale.

Beaucoup de philosophes reconnaissent, en effet, comme Gratry, la conscience de la liberté comme la preuve la plus forte que l'on puisse invoquer en faveur de son existence. Saint Augustin la propose dans son *Traité du libre arbitre* (3). Descartes, ce ferme défenseur de la liberté, la fonde aussi sur la conscience même que nous en prenons en l'exerçant. « Elle se connaît sans preuves, dit-il, par la seule expérience que nous en avons » (4). La liberté est pour lui une véritable notion première (5). Bossuet place parmi les preuves du libre arbitre celle du sentiment vif interne. « Que

---

(1) *Connaissance de l'âme*, I, p. 331.

(2) *Connaissance de l'âme*, I, p. 333.

(3) « Video et quodammodo tango... non enim quicquam tam firme atque intime sentio, quam me habere voluntatem ; de lib. Arb. III, I.

(4) *Princ. de phil.* I, p. 39.

(5) Vous avez raison de dire que nous sommes aussi assurés de notre liberté que d'aucune notion première, car c'en est véritablement une ». (*Lettres*, t. VIII, p. 407).

chacun de nous s'écoute et se consulte, dit-il, il sentira qu'il est libre comme il sentira qu'il est raisonnable » (1). Et encore : « Un homme qui n'a pas l'esprit gâté n'a pas besoin qu'on lui prouve son franc arbitre, car il le sent, et il ne sent pas plus clairement qu'il voit, ou qu'il vit, ou qu'il raisonne, qu'il ne se sent capable de délibérer et de choisir » (2).

Cette affirmation de la liberté suffit-elle pour établir solidement son existence contre les doctrines qui la nient ? Si le sentiment de la liberté était clairement perçu par toutes les consciences et universellement admis, on pourrait se passer de toute démonstration. Mais il n'en est pas ainsi. Tandis qu'il y a des hommes qui se déclarent certains de sentir qu'ils se déterminent librement, d'autres, au nom de leur expérience personnelle, nient la réalité d'un semblable sentiment. Et, de fait, le sentiment de la liberté ne peut être le même chez l'homme habituellement affranchi de la contrainte des influences extérieures et des passions et chez celui qui s'en fait esclave. En perdant l'habitude de vaincre, la volonté perd sa liberté et, par suite, la conscience de cette liberté disparaît. L'homme peut arriver à se croire, comme le héros de Hugo, « une force qui va, agent aveugle et sourd de mystères funèbres », car, par l'abdication volontaire de sa liberté, il arrive à ne plus agir mais à être agi. Comme le dit Gratry lui-même : « Esclave des sens et des passions, l'âme exerce très peu sa liberté : tout l'emporte ; elle cède à tous les entraînements comme un mobile inerte ; elle marche comme elle est poussée. Quoi d'étonnant qu'elle ne sente plus sa liberté ? » (3).

Comment donc convaincre de l'existence de la liberté ceux qui la mettent en doute, si l'on ne fait pas usage d'autre preuve que celle du sentiment vif interne ? (4). Il faut réfuter, au moyen de la raison, les raisonnements des fatalistes et des déterministes ;

---

(1) *Traité du lib. arbit.*, chap. II.
(2) *De la Connaissance de Dieu et de soi-même*, ch. I, parag. 18.
(3) *Connaissance de l'âme*, II, p. 210.
(4) « L'expérience dont il s'agit est toute personnelle ; je n'ai pas le droit de conclure de la mienne à la vôtre ; de ce que celle-là m'atteste, celle-ci peut-être ne vous dit rien...... la plupart de nos actions ne manifestent aucu-

il faut invoquer les faits moraux qui seraient inexplicables sans la liberté. Quelque valeur que puisse avoir l'intuition directe de l'évidence qui atteint la liberté même en exercice dans l'âme, elle ne saurait suffire seule à défendre la liberté. Il faut y joindre, comme le fait Bossuet d'ailleurs, les preuves indirectes.

En se contentant d'alléguer que les sophistes nient l'évidence lorsqu'ils demandent la démonstration de la liberté, Gratry laisse de côté toutes les objections que soulève le problème : il leur oppose une sorte de fin de non recevoir et se retranche dans son affirmation. Ou plutôt, parmi ces difficultés, une seule le préoccupe. C'est celle qu'offre la conciliation de la liberté avec la prescience divine.

Il la trouve spécieuse et forte à la fois ; mais toute sa force vient, pense-t-il, de l'erreur qui suppose « qu'entre deux vérités quelconques, on peut toujours passer par voie d'identité ou de raisonnement déductif » (1). Or, « la déduction est une chaîne continue, qui lie deux vérités et les montre identiques » (2). Que l'on renonce à chercher un rapport rationnel d'identité, une commune mesure entre ces deux vérités de la prescience divine et de la liberté humaine, et la force de l'objection qui les oppose l'une à l'autre tombe par là même. On reconnaît que ce sont deux vérités « irréductibles, inconciliables, si l'on veut, mais certaines séparément » (3). Gratry invoque ici de nouveau son argument des grandeurs mathématiques incommensurables. Il n'y a pas, dit-il, de rapports rationnels entre le diamètre et la circonférence, bien que ces quantités soient constamment liées : point de commune mesure entre les deux, pas d'unité possible qui s'applique à l'une et à l'autre. « Les incommensurables sont des quantités qui n'ont de rapport que dans l'infini » (4). — De même, il n'y a pas de rap-

---

nement notre liberté et même beaucoup d'hommes ne l'exercent jamais : ils n'en peuvent donc avoir le sentiment vif interne. C'est en vain que je vous répèterai : « J'ai conscience que je me détermine librement », si vous pouvez me répondre : « Pour moi, ma conscience ne me dit rien de tel ». On ne peut admettre comme preuves que des propositions dont l'universalité est incontestable ». E. JOVAU, *Essai sur la liberté morale*, pp. 87-88.

(1) *Connaissance de l'âme*, I, p. 334.
(2) *Connaissance de l'âme*, I, p. 334.
(3) *Connaissance de l'âme*, I, p. 337.
(4) *Connaissance de l'âme*, I, p. 337.

port rationnel entre la prescience divine et la liberté humaine. « Elles sont inconciliables dans le sens où la diagonale et le côté du carré, le diamètre et la circonférence sont des grandeurs inconciliables. Chercher la conciliation rationnelle entre ces deux vérités, c'est la même chose que de chercher la commune mesure des quantités dont il est démontré que cette commune mesure n'existe pas. Ces deux grandeurs n'ont de rapport que dans l'infini. Ces vérités ne se concilient que dans l'intelligence de Dieu » (1).

Gratry se félicite de rencontrer chez Leibniz, dans un texte inédit et connu de lui après la rédaction de sa propre thèse, des considérations analogues. Leibniz compare la question de la nature de la liberté à celle des quantités irrationnelles en mathématiques et déclare que l'une et l'autre, insolubles au moyen du principe de contradiction, et irréductibles à une vérité nécessaire comme mesure commune, ont leur point de départ dans l'infini (2).

Quelque autorité que de semblables raisonnements puissent avoir aux yeux d'un mathématicien, le philosophe ne saurait leur accorder la valeur de « résoudre à fond la question », ni même celle « de jeter sur elle un jour merveilleux » (3). Ils confondent des ordres de vérités d'une nature absolument différente et commencent par pratiquer cette réduction illégitime à l'identique contre

---

(1) *Connaissance de l'âme*, I, p. 337.

(2) « Quemadmodum in proportionibus aliquando quidem exhauritur analysis, et pervenitur ad communem mensuram, quae scilicet repetitione sua perfecte utrumque propositionis terminum metitur; interdum vero analysis in infinitum continuari potest, ut fit in comparatione numeri rationalis et surdi *velut lateris et diagonalis in quadrato;* ita similiter veritates interdum demonstrabiles sunt seu necessariae, interdum liberae vel contingentes, quae nulla analysi ad *identicitatem* tanquam ad communem mensuram reduci possunt. Atque hoc est discrimen essentiale tam propositionum quam veritatum. Interim quemadmodum propositiones incommensurabiles subjiciuntur scientiae geometriae et de seriebus quoque infinitis habemus demonstrationes, ita multo magis veritates contingentes seu infinitae subeunt scientiam Dei, et ab eo non quidem demonstratione (quod implicat contradictionem), sed tamen infallibili visione cognoscuntur.

» Veritates quae nulla analysi ad veritates identicas, vel contradictionis principium, reducuntur, sed infinitam rationum seriem suppeditant uni Deo perspectam... eam esse naturam omnium quae libera et contingentia appellantur. » (*De libertate*, 178-179; *Nouvelles lettres et opuscules inédits de* LEIBNIZ, par le comte FOUCHER DE CAREIL). *Connaissance de l'âme*, p. 341.

(3) *Connaissance de l'âme*, I, p. 341.

laquelle ils s'élèvent. — D'ailleurs, les difficultés que présentent le problème des indémontrables et celui de la conciliation de la liberté humaine et de la prescience divine sont loin d'être les mêmes.

Dans le premier cas, le fait de ne pouvoir établir de rapports arithmétiques entre le diamètre et la circonférence n'offre rien de contradictoire. Il n'est pas de nécessité rationnelle que toutes les grandeurs en rapport constant de relation soient réductibles à une commune mesure.

Dans le second cas, ce n'est pas, comme le pense Gratry, l'absence de commune mesure que la raison déplore, et l'impossibilité de pouvoir réduire à l'identité les deux vérités en présence. C'est l'apparente contradiction qu'elle croit apercevoir entre elles. La raison, en effet, n'est pas déconcertée toutes les fois qu'elle ne peut apercevoir un lien d'identité entre deux objets ; elle se contente, en bien d'autres cas qu'en celui qui nous occupe ici, de percevoir une explication d'une autre nature, comme, par exemple, celle d'un lien causal. Ici, c'est le rapport qu'elle croit apercevoir entre la prescience divine et les actes humains qui lui semble incompatible avec la liberté. En effet, Dieu, infiniment parfait, connaît toutes choses et infailliblement ; il connaît donc nos décisions futures. Mais des actes qui arrivent comme ils sont prévus, ne sont-ils pas des actes nécessaires, déterminés d'avance, puisqu'ils sont certains avant d'être accomplis ? Si l'on admet la prescience divine, ne faut-il pas sacrifier la liberté, comme le fait par exemple le fatalisme des stoïciens ? Si l'on admet la liberté, ne faut-il pas en conclure avec Aristote que Dieu ignore le monde et les actes de l'homme ? Faut-il abandonner la moralité humaine ou la perfection de Dieu ?

Telle est l'alternative en présence de laquelle se trouve la raison, non parce qu'elle désire appliquer à la question un raisonnement syllogistique qui ramènerait les deux vérités à une commune identité, mais parce que le principe de contradiction lui semble violé par leur double affirmation. Quel géomètre a jamais pensé sacrifier la diagonale au carré ou le diamètre à la circonférence, sous prétexte que l'impossibilité de les ramener à une unité commune créait une impossibilité de coexistence ?

Si donc la raison se laisse arrêter par l'apparente contradiction que pose la coexistence de la prescience divine et de la liberté humaine, si elle ne cherche pas à mieux comprendre le problème, elle devra, non pas simplement le déclarer insoluble, comme le pense Gratry, mais le déclarer illusoire et le détruire en sacrifiant l'un de ses termes. Car la raison, qui peut admettre qu'une vérité la dépasse, ne saurait, sans se détruire elle-même, accepter la contradiction.

Gratry interdit toute recherche d'une solution en assimilant la question à celle des indémontrables mathématiques. Il cite Bossuet, qui affirme à la fois la prescience divine et la liberté humaine, bien que la conciliation de ces deux faits lui échappe (1). Mais il regrette que Bossuet suppose un lien entre eux, bien qu'invisible à la raison. « Bossuet a vu le vrai, dit-il, seulement il hésite et laisse supposer qu'il peut exister entre les deux termes, en apparence inconciliables, un enchaînement que nous ne voyons pas mais que, peut-être, nous pourrions voir. La vérité est que l'enchaînement n'existe pas dans l'ordre rationnel, c'est-à-dire est insaisissable à la raison humaine, à tout esprit fini, et n'est visible qu'à l'intelligence infinie, aux yeux de qui, nécessairement, toutes choses ont des rapports intelligibles » (2).

Il faut donc, suivant Gratry, accepter l'une et l'autre vérité, non seulement sans chercher entre elles de liens, mais même sans supposer qu'il peut y en avoir de visibles à tout autre raison qu'à la Raison infinie. Cependant, en accordant que la Raison divine perçoit ces rapports, il accorde que les concepts de la prescience et de la liberté sont conciliables en eux-mêmes, c'est-à-dire ne renferment rien d'irrationnel et de contradictoire.

---

(1) « Quiconque connaît Dieu ne peut douter que sa providence, aussi bien que sa prescience, ne s'étende à tout, et quiconque fera un peu de réflexion sur lui-même, connaîtra sa liberté avec une telle évidence que rien ne pourra obscurcir l'idée et le sentiment qu'il en a, et l'on verra clairement que deux choses qui sont établies sur des idées si nécessaires ne peuvent se détruire l'une l'autre... Quand donc nous nous mettons à raisonner, nous devons d'abord poser comme indubitable que nous pouvons connaître *très certainement* beaucoup de choses dont, toutefois, nous n'entendons pas toutes les *dépendances* ni toutes les suites. C'est pourquoi la première règle de notre logique, c'est qu'il ne faut jamais abandonner les vérités une fois connues, *quelque difficulté qui survienne quand on veut les concilier*, mais qu'il faut, au contraire, pour ainsi parler, *tenir fortement les deux bouts de la chaîne, quoiqu'on n'en voie pas toujours le milieu*, par où l'enchaînement se continue ». (*Traité du libre arbitre*, chap. I, IV). *Connaissance de l'âme*, I, p. 338.

(2) *Connaissance de l'âme*, I, p. 338.

S'il en est ainsi, la raison humaine peut arriver au moins à le montrer. Or, ce n'est pas, évidemment, en assimilant la question à celle des rapports entre le diamètre et la circonférence, qu'elle y parviendra, mais en analysant de plus près cette question même. C'est ce que fait saint Thomas d'Aquin.

Son étude n'est pas utile, comme le prétend Gratry, parce que, en reculant la difficulté, il montre qu'elle est insoluble, mais parce qu'elle met en lumière les vrais termes du problème et en écarte la contradiction.

La prescience divine et la liberté humaine semblent inconciliables à la raison parce que toute prévision d'un acte suppose la détermination de cet acte par des causes et des lois nécessaires. Or, la volonté libre est précisément une puissance indéterminée, douée d'une spontanéité qui la rend capable d'agir ou de ne pas agir ; ses décisions, ses actes, échappent donc à la prévision.

Mais raisonner ainsi, c'est placer l'intelligence divine dans les conditions de l'intelligence humaine ; c'est introduire en elle la succession. L'homme, pour prévoir, a besoin d'être certain que tels antécédents seront nécessairement suivis de tels conséquents. Pour Dieu, il n'y a ni antécédent, ni conséquent, parce qu'il n'y a ni passé, ni futur, mais un éternel présent. Dès lors, il n'y a pas en Dieu prescience mais science, il ne prévoit pas ; il voit : « *Omnia quae sunt in tempore sunt Deo ab aeterno praesentia* » : la vision ne change rien à l'essence des choses qu'elle contemple. L'intuition divine qui saisit les actes humains ne saurait les rendre nécessaires. Elle les perçoit comme ils sont ; les actes libres comme libres, les actes déterminés comme déterminés. Le témoin de mes actions ne saurait en être la cause. Dieu est le témoin des actes humains : son regard n'influe pas sur leur existence et sur leur nature. Le fait de la science divine ne contredit pas celui de la liberté humaine.

« Voilà la difficulté reculée, concède Gratry. Etant admis que Dieu voit tout dans un éternel présent, il n'y a plus de difficulté. Seulement, il nous est absolument inconcevable et incompréhensible que Dieu voie tout dans un éternel présent. Comment concevoir que Dieu voie comme présent ce qui est futur pour nous ? Comment comprendre cette coïncidence du temps et de l'éternité ? » (1).

---

(1) *Connaissance de l'âme*, I, p. 339.

La solution de saint Thomas écarte donc, de l'aveu même de Gratry, l'impossibilité apparente de conciliation entre la prescience divine et la liberté humaine, en montrant que Dieu ne connaît pas nos actes dans une prévision, mais dans une vision. Elle rectifie les données de la question. Désormais, l'esprit se demande : « Comment concevoir que Dieu voie comme présent ce qui est futur pour nous ? Comment comprendre cette coexistence du temps et de l'éternité ? »

On dira, peut-être, que Gratry a raison : la difficulté est reculée; voilà tout : elle n'est pas supprimée. — La difficulté n'a pas disparu, c'est vrai, mais elle a changé. Elle est placée où elle se trouve réellement, dans la coexistence du fini et de l'infini. La raison ne trouve pas de contradiction entre les termes tels qu'ils sont posés par saint Thomas. Elle ne peut comprendre, il est vrai, comment il se fait que Dieu voie les choses passées et futures dans un éternel présent, mais elle comprend cependant qu'il doit en être ainsi, car l'infiniment parfait est tout en acte, est l'acte pur, et ne saurait enfermer le changement, la succession. S'étonnera-t-elle de ne pas s'expliquer le comment de cette intuition divine, qui saisit tous les te. dans la simplicité indivisible de son éternité ? Elle ne peut se scandaliser de voir que l'Infini la dépasse ; elle se scandaliserait plutôt de le comprendre, car, alors, le fini contiendrait l'infini.

Mais ne peut-on prétendre que le problème ainsi posé est précisément le même que celui des indémontrables, et ne faut-il pas alors en revenir à la démonstration de Gratry ? Ne doit-on pas dire : de même qu'il faut renoncer à ramener à une commune mesure le diamètre et la circonférence, parce que ces qualités incommensurables n'ont de rapport que dans l'infini, de même il faut abandonner la recherche d'un rapport entre le temps et l'éternité, parce que ces données impliquent l'infini.

Dans cette assimilation, le mot « infini » seul est le même ; les idées en présence sont toutes différentes. Le géomètre qui cherche, non pas dans l'infini véritable, mais dans la suite indéfinie des nombres celui qui serait capable d'exprimer le rapport arithmétique de la circonférence au diamètre, s'occupe de l'indéfini et non pas de l'infini ; et s'il ne peut trouver le rapport qu'il poursuit, ce n'est pas que celui-ci soit inaccessible à la raison humaine, c'est qu'il n'existe pas.

Lorsque le philosophe se trouve en présence du fini et de l'infini métaphysique, il ne s'agit pas pour lui, comme pour le mathématicien, de reconnaître qu'il ne saurait atteindre, quels que soient ses efforts, une unité commune qui se dérobe dans l'indéfini. La difficulté qu'il rencontre ne consiste pas, comme le pense Gratry, à ramener à une commune mesure les termes du problème qui l'occupe. Sa raison lui dit, sans avoir besoin de s'appuyer sur aucune vérité mathématique, qu'il ne saurait y en avoir entre le fini et l'infini, puisque, si l'infini pouvait être mesuré par le fini, il ne serait plus l'infini. La question n'est pas réglée lorsque cette conclusion est atteinte ; elle reste entière. Car ce n'est pas un rapport de quantité entre l'éternité et le temps que la raison réclame ; c'est l'explication d'un rapport de coexistence qui lui montre quelles sont les relations de vie entre l'être humain placé dans le temps et l'être divin, immuable dans son éternité. La raison voit à la fois que ce rapport existe, puisqu'elle saisit l'existence des deux termes, et qu'il lui est inaccessible, au moins dans sa condition présente, parce que sa connaissance du terme supérieur, de l'infini, est insuffisante. Elle entend qu'elle ne pourra jamais le connaître complètement, car il lui faudrait pour cela arriver à l'égaler, à le *comprendre;* mais elle voit aussi que toute connaissance nouvelle de Dieu peut éclairer ce rapport.

Ainsi, même lorsque le problème de la liberté de l'homme et de la puissance de Dieu est ramené à ses vrais termes de la coexistence du temps et de l'éternité, les indémontrables mathématiques n'apportent pas de lumière à la raison. Celle-ci comprend les difficultés qui se présentent et l'attitude qu'elle doit garder en examinant les termes mêmes de la question. C'est cette étude seule, et non une assimilation à un ordre de choses différent, qui peut éclairer les problèmes philosophiques. Toute autre méthode, quelque apparence de rectitude qu'elle puisse avoir, ne va qu'à égarer la raison en de fausses analogies. La conclusion cherchée, pour être rationnelle et rigoureuse, doit être obtenue à partir des données elles-mêmes, étudiées dans leur nature et leurs caractères propres, non pas à partir de substituts de nature et de caractères différents.

Cependant Gratry ayant résolu, pense-t-il, la seule objection qui lui paraisse sérieuse, déclare à nouveau que nous sommes libres. Mais, qu'est-ce que la liberté ?

La liberté n'est pas une faculté à part, elle est constamment unie à la volonté : « Quand je pense à un acte libre, ce que je vois d'abord, c'est un exercice de la volonté » (1). Mais, s'il n'y a pas d'acte libre sans exercice de la volonté, dans tout exercice de la volonté on ne voit pas également la liberté. Il n'y a pas de liberté dans l'impulsion nécessaire de la nature qui s'élance vers un but qu'elle n'a pas choisi. Le choix même n'implique pas la liberté, s'il n'est guidé par des motifs, appuyé sur la raison. Il procède alors de cette volonté implicite, instinctive, que saint Thomas appelle volonté en tant que nature, à laquelle répond la liberté de spontanéité.

Suffit-il que la volonté s'exerce avec choix et avec raison pour qu'il y ait liberté ? On peut comprendre ce qu'il faut faire et le vouloir sans le pouvoir. Il peut y avoir, entre la détermination libre de la volonté et l'exécution de l'acte, des obstacles extérieurs ou intérieurs. Or, on n'est pas complètement libre tant que la liberté d'exécution n'est pas jointe à la liberté d'exercice. Toute nécessité ou coaction, toute contrainte morale ou physique, faiblesse et impuissance, ne peut coexister avec une entière liberté. Tel est l'état de l'esclave, qui est empêché de réaliser ses vouloirs par la volonté de ses maîtres ; tel est encore l'état de l'homme incomplètement affranchi des passions, « qui voit le bien, qui l'approuve, mais qui fait le mal ».

Ainsi Gratry suit la doctrine de saint Thomas en ce qui concerne la liberté. Il estime qu'il n'y a pas de volonté sans raison ; l'intelligence est la clarté sans laquelle la volonté retombe vers l'instinct. Mais il ne paraît pas à Gratry, comme à Socrate, qu'il suffise de connaître le bien pour le faire et que la liberté soit seulement proportionnée aux lumières de la raison. La volonté peut accepter le jugement de l'esprit, préférer et choisir le bien le meilleur et ne pas l'accomplir, cela, non pas seulement parce que des impossibilités matérielles s'opposent au passage à l'acte, mais parce que, entre la détermination de la volonté et l'exécution, les révoltes de la sensibilité et des passions se dressent comme des obsta-

---

(1) *Connaissance de l'âme*, I, p. 345.

cles. C'est alors que l'homme gémit : *Video meliora proboque, deteriora sequor*. Il ne manque pas de connaissance ; il manque de liberté. — Mais il semble qu'il faut, dans ce cas, placer ce défaut de liberté ailleurs encore que dans l'exécution seule. Il est plus profond. Il atteint la volonté dans sa détermination, qui subit elle-même quelque chose de l'influence des passions. Elle en est affaiblie, elle devient chancelante ; elle n'a rien de cette vigueur que présente une détermination pleine et résolue et qui la rend capable de triompher des difficultés. Le choix, la préférence interne ne revêtent pas le caractère d'une complète et forte décision ; il n'y a pas véritablement volition, mais velléité, et c'est pourquoi l'exécution peut être empêchée par les passions.

S'il ne peut y avoir de liberté sans raison, la raison n'est cependant pas, en effet, la condition suffisante de la liberté. Il faut en chercher un autre élément essentiel dans la volonté elle-même, dans son énergie, dans sa force, qui, en assurant la victoire sur les obstacles internes, ou même externes, assure ainsi la liberté.

La conception d'une pleine liberté n'est pas seulement celle d'un pouvoir latent, qui pourrait agir mais qui s'abstient. « La liberté réelle, concrète, vivante, suppose l'activité, l'exercice actuel » (1), car « les lacunes, les intermittences, les abstentions sont des faiblesses, des impuissances et des défauts ». Mais cette liberté, toujours en exercice, ne saurait l'être seulement pour parvenir à son but. La fin, qui meut la volonté parce qu'elle est son bien (2), doit être possédée ; les efforts successifs ne sont qu'un moyen de l'atteindre. Et, « tant qu'il y a un intervalle ou un obstacle entre le but et la volonté libre, il est clair que la liberté est limitée, du moins dans l'exécution de son acte, par un défaut de plénitude, de sagesse ou d'activité, ou par quelque force extérieure encore à vaincre pour être libre et pour régner » (3). L'idée de la liberté parfaite, absolue, implique donc une volonté tout entière en acte et pleinement parvenue à sa fin. Telle est la volonté

---

(1) *Connaissance de l'âme*, I, p. 348.

(2) « Cum bonum voluntatis sit finis, hinc illa omnia quae appetit et vult, vel appetit et vult ut finem, vel appetit et vult propter finem ». (PERRONE, t. I, p. 90). GRATRY, *Connaissance de l'âme*, I, p. 348.

(3) *Connaissance de l'âme*, I, p. 348.

divine : *Divina voluntas est conjuncta immediate fini; possidet nempe bonitatem suam qua fruitur* (1).

Or, quelle est la fin de la volonté ? « Le but de la volonté, c'est le bonheur ; le bonheur, c'est l'union à tout bien, et l'union à tout bien, c'est l'amour, dans son acception la plus haute » (2).

Gratry, on le voit. n'indique pas le bien comme la fin suprême et absolue de la volonté. Non qu'il l'exclue : sa définition l'implique. — Le bonheur et l'amour sont l'union à tout bien. — Mais ce bien ne représente pas le but dernier de la volonté. Gratry, comme Aristote, considère surtout le résultat de la possession du bien, le bonheur qui découle de l'amour satisfait. Le bien est l'objet de l'amour, en même temps que le moyen de ce bonheur, et la volonté parvient à la fois à l'un et à l'autre.

Mais, quoique le bien et le bonheur soient étroitement unis, cependant l'un est le but véritable, l'autre n'est que la conséquence du but réalisé ; l'un doit être recherché pour lui-même et pour sa propre valeur, l'autre doit être reçu comme un surcroît, comme une récompense, dont on ne saurait faire l'objectif direct de ses actes sans rendre ceux-ci intéressés. On ne peut donc confondre la fin absolue de la volonté, le bien, et la conséquence de la possession de ce bien, le bonheur.

Rigoureusement parlant, il en est de même de l'amour du bien. Il apparaît dans la poursuite du bien moral, en même temps que le désir du bonheur, comme l'aiguillon de la volonté qui l'excite vers le but, non pas comme le but lui-même. La volonté, pour accomplir le bien, n'a pas en effet à se dépouiller, comme le veut Kant, de toute inclination sensible à ce bien. L'homme vertueux, dit beaucoup mieux Aristote, est celui qui prend plaisir à faire des actes de vertu. La volonté est d'autant plus libre et plus parfaite qu'elle cherche le bien, non seulement par devoir, mais par amour. Seulement, quelque précieux que soit l'amour du bien, il n'est pas la fin de la volonté, mais le moyen d'atteindre mieux et plus parfaitement cette fin qui est le bien lui-même. Après avoir, dans le désir, stimulé la volonté, il s'épanouit dans la jouissance du bien. La définition de Gratry confond ces notions diverses et leurs rapports ; elle place le bien au-dessous du bonheur et de l'amour,

---

(1) SAINT THOMAS, *Cont. gent.*, lib. I, cap. LXXX.
(2) *Connaissance de l'âme*, I, p. 348.

qui lui sont unis, sans doute, mais se présentent comme subordonnés à lui. Aussi, lorsque Gratry dit : « Nous appellerons volonté libre en tous sens et absolument, une volonté toute puissante et toute sage, actuellement vivante en amour infini » (1), il n'est ni complet, ni tout à fait exact. Il lui faut sous-entendre, en effet, que cet amour infini et infiniment heureux vient de la possession parfaite du Bien souverain. Et il marque seulement la conséquence dans l'ordre de la sensibilité de cet état de perfection, non pas l'essence de cet état, qui consiste dans la bonté suprême de la volonté, dans son identification complète au bien parfait, avec lequel elle ne fait qu'un. Mais nous verrons si les vues ultérieures de Gratry ne lui permettent pas de considérer surtout dans la volonté bonne l'élément de l'amour.

En Dieu, la volonté est parfaitement libre ; sa liberté est souveraine et sans bornes ; il n'en est pas de même chez l'homme. Sa liberté est bornée, partielle. Elle peut croître ou décroître. L'homme, sans doute, est libre par nature, mais il n'est pas toujours en possession actuelle de sa liberté. « L'âme humaine, qui est libre dès que les conditions de la liberté sont données, n'est pas toujours dans les conditions de la liberté » (2). Celle-ci peut être enchaînée et captive : « Dans le sommeil, dans la folie, dans la violence morale, et même sous l'influence de l'habitude ou sous l'excès de la passion, lorsque celle-ci devient ivresse et fièvre corporellement réalisées, où est la liberté ? La liberté alors est dans les fers » (3).

Et qui d'entre nous est pleinement, véritablement libre ? L'homme doit donc conquérir la liberté, la développer, l'affermir. Il peut, s'il le veut, devenir de plus en plus libre. « Rompre les chaînes des habitudes et des passions, se délivrer de leur ivresse et de leur fièvre, écraser les obstacles ou les vaincre, marcher vers la sagesse et le réveil de l'âme et de ses facultés, c'est marcher vers la liberté » (4). La liberté de l'homme peut donc être croissante ou décroissante. Pourquoi ? C'est qu'elle est la liberté d'un être qui n'est pas par lui-même, mais qui tient d'un autre,

---

(1) *Connaissance de l'âme*, I, p. 349.
(2) *Connaissance de l'âme*, I, p. 350.
(3) *Connaissance de l'âme*, I, p. 350.
(4) *Connaissance de l'âme*, I, p. 351.

de Dieu, son être, sa vie. C'est la liberté d'un être dépendant : elle est donc dépendante. Cela ne veut pas dire seulement qu'elle doit obéir à une loi qui lui commande et la dirige. Gratry ne considère pas en lui-même le fait de la loi morale, qui est la loi de la liberté. Cette loi, pour lui, se confond, d'ailleurs, avec la volonté divine, et c'est sous cette forme qu'il l'envisage. Mais il ne développe pas ici l'idée de l'ordre, de la rectitude que l'obéissance à Dieu ou à la loi donne à la volonté ; il s'occupe de l'état de séparation ou d'union où se place l'homme à l'égard de l'Etre d'où vient toute vie, suivant qu'il se soumet à lui ou que sa volonté ne veut prendre qu'en elle son principe, que sa liberté veut devenir indépendante. « L'homme n'étant pas par lui-même, n'étant point son propre principe, n'ayant point en lui-même la source de sa vie, mais devant au contraire toujours couler de sa source et s'emprunter à Dieu, s'il vient à se séparer de sa source pour n'avoir pas d'autre source que soi, ni d'autre point d'appui, il est clair qu'il s'épuise aussitôt, décroît et baisse vers le néant » (1).

Ainsi, la question du bien et du mal est ramenée à ses éléments profonds. L'homme qui fait le bien marche vers la vie parce qu'il se rapproche de Dieu ; il vaut plus, parce que sa vitalité morale est augmentée. Le mérite n'est pas quelque chose d'extérieur, ajouté du dehors ; c'est une plus-value intime, une croissance dans la vie de l'âme. Celui qui fait le mal, au contraire, diminue son être moral, tend à baisser vers le non-être. D'où, chez lui, peut on dire, cette lassitude de l'effort, ce dégoût de la vertu, cet amoindrissement de la personnalité, cette faiblesse à l'égard de la passion. Tandis que, au contraire, l'homme vertueux, qui se soumet à la volonté divine, grandit dans l'énergie, dans la maîtrise de soi, dans l'héroïsme même, qui atteste sa vigueur morale et sa liberté.

C'est que nous sommes libres par participation, comme le dit Bossuet. Et celui qui confond la liberté et l'indépendance, en brisant le rapport de soumission de sa volonté à la volonté divine, ruine par là même sa liberté, car il se fait l'esclave de son propre égoïsme. Au contraire, « la volonté libre de l'homme, se conformant à celle de Dieu, devient une volonté sage et forte, développée en amour grandissant. La liberté grandit, parce qu'elle parti-

---

(1) *Connaissance de l'âme*, I, p. 352.

cipe de plus en plus à la liberté infinie qui est Dieu » (1). Ce rapport de soumission, en plaçant l'âme dans l'ordre, la met en relation plus étroite avec Dieu.

Cette profonde vue métaphysique, qui base hardiment la vie morale sur les relations entre l'âme créée et Dieu créateur, source de vie, propose comme fin dernière à la volonté, aussi bien qu'à la raison, Dieu lui-même. Et c'est ici que nous comprenons pourquoi Gratry fait intervenir, dans la définition de la liberté, la notion de l'amour plutôt que celle du bien moral.

Le bien est identifié à un être tout bon et tout aimable. Dès lors, l'idée de l'amour de cet être bon domine celle du bien lui-même. L'obéissance à sa volonté, qui nous rend conformes au bien et à Lui, est un acte d'amour. « Je veux parce que tu veux, dit l'Amour. Celui qui aime sait cela. Je veux ce que tu veux, car je t'aime. On change de volonté parce qu'on aime. On veut avec ardeur ce qu'on ne voulait pas et cela librement, parce qu'on aime. L'être que j'aime veut. Je veux à cause de cela, de toute mon âme, de toutes mes forces, de toute ma liberté » (2). Et parce que cet être est Dieu, c'est-à-dire la perfection souveraine, l'intelligence, la volonté, le cœur s'unissent dans l'amour pour le faire ardent et éclairé, fort et libre. L'amour de Dieu se présente comme le but de l'âme tout entière ; et, en même temps, il fait croître et grandir toutes les puissances de cette âme, parce qu'il la rapproche de la Vie. — Reprenant la notion entière de la liberté telle que Gratry l'expose, on voit maintenant comment il peut dire qu'elle est « le moyen de l'amour ».

La liberté est le pouvoir de faire le bien ; la volonté libre, c'est la volonté bonne qui accomplit le bien. Or, faire le bien, pour l'homme, c'est à la fois la marque de la liberté et le moyen d'arriver à une liberté plus grande. Mais le bien se confond avec la volonté divine ; en soumettant sa volonté à cette volonté parfaite, l'homme agrandit sa liberté, non seulement parce qu'il se délivre des obstacles des passions, mais parce qu'il s'unit à la volonté toute libre de Dieu, parce qu'il se rapproche de Celui d'où vient toute force et toute vie. Cette volonté divine ne se présente pas à l'âme libre comme un ordre contraignant, ainsi que peut le faire la loi

---

(1) *Connaissance de l'âme*, I, p. 355.
(2) *Connaissance de l'âme*, I, p. 355.

morale considérée en elle-même ; c'est une volonté vivante, la volonté de celui qu'elle aime. L'accomplir devient le moyen d'aller vers l'objet aimé, le moyen de l'union : la liberté est le moyen de l'amour. — On peut dire aussi que l'amour, considéré comme désir de l'union, et non plus comme cette union même, devient le moyen de la liberté, par la force que ses excitations apportent à la volonté, qu'il pousse vers le but souhaité et qu'il aide ainsi à triompher de tout ce qui s'oppose à son élan.

Dieu est donc la fin suprême de notre volonté. La liberté est le moyen d'atteindre cette fin. « Étant donc libre de tendre au but moral et de sortir de l'égoïsme inné pour entrer dans l'amour, en quoi consiste ce travail de notre liberté ? Quelle en est la méthode et la loi ? Quel est le procédé moral ? » (1).

Cette étude du procédé moral, de la méthode de l'ascension de l'âme dans l'amour, est l'une des plus chères à Gratry. Sa pensée, son cœur s'unissent pour inspirer ces pages où les faits moraux se présentent, non pas sous une forme abstraite et froide, mais vivants en l'âme vivante, dans un relief saisissant et parfois dramatique. Gratry le dit : « il a fait un grand effort pour mieux sortir de l'abstraction et entrer dans la substance des choses » (2), pour saisir, dans leur signification profonde et leurs conséquences dernières, les attitudes de la volonté à l'égard du bien et du mal.

Le but suprême de la volonté, Gratry l'a montré déjà, nous l'avons dit, c'est Dieu lui-même. L'âme est faite pour la vie pleine, harmonieuse, abondante, qui se trouve dans l'union à Dieu, principe de vie. — Or, qu'arrive-t-il le plus souvent, quel est l'état ordinaire des âmes tel que le montre l'expérience ? Les âmes oublient qu'elles ne sont point à elles mêmes leur fin, elles se font leur propre centre et s'enferment en elles-mêmes. C'est l'égoïsme. L'égoïsme, cette recherche de soi poussée jusqu'au mépris d'autrui, de l'ordre, de la justice et de la vérité, de Dieu, par conséquent, voilà le grand mal des âmes.

Il se présente comme un fait que l'on ne saurait nier : l'histoire elle même en témoigne et montre l'égoïsme inspirant la cruauté des tyrans, les sanglants appétits des foules, « ivres de joie et de

---

(1) *Connaissance de l'âme*, I, p. 356.
(2) *Connaissance de l'âme*, II, p. 1.

plaisir au spectacle des gladiateurs qui s'égorgent » (1). L'expérience personnelle atteste aussi cet égoïsme latent, qui a ses terribles réveils dans les réclamations féroces de la passion. Egoïsme aveugle, qui nous fait sacrifier nous-mêmes à nous-mêmes, et risquer parfois la vie pour un moment de joie. « Nous naissons injustes, dit Pascal, car chacun tend à soi. Cela est contre tout ordre : il faut tendre au général et la pente vers soi est le commencement de tout désordre, en guerre, en politique, en économie » (2). « On veut se faire centre, dit Gratry à son tour, se faire tout, se faire principe. On s'isole de l'universel et de l'ensemble. On se sépare de Dieu aussi bien que du genre humain » (3). Cet égoïsme revêt deux formes : l'égoïsme de l'esprit, l'orgueil, qui est l'abus de la lumière ; l'égoïsme des sens, la sensualité, qui est l'abus du feu.

L'orgueil pousse l'homme à s'isoler dans sa pensée, à la prendre pour le centre du monde intellectuel, à ne voir que la lumière de ses propres idées, qui arrive à effacer toutes les lumières, « comme le soleil sur l'horizon efface et supprime à nos yeux des millions de soleils et de mondes, aussi grands ou plus grands que le nôtre » (4). Le jeune homme, chez qui sonne l'heure de la pensée virile, « croit sincèrement avoir beaucoup plus de lumières, une connaissance sans comparaison plus profonde de l'homme, de la nature et de la société, de l'utile et du vrai, de Dieu et de ses rapports au monde, que le dix-septième siècle réuni au treizième, réuni au siècle des Pères » (5).

On s'imagine, en effet, « que le monde est une sphère dont nous sommes à la fois le centre et le rayon » (6). Egoïsme prodigieux, monstrueux, risible, qui fait de nous « ces esprits étroits qui voient clair dans leurs petites pensées et ne voient rien dans celles d'autrui ; esprits à courte vue, esprits de ténèbres qui, de près, voient ce qui est obscur, et de loin ne voient pas ce qui est lumineux » (7).

L'égoïsme des sens, l'abus de « ce feu qui doit donner au cœur

---

(1) *Connaissance de l'âme*, II, p. 9.
(2) T. II, p. 366, éd. de La Haye — *Connaissance de l'âme*, II, p. 10.
(3) *Connaissance de l'âme*, II, p. 11.
(4) *Connaissance de l'âme*, II, p. 16.
(5) *Connaissance de l'âme*, II, p. 17.
(6) *Connaissance de l'âme*, II, p. 19.
(7) *Connaissance de l'âme*, II, p. 19.

de l'homme des mouvements, à la volonté son élan, à ses membres leur force, à son sang la fécondité et la paternité... de ce feu qui n'est pas seulement corporel, qui tient au cœur, qui est mêlé d'amour » (1), est décrit avec plus de véhémence encore. Il dévore l'homme tout entier dans son germe et dans sa fleur (2). Le cœur sans amour, sans amitié, sans pitié, le cœur, suivant la forte expression biblique, n'est plus que cendre.

Cet égoïsme fait du mystère sacré de la génération une œuvre d'iniquité, « dont on ne peut pas dire s'il en sort la mort ou la vie » (3), ou, plutôt, c'est trop souvent la mort, tandis que la corruption s'introduit dans la vie, quand elle est donnée, et la précipite « dans la voie maladive d'avidité mortelle, qui cherche le feu avant le temps, et qui en abuse en tout temps, et perd la vie en le cherchant » (4). — « Telle est la puissance d'homicide de l'égoïsme sensuel. C'est ainsi que, par égoïsme, les générations successives se transmettent la mort, mêlée à la vie que Dieu donne » (5).

Ainsi, les deux excès de l'égoïsme précipitent la volonté vers des buts en apparence opposés. Par l'orgueil, l'âme qui se fait centre, qui se fait tout, croit s'élever au-dessus d'elle-même : *voluntas viri*, qui, de l'homme, cherche à faire un dieu. La sensualité entraîne l'âme en bas, dans le corps, pour en jouir : *voluntas carnis*, qui rend l'homme semblable à la bête. Mais, peut-être, l'un de ces égoïsmes va détruire l'autre ; l'orgueil empêchera les abaissements de la sensualité ? « Qui veut faire l'ange fait la bête », répond Pascal. L'âme qui s'exalte dans l'orgueil retombe nécessairement, des hauteurs où elle s'élève, dans les bas-fonds de la volupté. Sainte-Beuve, que cite Gratry, remarque la coexistence étrange de ces deux vices capitaux. Sauf « certains cas extrêmes et monstrueux où un seul des deux remplit l'âme », « il

---

(1) *Connaissance de l'âme*, II, p. 20.

(2) « Les ressources de l'amour élevé, les poésies de l'adolescence prêtes à éclore, les enthousiasmes de la jeunesse, le sens de l'infini, les forces futures de la raison virile et la sagesse promise à l'automne de la vie, tout est perdu d'avance ». (*Connaissance de l'âme*, II, p. 22).

(3) *Connaissance de l'âme*, II, p. 24.

(4) *Connaissance de l'âme*, II, p. 25.

(5) *Connaissance de l'âme*, II, p. 26.

est constant, remarque-t-il, que ces deux vices se lient d'ordinaire par un mouvement inverse et alternatif » (1).

L'égoïsme, en prenant, suivant une loi générale, cette double forme dans l'âme, y introduit donc un état de scission. « Oui, la vie mauvaise, l'état faux, la forme du mal dans l'âme est une division et une séparation des forces de la vie en deux tendances contraires. C'est la duplicité d'une âme qui, cessant d'être simple, une, recueillie, prend en elle-même une double vie, l'une dans l'esprit, l'autre dans les sens ; l'une au-dessus de l'homme par présomption et sans réalité, l'autre au-dessous de l'homme par affaissement avec réalité. C'est une excentricité d'âme qui développe en elle deux foyers de la vie ou deux pôles, deux pôles de nom contraire, comme un aimant ; deux foyers séparés, excentriques, comme les deux foyers d'une ellipse » (2).

L'âme est divisée en deux vies séparées, et, « les deux ensemble épuisent la source de l'âme, ne cessant de la décomposer en lueurs qui s'évanouissent et en ardeurs qui se dévorent » (3). L'orgueil égare l'intelligence, la sensualité éteint le cœur. Le double égoïsme ravage dans les âmes la lumière et la joie qu'elles cherchent pour leur laisser les ténèbres et la souffrance ; il les dessèche jusqu'à la racine. L'âme, parce qu'elle a voulu trop vivre, n'arrive pas à se développer dans l'énergie d'une vie pleine. Son activité, ses forces, ses puissances sont saisies, absorbées, gaspillées par l'égoïsme avide. « Le principe de notre âme, toujours dévoré, ne vit pas ; les lueurs vaines et le feu sombre qui l'épuisent ne vivent pas mieux. Ce sont trois forces mortes ou mourantes qui se détruisent par la séparation. Le courage, l'intelligence et la sagesse, l'amour et la bonté sont des trésors perdus. L'homme n'est plus que faiblesse, misère et laideur » (4).

C'est, peut-on dire, une observation pleine de justesse que celle qui trouve dans l'égoïsme le mal moral par excellence, source et cause de toutes les passions mauvaises. Gratry, d'ailleurs, n'a pas ici le mérite de la découverte ; et beaucoup de moralistes, avant lui, ont signalé, dans l'amour désordonné du moi, la racine

---

(1) Cité par GRATRY, *Connaissance de l'âme*, II, p. 69.
(2) *Connaissance de l'âme*, II, p. 68.
(3) *Connaissance de l'âme*, II, p. 7.
(4) *Connaissance de l'âme*, II, p. 3.

profonde des maladies de l'âme. Mais lorsque Gratry distingue seulement deux sortes de passions naissant de l'égoïsme, ne simplifie-t-il pas à l'excès ? Tous les vices humains peuvent-ils se ramener à l'orgueil et à la sensualité ?

Sans doute, si Gratry avait eu l'intention d'établir quelles sont toutes les formes que peut revêtir l'égoïsme, il est clair que sa classification serait incomplète. La colère, par exemple, n'est pas entièrement réductible à l'orgueil ou à la sensualité ; l'avarice a dévié bien loin de l'un et de l'autre. Mais Gratry ne prétend pas étudier toutes les manifestations de l'égoïsme ; il s'arrête aux principales, aux plus communes, aux plus redoutables ; à celles que l'on retrouve au fond de toutes les autres qui en procèdent, tout en contenant des éléments nouveaux. L'homme cherche, en toute passion, la satisfaction de son désir de jouir, de celui d'être plus, d'être tout. L'envie, cette haine du bonheur ou de la valeur des autres, vient de l'appétit effréné de la sensualité, ou de l'orgueil qui voudrait tout accaparer ; la colère s'irrite des obstacles apportés aux convoitises de la volupté, aux prétentions de l'ambition. L'avarice, l'amour désordonné des richesses, n'est-elle pas suggérée tout d'abord par l'orgueil, qui veut dominer au moyen de la puissance de l'argent ou par la sensualité qui aspire aux joies qu'il peut acheter ? Quant à la gourmandise, à la paresse, elles sont bien des formes de l'amour du plaisir, qui inspire la fuite de tout effort pénible comme la recherche excessive des satisfactions du goût.

Ainsi, l'orgueil et la sensualité, l'appétit de l'élévation et celui de la jouissance, se retrouvent en toutes les passions mauvaises, comme les formes constantes que prend l'égoïsme.

Mais si Gratry a raison de distinguer en ces deux vices les manifestations fondamentales de l'amour désordonné du moi, on peut lui reprocher de considérer trop exclusivement l'une des formes de l'orgueil, celle de la pensée. Or, si cet orgueil se présente comme le plus dangereux, parce qu'il isole l'esprit humain et le séquestre, pour ainsi dire, en lui-même, cependant il n'est pas le seul orgueil. S'il y a des hommes qui se font le centre de leur univers intellectuel, et cela depuis l'homme d'étude, qui vit de réflexion, jusqu'à l'ignorant qui ne sait rien voir au-delà de ses courtes idées, il y a d'autres formes d'affirmations orgueilleuses du moi : celle de la richesse, qui ne raisonne pas, mais est persuadée de sa valeur ; celle de l'ambition, qui veut dominer dans une situation brillante ; formes actives, qui rêvent d'honneurs, de conquêtes, auxquelles l'admiration personnelle ne suffit pas, mais qui souhaitent d'imposer aux autres le moi qu'elles révèrent. Gratry ne semble pas les avoir en vue. Il s'attaque seulement à l'orgueil philosophique ou scientifique, à celui qui menace les intelligences qui pensent mais qui, éblouies par leur propre lumière, deviennent incapables de recueillir, d'accepter celle qui vient d'ailleurs. Il critique cette déformation de la pensée personnelle qui se prend pour juge souverain de toute chose, qui se persuade de sa propre infaillibilité, et mesure les questions au sens qu'elle leur trouve à l'importance qu'elle leur donne. Égoïsme intellectuel, bien éloigné de cette probité laborieuse de l'intelligence qui s'efforce d'atteindre par elle-même la vérité plutôt que de la recevoir paresseusement d'autrui, mais qui connaît ses limites et ses bornes, et sait s'incliner, quand il le faut, devant des lumières qu'elle comprend être supérieures aux siennes. — « Moi, toujours moi, s'écrie l'orgueilleux, mon opinion, ma pensée, mes conclusions ». — « La vérité avant tout, à tout prix », dit l'intelligence active et sincère. Cependant, cette recherche passionnée de la vérité, si louable, si admirable, peut devenir excessive, amener le déséquilibre des forces de l'âme et du corps. Elle produit alors les effets d'une passion mauvaise. C'est cela qui amène Gratry à confondre l'égoïsme intellectuel et la passion exagérée de l'étude dans une critique des conséquences physiques et morales qui appartiennent à l'une et à l'autre.

Les conséquences morales de toute passion déréglée, Gratry les a admirablement marquées en signalant l'état de division, de désordre, d'affaiblissement qui en résulte pour l'âme. Son harmonie est brisée ; l'accord de ses forces est rompu. Tandis que la passion bonne recueille les énergies de l'âme et les tend toutes vers le but que la raison montre, que le cœur aime, que la volonté souhaite, la passion mauvaise opère un travail de désagrégation, parce qu'elle détourne les activités de leur fin pour en faire le moyen de la sienne. L'anarchie ravage « ce royaume divisé contre lui-même ». Lors même que la passion mauvaise semble concentrer les forces de l'âme, elle ne les accapare que pour les gaspiller ; elle laisse l'âme vide, dépouillée, épuisée. Par l'égoïsme, l'âme, qui a voulu avec frénésie vivre sa vie, se dévore d'elle-même et, toujours plus avide, elle est de moins en moins rassasiée. Cela est vrai de la sensualité, et l'on sait comment le culte du plaisir conduisait les Cyrénaïques au désespoir et à la mort. Cela est vrai de l'orgueil, qui exalte le moi jusqu'à la folie, et cependant ne parvient pas à apaiser sa faim de fausse élévation. L'âme s'échappe à elle-même d'autant plus qu'elle se cherche plus exclusivement ; et parce qu'elle veut tout rapporter à soi avec une rapacité intempérante, il se trouve que tout se dérobe à elle, et qu'elle ne possède rien.

Gratry n'expose pas avec moins de justesse les effets physiques des passions déréglées. Il montre, avec son éloquente énergie, le retentissement profond que les états violents de l'âme ont dans le corps. Il s'appuie, en cela, non seulement sur son observation personnelle, mais sur l'expérience et la science d'autrui. « J'ai consulté de tous côtés depuis bien des années, dit-il, et je viens de relire de suite bien des volumes sur la vie et ses lois, sur la santé, la maladie, la mort. » Et les recherches contemporaines n'ont fait que confirmer cette étude des effets physiologiques des passions. — Avec tous les hommes de science préoccupés de cette grave question, Gratry signale dans les passions « le principe le plus actif de cette effroyable série de dégradations organiques qui sont le mal physique » (1). La loi de la santé et de la force physique, c'est l'accord harmonieux des fonctions, travaillant ensemble à entretenir la vie. Dans cette unité de but, on peut voir une sorte de simplicité corporelle, ou, mieux, de synthèse où fusionnent les diverses énergies physiologiques : la force sensitive, la force motrice, la force nutritive. Mais, de même que l'égoïsme brise l'unité de l'âme, ainsi il brise l'unité corporelle. L'âme divisée divise son corps. Elle emploie ses forces dans la direction de ses passions et pour les satisfaire. On peut dire que le genre humain se partage en trois races, suivant la forme que prend la vie. Il y a ceux qui ont établi en leur âme l'harmonie et dont la vie physique et morale est forte, parce qu'elle est recueillie. Il y a ceux qui vivent par la tête et sont dominés par les concupiscences de l'esprit, qui engendrent le plus souvent, par contre-coup, la vie inférieure de la sensualité ; il y a ceux « dont le ventre est la vie et le trésor : *Quorum deus venter est.* (*Phil. III*, 19), mais qui, si abaissés qu'ils soient dans leurs honteuses joies, nourrissent cependant l'égoïsme orgueilleux.

---

(1) *Connaissance de l'âme*, II, p. 141.

Les physiologies de ces deux dernières races sont des pathologies ; ces modes de la vie sont des modes maladifs qui courent à la mort. En se livrant à eux, on peut dire que l'homme préfère la mort à la vie et réalise cette fondamentale vérité : « L'homme ne meurt pas, il se tue » (1). Car « il y a la mort qui survient du dehors, il y a celle qui part de notre fond. Il y a celle qu'envoie la Providence, il y a celle que notre faute opère » (2). La faute de la sensualité d'abord, qui accapare et dévore la force vitale. Les sens, « avides du violent sentir », attirent tout à eux. « Les sens gardent et concentrent la force qui devait animer les membres et le cœur pour le mouvement ou extérieur ou intérieur. ... La vie, concentrée dans les sens, est affaiblie dans les entrailles, et dans les muscles, et dans le cœur : les forces sensitives épuisent tout et annulent les forces motrices. La grande loi de la maladie est ainsi formulée : « Prédominance extrême des forces sensitives et diminution graduelle, presque absolue, de la force motrice » (3).

Aussi le gourmand, le voluptueux, est-il mou, inerte, incapable de mouvement, d'action. Le corps, fatigué par le violent sentir ou par le long jouir, ne peut recueillir ses forces pour un effort physique, pour courir, bondir, lutter, par exemple. C'est que tous les membres, c'est que le cœur, sont relâchés ; les muscles énervés ne peuvent se contracter à fond ; tout est affaibli et arrêté dans la dispersion. « Faites un effort pour vous reprendre, cet effort même vous montrera combien vous êtes disséminé... Serrez les poings, prenez tout votre souffle, ramassez toutes vos forces comme un athlète qui va lutter, et vous verrez, par cet effort, dans quel état de décadence, d'engourdissement, d'atonie ou de léthargie, se trouve en vous la force motrice » (4).

Ainsi, la vie qui s'est épanouie pour jouir, s'est épuisée dans son égoïste effort et ne peut plus se ressaisir, se recueillir fortement pour agir. La sensualité détruit l'équilibre de la vie, la vie même.

Que fera donc l'orgueil ? — Mais, ici, Gratry montre moins les

---

(1) *Connaissance de l'âme*, II, p. 111. — C'est le mot de M. Flourens dans son charmant travail sur la longévité : « Avec nos mœurs, nos passions, nos misères, l'homme ne meurt pas, il se tue », p. 32.
(2) *Connaissance de l'âme*, II, p. 110.
(3) *Connaissance de l'âme*, II, p. 115.
(4) *Connaissance de l'âme*, II, p. 120.

effets de ce vice lui-même que les résultats physiologiques de l'abus de la vie intellectuelle, l'état de ces hommes qui, comme le dit Epictète, ne fleurissent que par la tête et dont les connaissances ne se tournent pas à aimer. Que l'orgueil soit uni souvent à une vie d'étude intense, cela est indéniable. Cependant, l'orgueil par ignorance et nullité, ou, encore, l'orgueil par suffisance et demi-science, est plus fréquent encore. Le savant n'est pas nécessairement orgueilleux ; le vrai savant, même, est toujours modeste. — C'est, dira Gratry, qu'il ne se contente pas d'une science partielle, d'une science cérébrale : il cherche la vérité en l'aimant et en s'oubliant ; il la cherche non par suite d'un désir égoïste, mais avec l'ambition d'éclairer et de servir les hommes ses frères. Le cœur a son rôle dans cette vie laborieuse.

C'est donc la vie exclusivement intellectuelle, celle où le cœur n'a point de place, que vise Gratry ; mais il faut entendre aussi toute vie trop exclusivement consacrée à l'étude, quel qu'en soit le motif, et dans laquelle la raison n'introduit pas un sage balancement de l'usage des forces. Il est vrai de le dire, « les excès de la tête brisent l'unité vitale, l'*unum et omnia* qui est la condition et le caractère de la vie : la vie de l'esprit concentre la vie au cerveau » (1), et cela aux dépens des autres organes qui ne tardent pas à s'altérer. « On pense et on oublie de vivre. La tête dessèche le cœur. La science enfle la tête, mais épuise le reste. Qui ne sait combien la spéculation continue, la réflexion perpétuelle, épuise la volonté, annule le caractère, énerve le courage, arrête les mouvements du cœur et rend impropre à la pratique et à l'action ? » (2). Cette désorganisation, ces impuissances sont aussi marquées dans le corps, dans la faible contractilité des muscles qui montre la dégradation de la force motrice (3), dans la lente circulation d'un sang qui ne réchauffe plus, dans les désordres qu'amène cette gêne dans le cours du sang (4).

---

(1) Reveillé-Parisse, *Physiol. des hommes d'études*, t. I, p. 75. — *Connaissance de l'âme*, II, p. 123.

(2) *Connaissance de l'âme*, II, p. 126.

(3) « Les muscles s'affaissent, ils pâlissent, diminuent de volume, se relâchent dans leur cohésion et souvent s'atrophient. Les muscles même de la vie intérieure sont frappés d'asthénie ». — *Connaissance de l'âme*, II, p. 124.

(4) « Le sang, gêné dans son cours, séjourne dans le poumon, il presse et rompt peu à peu les mailles de ce tissu ; il écarte et brise les fibres du cœur ;

Ainsi la passion déréglée et avide, l'égoïsme intempérant, cause des perturbations dans le corps comme dans l'âme ; troubles d'autant plus profonds que cet égoïsme ne revêt pas une seule forme. L'homme de plaisir qui a perdu toute dignité, toute fierté, porte en lui un orgueil qui s'alimente parfois même de ses chutes. — L'orgueilleux est presque toujours sensuel. « L'orgueilleuse pensée engendre le désir animal » (1). Tous les hommes « divisent la vie et en donnent la moitié à l'orgueil et l'autre à la volupté. Et ils dévorent et brûlent ainsi la vie par les deux bouts, comme on le dit énergiquement » (2). Au lieu de la vraie vie pleine, ardente, lumineuse, féconde, l'âme et le corps n'ont qu'une vie divisée, faible et malade. « Les deux groupes de passions, ou viscérales, ou cérébrales, dévorent tout l'homme, épuisent et vident le cœur. La sensation détruit le mouvement, la jouissance anéantit l'action. Le cœur, centre et principe du mouvement à l'intérieur, le cœur ne sait renouveler la vie aussi vite qu'elle s'épuise, ne la rajeunit pas à mesure qu'elle vieillit. La vieillesse quotidienne s'accumule et la mort marche. La vie vivante et vivifiante, la vie telle que Dieu nous la donne, prédominait d'abord. La vie mourante, languissante, énervée, telle que nous la faisons et que l'égoïsme l'opère, gagne de jour en jour et envahit tout l'homme, et quand elle a tout envahi, c'est la mort » (3).

Les passions ruinent donc l'homme tout entier ; elles détruisent en lui la beauté de l'âme, la valeur morale, les saints élans de l'héroïsme et l'harmonie de la vertu. Elles ravagent aussi son corps et gravent en lui, d'une manière sensible, leurs résultats funestes. Le mal moral engendre le mal physique. L'un et l'autre dilapident la vie. Redoutable châtiment, qui attend l'égoïsme dans sa recherche même, et se trouve immanent à la faute. L'âme avare a voulu garder pour elle tous ses trésors et en jouir seule ; elle s'est enfermée en elle-même, cherchant avidement à attirer

---

et c'est la source d'une multitude de maladies : crachements de sang, inflammations latentes, dilatations anévrismatiques, etc. L'oxygénation du sang est d'ailleurs imparfaite et la pléthore veineuse se manifeste de bonne heure avec toutes ses suites déplorables ». — (RÉVEILLÉ-PARISSE, loc. cit., 111.) — *Connaissance de l'âme*, II, p. 128 et 133.

(1) *Connaissance de l'âme*, II, p. 128.
(2) *Connaissance de l'âme*, II, p. 129.
(3) *Connaissance de l'âme*, II, p. 139.

tout à soi ; elle s'est fait son centre, son but suprême : elle est en retour livrée à sa pauvreté, à sa misère. Elle recueille, de ses ardentes poursuites, le désappointement, la déchéance, la servitude et la mort.

Quel est le remède à cet état de désordre et de douleur ? Par quelle méthode l'âme peut elle se ressaisir, se purifier, conquérir sa liberté et sa beauté ?

L'amour désordonné de soi est le principe du mal : il faut vaincre cet amour de soi, le vaincre par le Sacrifice. « Le Sacrifice est la méthode morale elle-même » (1), le procédé qui, seul, permet à la volonté d'atteindre sa fin suprême, le Souverain Bien.

Le Sacrifice consiste à sortir de soi pour aller à Dieu. « Sortir de soi ou y rester, là est toute la question, toute l'histoire, tout le drame de la vie morale » (2). Mais, qu'on l'entende bien, sortir de soi, ce n'est pas s'éparpiller dans les rapports multiples avec la nature sensible. La vie morale est une vie intérieure, et le premier acte du Sacrifice arrache l'âme aux fascinations des choses extérieures pour la recueillir au dedans. *Ab exterioribus ad interiora, ab interioribus ad superiora*, telle est la voie que la volonté doit parcourir et que résume cette maxime ascétique. Il faut, comme le dit Thomassin : « Aller à sa raison, la soumettre à la raison souveraine, soumettre alors sa chair à sa raison » (3).

Gratry voit, dans ce procédé moral et pratique, l'analogue du procédé logique et spéculatif qui conduit la raison à affirmer l'existence divine. L'un et l'autre ont le même but : Dieu. Il se présente à la raison comme la suprême Vérité, à la volonté comme le bien suprême. De même que la raison, pour connaître Dieu, doit écarter et dépasser le fini, dont elle supprime les limites et les bornes afin de concevoir l'infini, ainsi la volonté doit s'élever au-dessus des attraits et des charmes des créatures pour se poser en Dieu. Les choses sensibles conduisent à Dieu, si l'on sait les comprendre ; leur existence contingente révèle son existence nécessaire ; le bonheur passager, borné, qu'elles enferment, par son imperfection même qui laisse dans l'âme le vide, enseigne le vrai

---

(1) *Connaissance de l'âme*, I, p. 316.
(2) *Connaissance de l'âme*, II, p. 35.
(3) *Connaissance de l'âme*, II, p. 40. — THOMASSIN, *Théol. dogm.*, libr. I, cap. IX.

bonheur, le bonheur éternel, infini, qui est Dieu. « Leur beauté, leur douceur, leur séduction sont des amorces pour nous attirer à l'amour ; leurs défauts, leurs limites, leurs épines, leurs mensonges et leur perfidie sont des forces de sens contraire, mais préparées dans le même but, pour nous repousser par la douleur, la tristesse et les larmes vers l'amour souverain » (1). Il faut que la raison sorte du fini pour trouver la raison souveraine : il faut que la volonté se détache de ce fini pour atteindre le vrai bien.

Mais, dans le procédé dialectique, on a vu que la raison était aidée dans son ascension par le sens divin. Il y a aussi un auxiliaire du procédé moral, un ressort sur lequel la volonté peut s'appuyer pour s'élancer à Dieu, par le sacrifice de nous-mêmes et de la joie présente et trompeuse : c'est la conscience.

Gratry considère dans la conscience l'élément sentimental plutôt que l'élément rationnel. Ce n'est pas qu'il veuille ignorer celui-ci et réduire la conscience, comme le fait Shaftesbury, à être un sens. Il admet qu'elle est « la donnée innée des principes moraux » (2) et, par conséquent, qu'elle est une forme de la raison qui possède et connaît ces principes. Après saint Thomas, il répète que la conscience, ou au moins son étincelle : *conscientiae scintilla, synderesis*, ne saurait tromper. Or, pour saint Thomas, la « *synderesis* » a une valeur rationnelle ; c'est la raison s'appliquant à la conduite : « la possession naturelle des principes pratiques, comme l'intellect est la possession des principes spéculatifs » (3).

Gratry n'exclue donc pas la raison de la conscience pour en faire une faculté purement sentimentale. Comme Reid, Dugald-Stewart, il lui trouve un double caractère : elle embrasse des jugements portés par l'esprit et des sentiments éprouvés par le cœur.

Mais il ne s'arrête pas à la forme rationnelle de la conscience. Il accorde toute son attention à la forme sensible, à ces attraits, à ces répugnances qui expriment surtout la force impulsive de la conscience et qui en sont le mode spontané. Comme le

---

(1) *Connaissance de l'âme*, II, p. 42.

(2) *Connaissance de l'âme*, II, p. 48.

(3) « Habitus quidam naturalis principiorum operabilium, sicut intellectus habitus est principiorum speculabilium et non potentia aliqua ». *Sum. Theol.* 1, q. 79, 12.

remarque Leibniz, « Dieu a donné à l'homme des instincts qui le porte d'abord et sans raisonnement à quelque chose de ce que la raison nous ordonne » (1). Ces instincts moraux, que les progrès de la raison appuieront de jugements réfléchis, continuent à jouer un rôle important dans la conscience. L'amour du bien, le goût de la vertu, l'horreur du mal, sont de précieux auxiliaires pour la volonté. Ils préservent plus sûrement l'âme des chutes, ils l'élèvent plus vigoureusement vers le devoir, lorsque, par ailleurs, ils se trouvent unis à une raison éclairée, que ne peuvent le faire des jugements qui ne sont pas accompagnés d'émotions. « Le rationnel nous laisse froids », remarque justement Aristote. Ces sentiments sont aussi une source de connaissance. Ils se rangent au nombre de ces lumières du cœur que Gratry, après Pascal, estime à si haut prix.

Cependant, si considérable que soit leur valeur, on ne saurait oublier que la conscience morale est une faculté essentiellement rationnelle, dont le sentiment est le complément nécessaire, sans doute, mais seulement le complément. Et Gratry, par l'attention exclusive qu'il consacre à celui-ci, semble lui donner la première place. Il voit, dans ces sentiments, l'expression de l'attraction puissante que Dieu, présent partout, exerce sur l'âme. Ils représentent, au point de vue moral, le sens divin, cet attrait, ce sens du beau et du vrai, qui est aussi le sens du bien. « Cette force que tout homme sent en lui, toujours mêlée à tout, qui nous attire au bien sans jamais se lasser ; qui nous pousse, par un irrésistible élan, vers un avenir de lumière, de bonheur, malgré les mécomptes de chaque jour et la vanité du passé ; cette force confiante, qui maintient en nos cœurs l'espérance indomptable, malgré toutes les douleurs et ne cesse de nous dire : « Il y a mieux ! » cette force infatigable qui conduit l'homme dans son voyage terrestre, comme un voyageur enthousiaste, plein de jeunesse et d'illusion, rêvant toujours dans le lointain, au-delà de chaque horizon, une nature plus riche et plus belle ; cette force clairvoyante qui, dans chaque espérance accomplie, nous montre une vanité ; qui dans tout bien que nos mains tiennent, nous fait voir un défaut ; qui bride et réprime notre cœur, en face de tout bonheur présent, de peur que notre âme ne s'y livre, ne s'y plonge tout entière, com-

---

(1) *Nouv. Essais*, t. chap. 199.

me une source peu généreuse, qui ne prend pas son cours et se laisse boire au sable et à la terre ; cette force chaste et pure qui nous retient en face du mal, qui nous maîtrise et nous arrête sous l'élan des plus fortes passions ; qui met entre le mal et nous un temps d'arrêt, une épouvante qu'une volonté désespérée nous fait seule traverser ; cette force irritée qui se lève, et ne veut plus se taire quand le mal est commis ; qui vibre et crie sous l'effort même tenté pour l'étouffer : cette force, c'est la voix de Dieu ; c'est Dieu présent partout, Dieu dans lequel nous sommes, dans lequel nous vivons » (1).

Voici donc le point d'appui de l'ascension de la volonté vers le bien. Les lumières de la conscience, ses répugnances au mal et ses remords, comme ses excitations au bien, s'offrent à l'âme pour l'aider à se dégager d'elle-même à sortir de l'orgueil, de la sensualité, de l'égoïsme.

Mais si la conscience est en effet une force qui pousse l'homme vers le Souverain Bien, vers Dieu, elle est aussi un maître et un juge, et cela ne ressort pas suffisamment de cette analyse de Gratry, si belle par ailleurs, si pleine d'âme, si palpitante de vie. C'est parce que la conscience enseigne à connaître le bien et le mal qu'elle apprend à l'âme que ses énergies ne doivent pas être employées à chercher, toujours et à tout prix, la satisfaction du moi ; c'est parce qu'elle lui révèle l'existence du devoir qu'elle lui ouvre la voie vers sa fin véritable. Mais Gratry, d'un coup d'aile, s'élance jusqu'à cette fin suprême. Il cherche la signification dernière des attraits moraux. Il montre, directement, dans la conscience, la force destinée à conduire à Dieu la volonté.

Si cela est vrai, en dernière analyse, cependant, ne faut-il pas étudier la conscience en elle-même, dans ses révélations prochaines, ses ordres et ses défenses, motivés par des jugements de valeur, au sujet des actes humains ? Ne faut-il pas aussi garder aux sentiments moraux leurs caractères spécifiques ? Si, dans les profondeurs du moi, ils se rattachent aux désirs du bonheur, qui vivent d'espérance, cependant ils se distinguent en ce qu'ils sont provoqués seulement par le bien et le mal.

L'étude de la conscience, que présente Gratry, n'est donc ni complète, ni rigoureuse. Elle montre suffisamment, cependant,

---

(1) *Connaissance de l'âme*, II, p. 46.

ce qu'il veut prouver, son rôle dans le procédé moral qui affranchit l'âme de l'égoïsme. Soutenue par la conscience, — « ce point d'appui qui est en nous, mais qui n'est pas nous seuls » (1), car le secours de Dieu, secours naturel, s'y fait sentir, — la volonté devient capable du Sacrifice.

Qu'est-ce donc que le Sacrifice ? ne va-t-il pas à perdre, à anéantir le moi, et ne se présente-t-il pas comme anti-humain ? L'idéal de l'homme, en effet, ne doit-il pas être de se rendre toujours plus homme, de développer ses puissances, de cultiver ses aptitudes, de réaliser le plein et harmonieux épanouissement de sa personnalité ? Le sacrifice, qui coupe et qui retranche, semble devoir diminuer l'homme au lieu de le perfectionner.

Et, il est vrai, certaines conceptions du sacrifice peuvent en faire un moyen, non d'amélioration, mais d'amoindrissement, non d'élévation, mais de déchéance. Si le Sacrifice détruit les forces de l'âme au lieu de les conduire ; si, comme dans la morale stoïcienne, il cherche à anéantir les passions, non pas à les contenir, à les dompter et à en diriger l'énergie, bien loin de développer l'âme, il la mutile. Certaines doctrines mystiques vont plus loin encore et, exagérant la notion du sacrifice, elles soutiennent un ascétisme farouche, qui réprime les mouvements les plus légitimes de l'âme humaine et pratiquent un abus de pénitences. Telle, la froide et austère doctrine janséniste, qui allait à glacer le cœur. — D'autres, comme le quiétisme, rêvent une sorte d'absorption du moi humain dans le moi divin, tandis que le mystique de l'Inde aspire à se perdre dans le grand Tout, à s'anéantir dans l'infini.

Mais Gratry réprouve toutes ces doctrines fausses et dangereuses. Le sacrifice dont il parle ne va pas à mutiler l'homme et à l'amoindrir. Il apparaît, non comme un moyen d'anéantissement, mais de libération et de croissance. Quelle est, en effet, la condition de la volonté qui refuse le sacrifice et demeure enfermée en elle-même, dans ses entêtements, dans ses caprices, dans ses passions ? Resserrée en elle-même, elle paraît avec toutes ses infirmités et ses bornes, « trop courte de tous côtés. Elle manque de tout : de suite, de continuité, d'unité ; elle manque de force, de lumière ; elle manque de foi, elle manque de direction, elle manque

---

(1) *Connaissance de l'âme*, II, p. 50.

d'amour... Elle manque enfin de liberté, car elle n'est libre qu'en ce sens, qu'il lui reste cette étincelle de liberté et cette étincelle de raison, dont elle peut se servir pour parvenir de proche en proche et à la vérité et à la liberté » (1). Cette volonté est incertaine, indécise ; elle veut et elle ne veut pas ; elle est finie, brisée, interrompue, captive des complaisances qu'elle prend dans le plaisir et qui la retiennent comme un clou ; elle n'est pas large et rayonnante, mais exclusive et étroite ; elle se fixe aux moindres objets et s'exclut de tout le reste dans son engouement présent. Elle ne se possède pas entière et n'est jamais que fraction d'elle-même. Elle s'enferme dans la vie charnelle, où elle étouffe dans la fange, ou dans la vie de la réflexion, où elle étouffe dans le vide.

Le sacrifice, que Gratry lui propose, peut rompre ses chaînes, briser ses entraves. Il ne l'anéantit pas, il la fortifie ; il ne la resserre pas, il la dilate. Il la répare, l'élève, la transforme. Ce n'est pas seulement en la purifiant, en retranchant en elle tout ce qui est mauvais, qu'il opère son œuvre bienfaisante ; ce n'est pas, non plus, parce que la douleur qu'il inflige est une expiation des fautes passées. Gratry n'envisage pas ce caractère réparateur et pénitentiel du sacrifice que les anciens ont connu. Platon ne présente-t-il pas la mort, c'est-à-dire le sacrifice, comme une purification nécessaire pour sortir de la fange ? (2). « Le sacrifice, en effet, est purificateur ; c'est le moyen du passage de l'impureté à la pureté. Mais l'idée radicale, l'idée nécessaire du sacrifice est plus profonde encore. Elle résulte de ce que la créature étant nécessairement finie, comme Dieu est nécessairement infini, le sacrifice est le moyen universel du passage, c'est-à-dire de l'union du monde à Dieu et du fini à l'infini... Soumettre le fini à l'infini pour unir l'un à l'autre, c'est l'essence même du sacrifice » (3).

Le sacrifice anéantit l'obstacle qui sépare la volonté finie de l'homme de la volonté infinie de Dieu. Par la soumission qu'il impose à la loi de la conscience, qui est la loi divine, il délivre la volonté humaine de la servitude et du joug de l'égoïsme ; il la fait rentrer dans l'ordre et la rétablit dans ses vrais rapports avec Dieu, que la recherche déréglée de soi avait interrompus.

---

(1) *Connaissance de l'âme*, II, pp. 54-55.
(2) PHÉDON.
(3) *Connaissance de l'âme*, II, p. 39.

Le procédé moral détruit, c'est vrai, mais il ne détruit que les limites : « Il n'est pas la négation de quelque chose qui soit ; c'est la négation d'une négation ; c'est une affirmation » (1). C'est donc la voie, non vers la destruction, mais vers la vie pleine et sans fin. Comment l'âme, avide de perfection, pourrait-elle le repousser au nom de cette perfection même, puisque c'est lui qui l'assure, en délivrant la volonté de tout ce qui la diminue et l'abaisse pour la régénérer, pour l'élever jusqu'à Dieu ? Car « sacrifier, ce n'est pas détruire, c'est vivifier. Sacrifier la sensualité, c'est ramener au cœur la vie fourvoyée dans les sens, et sacrifier l'orgueil et la sensualité, c'est ramener au vrai, rendre à elle-même la vie captive et fourvoyée dans un double égarement. Renoncer au monde et aux sens, ce n'est pas supprimer son corps, ni les sens, ni leurs relations ; c'est ne plus mettre dans le corps, et dans le monde des corps, le centre de sa vie, de son bonheur, de son amour. Renoncer à soi-même, c'est ne plus poser son cœur en soi seul, mais aussi en autrui. « Autrui, prochain ou Dieu », disait saint Augustin. Sacrifier l'orgueil, c'est ne plus se prendre soi-même comme principe, comme centre, comme fin de son bonheur, de sa vie et de son amour. Certes, ce double sacrifice est aussi juste et raisonnable qu'il est manifestement nécessaire » (2). Il consiste à quitter le mal pour pratiquer le bien, pour se consacrer, par la fuite de l'égoïsme et de tout ce qui le nourrit, à la justice et à la vérité.

Il accomplit dans l'âme une véritable transformation. Elle était divisée, épuisée par la passion : il détruit ces foyers qui la dévorent, il rétablit en elle l'harmonie, la simplicité, l'unité. Elle était seule, livrée, non à ses propres forces, mais à ses lamentables faiblesses : il l'unit à la force infinie, à Dieu. Quelle délivrance ! quelle renaissance ! comme il y a loin de la vie sombre, pauvre, mesquine de l'âme qui se resserre en elle-même, à cette vie lumineuse, riche et large, à laquelle conduit le sacrifice. « Sortir de la misère de notre propre esprit, de la monotonie de nos pensées, de l'ennui mortel d'être seul, des bornes restreintes de notre horizon personnel, qui va toujours se resserrant à mesure qu'on avance dans la vie ; quitter l'étroite et fastidieuse prison de l'habitude pour prendre une vie large et puissante, toujours renouvelée en Dieu ; rencontrer

---

(1) *Connaissance de l'âme*, II, p. 66.
(2) *Connaissance de l'âme*, II, p. 159.

tout à coup la lumière et l'air libre, l'air vaste, l'air pénétrant, la lumière pénétrante et sans borne et en boire les inspirations » (1)... ; telle est l'étendue, la liberté, la dilatation d'une âme qui est sortie de l'égoïsme par le sacrifice.

Mais le sacrifice ne transforme pas seulement l'âme ; il transforme aussi le corps. Il y rétablit l'équilibre rompu par l'avidité des passions. Les organes, qui ne sont plus surmenés par l'égoïsme, reprennent leur jeu normal. Le sang, chez l'homme humble et chaste, maître de lui-même, ne se localise plus. « La vie active et rassemblée dans l'unité se soutient mieux de toutes parts » (2). Les médecins, en effet, ne sont-ils pas d'accord pour affirmer que, pour guérir l'homme, « il faut obtenir de lui la tempérance et la paix ; arriver à l'indifférence normale des organes, à cet état où l'on ne se sent pas vivre... se modérer en tout » (3), se priver même. « La privation, méthode sûre, excellente, véritable économie de la vie et du bonheur » (4).

Ainsi, le sacrifice moral, qui fortifie l'âme contre l'effort et la douleur, fortifie le corps contre la maladie. Mais, parce qu'il procure à l'âme une vie plus intense, en l'établissant dans ses vrais rapports avec Dieu, il procure aussi au corps, par là même, une vie nouvelle. L'âme, vivifiée par son union à Dieu, union naturelle et nécessaire, mais rompue autant qu'il est en elle par l'égoïsme, cette âme rajeunit et vivifie le corps. Gratry admet cette puissante efficacité de l'esprit sur la santé que constatent tous les physiologistes attentifs. Mais il n'admet pas seulement que l'harmonie de l'âme influe sur la vigueur du corps, par suite de l'équilibre dans lequel elle laisse des fonctions dont elle fait un sage emploi ; il voit encore l'action vivificatrice de Dieu atteindre ce corps lui-même à travers l'âme purifiée, transformée.

Cette idée, Gratry la partage avec tous les mystiques chrétiens. Mais ils ne sont pas les seuls à la concevoir. Le bouddhisme hindou, la théorie du moi-subliminal, toutes les doctrines, qui reconnaissent des relations entre l'âme et l'infini, qu'elles soient ou non panthéistes, admettent que l'influence de cet infini, Dieu ou âme du

---

(1) *Connaissance de l'âme*, II, p. 63.
(2) *Connaissance de l'âme*, II, p. 171.
(3) *Connaissance de l'âme*, II, p. 142.
(4) RÉVEILLÉ-PARISSE, *Études de l'homme*, I, p. 63.

monde, s'exerce sur l'esprit, et même, par son moyen, jusque sur le corps. C'est cette idée qui inspire en Amérique la Mind-Cure. Elle prétend unir ce qu'il y a de spirituel en l'homme au principe divin pour y puiser la guérison et une vie nouvelle. Quelque profondes que soient les différences qui séparent des doctrines si diverses, elles ont cela de commun qu'elles croient qu'un certain état d'âme, qui n'est pas le même en chacune, peut établir entre, Dieu et le moi humain des rapports de vie plus étroits. Pour Gratry, pour le christianisme, c'est la vertu qui établit ces rapports ; et, comme toute vertu suppose l'immolation des inclinations mauvaises, c'est le sacrifice qui est le moyen d'union à Dieu. Le sacrifice pénètre de vie pleine et forte, non seulement l'âme, mais le corps. S'il ne peut cependant le guérir, il dépose en ce corps, même souffrant et malade, sous la corruption et la mort, un germe d'immortalité glorieuse.

Est-ce par elle-même que l'âme peut se transformer ainsi ? Le sacrifice des passions les plus chères à l'homme est-il possible ? Gratry ne le pense pas. « Aucune raison, aucun motif moral, aucune hygiène, aucun intérêt personnel, même celui de la vie, n'obtiendra jamais ce sacrifice. Jamais l'homme ne se sacrifiera lui-même. Cela dépasse ses forces » (1). Réduit à elles, l'homme restera rivé à l'égoïsme qui le sollicite ; il se libèrera tout au plus d'une passion pour tomber dans une autre. S'il échappe à l'esclavage des sens, qui retient le cyrénaïque, ce sera pour se raidir dans l'orgueil, comme le stoïcien superbe. Ses efforts vers le bien se heurteront à son impuissance. Il demeurera cet être imparfait, dont parle Descartes, qui tend et aspire sans cesse à quelque chose de meilleur et de plus parfait, mais il ne pourra point l'atteindre. — Etrange destinée qui met aux prises, dans une lutte douloureuse et inefficace, ce qu'il y a de bon en l'homme avec ce qu'il y a de mauvais ; contradictions que la raison toute seule ne peut ni expliquer, ni guérir. Bossuet (2), Pascal ont montré avec leur profonde éloquence la vanité des solutions qu'elle propose. « Qu'ont pu faire les hommes, s'écrie Pascal, sinon, ou s'élever dans le sentiment intérieur qui leur reste de leur grandeur passée, ou s'abattre dans la vue de leur faiblesse présente ? Car, ne voyant

---

(1) *Connaissance de l'âme*, II, p. 160.
(2) *Serm. sur la mort.*

pas la vérité entière, ils n'ont pu arriver à une parfaite vertu. Les uns, considérant la nature comme incorrompue, les autres comme irréparable, ils n'ont pu fuir ou l'orgueil, ou la paresse, qui sont les deux sources de tous les vices, puisqu'ils ne peuvent, sinon ou s'y abandonner par lâcheté, ou en sortir par l'orgueil.» (1).

Si l'homme compte sur lui-même pour arriver à se dépouiller de tous ses vices et conquérir une pleine liberté, il succombe à l'illusion de l'orgueil ; s'il reconnaît sa faiblesse, c'est pour s'y livrer et se précipiter dans le désespoir.

Le but que la raison, la conscience montre à l'homme, et vers lequel l'attirent les meilleurs élans de son cœur, ne peut, cependant, être inaccessible. Mais, de même que la raison ne saurait aller, sans le secours de Dieu, jusqu'au bout d'elle-même, ainsi la volonté a besoin de l'aide divine. Elle est déjà présente, cette aide, dans les lumières et les sollicitations de la conscience, qui permet un premier effort vers la transformation ; elle s'offre dans « la grâce » comme une force qui soulève la volonté pourvu qu'elle y consente et coopère à son action ; elle la rend capable de briser ses liens, de s'unir à Dieu, de vivre d'une vie surnaturelle et divine.

Mais, dira-t-on, cela n'est-il pas incompréhensible ? Que veulent dire ces mots : être uni à Dieu, participer à la nature divine ? Gratry répond : « Vous accueillez si facilement le panthéisme qui affirme, contre toute évidence, contre toute conscience, que nous sommes Dieu : pourquoi donc repousser le Christianisme qui nous annonce qu'étant bien différents de Dieu, nous pouvons cependant nous unir à Dieu par la grâce et par l'amour ? » (2).

Le Christianisme respecte la personnalité sacrifiée par le panthéisme ; il montre que la grâce perfectionne la nature mais ne la détruit pas ; que l'union à Dieu agrandit, vivifie le moi humain, bien loin de l'anéantir. La raison ne trouve aucune contradiction dans cette doctrine, qui répond aux plus fortes et aux meilleures aspirations de l'âme ; la foi l'accepte et ses effets servent à la prouver. La volonté docile à la grâce et fidèle dans le sacrifice parvient à la pleine liberté. L'âme s'épanouit, par un généreux oubli de soi, dans le dévouement aux autres et à Dieu, elle vit,

---

(1) *Pensées*, pp. 85-86, éd. GARNIER.
(2) *Connaissance de l'âme*, II, p. 164.

en vérité, d'une vie nouvelle, supérieure à la vie des sens, à la vie de la raison et de la volonté humaine ; d'une vie surnaturelle.

Gratry prévoit les objections. « La philosophie, dira-t-on, n'a pas à s'occuper du surnaturel. Parlez-nous d'une morale purement humaine. Ne sortez pas des limites convenues ». — « Mais, s'écrie Gratry, la philosophie ne prétend-elle pas étudier l'homme, l'homme tout entier ? Et, dès lors, a-t-elle le droit de retrancher du nombre des faits de l'âme tout un ordre de phénomènes dont l'expérience enseigne la réalité ? » — « On comprend ce que doit produire, dans la science de l'homme, la résolution préconçue et opiniâtrement maintenue, de rejeter toute une classe de faits, celle qui résulte de la vie la plus haute, de cette vie pour qui le reste est fait et dont la présence, l'absence, le regret, le besoin, ne cessent de gouverner et de poursuivre en tout temps l'homme entier » (1).

Agir ainsi, c'est condamner la psychologie à demeurer incomplète ; bien plus, à être stérile, erronée ; stérile parce qu'elle ignore la source où l'homme peut puiser une vie vraiment féconde ; erronée parce qu'elle méprise des réalités et les graves conséquences de ces réalités.

On a vu, cependant, des philosophes sincères s'inquiéter de cette vie plus haute, à laquelle est appelée l'âme humaine. Ce ne sont pas seulement les Pères et les docteurs chrétiens ; d'autres l'ont connue ou pressentie. Maine de Biran, que Cousin appelle le premier métaphycisien de son temps, a été conduit par le progrès de sa réflexion, par l'effort d'une âme absolument loyale avec elle-même, à affirmer que le développement complet de l'homme réclame l'intervention d'une force supérieure à celle qu'il trouve en sa volonté et en sa raison seules, force qui excite, élève l'âme, la transforme, en lui donnant une vie plus haute que la vie sensible, et même que la vie raisonnable. « Quand tout serait d'accord et en harmonie entre les facultés sensitives ou actives qui constituent l'homme, il y aurait encore *une nature supérieure, une troisième vie*, qui ne serait pas satisfaite et qui ferait sentir qu'il y a un autre bonheur, *une autre sagesse, une autre perfection* au-delà du plus grand bonheur humain, de la plus haute sagesse et perfec-

---

(1) *Connaissance de l'âme*, I, préf., p. XXVIII.

tion intellectuelle et morale dont l'être humain soit susceptible » (1). Cette « troisième vie, qui est à l'âme comme une addition de sa vie propre, lui vient du dehors et de plus haut qu'elle » (2) ; elle est mise dans l'homme « par l'influence surnaturelle de la grâce ou de l'esprit de Dieu dans nos âmes » (3). Maine de Biran, comme Gratry, juge que la philosophie ne doit pas ignorer cette troisième vie qui se présente comme « un véritable fait psychologique et non pas de foi seulement » (4).

Cette vie supérieure, que Maine de Biran découvre après trente ans de recherches, les anciens eux-mêmes l'avaient signalée. C'est Aristote, qui déclare que la vie vraiment bonne et morale, la vie la meilleure dans l'homme, n'est pas purement humaine. « Une telle vie est plus haute que la vie selon l'homme. Ce n'est pas en tant qu'homme que l'homme peut vivre ainsi, mais en tant que quelque chose de divin vit en lui » (5). C'est Plutarque, qui parle « d'intuitions, d'inspirations, de mouvements surnaturels où l'âme est tout entière sous l'action de Dieu » (6).

Quant à Gratry, il considère comme le point culminant de la philosophie l'affirmation de cette vie supérieure. C'est à en établir la réalité qu'il a, dit-il, consacré tous ses ouvrages. La conclusion à laquelle il souhaite de conduire ses lecteurs : « c'est qu'il y a une troisième vie pour laquelle tout le reste est fait et sans laquelle tout souffre, le cœur et la raison, et même nos sens et notre corps. » (7).

La dernière démarche de la raison conduit l'esprit à se soumettre à la foi, et par la foi commence cette vie surnaturelle. Mais, par la raison et la foi, l'homme ne parvient qu'à une possession mentale de Dieu. La volonté, aidée par la grâce, arrive à une union avec la vie divine qui transforme la vie humaine. Le but suprême,

---

(1) *Journal intime de M. de Biran*, septembre 1823, cité p. GRATRY, *ibid.*, p. XII.

(2) *Journal*, août 1823.

(3) *Journal*, octobre 1823.

(4) M. de BIRAN, *sa vie, ses pensées*, p. 325.

(5) Mor. à NICOMAQUE, liv. X, p. 7, cité p. GRATRY, *Lettres sur la Religion*, p. 251.

(6) *Anthropologie*, p. 549, cité p. GRATRY, p. 253. *Lettres sur la Religion*.

(7) *Connaissance de l'âme*, I, préf., p. XXIX.

le Souverain Bien est atteint. L'ascension de l'âme libérée par le sacrifice s'achève par l'amour.

Sublime doctrine, dira-t-on, mais ne place-t-elle pas trop haut la vertu humaine ? Ne présente-t-elle pas à l'homme un idéal inaccessible et chimérique ? La morale, on y consent, réclame dans une certaine mesure le sacrifice, mais non jusqu'à l'oubli de soi et à l'héroïsme. Il y a une sagesse, toute prudente et humaine, qui ne prétend pas à une impossible perfection, mais se contente de conduire l'homme à la maîtrise de soi par la modération de ses désirs. C'est celle-ci qui est la bonne ; elle nous demande l'accomplissement du devoir dans la mesure de nos propres forces et n'a par suite aucun besoin du secours d'une force étrangère.

Il faut l'avouer, l'idéal que présente Gratry est très élevé. Mais est-il au-dessus des aspirations de l'âme ? Déjà la morale, la plus admirable de l'antiquité, proposait à l'homme de s'élever jusqu'à la beauté morale. Platon (1) estime que l'âme doit réaliser en elle l'harmonie complète par la justice ; la vertu est dans la ressemblance à Dieu et la véritable méthode morale, c'est la mort. N'est-ce pas réclamer de l'âme la perfection même et lui enseigner, après Socrate, la nécessité du sacrifice. « Philosopher, c'est apprendre à mourir ».

Au fond de toutes les âmes qui ne sont pas enlisées dans le plaisir ou l'intérêt, dans lesquelles la satisfaction orgueilleuse de soi n'étouffe pas tout à fait les désirs de quelque chose de meilleur et de plus grand, on retrouve cet attrait vers une vie plus haute, par laquelle l'âme se dépasse elle-même. « Je suis plus convaincu que jamais, s'écrie Renan (2), que la vie morale a un but supérieur et qu'elle correspond à un objet. Si la fin de la vie n'était que le bonheur, il n'y aurait aucun motif pour distinguer la destinée de l'homme de celle des êtres inférieurs. Mais il n'en est point ainsi. La morale n'est pas synonyme de l'art d'être heureux. Or, dès que le sacrifice devient un devoir et un besoin pour l'homme, je ne vois plus de limite à l'horizon qui s'ouvre devant moi. Comme les parfums des îles de la mer Erythrée, qui voguaient sur la surface des mers et allaient au devant des vaisseaux, cet

---

(1) *Théétète*.
(2) *Essais*, introd., p. v.

instinct divin m'est un augure d'une terre inconnue et un messager de l'infini. »

La loi morale, qui, en imposant le devoir, réclame le sacrifice, apparaît en effet comme la messagère de l'infini. Elle révèle à l'homme que sa destinée est de se dépasser sans cesse, dans un effort vers une amélioration toujours croissante. Mais le cœur de l'homme ne peut croire que le Bien qui l'attire soit une abstraction, une idée de sa raison, ni qu'il se borne aux actes imparfaits que la volonté parvient à réaliser. Le Bien, c'est Dieu qu'il conçoit comme la perfection même, et ce Dieu l'appelle à Lui par l'amour. L'homme peut-il penser qu'il sera laissé seul dans cette route vers le Parfait ? Peut-il croire que celui qui le veut bon ne l'aidera pas à le devenir ? Si la doctrine, qu'expose Gratry, offre à l'âme un but très élevé, elle le lui rend en même temps accessible par les secours qu'elle lui découvre. Inspirée par les principes les plus purs du christianisme, elle concilie à la fois la faiblesse de l'homme et la grandeur de sa destinée. Elle respecte les besoins de son cœur, comme les exigences de sa raison, en assurant que la vertu, qui rend l'homme meilleur, le rapproche de Dieu, l'unit à Lui et lui fait trouver le Bien et le Bonheur dans un suprême Amour.

Dans les *Sources*, Gratry quitte le point de vue théorique pour aborder la morale sous son aspect pratique. Il trace à son disciple un plan de vie, application des idées qui dominent sa théorie. Il lui rappelle les devoirs envers Dieu, qu'il résume dans l'amour, dans la prière, par laquelle l'âme supplie Dieu d'envoyer la vie à elle-même et au monde ; les devoirs envers nous-mêmes, qui consistent à nous élever, à travailler par l'éducation personnelle de l'intelligence et de la volonté à conquérir la vérité, la liberté (1) ; les devoirs envers la famille, qui font le mariage saint et pur et donnent à la paternité la dignité du sacerdoce (2). Il célèbre

---

(1) « Le travail, le courage, l'espérance, la vertu, la justice pour autrui, la victoire sur le lâche et cruel égoïsme, la tempérance, la dignité, la croissance de l'esprit vers la sagesse et la lumière, et celle du cœur vers la justice et la bonté, voilà ce que j'appelle l'effort dans la conscience de la raison bénie de Dieu ». (*Sources*, p. 243).

(2) « Notre devoir, c'est de leur représenter Dieu (à vos enfants). Etre pour eux un Dieu visible, les remplissant de joie, de foi, de confiance, d'idéales espérances, de célestes images et souvent, dès la plus tendre enfance,

la puissance des traditions sacrées de la famille, du culte des ancêtres, qui est en même temps le culte de l'honneur, et il déplore le relâchement des liens familiaux dans la société moderne : « Aujourd'hui, les générations morcelées vivent à part et ne forment plus, dans la trame sociale, ces lignes suivies, fermes et continues, qui font la solidité de l'ensemble » (1).

Mais, surtout, ce qu'il demande à celui qui l'écoute, c'est de s'oublier lui-même pour Dieu et pour l'humanité. Il condense tous ses conseils dans ce mot : « Sois bon ». Etre bon, c'est consacrer sa vie à la justice et à la vérité ; « c'est concevoir la royale et divine ambition de mettre dans les destinées du monde son poids de justice et de bonté » (2). — « Beaucoup d'hommes se jouent de la vie, quelques-uns même la jettent, et personne n'a l'idée de la poser comme une offrande et comme une force donnée à la justice » (3).

Bonté et justice doivent s'unir pour lutter contre la misère des pauvres, pour consoler les souffrances des foules, pour s'efforcer de ramener, non seulement les hommes en tant qu'individus, mais les hommes en tant que nations, au respect du droit et à la charité.

Et c'est sur un principe d'une profonde sagesse que Gratry base l'effort vers l'amélioration aussi bien personnelle que sociale. Il rappelle que le désir du perfectionnement, quand il inspire le mépris des conditions actuellement données, est destiné à demeurer stérile. « Gardons-nous, dit-il, de nos impatiences idéales vers la perfection absolue et du mépris des biens présents et relatifs » (4). L'ignorance et le dédain du bien présent, n'est-ce pas là, en effet, l'explication de l'inutilité, de la ruine même de beaucoup de vies ? « On attend un présent meilleur pour l'exploiter, et ce présent meilleur ne peut venir que du présent réel et actuel, que l'on délaisse et que l'on détruit. La vraie sagesse dans la sérénité voit autrement. Elle voit dans l'homme et dans le monde trois

---

d'ineffaçables sentiments de justice, d'héroïsme et d'honneur ». *Les Sources*, p. 305. — *Les aphorismes de la science du devoir*.

(1) *Les Sources*, p. 306.
(2) *Les Sources*, p. 215.
(3) *Les Sources*, p. 215.
(4) *Les Sources*, p. 263.

choses : des germes magnifiques, des lois qui développent ces germes et l'obstacle moral qui les arrête » (1).

Ce qui nous est demandé, c'est d'enlever quand il le faut, en nous d'abord, et, autant que possible, d'amener les autres à enlever en eux « l'obstacle moral qui s'interpose entre l'homme et les dons de Dieu » (2).

Ces vues pleines de prudence et de sagacité font donc du progrès moral la source de tout progrès, pour les peuples comme pour les individus. L'oubli de soi, le dévouement à autrui, à « autrui prochain ou Dieu », sont la condition de toute paix, de toute croissance, de tout perfectionnement individuel et social. Et, en montant vers le Souverain Bien, par le sacrifice et l'amour, l'âme ne monte pas seule ; elle entraîne, autant qu'il est en elle, vers le bonheur, l'humanité tout entière.

---

(1) *Les Sources*, p. 263.
(2) *Les Sources*, p. 267.

CHAPITRE X

L'immortalité et la mort

L'âme, par la vertu, par le sacrifice, devient plus forte et plus vivante ; elle peut même fortifier et vivifier plus pleinement son corps. Mais à quoi sert la vie ? Ne s'épanouit-elle un instant que pour s'éteindre à jamais ? Ou bien, est-elle durable et vivrons-nous toujours ?

Il faut donc se demander si l'âme est immortelle et quels arguments se présentent contre l'immortalité ou en sa faveur.

Gratry s'occupe de démontrer d'abord l'immortalité métaphysique de l'âme. Mais, s'il suit l'ordre habituel de démonstration, la façon dont il présente les preuves, parfois aussi les motifs qu'il invoque, lui sont bien personnels. Il faut donc le suivre dans cette recherche des destinées de l'âme.

La première question à résoudre, déclare Gratry, est celle de l'existence de l'âme ; elle ne lui semble pas différente, d'ailleurs, de celle de l'immortalité ; ces deux problèmes n'en font qu'un, et admettre que l'âme existe, c'est admettre qu'elle subsistera toujours. « Il suffit de démontrer que l'âme est, pour démontrer qu'elle est immortelle » (1).

---

(1) *Connaissance de l'âme*, II, p. 192.

Cet argument se fonde sur l'immortalité de substance de la création elle-même. Peut-on supposer, en effet, que Dieu cesse de vouloir ce qu'il a voulu ? Or, comme le dit saint Thomas, « il a voulu les choses pour qu'elles fussent ». Penser qu'il peut consentir à leur anéantissement, c'est introduire le changement dans la perfection infinie, et une telle idée n'est-elle pas contradictoire ? Dieu ne se reprend pas, ne se dément pas, ne se contredit pas. Tout ce qui est subsiste « par l'immobilité de la bonté divine » (1). Si donc, en vertu de la stabilité, de l'immutabilité du vouloir divin, qui a donné l'existence à tous les êtres, aucun d'eux, même un seul atome, ne saurait retomber dans le néant, l'âme ne saurait être anéantie plus que l'atome.

Cette survivance du créé, que la raison affirme, la science l'admet aussi. L'une des grandes lois de la nature est la loi d'inertie, qui constate que rien ne se perd. Quelle que soit donc la nature de l'âme, si l'on établit qu'elle a une existence distincte de celle du corps, on admet qu'elle subsiste, au même titre, au moins, qu'un atome : « Cela fait, l'immortalité de l'âme est prouvée ».

Gratry ne veut pas d'autre preuve de l'existence de l'âme que celle que pose Descartes en recourant au sens intime : « Je pense, donc je suis, répète-t-il, sont deux vérités immédiatement et simultanément certaines » (2). L'âme, dans tout phénomène psychologique, saisit, dans une intuition immédiate, à la fois son existence et l'acte ou l'état de cette existence, sa modification passagère. Le sujet de la connaissance ne se sépare point de l'objet de la connaissance ; la pensée ne se sépare point du moi, et admettre l'un, c'est admettre l'autre. La certitude de l'existence de l'âme pensante, atteinte dans la pensée et par la pensée, au moyen d'une simple inspection de l'esprit, semble irréfutable. « Nous sommes certains que l'âme existe, ou nous ne sommes certains de l'existence de rien » (3).

Mais ici se placent les objections du matérialisme. « Appelez âme, dit-il, si vous le voulez, la faculté de penser, de sentir, de vouloir, mais cette âme n'est qu'une fonction du corps ; la pensée se

---

(1) SAINT THOMAS, *Contr. gent.* lib. IV, chap. 97. « Substantia eorum (elementarum) remanebit ex immobilitate divinae voluntatis : creavit enim res ut essent ».

(2) *Connaissance de l'âme*, II, p. 195.

(3) *Connaissance de l'âme*, II, p. 195.

réduit au mouvement, l'âme provient d'un certain groupement d'atomes ». — Ou, laissant de côté cette hypothèse usée, trop facile à réfuter, car le mouvement et la pensée apparaissent comme des phénomènes d'ordre absolument différent, on admet une seule substance.

« Cette substance unique, dont l'unité s'appellera comme on voudra, âme, point, atome, esprit, monade, est à la fois spirituelle et matérielle. La pensée, la conscience, la liberté, les qualités spirituelles sont aussi essentielles à la substance que l'étendue, l'inertie, la pesanteur et les autres qualités physiques » (1).

Mais ces théories monistes ne sauraient impliquer la négation de l'immortalité de l'âme. Elles affirment, il est vrai, que l'âme est matérielle par essence, mais aussi qu'elle est spirituelle par essence, c'est-à-dire essentiellement capable d'intelligence, de conscience et de liberté. « Si l'âme est une unité substantielle, intelligente et libre par essence, et si l'on m'accorde en même temps qu'aucune substance, aucun atome ni unité ne doit retourner au néant, c'est accorder que l'âme est immortelle » (2).

Est-ce à dire qu'on ne puisse adresser aucun reproche à ce monisme qui attribue à la même substance des forces et des propriétés si différentes, et, même, si opposées, que le sont la pensée, la conscience, la liberté et l'attraction, la chaleur, la lumière physiques ? A quelles difficultés ne se heurte-t-on pas ? « Quoi ! la même substance serait à la fois inerte et libre ? La pierre serait identiquement de même nature que ce qui pense, que ce qui veut et aime ! » (3). D'ailleurs, ces doctrines, qui affirment l'identité des substances matérielles et spirituelles, arrivent aussi à affirmer l'identité du fini et de l'infini, du créé et de l'incréé ; elles tombent dans les contradictions du panthéisme.

Si donc l'on écarte les objections du matérialisme qui nie l'âme, les autres objections que l'on rencontre ne s'attaquent pas en réalité à l'immortalité de l'âme. Mais quelle survivance peut-on lui accorder ? La mort sera-t-elle un sommeil éternel, pendant lequel l'âme, perdant conscience d'elle-même, demeurera intelligente et libre en puissance, sans jamais exercer actuellement

---

(1) *Connaissance de l'âme*, II, p. 197.
(2) *Connaissance de l'âme*, II, p. 197.
(3) *Connaissance de l'âme*, II, p. 198.

ses forces et ses qualités essentielles ? — Une telle hypothèse apparaît dénuée de sens ; elle répugne à la raison, parce qu'elle suppose à jamais inutiles toutes ces énergies, cependant conservées. Alors, le Créateur semble se réduire, en ce qui concerne la création, à veiller pendant l'éternité sur un immense champ des morts, rempli des tombes de ses enfants. Quelle attitude pour un Dieu très Parfait, dont l'intelligence ne peut se proposer que des fins dignes d'elle ! — Et si l'on admet le rôle de la Providence et l'action de Dieu sur les âmes, cette supposition paraît plus invraisemblable encore. « Quoi ! il y aurait un divin laboureur qui, après avoir créé et défriché le champ et avoir fait lever une moisson d'âmes, reprendrait la moisson entière pour la remettre dans les sillons, et, par sa toute-puissance, défendrait à chacun des germes, sans exception, de percer la terre et de revenir au jour, lui enjoignant de rester clos, malgré la fermentation de la vie et l'inévitable présence de l'éternel soleil ! » (1).

L'âme ne saurait donc demeurer ensevelie dans une léthargie éternelle, « car Dieu ne fait rien en vain ». Peut-on alors supposer le réveil éternel, ou, tout au moins, périodique des âmes, mais nier la persistance de leur mémoire ?

C'est mutiler l'âme de l'une de ses facultés ; c'est aussi admettre que l'on peut avoir conscience de soi sans avoir conscience de son identité. Or, on ne saurait avoir conscience de soi sans se reconnaître, c'est-à-dire sans avoir conscience de son identité. « Supposer qu'on ait conscience de soi sans avoir conscience de son identité, c'est une supposition aveugle, que les mots posent, mais que leur sens ne peut porter. Si l'âme a conscience d'elle-même quelque peu, ce qu'elle saura d'abord, c'est qu'elle est elle. Quand j'ai conscience de moi, ce que je sais d'abord, c'est que c'est moi » (2). On ne saurait donc admettre une survivance de l'âme sans conscience de sa personnalité et, par conséquent, sans mémoire.

Ainsi Gratry examine, dans une argumentation rapide, les diverses solutions relatives à l'existence et à la nature de l'âme. Il ne fait pas allusion, il est vrai, aux critiques du phénoménisme. C'est que le témoignage de la conscience, qui affirme la perma-

---

(1) *Connaissance de l'âme*, II, p. 201.
(2) *Connaissance de l'âme*, II, p. 202.

nence du moi sous la succession des phénomènes, lui semble établir assez clairement l'existence d'un moi qui dure, pendant que ses actes et ses états s'écoulent et changent. Si l'âme existe, elle est une substance. Et le matérialisme écarté, par l'argument de la différence infranchissable qui sépare du mouvement les phénomènes psychologiques, il reste que la pensée, la volonté, la conscience, bien que, peut-être, inhérentes à une substance matérielle, n'en sont pas des effets passagers, transitoires, mais des qualités essentielles, des pouvoirs permanents. De sorte que la matière, que l'élément premier de cette matière, l'atome, sera à la fois spirituel et matériel. Qu'il y ait dans une semblable supposition des difficultés, des contradictions, peu importe en ce qui concerne l'immortalité de l'âme ; le panthéisme, celui de Spinoza ou celui d'Hégel, ne la conteste point.

Mais de quelle immortalité s'agit-il ici ? Seulement de l'immortalité de substance, non pas de l'immortalité personnelle, qui garde à l'âme son identité morale. Le principe de la conservation de la matière et de la force, invoqué par Gratry, ne saurait garantir à l'âme qu'une immortalité anonyme, analogue à celle de la matière. L'atome jeté dans la circulation immense de l'univers conserve sans doute les propriétés qui constituent son essence, mais il perd ses qualités accidentelles pour en revêtir de nouvelles ; il entre en des combinaisons différentes et produit de nouveaux effets. En admettant, avec Gratry et après Descartes, que la pensée, c'est-à-dire le pouvoir de connaître, de vouloir, de sentir, soit l'essence de l'âme, peut-on dire qu'il en soit de même de la conscience de l'identité personnelle telle que la vie l'a faite et que la mémoire la conserve ? Elle disparaît évidemment dans le panthéisme ou la métempsychose. La substance de l'âme est conservée, mais dépouillée de tout ce qui fait sa vie individuelle, sa personnalité. Aussi, tant qu'il n'aura pas d'autre argument que l'immortalité de substance, c'est en vain que Gratry réclamera la conscience de l'identité et montrera que la véritable conscience du moi est la conscience de son identité. Le « moi » ne survit pas ; il disparaît pour faire place, dans la même âme, à un moi nouveau. Les facultés générales de l'âme humaine ne suffisent pas, en effet, à constituer le « moi ». Il est fait encore des qualités particulières que ces facultés revêtent, et qui leur viennent de l'usage qui en est fait, des causes multiples et complexes qui en modifient le développement et lui donnent son ton individuel. Le tempérament, le milieu, les événements extérieurs, l'éducation, toutes les circonstances de la vie physique, intellectuelle et morale contribuent à former, à façonner le moi, en tant que personnalité. Il n'y a de « moi », encore, que lorsque la mémoire, gardant le souvenir des événements antérieurs, permet à la conscience présente de pénétrer dans la conscience passée. Que deviennent les souvenirs, les habitudes, si l'immortalité garantie à l'âme est seulement celle de son essence ? Dans le panthéisme, dans la métempsychose, l'âme survit, mais non le moi, non l'individualité de cette âme.

Cette immortalité de substance est-elle d'ailleurs à l'abri de toute objection ? La raison peut-elle prouver, d'une manière irréfutable, que Dieu ne saurait aréantir les substances créées et que, les ayant appelées à l'être, il le leur a donné, non seulement pour un temps, mais encore pour toujours ? Evidemment, l'annihilation est corrélative à la création, et celui qui peut créer peut aussi rendre au néant ce qu'il en a tiré. On ne saurait démontrer rigoureusement qu'il ne peut le vouloir.

Si donc, dans les conditions présentes, le principe d'inertie et les lois de la conservation de la matière et de la force gouvernent l'univers, on ne saurait affirmer, d'une manière absolue, qu'il en sera toujours ainsi. Les savants ne constatent-ils pas qu'il se produit, dans certains cas, une dégradation d'énergie, qui transforme les forces utilisables en énergies de rebut (1), dégradation qui a pour résultat de conduire le monde à un état d'immobilité et de mort.

La preuve métaphysique, fondée sur l'immortalité de la substance, ne peut donc suffire seule. Non seulement, comme le montre Gratry, elle n'arrive pas à préserver l'âme des aventures de la métempsychose et des difficultés du panthéisme, mais, encore, elle reste exposée à des objections qu'on ne saurait résoudre sans arguments nouveaux.

C'est en l'âme elle-même qu'il convient de les chercher ; quel avantage si cette âme pouvait avoir quelque expérience du caractère impérissable de sa nature, et trouver dans la conscience l'assurance certaine de l'immortalité. Et, en effet, prétend Gratry, l'âme vertueuse a la conscience de son immortalité, mais l'âme mauvaise ne saurait l'avoir. Que l'on se souvienne des con-

---

(1) V. *La Dégradation de l'énergie*, B. BRUNHES.

séquences qui résultent du sacrifice et de l'état où l'égoïsme place l'âme. L'âme qui fait le bien s'unit à la vie, augmente sa vie ; l'âme qui fait le mal, esclave des sens et du monde extérieur, vit d'une vie partielle, superficielle, diminuée, d'une vie qui se matérialise, en quelque sorte. Comment, dès lors, pourrait-elle avoir le sens de la vie pleine, forte, le sens de l'immortalité ? Cette âme ne trouve en elle qu'une réponse de mort, et cette réponse, son corps, épuisé par la passion, la lui fait entendre aussi. Mais : « Que l'esprit revienne à lui-même ; que l'exercice réel et actuel de la pensée et de la liberté lui rappelle ce qu'elle est ; que la vie se fasse sentir en vivant ; que le tumulte sensuel de ces multitudes anarchiques soit réprimé par l'unité du commandement de la raison et de la volonté unie à la raison ; que l'esprit, ramené sur lui-même ; que l'âme, plus recueillie, ramenée vers sa source et vers la vie centrale, reprenne un cœur rempli de Dieu ; qu'elle retrouve Dieu, en qui seul est notre unité, notre substance indéfectible, notre source éternelle ; que l'âme alors s'interroge de nouveau : au lieu d'entendre une réponse de mort, elle entendra la réponse de la vie » (1).

Il est séduisant, en effet, de penser que l'âme peut trouver en elle-même l'assurance de sa destinée, dans la conscience de son immortalité. Cela est-il possible ? Sans doute, il y a de profondes différences entre l'état d'une âme vertueuse et celui d'une âme vicieuse. Quels sentiments ces états différents engendrent-ils ? Normalement, c'est, d'une part, le calme, la paix, la joie ; de l'autre, le remords, le trouble, la crainte, le mécontentement. Mais, combien de fois ces sentiments ne sont-ils pas altérés ? Qui ne sait que le criminel, endurci dans l'habitude du mal, pervertit sa conscience et finit par ne plus éprouver de remords ? Ignore-t-on que les âmes les plus vertueuses ne sont jamais satisfaites d'elles-mêmes, et qu'elles connaissent l'angoisse du trouble, au milieu de leurs plus généreux efforts ? — Et si l'on ne peut chercher dans les sentiments une révélation certaine de l'état moral de l'âme, comment pourra-t-on trouver dans la conscience le sens de l'immortalité ? Ne constitue-t-elle pas un état plus subtil encore, et plus inaccessible ? Et, d'ailleurs, en quoi consistera ce sentiment ? Dira-t-on qu'il est la conscience d'une vie plus pleine ?

---

(1) *Connaissance de l'âme*, II, p. 210.

Qu'on ne s'y trompe point. N'importe quelle joie donne le sentiment d'une vitalité plus grande, et l'on pourra confondre avec le sens de l'immortalité, l'état de bien-être et de force que produit la parfaite santé corporelle, l'épanouissement qui résulte du succès, de la passion satisfaite, du danger évité, ou même de l'absorption d'une substance excitante. La conscience, d'ailleurs, ne nous renseigne que sur ce qui se passe en nous. Elle saisit nos états présents ; elle retrouve dans la mémoire nos états passés ; elle nous dit que nous sommes ; comment pourrait-elle nous assurer que nous serons ? Etres successifs, sentirions-nous en nous l'avenir même, en éprouvant notre immortalité ?

Mais, dira-t-on, l'immortalité n'est pas un devenir, c'est un présent. Nous ne deviendrons pas immortels ; nous le sommes : nous pouvons donc le sentir. — Que nous soyons immortels, soit, mais de quelle immortalité ensevelie sous les conditions de la mort ! Car, si nous sommes immortels, nous devons cependant mourir, et le travail de la mort se poursuit durant toute la vie, et cette vie même n'est qu'une lutte contre la mort. Comment l'âme saurait-elle discerner, au milieu d'impressions si fortes, le sens délicat de l'immortalité ? Et, d'ailleurs, si ce sens existe, si on ne le confond pas avec l'ensemble des sentiments moraux, il doit se trouver chez l'âme mauvaise comme chez l'âme bonne. L'une et l'autre ont la même nature et la même substance ; cette nature, cette substance sont chez l'une et chez l'autre immortelles. Si l'on n'accorde ce sens qu'à l'âme qui fait le bien, c'est donc qu'il est le sens, non pas de l'immortalité, mais de la vertu, mais de la valeur morale.

Ce n'est pas au sentiment qu'il faut s'adresser pour prouver l'immortalité, c'est à la raison. Celle-ci nous montrera, en effet, dans l'existence du bien et du mal, du vice et de la vertu, une preuve de l'immortalité. Elle nous dira qu'une même destinée ne peut attendre l'âme vicieuse et l'âme bonne, et qu'elles doivent survivre l'une et l'autre, non pas seulement comme substances, mais comme personnes, afin de recevoir la sanction légitime de leurs actes, sanction que la vie présente ne saurait fournir. L'immortalité est, ainsi que le remarque Kant, un corollaire de la loi morale, ou mieux, un postulat nécessaire à l'idée même du devoir. La moralité suppose l'immortalité. Il faut regretter que Gratry n'ait pas fait appel à ces considérations rationnelles, plutôt qu'au sens intime. Et, cependant, qu'il lui eût été facile, après sa profonde et belle étude sur le rôle du sacrifice, de montrer comment celui-ci réclamait l'immortalité, et qu'il eût pu victorieusement conclure que la transformation de l'âme, commencée ici-bas, postulait une vie à venir, où s'achèverait l'ascension morale. On peut penser qu'il laisse ce soin au lecteur et qu'il a hâte d'exposer d'autres arguments. Aussi indique-t-il à peine ces idées dans le cours de sa démonstration. Il a cru pouvoir établir par l'expérience une vérité si importante ; mais l'immortalité échappe en réalité à l'expérience de l'âme. Elle demeure un état futur, que le présent contient sans doute, mais en puissance et non en acte.

Gratry réserve une preuve plus forte encore, à ses yeux, que celle de la conscience : « La principale démonstration de l'immortalité de l'âme, dit-il, c'est que l'on a besoin d'aimer toujours ceux que l'on aime » (1).

L'amour ! Est-ce qu'ici-bas il n'apparaît pas comme une source de vie ? N'est-ce pas lui qui continue sur la terre la vie du genre humain ? « Par lui, le premier homme qui habita ce globe vit en nous, qui sommes ses fils » (2). Mais cet amour-là n'est qu'une image de l'amour véritable. Il est une force qui crée la vie, mais la vie naturelle qui passe et tombe dans la mort. Il suppose encore la division ; il n'est pas l'union complète, permanente, par laquelle nos âmes rêvent de se fondre avec les âmes aimées. Or, cet amour parfait, complet, est-il possible ? Ceux qui s'aiment, ne seront-ils rapprochés que pour être à jamais et violemment séparés ? Cela ne saurait être, car Dieu ne fait rien en vain. L'amour, source de vie, est aussi un présage de vie éternelle. L'immortalité, c'est l'union des âmes dans l'amour, et cette union engendre la vie, non plus la vie périssable, mais une vie sans terme. « Dieu, pour faire le ciel et l'éternel royaume, ne détruit pas la terre et la nature, mais purifie, consacre, élève et glorifie la nature et la terre » (3). Ainsi, la force de l'union, la force de l'amour, purifiée, élevée, consacrée, glorifiée, deviendra l'ouvrière de la vie immortelle. Par là, la fin de l'univers sera réalisée, car que sommes-nous, sinon « une immense assemblée d'esprits libres et intelligents, qui cherchons

---

(1) *Connaissance de l'âme*, II, p. 220.
(2) *Connaissance de l'âme*, II, p. 216.
(3) *Connaissance de l'âme*, II, p. 222.

une même chose, savoir : la vie permanente et croissante dans l'amour éternel » (1).

C'est donc dans les aspirations du cœur que Gratry cherche ici le témoignage de notre immortalité. Il montre ce cœur, non pas en quête d'un amour infini, mais désirant l'infini dans ses humaines tendresses et réclamant leur perpétuelle durée. « Je veux aimer toujours ceux que j'aime. Donc, ils vivront et je vivrai » (2) ; telle est la démonstration qu'apporte l'amour du problème de l'immortalité. Mais quel est le poids de ces raisons du cœur qui frémit devant la séparation douloureuse ? Faut-il y voir autre chose qu'un consolant espoir, qui tourne vers l'au-delà la pensée des âmes déchirées par la perte des êtres aimés ?

Il faut bien avouer que, ainsi présentée, cette preuve paraît loin d'être inébranlable. Les seuls désirs du cœur ne suffisent pas à établir la réalité de ce qu'il souhaite. Que de fois il doit souffrir de ses illusions détruites ! Que de fois il voit périr, avant la mort, des affections qu'il avait cru indestructibles. Quand on s'aime, on dit « toujours ! » et ce toujours ne s'étend souvent qu'à quelques lendemains. Le cœur voit se briser des amours passionnées, des amitiés chères, qui n'ont pu avoir la durée même de la vie. Comment pourrait-il être sûr que celles qu'il conserve jusqu'au dernier jour sont un présage d'éternité ?

Si l'expérience montre que les affections humaines n'ont en elles-mêmes rien d'impérissable, puisqu'elles peuvent diminuer et s'éteindre, comment donc donneraient-elles une base solide à la démonstration de l'immortalité ? Ce qui est dans la nature de l'homme, en effet, ce n'est pas tel ou tel objet de tendresse, c'est, d'une manière générale, le besoin d'aimer. Et ce qui peut servir à prouver l'immortalité, c'est que ce besoin ne peut jamais être satisfait ici-bas, parce qu'il a une capacité illimitée, que rien de fini ne peut remplir ; c'est surtout que la raison et la volonté aspirent, comme le cœur, à une Vérité, à un Bien, à une Beauté absolue. La fin de l'homme tout entier est placée en dehors de ce monde, puisqu'il est manifeste qu'il ne saurait l'atteindre en cette vie. Il apparaît fait pour un bonheur complet et sans mélange. Or, Dieu n'a pu lui donner une fin sans lui donner les moyens de

---

(1) H. Perreyve, p. 232.
(2) *Connaissance de l'âme*, II, p. 225.

l'atteindre. Et les moyens de l'atteindre, c'est la survivance et la survivance immortelle. Car, comme le dit Cicéron (1) : *Si amitti vita beata potest, beata esse non potest.*

Le tort de Gratry, dans son argument, est donc de transformer la perpétuité des affections formées en une fin suprême et nécessaire de la nature de l'homme, tandis qu'aucune affection, en elle-même, ne présente le caractère de stabilité et d'infinité qui appartient à cette fin dernière. Ces affections, éléments du bonheur le meilleur d'ici-bas, peuvent sans doute être considérées comme un élément précieux du bonheur de la vie immortelle. Mais c'est lorsque celle-ci est prouvée que l'espoir de retrouver ceux que nous aimons est donné. Cet espoir, ce désir ne constituent point, par eux-mêmes, une démonstration. — L'amour mutuel des âmes dans l'immortalité ne saurait non plus être présenté comme une source de leur vie immortelle. « Chaque vivant vivra toujours parce que tous se soutiendront dans la vie, dit Gratry. Ils vivront véritablement d'une même vie, continuée, grandissante, par une continuelle et perpétuelle génération » (2).

Or, comment les âmes, par leur action les unes sur les autres, pourraient-elles se communiquer l'immortalité ? Ou bien elles la possèdent par suite de leur nature, elles la tiennent de Dieu, et alors elles n'ont pas à la recevoir de leur amour réciproque ; ou bien elles ne la possèdent point et ne sauraient la produire, car le plus ne saurait venir du moins, la mortalité ne peut engendrer l'immortalité. C'est le cas de répéter ce que dit Descartes : « C'est une chose manifeste qu'il doit y avoir au moins autant de réalité dans la cause que dans l'effet, car d'où est-ce que l'effet peut tirer sa réalité, sinon de sa cause, et comment cette cause pourrait-elle le lui communiquer, si elle ne l'avait en elle-même ? » L'union des âmes, dans la vie qui ne finit point, est l'effet, non la cause, de l'immortalité, car il faut d'abord être pour s'aimer et se réunir.

Ainsi, on peut affirmer, comme le fait Gratry, que « l'œuvre de Dieu, la création, est une société d'âmes destinées à l'amour »(3). Mais l'amour dans lequel toutes les facultés ont une part et trouvent leur satisfaction complète, c'est l'amour de l'infini et du

---

(1) *De finibus.*
(2) *Connaissance de l'âme,* II, p. 223.
(3) *Connaissance de l'âme,* II, p. 204.

parfait, de Dieu, qui est à la fois la Beauté, la Vérité, la Sainteté Souveraine. Voilà la véritable fin de l'âme humaine, créée, comme le dit Pascal, pour l'infinité. Les autres amours, finis, imparfaits, variables, ne portent pas avec eux la marque de l'éternité. Seulement si l'âme est immortelle, elle peut retrouver dans la vie à venir ses tendresses terrestres, non comme le moyen et le but de cette immortalité, mais comme le complément de son bonheur. Et le mérite de Gratry, c'est d'avoir montré, avec une éloquente conviction, que la vie dans l'au-delà ne saurait nous dépouiller de nos affections, mais qu'elle nous en promet la durée et assure à la vie du cœur son épanouissement et sa plénitude.

Si Gratry choisit ici un fondement trop fragile pour la démonstration de l'immortalité, il montre ailleurs, dans les caractères mêmes de la vie présente, les preuves de la vie à venir. L'homme cherche, dit-il. Et, en effet, dans l'élan empressé de notre vie entière, penchés hors du présent, toujours lancés vers l'avenir, « nous ne vivons jamais, nous espérons de vivre » (1). Que cherche donc l'homme ? Mais une autre vie, puisqu'il n'est jamais satisfait de celle qu'il tient, puisque les bonheurs qu'il atteint lui semblent toujours vides et insuffisants, puisque les joies partielles du cœur, les lumières partielles de l'esprit ne sauraient le satisfaire. La vie fluide, linéaire, fuyante, qui ne permet même pas de saisir le présent fugitif, ne lui offre rien de complet, de stable. Et lui-même change et passe ; ses états successifs s'excluent. Or, l'homme souffre de cette vie incomplète, dispersée. Il souhaite la vie totale, la vie rassemblée qui lui donnera son unité. Il souhaite aussi que cette vie l'unisse aux autres hommes qu'il veut aimer tous : « Voilà la vie que cherche le genre humain... la vie une, commune, la vie sans fin, la vie sans morcellement ni dispersion, soit en nous-mêmes, soit entre nous qui sommes les membres d'un même corps » (2).

Si nous rapprochons ces observations si vraies de la notion de l'existence de Dieu, il semble que nous possédons un argument bien fort. Si Dieu est, il se doit à lui-même d'avoir fait l'âme immortelle, d'une immortalité personnelle. Comment, en effet, la vie présente, avec tout ce qu'elle a d'inachevé, d'ébauché, pour-

---

(1) *Philos. du Credo*, p. 257.
(2) *Philos. du Crèdo*, p. 273.

rait-elle être la destinée suprême que Dieu réserve à une âme intelligente et libre ? Ces joies mélangées de douleurs, ces clartés chargées d'ombres, ces progrès dans le bien si imparfaits, est-ce là tout ce que sa sagesse juge convenable de lui accorder, tout ce que sa bonté lui ménage ? Les trésors d'énergie, d'amour, de curiosité qu'il a mis en elle, ne trouveront-ils jamais leur emploi, et l'homme aura-t-il été fait plus grand que son destin ? Dieu agirait-il sans but ? — N'y a-t-il pas là une contradiction véritable ? Bien plutôt, l'existence d'un Dieu sage et bon montre dans la vie une épreuve, une préparation, et comme le prélude d'une existence où se consommera, dans l'immortalité, l'œuvre commencée ici-bas. Comme le dit Gratry, « la négation de l'immortalité ne peut s'appuyer que sur un seul principe, l'athéisme » (1). Si Dieu est, l'âme est immortelle.

L'âme est immortelle ; mais cette affirmation ne suffit pas à Gratry. Il se demande ce qu'est cette immortalité, ce qu'il en peut savoir et conjecturer. « Est-ce, demande-t-il, la pâle immortalité des Traités de philosophie pure ? Est-ce l'ironique immortalité des sophistes, qui la montrent absolument vide, abstraite, immatérielle et immobile, pleine d'un ennui sans fin, dans une éternelle et stérile contemplation de l'absolu ? » (2). Gratry repousse, sans même les discuter, ces théories d'une vie à venir qui la font ressembler à la mort. Il conçoit une immortalité vivante, dans laquelle, comme l'enseigne d'ailleurs le dogme catholique, le corps aura sa part ; une vie, par conséquent, où l'espace ne sera pas aboli, mais où l'univers s'offrira transformé à la vie libre, sans mélange de fatalité, à la vie pleine, sans mélange de mort, à l'éternelle béatitude, sans mélange de larmes.

Si la philosophie livrée à ses propres ressources ne peut établir la résurrection de la chair, par contre, elle l'a souvent attaquée. Il est possible cependant de montrer que les conséquences de ce dogme se concilient avec les exigences de la raison et les données de la science (3).

Avec les exigences de la raison, car la résurrection de la chair

---

(1) *Connaissance de l'âme*, II, p. 205.
(2) *Connaissance de l'âme*, II, p. 225.
(3) V. par ex. *la Vie future*, Th. HENRI-MARTIN, pp. 147 et suiv. — *Dissertations* de Dom CALMET, t. I.

achève d'établir l'identité personnelle. L'homme est une âme, sans doute, mais une âme unie à un corps. Comme le dit Maine de Biran, « l'homme n'est, pour lui-même, ni une âme à part le corps vivant, ni un certain corps vivant à part l'âme qui s'y unit sans s'y confondre. Le sentiment qu'il a de son existence n'est autre que l'union ineffable des deux termes qui la constituent » (1). Est-ce que l'individualité peut être intégrale et complète, sans ce corps, qui a participé à la vie même de l'âme, qui a pris part à ses joies, à ses douleurs, à ses sacrifices, à ses vertus, en qui les émotions, les pensées, les volontés de l'âme ont marqué profondément leur trace ? L'âme ne doit-elle pas aux qualités de son corps des dispositions particulières, qui influent sur son caractère ? L'union de l'âme au corps ressuscité, dans la vie immortelle, assure la perpétuité des souvenirs sans lesquels le moi perd la conscience de son identité. Elle restaure donc tous les éléments de la personnalité et la complète.

La notion de la résurrection, bien comprise, n'est pas en contradiction avec les données de la science. La principale objection, à ce point de vue, est celle qui montre l'impossibilité, pour le corps ressuscité, d'être identique matériellement au corps détruit par la mort. Mais, pour faire une objection semblable, il faudrait savoir en quoi consiste le principe d'identité des corps vivants. Or, quels ne sont pas les changements, les transformations de ce corps, depuis sa conception jusqu'à sa vieillesse. Il se renouvelle sans cesse. « Notre corps est un réseau vivant, à travers les mailles duquel la matière passe comme un fleuve dans son lit » (2). Et, pourtant, c'est toujours le même corps. « Ainsi, la matière n'y fait rien ; je suis moi, quels que soient les atomes de matière que m'apporte ou m'emporte la vie » (3). Quel est donc le principe d'identité du corps ? Et ne suffit-il pas qu'il soit conservé pour que le corps « refleurisse ainsi qu'un germe après l'hiver » (4) et rassemble en lui ce qui lui est nécessaire pour se constituer dans son état nouveau ?

Ce « quelque chose » dont parle Gratry, qui constitue à la fois

---

(1) T. III, p. 195.
(2) *Philos. du Credo*, p. 275.
(3) *Philos. du Credo*, p. 275.
(4) *Philos. du Credo*, p. 276.

la nature spécifique et l'individualité des corps vivants, est bien réel, « car la nature spécifique et l'identité individuelle persistent bien réellement dans ces corps » (1). Et si l'on se demande ce qu'il peut devenir de la mort à la résurrection, Leibniz offre une hypothèse dont il a pu trouver la notion chez les néoplatoniciens. Il pense que le principe de la vie physiologique, corporel mais impondérable, peut rester uni à l'âme après la mort (2).

La résurrection est donc loin d'offrir des difficultés insolubles. Mais Gratry ne s'arrête pas à l'examiner. Il a hâte d'arriver à un autre problème : celui du lieu de l'immortalité. Cette vie éternelle et transfigurée, où donc la vivrons-nous ? « Il y a un lieu de la vie qui passe, un lieu de ce qui naît et meurt. Y a-t-il donc aussi, ou peut-il y avoir, un lieu de la vie qui demeure, un lieu de l'immortalité ? » (3).

Question hardie, qui interroge, non seulement les destinées de l'homme, mais celles de l'univers entier. Elle devait tenter ce philosophe à l'imagination de poète, cet esprit de savant et d'artiste, qui s'efforce sans cesse de découvrir les harmonies et les beautés des vérités qu'il contemple. Lorsque, par les soirs d'été, il regarde de sa fenêtre le ciel limpide et voit les étoiles y paraître une à une, comme des hommes dans une assemblée, le spectacle de l'immensité, peuplée de myriades de mondes, parle à la fois à sa raison et à son cœur. A son cœur qui s'élance toujours avec tant d'enthousiasme vers l'infini ; à sa raison curieuse de percer les mystères de la création. Il évoque, en face de cet univers qui déroule aux regards la splendeur de ses soleils frémissants, les lointaines clartés de ses astres perdus dans l'espace, le flot pressé de ses armées d'étoiles, il évoque à la fois les hypothèses de la science et les questions que l'esprit insatiable ne cesse de se poser. Il voit des liens profonds, bien que mystérieux, unir l'homme à la nature. Si petit que soit celui-là, il vit au milieu de ces mondes. « Est-ce que les astres, les soleils et les mondes, et tout l'ensemble de la matière n'est pas le lieu, la base et le support de la vie ? Est-ce que la vie intelligente et libre est sans rapport, sans lien réel avec les glo-

---

(1) Th. HENRI-MARTIN, oper. cit. 155.
(2) *Nouv. essais*, 1, p. 205. — Cité p. Th. HENRI-MARTIN.
(3) *Connaissance de l'âme*, II, p. 226.

bes, leur vie et leurs mouvements ? » (1). Tout vient de Dieu, tout va à Dieu. « Pourquoi n'essayerait-on pas de comparer enfin ce qui doit être comparable, et de lire en toutes ces créatures l'harmonie de leurs destinées ? » (2).

Ainsi l'univers, avec ses phénomènes et ses lois, s'étend, semble-t-il à Gratry, comme un livre immense et splendide qui révèle, à qui sait le lire, l'histoire de l'homme même. Et, que de fois, en effet, l'imagination inquiète s'est tournée vers le mystère des astres pour essayer d'y trouver la clef de cet autre mystère, celui de notre avenir à chacun. Le symbolisme du poète, la science de l'astrologue ont cru découvrir, entre la vie des étoiles et la vie de l'homme, de secrets rapports. La philosophie a-t-elle le droit de chercher, dans ces régions lointaines, quelque réponse aux questions qui la tourmentent ? Evidemment, une philosophie prudente s'abstiendra de s'y aventurer. Elle sera effrayée de la fragilité des bases sur lesquelles elle devra édifier ses hypothèses ; elle ne se confiera pas aux coups d'ailes hardis de l'imagination qui se lance en plein ciel ; elle reculera devant des conjectures que la froide raison regarde comme quelque peu téméraires.

Mais, pour incertaines que soient les idées acquises en ces recherches aventureuses, au moins seront-elles entièrement nouvelles et marqueront-elles un véritable effort d'emprise sur l'inconnu ? Pas toujours. Ce sont les vues déjà formées au moyen de l'observation de la réalité elle-même que l'on retrouve, en dernière analyse, sous une expression qui est seule nouvelle. Une imagination puissante les a, pour ainsi dire, transposées par des comparaisons pleines de grandeur et de beauté. Elle les a revêtues de magnifiques métaphores. Mais, sous le vêtement des images, on ne trouve que le déjà connu.

Gratry prétend découvrir dans l'univers visible l'histoire de la vie invisible des âmes et les lois de leur destinée : n'est-ce pas plutôt ce qu'il sait déjà de l'âme qui l'aide à donner un sens à la vie des astres ? Il se demande ce que signifie la dispersion de ces mondes, l'éclairement faible, partiel et intermittent qu'ils reçoivent de leurs soleils et leurs mouvements incessants, leurs courses sans repos. Et il s'écrie : « Je ne vois partout qu'inquiétude,

---

(1) *Connaissance de l'âme*, II, p. 226.
(2) *Connaissance de l'âme*, II, p. 226.

mobilité, recherche, privation, séparation, exil partout » (1). En vrai poète, il donne une vie morale à ces êtres inanimés. Les révolutions physiques de masses soumises à des lois mathématiques lui apparaissent analogues aux mouvements des intelligences sensibles, sans cesse remuées d'aspirations et d'inquiétudes. Il pénètre de chaleur et de vie, il revêt de couleurs, il transforme les froides données de la science astronomique ; mais, qu'il ne s'y trompe pas : c'est à l'aide des vivantes notions de la psychologie. Avant d'avoir observé la poussière lumineuse des mondes, il avait déjà remarqué l'état de dispersion de l'existence humaine, son caractère successif, morcelé, la course inquiète des âmes harcelées par les désirs, emportées par le temps, ce maintenant qui fuit sans cesse. Ce ne sont pas les lois des astres qui lui enseignent les lois de l'âme ; celles ci l'aident à donner un sens moral à celles-là.

L'étude de la vie sidérale n'apporte donc aucun élément nouveau à la science de l'âme, et la raison sévère ne peut voir aucune utilité aux comparaisons, parfois audacieuses, qui rapprochent des faits astronomiques les phénomènes et les états psychiques. Elle peut s'étonner que le spectacle des vicissitudes des astres nous montre, écrit partout, le premier et fondamental devoir de la vie, le sacrifice. « Le jour, la nuit, le jour qui monte et redescend, le soleil qui s'éloigne et revient, et le froid de l'hiver, et l'ardeur de l'été, et la saison qui vivifie, et celle qui donne la mort, tous ces grands faits de la vie sidérale, qui nous sont imposés, nous annoncent notre loi et nous y soumettent par la force. L'être créé doit savoir mourir pour renaître. Il doit savoir sortir de soi pour avancer en Dieu. Il faut que l'âme sache tolérer la nuit, le froid, la mort, la vue de son propre néant, et qu'elle apprenne à en sortir volontairement, en s'appuyant hors d'elle-même et plus haut, sur une vie plus grande et meilleure » (2). Qu'il y a loin, cependant, de ces révolutions régulières, de ces phénomènes mécaniques, au sacrifice intime de l'âme qui souffre, qui lutte, qui immole ses désirs. Ici, c'est la sensibilité frémissante ; là-haut, c'est l'impassibilité ; ici, ce sont des difficultés nouvelles, imprévues ; là-haut, c'est une marche irrésistible et monotone. En tout cas, il n'y a

---

(1) *Connaissance de l'âme*, II, p. 282.
(2) *Connaissance de l'âme*, II, p. 238.

là qu'image et poésie, et l'homme n'apprend rien qu'il ne connaisse déjà par l'expérience de la vie.

Cette raison sévère peut même trouver étranges certains efforts de symbolisme, comme celui qui voit la vie intérieure de l'âme, telle que la décrivent les mystiques, et en particulier sainte Thérèse, retracée en quelque sorte dans l'histoire de la formation d'une étoile, telle que la présentent les hypothèses d'Herschell et de Laplace. Quelle imagination ingénieuse ne faut-il point pour retrouver, dans l'état d'un système solaire, avec son soleil central et ses zones de mondes successivement formées, en commençant par la plus éloignée du centre, les phases des progrès de l'âme dans sa marche vers Dieu ?

« La première zone renferme des mondes énormes, lents et obscurs. La seconde ne semble renfermer que des débris. La troisième renferme notre terre et les autres planètes relativement agiles et lumineuses » (1).

L'âme présente aussi trois périodes de développement. C'est la vie des sens qui s'épanouit d'abord en elle. Et, de même que les premiers mondes vivent dans un continuel crépuscule, avec des jours sombres et fugitifs, de même l'âme est alors enveloppée dans une lumière diffuse. L'instinct obscur domine ; la raison ne donne que de pâles et intermittentes clartés. Mais la personnalité se dégage peu à peu. L'âme possède la lumière, le feu, c'est-à-dire l'intelligence et l'activité ardente. Elle en abuse souvent pour sa propre ruine, et, dans cette seconde période de sa vie, elle offre une douloureuse analogie avec la deuxième zone planétaire, qui ne renferme que des astres brisés. Si, cependant, elle triomphe d'elle-même, elle entre alors dans une lumière plus brillante, dans une vie plus intense. Ses mouvements moraux, son essor vers Dieu sont rapides, énergiques, empressés. Ainsi les planètes de la zone intérieure sont plus lumineuses, elles marchent plus vite. Mercure, la plus centrale, semble emportée par un attrait vers son soleil et précipite sa course autour de lui.

Il y a encore le soleil, dans lequel Herschell, et presque tous les savants, voient un globe enveloppé d'une auréole lumineuse, dont la flamme ne commence qu'à mille lieues du noyau, peut-être, et, d'ailleurs, en est séparée par une enveloppe de nuages,

---

(1) *Connaissance de l'âme*, II, p. 273.

au sein d'une atmosphère immense. — Ici, plus de nuits, plus de vicissitudes de saisons, mais un continuel midi, dans un été continuel. De même, il y a pour l'âme une vie centrale où, après ses efforts, ses poursuites inlassées, elle rencontre enfin Dieu et se possède elle-même entièrement.

Mais, peut-être ne faudrait-il pas exposer dans un froid résumé ces idées, auxquelles l'analyse enlève leur éclat et leur vie. En lisant Gratry, en effet, dans ces pages étincelantes d'imagination et soulevées d'un souffle d'éloquence, on oublie la raison raisonneuse ; on se laisse emporter par cette ardente poésie aux sublimes images. L'espace disparaît, on touche aux mondes lointains. Ils s'animent et l'on prend à leur vie un intérêt nouveau. On se sent en communion avec l'univers immense. Ces liens entre les choses et l'âme, que le panthéisme exagère jusqu'à la confusion, se révèlent dans leur vérité splendide. On éprouve, pour la nature créée par Dieu, comme un sentiment d'intime fraternité, celui qui mettait sur les lèvres de saint François d'Assise son cantique du soleil et lui faisait saluer avec amour toute créature. Placés dans le monde, nous nous sentons unis aux destinées du monde. Nous perdons de vue le coin de terre qui, d'habitude, absorbe nos regards, parce qu'il concentre nos intérêts, pour nous tourner vers l'horizon agrandi avec une âme dilatée. Gratry nous montre notre globe voguant dans la nuit du ciel, sous les étoiles, comme un navire. Quel voyage ! Quels compagnons de route ! Quels spectacles ! Un frisson nous saisit devant l'immensité, l'infini évoqué.

« En contemplant, par les yeux de l'esprit, ce beau vaisseau qui est la terre, je vois d'abord que nous sommes en marche. Mais je ne sais où tend la marche et dans quel port elle doit s'arrêter...

» Je me demande aussi pourquoi notre navire tourne autour du soleil comme autour d'une île de lumière. Et, en même temps, je m'aperçois que le vaisseau qui nous emporte ne vogue pas seul. J'en vois sept autres, presque tous plus grands que le nôtre, qui tous voguent avec nous dans le même sens, et dans un ordre régulier, et à des distances mesurées, comme une flotte en bon ordre commandée par un chef unique. Le céleste Océan qui nous porte est si parfaitement délicat que le mouvement de chaque navire influe sur les mouvements de tous et, cependant, nous sommes si loin qu'à peine si nous pouvons nous voir. Mais que portent donc ces navires ? Comment leur sort se lie-t-il au nôtre ? Dois-je croire qu'ils sont vides ? Le pilote y va-t-il aussi ? Vient-il de l'île qui nous attire ? Cette île est-elle le port ?

» Souvent je serais tenté de le croire. Et cependant je crois savoir aussi que ce centre de lumière et de force n'est lui-même qu'un navire énorme qui nous emporte par sa puissance à travers le céleste Océan. Et ce grand navire à son tour n'est pas seul : il fait partie d'une flotte immense, aussi nombreuse que les étoiles, car chaque étoile est un soleil et toutes ensemble sont la grande flotte...

» Mais voilà bien un autre prodige ! c'est que l'innombrable pléiade, composée de toutes les étoiles que nous voyons au ciel, tant de celles qui scintillent et semblent nous adresser de continuels signaux, que de celles qui paraissent immobiles dans le profond éloignement de la voie lactée, toute cette pléiade, à son tour, n'est pas seule. Je vois d'autres pléiades pareilles... Il y en a des multitudes, et ces pléiades sont aussi en mouvement et voguent comme nous. Tout cela marche, tout cela roule en tourbillons qui s'enveloppent les uns les autres, tout cela vit dans la vicissitude de continuelles révolutions.....

» Mais quoi ! dans ces demeures voyageuses qu'habitent les âmes..., dans ces demeures flottantes, y a-t-il des naufrages ? Avons nous des exemples de navires perdus ? Oui, des étoiles ont disparu. — Sont-elles brisées ? Ces feux immenses ont-ils fait éclater le vaisseau ? Nous ne savons. Mais nous savons du moins qu'elles sont éteintes et que, si elles entraînaient une flotte comme la nôtre dont elles étaient la force, la lumière et la vie, cette flotte entière est livrée aux ténèbres, au froid et à la mort...

» ... Dans notre propre flotte, il semble qu'il y a déjà un naufrage. Qu'est-ce que ces débris que nous voyons au-delà du vaisseau que nous avons appelé *Mars* ? Chaque jour, ceux qui observent le ciel découvrent, comme après un naufrage, quelques débris nouveaux. Nous ne sommes pas certains que ce soient des débris : ce pourraient être des nacelles qui voguent avec la flotte. Cependant, il se peut que ce soient des débris. Il se peut que le feu intérieur de ce globe ait éclaté et ait fait voler en morceaux l'un des vaisseaux qui voguaient avec nous...

» O Dieu, ô divin Pilote qui connaissez cet Océan, qu'est-ce que tout cela ? N'y a-t-il point de terre où l'on demeure et où l'on vive ? N'y a-t-il que des navires qui passent, et dans ces navires mêmes des existences qui naissent et meurent, des âmes qui, unies à des corps, paraissent et disparaissent aux yeux, avec les corps qui passent et se corrompent ? » (1).

Ainsi l'univers, dans sa perpétuelle mobilité, emporte nos âmes inquiètes. Tout se hâte, tout s'écroule. Les hommes passent comme les flots d'une rivière, les mondes fuient comme des vaisseaux qui courent. Qu'est donc ce passage, cette immense traversée et son but ?

Ce n'est pas tout. Le monde ne présente pas seulement le spectacle d'un mouvement universel, mais encore celui d'une universelle dispersion. Les astres sont à d'infinies distances les uns des autres. Nous n'apercevons leurs feux que dans d'immenses lointains. Sont-ils habités ? En tout cas, nous ne pourrons jamais approcher de ces feux pour voir les frères célestes qui les entourent. Et pourrons-nous jamais leur transmettre ou en recevoir un signal, pour constater sur ces demeures la présence des âmes ? Plus encore, est-ce que l'espace et le temps ne séparent pas les âmes dans l'intérieur d'un même monde, et dans le petit navire où nous sommes ?

« Ainsi, partout la division, le morcellement, la dispersion. Rien n'est ensemble, ni les groupes de soleils, ni les soleils dans un même groupe, ni les habitants de chaque monde, ni les groupes d'âmes, ni les âmes rapprochées par l'amour, ni une seule âme » (2), dont la vie successive, morcelée, ne forme pas une vivante totalité.

Est-ce que cet état de vicissitude, d'isolement, est l'état définitif ? N'y a-t-il pas un lieu de réunion, un lieu de la vie stable et rassemblée pour les âmes comme pour le monde ? Comme le dit Ritter : « La terre, dans ses révolutions perpétuelles, cherche peut-être le lieu de son éternel repos » (3). Et, en effet, « la course, et l'inquiétude, et la mobilité appellent le repos et la stabilité ; le temps cherche l'éternité, et la multiplicité l'unité. La terre étroite et voyageuse cherche la terre à venir, immense et stable »(4). Cette marche incessante chemine vers un but, « car, pourquoi Dieu fait-il marcher les créatures, sinon pour les faire arriver ? » (5). Mais

---

(1) *Connaissance de l'âme*, II, pp. 241 à 246.
(2) *Connaissance de l'âme*, II, p. 257.
(3) *Géographie*. Préface. — *Connaissance de l'âme*, II, p. 321.
(4) *Connaissance de l'âme*, II, p. 346.
(5) *Connaissance de l'âme*, II, p. 298.

quel est le terme de ce voyage ? Serait-ce notre soleil ? « Qu'on se figure un globe mille et mille fois plus grand que notre terre et que toutes les planètes, éclairé, vivifié par sa propre atmosphère, et non plus par un point situé hors de lui ; une terre toute revêtue de gloire, dont chaque point de l'immense surface, du pôle à l'équateur, et sous toute latitude, est, en tous sens et en tous temps, le centre de la voûte d'or, de la sphère lumineuse, du dôme vivant et vivifiant qui enveloppe chaque horizon ! » (1).

Ce soleil, cette île de lumière, autour de laquelle tournent et flottent les vaisseaux du ciel comme s'ils cherchaient à y entrer, ce lieu qui n'a point de ténèbres, ni de vicissitudes, et dont toute la constitution semble pousser toutes les existences à la vie, serait-il la demeure centrale, le lieu de la stabilité où se rejoindra, dans le repos, la vie enfin rassemblée ? — Le soleil n'est qu'une image du lieu de l'immortalité, car lui-même doit un jour passer et mourir. La science, en effet, prévoit la fin de notre système planétaire ; notre terre et les planètes se ramèneront au soleil. C'est une idée à laquelle se trouve attaché l'un des plus grands noms de l'astronomie, celui de Herschell. Et non seulement notre monde, mais le soleil et l'univers entier doit périr, sous sa forme présente. Leibniz disait déjà : « Ce monde sera détruit et réparé dans le temps que demande le gouvernement des esprits ».

Un état de mort universel, tel est le but où la science voit marcher le monde.

L'univers mourra donc, mais cette mort ne sera-t-elle pas la fin de la dispersion, la réunion des mondes épars dans un centre unique ? « Si chaque groupe d'étoiles se ramène à son centre, comme chaque étoile ramène à elle son groupe de terres opaques, est-ce que les groupes d'étoiles resteront isolés et ne se ramèneront pas, à leur tour, au centre de gravité commun de l'univers ? C'est ce que la science aujourd'hui conjecture » (2). Ces chutes d'étoiles vers un point commun semblent se produire déjà. « On voit des groupes d'étoiles, c'est-à-dire des groupes de soleils rassemblés par millions. Ces groupes ont un noyau, un centre, incomparablement plus étincelant que le reste. En ce centre est une incroyable puissance d'attraction. Tous les soleils tournent autour, ran-

---

(1) *Connaissance de l'âme*, II, p. 300.
(2) *Connaissance de l'âme*, II, p. 333.

gés en ligne et par traînées. Mais comment tournent-ils autour du centre de gravité commun ? Ils tournent en allant à lui. Leurs orbites ne sont point des cercles, ni des ellipses, mais des spirales. Ces spirales aboutissent au centre. On les voit dessinées dans le ciel par des traînées prodigieuses de soleils, qui se suivent comme des hommes en marche. Les lignes de la céleste armée se déroulent en tous sens, mais toutes convergent et arrivent au centre. Les premiers de chaque ligne sont déjà dans le centre ; d'autres y touchent, d'autres approchent, pendant que d'autres sont encore loin. On croirait voir une grande armée entrer, par toutes les portes, dans une capitale, pour une fête. La ville est remplie de soldats pendant que d'autres arrivent, et que l'on voit encore au loin, dans la campagne, leurs lignes immenses. Mais il y a cette différence qu'ici ce ne sont plus des soldats, ce sont des rois dont chacun gouverne vingt mondes, et chacun de ces rois s'avance escorté de tous ses royaumes. L'esprit, les sens sont confondus !... Ce sont des millions de mondes qui s'unissent, et pour toujours ne seront qu'un ! » (1).

Ce qui se passe en certains points de l'univers, ne serait-ce pas l'image de ce qui l'attend tout entier ? Ne va-t-il pas à la consommation d'une synthèse de toute sa dispersion, à un rassemblement total, à un repos complet dans le centre immobile ? Est-ce que les grandes phases de la vie sidérale ne montrent pas qu'il marche dans ce sens ?

Pour l'univers, comme pour l'homme, il y a donc la mort. Mais la mort, c'est la réunion à la vie, c'est le retour à Dieu pour en recevoir une forme nouvelle, c'est le passage de l'imparfait à l'éternelle et immuable perfection. L'œuvre de Dieu revient à lui, « se consomme en lui par la mort pour y vivre d'une vie plus haute » (2). Il y a donc deux états dans la création, deux formes de la vie que Dieu donne. « La première est multiple, extérieure, mobile et successive : ce sont des jours et des années qui passent, des êtres qui vivent et meurent, des efforts qui recommencent toujours, des périodes qui reviennent à elles-mêmes. C'est une amorce vers la vie pleine » (3). La seconde forme est non plus mobile, mais stable ; elle ne morcelle pas les êtres, ni l'espace, ni le temps ; la

---

(1) *Connaissance de l'âme*, II, pp. 323-324.
(2) *Connaissance de l'âme*, II, p. 328.
(3) *Connaissance de l'âme*, II, p. 346.

dispersion, les changements, les vicissitudes sont abolis. C'est la vie totale, rassemblée et stable.

Quelle beauté ! Quelle grandeur dans cette conception des destinées de l'univers ! Avec le sentiment profond, douloureux, de la caducité des choses, quelle vigoureuse et enthousiaste confiance en l'avenir, non pas seulement l'avenir de l'homme, mais l'avenir de la création entière. Gratry ne méprise pas la matière, comme le fait le spiritualisme excessif ; il ne la divinise pas comme le panthéisme. Il en comprend la valeur impérissable et il la voit marcher, dans l'immortalité de son existence, à un sublime progrès.

L'idée de progrès domine en effet ces vues si amples, si hardies. Plus audacieux que les évolutionnistes, qui ne peuvent assurer si les développements qu'ils entrevoient ne seront pas à jamais ensevelis dans la fin de l'univers et la mort, Gratry perçoit, au-delà même de cette mort, une transformation définitive et superbe.

N'a-t-il pas, pour appuyer son hypothèse, une base bien rationnelle ? Si Dieu, en effet, a créé le monde, il ne semble pas que ce soit pour l'anéantir un jour. Or, rien n'assure la durée éternelle de l'univers dans son état présent. Tout, au contraire, fait prévoir une fin. Les changements incessants qui s'y produisent sont loin de marquer une conservation parfaite de l'énergie mécanique. Il y a dégradation d'énergie, constate la science (1). « Qu'un état de mort universelle soit la limite de l'opération qui s'effectue partout, cela semble hors de doute » (2).

Cette mort éternelle des choses est-elle le but suprême poursuivi par Dieu ? Combien il paraît plus digne de la sagesse et de la bonté divine de penser que, au contraire, une vie plus complète et plus belle succèdera à cet état transitoire, et que, par ses vicissitudes mêmes, le monde s'achemine vers une transfiguration splendide ?

Nous ne parlerons pas du motif invoqué par Gratry lorsqu'il

---

(1) V. *La dégradation de l'énergie*, B. BRUNHES. — M. NORDMAN, (*La mort de l'univers*, Revue des Deux-Mondes, 1er juillet 1913), pense que l'univers va à une *mort thermique*, par suite d'une dégradation totale de l'énergie mécanique en chaleur.

(2) B. BRUNHES, op. cit.

conclut de la transformation spirituelle de l'âme à la transformation matérielle de l'univers. Les analogies qu'il allègue ne sont pas fondées sur la raison, et l'on ne saurait saisir un rapport véritable entre la vie morale de l'âme et la formation d'une étoile. Si le poète admire ce symbolisme, où se révèle une belle et puissante imagination, le philosophe ne saurait y trouver la moindre preuve.

Cependant, si l'âme et le monde obéissent chacun aux lois de leurs natures différentes, ils sont pourtant en relation constante, en perpétuel contact. C'est pour cela qu'une notion de la vie à venir, qui conserve ces rapports tout en les perfectionnant, est bien supérieure à celle qui sépare à jamais les destinées de la matière de celles des esprits. Pourquoi le monde, qui a été le lieu de l'épreuve, où l'âme lutte et souffre, ne deviendrait-il pas le lieu de l'immortalité, où l'âme s'épanouit dans la vie pleine ? Ce monde a servi à éveiller la raison ; il a contribué à l'éducation et au développement de l'homme ; il a révélé à l'âme attentive l'existence de son créateur ; il lui a chanté, par sa beauté, les tendresses divines. Il a été constamment associé à la vie intellectuelle, morale et physique de l'homme. Pourquoi ne serait-il pas associé aussi à sa félicité éternelle, à son état définitif et transformé ?

La matière et l'esprit, dans cette conception, apparaissent, non pas comme des natures hostiles et rivales, qui se contredisent et se gênent, mais comme des créatures faites pour s'aider, s'unir et se compléter. Elles semblent les différentes parties d'un sublime et magnifique concert, dont les harmonies célèbrent éternellement la gloire de Dieu. — N'y a-t-il pas plus de grandeur en cette idée de l'immortalité, qui conserve dans ce qu'ils ont de plus élevé les liens de l'âme et du monde, que dans celle qui dépouille l'âme de tout rapport avec l'univers et en fait si bien un pur esprit, dans une atmosphère purement spirituelle, que la vie à venir semble un vide, et l'immortalité une ombre de la vie présente ? Le cœur, l'imagination, la raison de Gratry reculent devant une telle existence, qui lui semble contraire à notre nature d'âmes faites pour être unies à un corps, devant cette pauvre et terne image, qui se borne à enlever à la réalité présente son relief, ses formes, ses couleurs et sa vie. Le pâle séjour des ombres, l'intolérable inanité d'un ciel et d'une éternité sans corps, ni monde visible, lui semblent un calque froid, un souvenir abstrait de la vie passagère, mais sensible et palpable, du monde présent.

Il croit donc à un lieu réel, à un lieu physique, habité par les âmes immortelles, dans leurs corps transformés, à une transfiguration de l'univers qui offrira de nouvelles conditions à une vie nouvelle et impérissable.

Quelle sera cette forme stable de l'univers ? C'est ici que Gratry doit surtout s'inspirer de son imagination. S'il est possible, en effet, à la raison de conclure à l'immortalité, et même de conjecturer, avec quelque probabilité, que l'âme et l'univers ne seront pas à jamais séparés dans la vie à venir, comment pourrait-on induire, des données actuelles, les caractères de cette existence et les aspects du lieu où elle se vivra ? Ne faut-il pas se contenter de dire, avec Bossuet, que « le ciel c'est de voir Dieu éternellement et de l'aimer sans le perdre jamais », et tenir pour certain que l'imagination s'épuisera en efforts vains, et la curiosité en stériles désirs, à vouloir sonder davantage les mystères de l'immortalité. Mais Gratry veut aller jusqu'au bout de ses recherches et essayer de concevoir la forme dernière de la création.

Il pense qu'il suffit « de supposer un monde habité par sa face intérieure, non plus par le dehors » (1). Quelle raison donne-t-il de cette hypothèse ? C'est que le progrès de l'âme consiste à se recueillir, à se concentrer, à entretenir en elle un foyer ardent de vie, et non pas à vivre au dehors, dans la dispersion et la distraction. Ainsi, l'état définitif de l'univers serait-il l'image de l'état définitif de l'âme transformée. De plus, cette forme du monde permet seule la vie unie et rassemblée de toutes les créatures entre elles et avec Dieu. « D'un point quelconque de l'enceinte éternelle, tout œil peut voir toute la lumière, avec tout ce qui vit dans la lumière ; tout œil, d'un seul regard, voit Dieu et l'univers entier » (2).

Mais, dira-t-on, où donc est le mouvement et par conséquent la vie de cet éternel et universel horizon ? « Ne craignez point. La vie ne tournera plus, ne circulera plus dans la perpétuelle répétition des mêmes vicissitudes sans avancer, car elle n'aura plus d'autres mouvements que la croissance et le progrès. Pensez-vous qu'elle va rester froide et immobile sous le regard direct de Dieu, elle qui autrefois s'agitait, fermentait et courait avec

---

(1) *Connaissance de l'âme*, II, p. 348.
(2) *Connaissance de l'âme*, II, p. 351.

tant d'inquiétude et tant d'élan sous l'indirecte et partielle lumière du premier monde ? » (1)

Elle tressaille, elle s'élance et, dans les âmes glorifiées et dans le monde physique ; elle se dilate et s'épanche en torrents de lumière et d'amour, dans l'immense harmonie des chants sacrés de la céleste joie. L'immobilité de la vie éternelle, c'est l'amour par lequel elle s'attache immuablement à Dieu comme à son centre. Son mouvement, c'est sa croissance incessante dans cet amour. — Gratry voit les deux grandes aspirations de l'âme humaine, celle vers un bonheur complet, celle vers un progrès toujours plus grand, s'accorder dans l'immortalité. L'âme, toujours satisfaite et toujours agrandie, connaît à la fois la paix dans la possession et les joies du désir, de l'élan. — Et c'est bien ainsi que nous nous représentons la félicité souveraine, dans ce double état qui ne saurait se réaliser ici-bas, parce que le désir suppose maintenant la privation, et que nos bonheurs, sans cesse menacés, et si courts, sont toujours douloureux par quelque endroit. Cependant, il faut avouer que cette dernière partie de l'exposition de vues de Gratry au sujet de l'immortalité n'a pas le même éclat, la même puissance que celles qui précèdent. C'est que l'imagination, qui peut s'élever jusqu'à interpréter le donné en des combinaisons nouvelles, ne saurait concevoir des objets totalement différents de ceux que lui fournissent les représentations des sens. Comment décrire cette vie éternelle, qui ne ressemble à aucune de nos expériences ?

Il n'est donc pas étonnant que Gratry ne réussisse pas à nous donner une vision satisfaisante de l'immortalité. Cependant il laisse, comme le dit M. Caro (2), « je ne sais quelle impression d'immensité et de lumière ». — « C'est un poète, ajoute-t-il. Lisez-le. Il tirera de vos torpeurs toutes vos énergies secrètes ; il précipitera votre pensée dans les abîmes étincelants. Il ne vous décrira pas l'immortalité, il vous en donnera un pressentiment ».

Si l'immortalité apparaît rayonnante de certitude et de beauté, que sera donc la mort ? Les hommes la considèrent avec épouvante, comme un mystère de terreurs et de ténèbres. Spectre sinistre, elle suffit à neutraliser dans les âmes l'espérance, la joie

---

(1) *Connaissance de l'âme*, II, p. 352.
(2) *Idée de Dieu*, p. 449.

et l'enthousiasme de la vie. Gratry trouve qu'il est d'une suprême importance de comprendre la mort, car, savoir ce qu'est la mort, c'est aussi mieux pénétrer le sens de la vie. Il faut donc, non pas fuir la pensée de cet événement formidable, point capital de la vie, mais le regarder en face. Et Gratry cherche d'abord s'il n'y a pas dans l'âme vivante quelque connaissance expérimentale de la mort. Il en découvre comme un avant-goût dans le sentiment de la rapidité implacable des jours. L'homme, au milieu de la vie, voit avec effroi le temps l'entraîner dans sa course vertigineuse. « L'irrésistible mouvement qui nous emporte s'accélère à mesure qu'on avance. Sa vitesse devient effrayante. On est né le matin, le soir vient, et l'on meurt ! » (1). La tristesse et le découragement pénètrent le cœur ; puis l'âme, éprise de vie, se révolte devant la mort menaçante. Ou, plutôt, cette mort ne menace pas, elle agit. Dans les changements qui se produisent en lui, l'homme peut la voir, la reconnaître. Qu'il regarde donc. Le corps marche vers le déclin de ses forces, et chaque jour qui passe lui enlève quelque chose. L'esprit se replie sur lui-même ; il perd la faculté de faire des acquisitions nouvelles ; le mouvement des pensées se ralentit, leur nombre diminue ; elles tiennent moins de place ; la mémoire perd sa puissance ; le goût esthétique recule devant toute audace d'effort artistique. — Tout cela ne marque-t-il pas une décroissance, une déchéance ? Que l'on regarde mieux : ce travail de la mort ne va pas à une décadence, mais à un progrès. L'esprit acquiert plus difficilement, c'est vrai, mais il possède mieux ; ce qu'il a est vraiment sien ; il s'en sert comme il veut ; il dépasse et domine son savoir. Il raisonne moins, mais il voit mieux ; il sait regarder, avec la raison nue et l'intelligence reposée, le fond des choses et des idées pour y saisir la vérité. Il n'est plus encombré d'une exubérante richesse de pensées, parce qu'il a ordonné et groupé harmonieusement celles qu'il garde. Il se détourne de la volubilité, de l'intensité, de l'excentricité dans la poésie et les arts, parce qu'il leur préfère l'austère et puissante sobriété des œuvres parfaites. L'esprit, en vieillissant, marche naturellement vers l'unité, la simplicité, la paix. Il a horreur « des engouements systématiques de la pensée, des thèses aiguës et absolues, des

---

(1) *Connaissance de l'âme*, II, p. 363.

affirmations éclatantes et tendues » (1), des sciences abstraites, curieuses et isolées, de la connaissance stérile qui ne se tourne pas à aimer. « Ma tête moins fière se replie un peu, se penche un peu vers mon cœur, en même temps qu'elle s'incline davantage, par bienveillance, vers mon prochain » (2).

Voilà l'œuvre de la mort dans l'automne de la vie : « L'esprit gagne en solidité, en substance, en unité et en simplicité ce qu'il perd en surabondance, en mouvement, en détails, en images, en nombre, en quantité » (3). L'âme doit-elle gémir de ce qui lui est enlevé ? ne doit-elle pas avouer, au contraire, que ses pertes sont des gains ? « Ce n'est pas même encore une chute de feuilles ; ce n'est qu'une chute de fleurs, chute nécessaire pour la venue des fruits. Les fruits sont le cœur et le centre des fleurs, qui ne sont que des parures et enveloppes. Il faut qu'elles disparaissent quand le fruit vient » (4).

Est-ce que ce ne serait pas là, peut-être, le commencement de l'intelligence de la mort ? Ne vient-elle pas nous dépouiller de tout ce qui est inutile, superflu, de tout ce qui gêne le développement véritable ?

Ainsi, lorsque nous commençons à voir en nous la mort, elle ne vient pas pour exterminer, mais pour moissonner. Il est vrai que nous sommes encore loin de son œuvre dernière ; nous avons observé l'automne et non l'hiver. Nous avons vu la vie se recueillir et non s'éteindre. Il est une expérience plus directe de la mort. Elle a lieu aux heures où l'âme ressent profondément la vanité de toutes choses ; elle a lieu lorsque la vie touche à sa fin. Alors, sur la face de l'âme, on voit venir le froid, la glace et comme la destruction ; on voit venir peu à peu le silence, la fatigue, l'inaction, l'indifférence, le chagrin, la séparation. N'est-ce pas la mort cela, la mort non plus éloignée mais prochaine, qui arrache déjà l'âme à la vie ? — Mais est-ce à la vie qu'elle l'arrache ? Ce vide qu'elle fait en l'âme, va-t-il à produire une diminution de son être ? Ce n'est pas là le but de la mort. En donnant à l'homme, par ce travail préparateur du suprême départ, le sens expérimental du

---

(1) *Connaissance de l'âme*, II, p. 372.
(2) *Connaissance de l'âme*, II, p. 375.
(3) *Connaissance de l'âme*, II, p. 380.
(4) *Connaissance de l'âme*, II, p. 377.

vanitas vanitatum et omnia vanitas, elle veut le conduire à placer ses ambitions, ses espérances, sa vie, dans les réalités supérieures. « Que veut-elle, s'écrie Gratry, que veut-elle en me repliant, que veut-elle en m'emportant ? En nous enveloppant de silence, la mort s'efforce de nous transférer dans la parole qui vient de Dieu. En faisant taire notre pensée même, elle ôte à notre esprit le goût, l'estime, la possibilité de tout ce qui n'est pas contemplation de Dieu. En nous plongeant dans l'inaction et dans l'indifférence, elle veut nous transférer à un plus haut principe d'action, à un plus haut motif d'amour » (1).

La mort ne dépouille donc l'âme que pour l'agrandir ; elle ne la déprend de ce qui passe que pour l'amener à ce qui demeure ; elle vient la soulever vers une vie plus haute.

Aussi, le chant de la mort, qui s'élève dans l'âme au moment où elle sent en elle les premières approches de l'hôte redouté, ce chant commencé dans la tristesse et poursuivi dans la révolte, doit-il s'achever dans l'enthousiasme. Déjà, dans la vie finissante, on surprend ce qu'a de bienfaisant l'œuvre de la mort : comment pourrait-on s'effrayer de son dernier effort ? L'expérience n'enseigne-t-elle pas, à qui veut la comprendre, que la mort n'est pas l'obstacle à la vie, mais le moyen de la vie pleine ? Elle est « la vie traversée au-delà de sa limite présente » (2), elle est « le moyen de transcendance, le passage et la Pâque qui mène de cette vie mobile et mêlée à l'incomparable beauté et à l'incomparable réalité » (3), à la vie immortelle. De sorte que cette mort si redoutée « est le procédé principal de la vie, son procédé de transcendance. Elle est l'opération qui, si elle n'est pas misérablement faite à contre-sens, transporte en Dieu et réalise cette étonnante parole : « Sortir de soi pour entrer dans l'infini de Dieu » (4).

Telles sont les vues de Gratry au sujet de la mort, au sujet de ce prélude de la mort qui est la vieillesse. Il en analyse les symptômes et, sous l'apparente déchéance, il découvre de merveilleux progrès. Ses observations sont pénétrantes ; elles marquent une connaissance profonde de l'esprit humain, dont il retrace, avec

---

(1) *Connaissance de l'âme*, II, p. 394.
(2) *Connaissance de l'âme*, II, p. 361.
(3) *Connaissance de l'âme*, II, p. 358.
(4) *Connaissance de l'âme*, II, p. 408.

sagacité, l'évolution à travers la vie : de l'activité impétueuse au recueillement dans la force ; de l'estime de l'action extérieure et de la parole au besoin du silence. Mais, si l'état de l'esprit à l'automne de l'âge apparaît bien comme un progrès, en est-il de même à l'hiver ? Dans cette lassitude qui se refuse à parler aux hommes, parce que les hommes, qui ne s'instruisent que par leur propre expérience, ne sont pas capables ou de comprendre ou d'écouter, n'y a-t-il qu'une intelligence plus profonde de l'inutilité de la parole ? Y a-t-il seulement la conviction que, ce qui manque à la vérité, ce n'est pas d'être dite, mais bien d'être entendue ? Dans cette fatigue de la pensée, ces dégoûts de l'action et de l'effort, ne trouve-t-on qu'un besoin clairvoyant de la réalité absolue, une sagesse qui se résout à une prudente réserve ? Dans cette vie qui se replie et qui semble diminuer et se refroidir, ne faut-il voir qu'une transformation heureuse dont l'âme doit se réjouir ? Ceux qui parlent des décrépitudes de la sénilité et qui voient l'homme, dépouillé de ses forces, n'être bientôt plus qu'une ruine misérable, n'ont-ils pas raison contre Gratry ?

Il faut s'entendre. Si Gratry disait que le travail, qui opère au déclin des jours, va de lui-même à réaliser en l'âme une œuvre de transfiguration et de progrès, il ne serait que trop facile de le convaincre d'illusion. Mais tout développement moral de l'homme ne se fait pas en lui sans lui. Il faut que sa volonté s'empare de l'aide que lui offre la mort qui vient ; il faut qu'il donne, par sa libre acceptation et sa coopération active, leur signification et leur valeur à ces dépouillements qu'infligent les années. C'est à condition de « vouloir la mort... d'aller au-devant d'elle et de lui tendre la main » (1), que celle-ci devient le passage par lequel l'âme victorieuse s'élève à une vie plus haute.

Il devient vrai alors que la vieillesse n'est point une chute, une décadence. L'âme y apparaît plus belle qu'aux autres âges, avec je ne sais quoi d'achevé, de pacifié, qui repose et console. L'expérience de la vie et de la douleur lui ont donné, de toutes choses, la science véritable. Elle n'est plus ni agitée par l'ambition, ni aigrie par l'insuccès. Elle vit plus haut que la foule, dans des régions lumineuses et sereines. Et ce calme fort, qu'elle porte en elle, se répand en bonté, en indulgence, en réconfort sur ceux qui

---

(1) *Connaissance de l'âme*, II, p. 393.

l'approchent. Les anciens avaient bien vu dans le vieillard celui qu'on devait entourer de respect, de vénération ; le guide des jeunes hommes pleins d'ardeur et d'ignorance ; le sage qu'il fallait écouter, car il avait retenu les rudes leçons de la vie et que, déjà, il entendait les conseils suprêmes de la mort.

L'optimisme si consolant de Gratry, qui voit dans les désenchantements du déclin de la vie, dans ses impuissances et ses affaiblissements, non pas le sujet de regrets douloureux, mais les gages de rassurantes promesses, non pas les signes d'une décadence, mais les moyens d'un progrès ; ces vues si profondes, qui vont chercher la réalité sous les apparences, sont liées étroitement à celles qu'il a exposées au sujet de la vie morale et de l'immortalité. S'il peut considérer sans plainte et sans tristesse, et même avec joie, la brièveté des jours qui, à partir du sommet de la vie, semblent emporter constamment, dans leur course irrésistible, un peu de nous-mêmes ; s'il peut apercevoir sans crainte, et même avec enthousiasme, la fin de ces jours et attendre la mort comme une amie, c'est qu'il s'est efforcé d'établir d'abord que le terme suprême de l'âme « est et doit être, entre toutes les réalités, incomparable en certitude comme en beauté » (1). C'est aussi parce qu'il a démontré la nécessité du sacrifice dans la vie morale et, par conséquent, l'usage que peut faire la volonté des arrachements produits par l'approche de la mort, et la mort même, pour se détacher du transitoire et se déprendre de ses derniers égoïsmes.

C'est encore, en effet, le rôle du sacrifice que Gratry montre ici, dans ce chant de la mort ; le sacrifice, dont la mort acceptée est la forme suprême, en même temps que le moyen unique qui permet à l'homme d'atteindre sa destinée. C'est la loi souveraine : celui qui veut s'élever jusqu'à Dieu doit dépasser, par la raison, la volonté, le cœur, les créatures finies ; il doit dépasser la limite présente de la vie, et par le sacrifice librement consenti de tout ce qui change et s'écoule, parvenir à Celui qui demeure. De ce point de vue rayonnant d'espoirs, les décadences de l'âge, la fin de l'existence perdent leurs amertumes douloureuses. Elles ne sont pas reçues avec la fière résignation du stoïcien qui dédaigne de murmurer devant l'inévitable ; elles sont saluées comme les messagères d'un état prochain de progrès définitif. « La mort, comme la

---

(1) *Connaissance de l'âme*, II, p. 358.

naissance, est le signal d'un rapide et nouveau développement. C'est une indispensable transformation, comme celle de tant d'organismes vivants qui se métamorphosent si merveilleusement sous nos yeux. Nous portons dans notre âme un trésor implicite de forces qui fermentent ici bas, mais qui doivent se développer ailleurs. C'est ce trésor caché que la mort va ouvrir » (1).

On peut repousser les conclusions de Gratry ; on peut refuser de se joindre à ses louanges de la mort. Mais il faut pour cela nier d'abord une existence à venir plus haute et meilleure ; nier aussi la valeur supérieure de la vie morale, qui fait la vraie grandeur de l'homme, et qui peut s'accroître de ses privations et de ses douleurs.

Gratry ne considère que ce côté moral de la mort, celui par lequel elle peut être un auxiliaire de la vertu et de l'élévation de l'âme, celui par lequel elle ouvre à cette âme la vie immortelle. Et nul n'a dit mieux que lui, avec une éloquence plus vibrante et un cœur plus convaincu, comment l'aspect désolé du soir de la vie et les épouvantes de la fin disparaissaient devant le Sacrifice et l'Immortalité ; nul n'a mieux montré « l'autre face de la mort, cette face lumineuse, immortelle, qui succède aux ténèbres et à la douleur » (2).

---

(1) Henri Perreyve, p. 239.
(2) Henri Perreyve, p. 238.

CHAPITRE XI

La critique de l'hégélianisme

La philosophie de Gratry ne se présente pas seulement comme une œuvre d'exposition où se déroulent les vues du penseur. Elle réfute en même temps qu'elle démontre ; elle se propose de combattre l'erreur non moins que d'enseigner la vérité.

Mais, parmi toutes les erreurs, il en est une qui semble à Gratry plus dangereuse, car elle lui paraît s'attaquer à la raison même, qu'elle menace dans ses principes essentiels. Aussi ne cesse-t-il de dénoncer ceux qui l'enseignent, les « Sophistes » qui, comme aux jours de Gorgias et de Protagoras, s'efforcent de renverser les lois de l'esprit humain pour édifier leurs systèmes. Lorsqu'il les rencontre, il se dresse aussitôt pour la lutte, debout et armé. « De son passage à l'Ecole Polytechnique, et de son grade momentané d'officier d'artillerie, il avait conservé, dit Emile Ollivier (1), un certain goût pour la bataille. Il y employait des formes tout à fait fraternelles et tendres ; mais il y allait sans trop de déplaisir et, quand il y était, il frappait fort. »

C'est contre les « Sophistes », ou plutôt contre leurs idées, qu'il emploie surtout cette ardeur de soldat. Il est impitoyable aux

---

(1) *L'Eglise et l'Etat au Concile du Vatican*, t. II.

doctrines et aux sectes. Il a des mots durs, cinglants pour les « hérétiques de la raison », ces « esprits faux que leur orgueil empêche de suivre le sens commun et qui aspirent au remaniement radical de la conscience humaine » (1). — « Ces esprits pervers doivent être traités en ennemis. Il faut des haines vigoureuses, et, s'il se peut, triomphantes, contre l'abominable secte des Sophistes. Les falsificateurs de la pensée, les corrupteurs des admirables semences intelligibles que Dieu donne, doivent être, de temps en temps, retranchés avec décision par la philosophie indignée et atteints d'une de ces foudroyantes excommunications qui terrassent pour des siècles » (2).

Mais si l'amour de la vérité soulève dans l'âme de Gratry tant de colère contre l'erreur et lui arrache des accents sévères et des cris véhéments, son désir d'union et de concorde, sa naturelle bienveillance, le portent à ne rien dire qui puisse blesser les personnes. Il a pour elles des excuses touchantes (3), toutes remplies d'humilité ; il cherche avec empressement ce qu'il peut louer en ceux qu'il combat (4) ; il s'efforce de conserver à leur égard, dans sa polémique, la justice et l'amour. « Respect et charité pour les personnes ; justice et vérité pour les doctrines » (5), telle est la règle à laquelle il s'attache (6) dans sa lutte contre la philosophie qui lui semble ressusciter l'esprit sophistique grec sous une forme moderne, la philosophie d'Hégel.

Gratry voit, en effet, dans cette doctrine, séduisante par son apparence de sérieuse rigueur, l'un des plus graves dangers qui menacent la pensée contemporaine. Il veut ruiner ce système,

---

(1) *Connaissance de Dieu*, I, p. 188.
(2) *Logique*, I, p. 61.
(3) V. *Les Sophistes et la Critique*, p. 75.
(4) *Les Sophistes et la Critique*, pp. 29, 74.
(5) *Logique*, I, p. 4.
(6) « Avant tout, j'attaque un système, un esprit, chose impersonnelle. Ensuite, j'attaque des livres. Puis j'attaque un état intellectuel, une habitude logique qui n'est pas l'homme entier, et qui, d'ailleurs, peut changer demain. Que si je suis forcé, par exemple, de dire : « Ce livre ou cet état d'esprit est sophistique », je ne dis pas pour cela toujours, « cet homme est un sophiste ». On peut, dans un mauvais moment de la pensée, entrer dans l'école des sophistes sans en prendre l'esprit pour toujours. On peut répéter leurs paroles sans être pleinement leur disciple. Tel les suit aujourd'hui qui, à mes yeux, porte dans l'âme les fondements du vrai ». (*Logique*, I, p. 6).

et, par là, délivrer la philosophie d'une influence où il trouve la source principale des erreurs de son temps. Il veut « appliquer un instrument de fer à cette gangrène de la raison qui cherche à répandre en Europe le panthéisme et l'athéisme » (1). Et, s'il se montre inexorable dans l'exécution qu'il poursuit, sa violence n'est que l'effort décisif nécessaire pour trancher le mal et laisser revenir la vie.

Ce n'est pas une réfutation d'Hégel, au sens ordinaire du mot, que songe à entreprendre Gratry. Il pense, après Aristote, qu'on ne réfute pas les Sophistes. Comment convaincre au moyen de la raison ceux qui renversent la raison ? La méthode à suivre à leur égard est bien simple : il suffit d'exposer leurs idées, dépouillées des développements et des ornements qui en estompent les contours, et en rendent le sens incertain ou équivoque ; il faut plonger au fond de leurs doctrines pour en découvrir la base telle qu'ils la présentent ; il faut les citer, afin que leurs propres paroles soient leur condamnation.

C'est ainsi que Gratry se propose de traiter Hégel, « le représentant des attaques à la raison le plus complet qui se trouve dans le monde, ce sophiste qui résume en lui la sophistique de tous les siècles et y ajoute la tranquille audace de systématiser l'absurde et d'avouer cette entreprise devant les hommes, hautement et décidément » (2). Mais, à cette méthode d'exposition, Gratry joint cependant l'argumentation.

Le fondement de l'hégélianisme, c'est la logique. Elle renferme le principe qui donne au système à la fois sa substance et son mouvement. Ce principe admis, tout se lie, tout s'enchaîne, et la doctrine marche avec rigueur à sa conclusion. La prétention d'Hégel est, en effet, de former un système d'une parfaite continuité, qui embrasse la connaissance dans sa totalité et qui, en enfermant toute connaissance, enferme aussi toute réalité.

L'idéalisme absolu d'Hégel identifie l'être à la pensée, la logique à la métaphysique. Le développement immanent de l'Idée constitue, dans ses étapes successives, un moment, une sphère de la réalité, depuis le plus bas degré de l'existence et le néant jusqu'à l'absolu. L'Idée est, dans son mouvement, à la fois la na-

---

(1) *Logique*, I, p. XI.
(2) *Logique*, I, p. 118.

ture, l'esprit et Dieu, le monde intelligible et le monde phénoménal. La dialectique peut reproduire l'évolution de l'Idée, et c'est là le but même de la philosophie d'Hégel. Il s'impose la tâche « de reconstruire idéalement, par un procédé systématique, le double monde de la nature et de l'esprit » (1). Entreprise hardie qui, à l'aide de la pensée seule, s'exerçant sur des notions abstraites, prétend arriver à une complète reconstruction rationnelle de la réalité, et met ainsi la pensée humaine à la place de la pensée créatrice elle-même.

Mais l'inébranlable enchaînement que présente le système hégélien, à partir des principes fondamentaux sur lesquels il s'appuie, fait à la fois sa grandeur et sa faiblesse ; sa grandeur, parce qu'il marque l'effort et la puissance de l'esprit qui l'a conçu ; sa faiblesse, parce que, cette base ébranlée et le point de départ contesté, tout s'écroule.

C'est donc cette base qu'il convient d'examiner. Or, la logique hégélienne a pour principe l'idée d'être pur, et, pour loi de sa dialectique, l'identification des contradictoires dans un terme nouveau qui les ramène à l'unité. Ce terme, d'ailleurs, pose à son tour son contraire, et le mouvement tout entier de l'Idée se développe suivant le même rythme. Gratry attaque à la fois le principe et la loi au nom de la raison.

La première loi de la raison exprime en effet la nécessité, pour la pensée, de demeurer d'accord avec elle-même. Elle montre, dans la contradiction, la destruction de la pensée qui, lorsqu'elle se nie en même temps qu'elle s'affirme, s'anéantit elle-même.

Hégel, lui, voit dans la contradiction la loi nécessaire du progrès de la pensée. C'est la contradiction qui, en faisant surgir l'antithèse en face de la thèse, conduit l'esprit à la synthèse. La contradiction est l'excitatrice de l'esprit dans sa marche dialectique et le principe moteur du système hégélien. Gratry multiplie les textes afin de montrer que la logique d'Hégel n'entraîne pas seulement la négation du principe d'identité et de ses dérivés comme une conséquence implicite et ne l'enferme pas comme une assertion transitoire, mais la pose comme la base de la véritable philosophie, de sorte que cette formule : « l'absolu, c'est l'identité de l'identique et du non-identique », est « le fond du système, le prin-

---

(1) NOEL. *Revue de Méta. et de Morale*, 1894, p. 44 : *la Logique d'Hégel*.

cipe radical incessamment, imperturbablement répété à chaque page pendant dix-huit volumes » (1).

Et, en effet, le point de départ de la dialectique hégélienne affirme l'identité de l'être et du non être dans le devenir. Cette première triade est suivie d'autres qui procèdent de la même loi : l'identité des contradictoires (2). Si Gratry ne les cite pas dans l'ordre où les présente Hégel, on ne saurait dire cependant qu'il les détourne de leur sens. D'ailleurs, Hégel et ses disciples affirment hautement qu'ils considèrent le principe d'identité comme la loi d'une philosophie élémentaire et vieillie, qui s'appuie, non sur la raison, mais sur l'entendement. L'entendement se renferme dans l'identité abstraite. Il est l'immobilité de l'esprit dans la possession de différences qu'il déclare inconciliables ; l'entendement aperçoit la contradiction et s'y arrête. La raison dépasse ce stade inférieur de la connaissance. La dialectique hégélienne est précisément le mouvement de cette raison qui met en rapport les choses et leurs contraires, mouvement et rapport dans lesquels les contraires fusionnent, et passent, par cette fusion, de l'abstrait au concret. « La proposition qui exprime l'identité, dit Hégel, est : « tout est identique à soi, A est A ; et, énoncée sous forme négative : A ne peut être A et n'être pas A tout à la fois. Cette proposition, loin d'exprimer une loi réelle de la pensée, n'est autre chose qu'une loi de l'entendement abstrait » (3) ; — « elle est annulée par les autres lois de la pensée, comme on les appelle aussi, qui érigent en loi l'opposé de celle-ci » (4). C'est dire assez clairement que la raison spéculative déclare, suivant Hégel, qu'une même chose est à la fois et n'est pas ce qu'elle est.

Il ne s'agit donc pas seulement de reconnaître les diversités, les oppositions, les contradictions qui se trouvent dans le monde et peuvent coexister dans un même sujet, soit successivement, soit parce qu'il est considéré à différents points de vue · l'ancienne logique les connaît aussi bien que la nouvelle ; le principe d'identité, qui en maintient la distinction, est loin de se refuser à les affirmer. Il s'agit de les fondre dans une idée unique ; il s'agit

---

(1) *Logique*, I, p. 123.
(2) Citées p. GRATRY, pp. 133 à 134. *Logique*, I.
(3) HÉGEL. *Logique*, II, p. 18.
(4) HÉGEL. *Logique*, II, p. 19.

de poser que « la contradiction est une loi nécessaire des choses, un principe absolu, qui gouverne le tout ainsi que les parties, et sans lequel le tout ni les parties ne sauraient exister » (1).

Comment se fera cette fusion des contraires ? Gratry montre que c'est par la négation d'un principe dérivé du principe d'identité, le principe du troisième exclu. Un terme conciliateur surgit entre les deux contradictoires et les embrasse dans une même unité. C'est en effet la théorie d'Hégel. « La différence en soi donne la proposition : « Toutes choses sont essentiellement différenciées », ou, comme on l'exprime aussi : « De deux prédicats opposés, il n'y en a qu'un qui convient à une chose et il n'y a pas de troisième terme entre les deux. La proposition qui énonce l'exclusion du troisième terme est la proposition de l'entendement déterminé (2), qui veut écarter la contradiction et qui, en l'écartant, y tombe. A doit être ou $+ A$ ou $- A$. Ici on énonce déjà le troisième terme A, qui n'est ni $+$ ni $-$ et qui est tout aussi bien posé comme $+ A$ que comme $- A$ » (3).

Que vaut cette démonstration ? Gratry se charge de la juger. Il réplique à Hégel que lorsqu'en algèbre on pose A, cela veut dire nécessairement, inévitablement et toujours $+ A$. Il n'y a donc pas un troisième terme, ni positif ni négatif, et qui est en même temps les deux.

Si l'algèbre ne peut offrir à Hégel l'appui qu'il lui réclame, que fera la logique ? Trouvera-t-il entre une affirmation et la négation contraire un milieu, une conciliation possible, qui soit à la fois oui et non, et qui ne soit ni oui ni non ? « Essayez, dit Gratry, de former avec l'attribut bon ces trois propositions dont la logique nie la troisième. Voici la première : *Dieu est bon.* Voici la seconde : *Dieu n'est pas bon.* Comment formerez-vous la troisième en y mettant ni *plus A*, ni *moins A*, mais A tout pur, sans oui ni non ? Essayez : formez une proposition dont le sujet soit *Dieu*, l'attribut *bon*, mais sans oui ni non. Evidemment, vous ne pouvez parler.

« Mais essayez cependant de parler et dites : *Dieu bon.* La lo-

---

(1) *Introd.* de Véra à la *Logique* d'Hégel, p. 39.
(2) « C'est-à-dire abstrait, par là même qu'il s'arrête à l'un des contraires ». (Note du traducteur). *Log.* d'Hégel.
(3) Hégel, *Logique*, II, p. 31.

gique vous répond alors comme l'algèbre : Quand on dit *Dieu bon*, cela veut dire Dieu est bon. Quand rien n'est explicite, c'est l'affirmation qui est nécessairement sous-entendue, comme quand vous posez A en algèbre, c'est poser *plus* A. Il est donc absolument impossible de former une troisième proposition entre les deux qui les concilie. Il n'y a que deux propositions possibles, dont l'une est vraie, l'autre fausse, voilà tout..... Il est absolument vrai qu'il n'y a pas de milieu entre ces deux propositions... C'est le principe de contradiction ou *principium exclusi tertii*, lequel régit inévitablement et toute parole et toute pensée » (1).

Hégel, qui ne veut pas l'admettre, introduit un nouveau principe, le « principe du troisième survenant » — *principium tertii intervenientis* — comme l'appelle Gratry, qui y voit spirituellement le Mohatra logique d'Hégel (2).

Hégel « a dit que A n'est ni *plus A*, ni *moins* A, mais il a ajouté aussitôt, ce que l'on n'a pas aperçu, peut-être, que A, par cela même, était en même temps et *plus A* et *moins A*. Donc, rien de plus facile que de formuler la troisième proposition survenante, et la voici : *Dieu est* et *n'est pas bon*.

» Mais... la troisième proposition n'est pas une proposition, mais deux propositions, que, pour abréger, on répète de suite sans répéter le sujet. Ce sont deux propositions contradictoires entre lesquelles rien du tout n'est intervenu. Et, en effet, l'une demeure absolument vraie, l'autre absolument fausse, comme dans le passé... » (3).

Et Gratry, poursuivant la logique hégélienne dans son retranchement favori, les contradictions qui existent dans les choses,

---

(1) GRATRY, *Logique*, I, pp. 148, 149.

(2) « On ne peut se défendre ici d'une réminiscence des Lettres Provinciales. Qu'on se rappelle l'étonnement du provincial lorsque le casuiste lui nomme le Mohatra... Je vois bien, dit le casuiste, que vous ne savez pas ce que c'est. (*Lettre* VIII, t. I, p. 139). — Les deux interlocuteurs viennent de convenir que, dans un cas donné, prendre l'argent serait un vol. — Donc, on commet un vol si on prend l'argent, dit le provincial. — Pas précisément, reprend le casuiste. — Mais comment ? — Par ce principe qui ne vous était pas connu, le *Mohatra* !

» Or, le Mohatra est ici le principe du *troisième survenant*, par lequel il existe un milieu entre voler et ne pas voler, tout en prenant l'argent ». (*Logique*, I, p. 150).

(3) *Logique*, I, p. 151.

continue : « Hégel soutiendrait-il qu'on peut dire : un homme est bon et n'est pas bon ? Il suffirait alors de faire remarquer que deux propositions contraires, quand il ne s'agit plus de Dieu, ni de géométrie, c'est-à-dire de la vérité même, mais d'un être contingent, d'un être complexe, d'un homme par exemple, peuvent s'énoncer sous différents rapports, mais non pas en même temps sous le même rapport : l'une est vraie sur un point, l'autre sur un autre point. Cet homme est bon jusqu'à tel point, mais non au-delà ; où est ici la contradiction ? Son cœur est bon, sa tête ne l'est pas : ce sont deux sujets différents : *cœur et tête*. Donc ce n'est pas du même sujet qu'on affirme deux attributs contraires. Le principe de contradiction demeure donc vrai sans aucune exception » (1).

Et cependant, après avoir nié ce principe fondamental de la raison, Hégel se flatte d'établir son propre principe, et il cherche à le démontrer directement. Gratry cite abondamment (2) les textes où Hégel répète l'affirmation de l'identité des contraires qui, étant chacun l'autre de l'autre, sont autres tous les deux. La démonstration qui se trouve dans la Grande logique (3) semble à Gratry la plus claire de toutes, et il la cite en allemand dans son propre texte, en même temps que la traduction : « *En premier lieu, quelque chose* et *autre chose* existent l'un et l'autre ; donc ils sont tous les deux *quelque chose*.

« En *second lieu*, chacun des deux est en même temps *autre chose*, peu importe celui des deux qu'on appellera d'abord *quelque chose*. En latin, quand ils se présentent l'un et l'autre dans une proposition, tous les deux s'appellent *aliud*. On dit *alius alium ;* on dit *alter alterum*. Si nous appelons A un certain être et B un autre être, B est d'abord par là déterminé comme *autre*. Mais A est, en même temps, tout aussi bien, *l'autre* de B. Tous les deux sont au même titre *autre chose*.

« Donc tous les deux, soit en tant que *quelque chose*, soit en tant qu'*autre chose*, sont bien toujours *même chose* ».

Gratry ne discute pas cette démonstration, sur laquelle repose tout le système. Il trouve que son énoncé seul constitue l'une

---

(1) *Logique*, I, p. 152.
(2) *Logique*, I, pp. 153 à 156.
(3) 2ᵉ éd., t. I, p. 156.

des meilleures réfutations d'Hégel, et qu'il n'y a pas besoin de faire ressortir la faiblesse de ce raisonnement, que l'hégélianisme estime bien simple, mais irréfutable. N'est-il pas clair, en effet, que, si l'indétermination du langage ne distingue pas le premier objet du second et les désigne par le même terme, la pensée ne les confond pas pour cela dans l'unité ? Elle en maintient la notion ou la représentation différente et, en saisissant leurs rapports, se garde d'affirmer leur identité. La démonstration d'Hégel se réduit à un jeu de mots, à une jonglerie, qui cherche à faire passer une identité purement verbale pour une identité réelle.

Mais Gratry ne se contente point cependant de confondre Hégel à l'aide de ses propres paroles, ni de montrer comment toute attaque au principe de contradiction s'adresse vraiment à la raison même et va à anéantir la possibilité du jugement et de la parole. Il prétend emprunter à Aristote la réfutation d'Hégel.

C'est que, si le système hégélien, tel que le présente son auteur, en est bien l'œuvre originale, tout pourtant n'y est pas nouveau. Hégel lui-même considère que sa philosophie continue et achève l'effort de la pensée humaine, retracé par l'histoire des doctrines. Elle contient et dépasse les développements successifs que prend, à travers les siècles, la science de l'absolu ; elle termine cette science et enferme cet absolu. Il reconnait donc que les systèmes antérieurs trouvent, en un sens, place dans le sien. « La dernière philosophie dans l'ordre du temps est le résultat de toutes les philosophies précédentes et doit, par conséquent, en contenir les principes, affirme-t-il » (1). Ces philosophies saisissent et représentent un des moments de l'évolution de l'idée ; l'histoire de la philosophie correspond à la dialectique hégélienne. Dès lors, les assertions fondamentales qu'elle pose se retrouvent chez Hégel, de l'aveu même de celui-ci. Il estime les Sophistes, qui affirment que rien n'existe, et qui apprennent à la Grèce à déployer la libre pensée ; il signale chez Parménide, qui distingue l'être du non-être, le point de vue de la raison abstraite, ce début de la logique et de la philosophie. Surtout, il admire Héraclite, ce hardi penseur, le premier qui, même avant les sophistes, ait prononcé ce mot profond : « l'être et le néant sont même chose » (2), et « qui ait

---

(1) *Logique*, I, p. 200, trad. VÉRA.
(2) Cité p. GRATRY, *Logique*, I, p. 131.

vu le *concret* et l'absolu dans l'unité des contraires » (1). Or, le concret et l'absolu réalisés par l'identité des contradictoires ; l'affirmation que l'être et le non être sont même chose, c'est la loi et le point de départ de l'hégélianisme lui-même. Héraclite et Hégel, si différents qu'ils puissent être par ailleurs, rejettent tous deux le principe de contradiction. Il n'est donc pas étonnant qu'ils rencontrent en face d'eux, pour les réfuter l'un et l'autre, ainsi que le montre Gratry, le premier logicien qui ait dégagé le principe d'identité et formulé cette loi fondamentale de la raison. Hégel, il est vrai, admire passionnément Aristote, et les hégéliens réclament celui-ci comme un précurseur. Peu importe. La question est de savoir si Aristote a combattu l'identité des contradictoires, l'assimilation de l'être au non être. Si oui, le juge, nullement récusé par l'accusé, mais nommé par lui le plus grand des philosophes, est bien celui qui peut prononcer sur la question avec le plus de compétence et d'autorité.

Or, Aristote soutient, avec clarté et fermeté, la nécessité du principe de contradiction. Il a montré que, sans lui, la pensée est impossible et la parole devient une illusion ou un mensonge. Il exclut à l'avance le « troisième survenant » qui permet la conciliation des contraires (2). C'est donc à bon droit que Gratry le cite et oppose aux principes d'Hégel les principes et les réfutations d'Aristote.

Ce n'est pas d'ailleurs que Gratry assimile la philosophie d'Hégel à celle d'Héraclite, de Gorgias ou de Protagoras. Il lui suffit que les uns et les autres présentent des affirmations communes, et que celles-ci se trouvent à la base du système hégélien. Il n'a pas à juger comment celui-ci, qui ramène tout à la pensée, à l'idée, s'écarte du relativisme sensualiste des Sophistes, ni dans quelle mesure il reproduit, en la perfectionnant, l'évolution d'Héraclite. Les Sophistes, Héraclite, Hégel ont besoin, pour développer leurs vues, de renverser d'abord la loi fondamentale de la raison. C'en est assez pour les confondre, de ce point de vue, dans une même réfutation.

La logique d'Hégel ne suppose pas seulement la négation du

---

(1) Cité p. GRATRY, *Logique*, I, p. 132.
(2) ARISTOTE, *Métaphysique*, cité p. GRATRY, pp. 162 à 172, *Logique*, I.

principe d'identité. Dans la recherche de l'absolu, elle marche en sens contraire de la raison.

La raison, en effet, parvient à l'idée de Dieu à partir du fini, dont elle nie les limites et les bornes. Elle affirme que tout ce qu'il y a en toute créature d'être, de bonté, de perfection, tout cela est en Dieu infiniment. Hégel, prétend Gratry, « retourne ce procédé de la raison en appliquant l'affirmation à la limite et la négation à l'être » (1).

Hégel critique, en effet, ce qu'il appelle « la théologie de la vieille métaphysique », qui croit parvenir à Dieu en supprimant la limite, la négation, dans la réalité finie.

Or, suivant la logique hégélienne, une affirmation sans négation correspond à l'abstrait. C'est que : « tout être réel contient des déterminations opposées et que, par suite, connaître, et pour parler avec plus de précision, connaître un objet suivant la notion, c'est acquérir la conscience de cet objet en tant qu'unité de déterminations opposées » (2). C'est l'opposition des contraires qui se limitent et se nient mutuellement qui produit le concret. L'ancienne métaphysique, en supprimant toute négation dans le donné, n'aboutit donc qu'à l'idée d'être indéterminé, à un concept vide. « Elle arrive à une notion de Dieu qui n'est qu'une positivité ou réalité abstraite, une réalité qui exclut la négation et suivant laquelle Dieu serait l'essence la plus réelle. Mais il est aisé de voir que cette essence la plus réelle, par là qu'on éloigne d'elle la négation, est exactement l'opposé de ce qu'elle doit être et de ce que l'entendement croit voir en elle. Car, loin d'être l'essence la plus riche et la plus accomplie, elle est, au contraire, par suite de la façon abstraite sous laquelle on l'a conçue, la plus pauvre et la plus vide. Le sentiment demande avec raison un contenu concret, mais il n'y a de contenu concret que là où il y a en lui une déterminabilité, c'est-à-dire une négation. Lorsque la notion de Dieu n'est saisie que sous la raison de l'essence abstraite ou la plus réelle, Dieu devient par là même un être qu'on ne peut atteindre, et il ne saurait être question de sa connaissance, car là où il n'y a pas de détermination, il ne peut, non plus, y avoir connaissance » (3).

---

(1) *Logique*, I, p. 121.
(2) HÉGEL, *Logique*, I, p. 312, trad. VÉRA.
(3) *Logique*, HÉGEL, p. 276.

Ainsi, la voie d'éminence de saint Thomas, le procédé de transcendance de Gratry, ne peut sortir de l'abstrait. L'idée de Dieu qu'elle présente est le *caput mortuum* de l'abstraction. C'est qu'Hégel considère que « ce qui est au fond de toute déterminabilité, c'est la négation : *omnis determinatio est negatio*, comme le dit Spinoza » (1). La notion qui n'a pas passé par le moment de la négation ne saurait donc être concrète et déterminée. L'affirmation pure ne peut conduire à la connaissance. Par conséquent, l'infini conçu par le moyen de l'affirmation est « le concept vide de l'être indéterminé, de la pure réalité ou positivité, le produit mort de l'explication moderne » (2).

Donc, tandis que la métaphysique ordinaire va à Dieu au moyen d'un procédé d'affirmation, c'est par la négation que la dialectique hégélienne progresse vers l'absolu, parce que c'est la négation qui conduit l'esprit, à chaque étape, à ce troisième terme conciliateur qui produit la synthèse de la thèse et de l'antithèse et un nouveau moment de l'idée. C'est cette négation qui permet d'atteindre la véritable détermination, car, suivant Hégel : « Par là que la dialectique a pour résultat un terme négatif, celui-ci est en même temps, et précisément en tant que résultat, un terme positif, car il contient comme absorbé en lui ce d'où il résulte et n'est point sans lui. C'est là la détermination fondamentale de la troisième forme de l'Idée logique, savoir, la forme spéculative ou de la raison positive » (3).

C'est ainsi qu'après avoir dépassé le degré de l'entendement, qui s'arrête à des déterminations fixes et à leurs différences, et avoir montré chaque détermination finie comme étant sa propre négation, la dialectique arrive au troisième moment : « le moment spéculatif ou positivement rationnel, (qui) est celui qui saisit l'unité des déterminations et de leurs contraires » (4).

Ainsi, pour ce qui est du fini et de l'infini, l'entendement les conçoit l'un et l'autre, mais la notion de l'infini n'est pas achevée par lui ; cet infini conçu par l'entendement n'est qu'un « faux

---

(1) *Logique*, Hégel, p. 418.
(2) *Logique*, Hégel, p. 273.
(3) *Logique*, Hégel, p. 381.
(4) Cité p. Gratry, *Logique*, I, p. 209.

infini, un moment de l'infini véritable » (1). Le véritable infini n'est pas séparé du fini : « Il consiste bien plutôt à demeurer en soi-même, ou, si on l'énonce sous forme de processus, à s'atteindre soi-même dans son contraire » (2).

Comme le voit Gratry, Hégel connaît bien le procédé par lequel l'esprit va du monde à Dieu. Mais il s'efforce d'y montrer la nécessité de sa propre dialectique. Il nie qu'il faille partir de l'intuition empirique du monde pour s'élever à Dieu : « Car l'homme est un être pensant, et cette élévation n'a pas pour fondement la simple perception sensible, une perception à la façon de celle des animaux, mais la pensée. L'élévation de la pensée au-dessus de l'être sensible, au-dessus du fini à l'infini, le saut qui brise la série sensible pour passer dans la sphère du suprasensible, tout cela, c'est la pensée elle-même et ce n'est que la pensée » (3). C'est bien en effet à la pensée (elle dit la raison) que la métaphysique ordinaire attribue l'affirmation de l'infini à partir du fini, et il semble qu'Hégel rejoint Gratry. Il n'en est rien. Car, dans la preuve cosmologique de l'existence de Dieu, « le rapport qui va du point de départ au point d'arrivée sera un rapport purement affirmatif, un raisonnement qui va d'un terme qui est et demeure ce qu'il est à un autre terme qui est aussi et demeure ce qu'il est » (4). C'est là une erreur de l'entendement, qui reste ainsi dans l'abstrait au lieu de s'élever à la véritable infinité. En réalité, la pensée atteint celle-ci, mais par les deux autres phases du mouvement dialectique. « La pensée exerce une action négative sur le point de départ » (5). Elle commence par nier le fini.

L'imperfection des preuves de l'existence de Dieu vient donc, suivant Hégel, de ce qu'elles ne mettent pas en relief ce moment de la négation, qui permet la médiation de l'idée de Dieu, et lui donne sa valeur concrète. « C'est seulement ce néant de l'être du monde qui est le lien de l'élévation, de telle sorte que ce qui intervient comme moyen terme s'efface et que, par suite, c'est dans cette médiation même que la médiation est supprimée » (6).

---

(1) *Logique*, HÉGEL, p. 430.
(2) *Logique*, HÉGEL, p. 423.
(3) *Logique*, HÉGEL, p. 316.
(4) *Logique*, HÉGEL, p. 317.
(5) *Logique*, HÉGEL, p. 317.
(6) *Logique*, HÉGEL, p. 318.

Ou, comme l'explique le commentateur d'Hégel : « L'élévation à Dieu vient de ce que l'esprit fini, ou le monde, n'est pas la vraie réalité. L'imperfection, le néant, ce que le monde n'est pas, est, par conséquent, le lien de l'élévation, ce qui fait que le monde s'élève à Dieu. Mais ce lien, ou moyen terme, s'efface en médiatisant, ou, pour mieux dire, en médiatisant s'absorbe dans la réalité absolue » (1). Le fini se confond au moyen de la négation avec l'infini. Dieu est « l'identité de l'identité et de la non-identité ». S'il n'est pas une notion vide, c'est qu'il concilie les contraires.

On passe donc du fini à l'infini. — Comment Hégel ne l'admettrait-il pas, puisque sa dialectique s'applique précisément aux contradictoires ? Mais, dans ce passage, ainsi que le montre Gratry, sa méthode présente le renversement de l'ancienne dialectique. Le procédé par lequel l'esprit va à Dieu, « procédé d'affirmation universel et absolu, devient, pour Hégel, un procédé de négation. L'esprit ne saisit pas une qualité bornée pour en ôter la borne et pour en affirmer l'essence à l'infini. Tout au contraire, on prend cette qualité bornée et on la nie radicalement » (2).

Le procédé d'Hégel nie où la métaphysique ordinaire affirme, il affirme où elle nie. Il nie la réalité qui se trouve dans le fini, il affirme ce qu'il y a en lui de défaut, de néant, et c'est au moyen de cette notion purement négative qu'il prétend s'élever à l'infini tout réel et tout parfait. Mais cependant cette idée d'infini obtenue par l'intermédiaire du néant, Hégel la présente bien comme affirmative, en dernier lieu, après qu'elle a été médiatisée. « Lorsque nous disons que l'infini est le non fini, dit-il, nous énonçons une proposition qui contient au fond le vrai sur ce point, car le non fini, par là que le fini est lui-même le premier être négatif, est la négation de la négation, la négation identique avec elle-même et, partant, la vraie affirmation » (3). Ou, comme l'expose le traducteur d'Hégel : « Le non fini contient d'abord la limitation ou la négation qui est dans le fini, et de plus, il contient la négation par laquelle il nie le fini, et il contient le fini et sa négation comme un moment de lui-même. Il

---

(1) *Logique* d'Hégel, I, note de Vera, p. 218.
(2) Gratry, *Logique*, I, p. 206.
(3) *Logique*, Hégel, p. 425.

est donc la négation de la négation et, partant, la vraie affirmation ou le vrai infini » (1).

Sans doute, Hégel aurait raison s'il faisait seulement remarquer que les limites du fini jouent un rôle dans la recherche de l'infini et nous conduisent, en nous montrant que ce fini ne contient pas en lui-même la raison de son existence, à chercher hors de lui une Réalité sans défaillances. Mais les qualités positives du fini sont précisément « l'être » dont l'intelligence cherche l'explication dans la cause première, l'infini, l'absolu. Si le fini apparaissait à la pensée comme « n'ayant point d'être », l'esprit ne réclamerait point la raison du néant. C'est donc la réalité qu'enferme le monde, en même temps que son imperfection, qui nous amène à affirmer Dieu et à affirmer de Dieu — en leur enlevant toutes limites — les qualités que nous rencontrons dans les choses.

Chez Hégel, au contraire, l'affirmation de l'infini ne résulte aucunement de la positivité qui se trouve dans le fini, mais de son caractère négatif et de la seconde négation qui nie cette première négation.

Or, on ne peut parvenir à une affirmation en partant d'une notion purement négative. Car, si par une seconde négation on prétend détruire la première, c'est que cette première négation portait déjà sur une réalité, et que la seconde négation ne fait que ramener cette réalité. La seconde négation n'a donc fait faire aucun progrès. Elle nous ramène au point de départ. En renversant le procédé habituel de la raison, et en le rendant négatif où il est affirmatif, Hégel croit prendre la seule voie qui conduise à l'infini véritable. En réalité, il ne sort pas du fini ; bien plus, comme il nie ce fini et le considère comme n'ayant pas d'être, c'est au néant qu'il descend. Ce n'est pas assez de dire qu'Hégel renverse le procédé ordinaire par lequel la raison parvient à Dieu ; en réalité, comme le dit Gratry, il le détruit. — Cette conclusion à laquelle nous venons d'aboutir, il faut l'examiner de plus près.

La raison qui, à partir du monde, s'élève à Dieu, considère Dieu et la nature comme absolument différents, Dieu étant infiniment au-dessus de la nature. Il y a vraiment *transcendance*. Pour Hégel, le fini et l'infini fusionnent dans l'identité de l'identité et de la

---

(1) *Logique*, HÉGEL, p. 425 (Note du traduct.).

non-identité. Il est vrai que le processus dialectique varie ici, en ce sens que s'arrête le mouvement alterné de quelque chose qui devient autre chose et d'autre chose qui devient à son tour quelque chose.

Il y a là une différence que Gratry ne remarque pas. Dieu est bien posé comme l'autre du monde, mais le monde n'est pas l'autre de Dieu. Dans ce rapport du fini et de l'infini, « le quelque chose devient autre chose et l'autre chose devient autre chose » (1). C'est que « l'infini est une unité où l'autre est à la fois l'autre de lui-même et l'autre de l'autre » (2), c'est-à-dire qui est son propre contraire, le contraire de lui-même, au dedans de lui-même. L'infini, une fois atteint par la pensée, se différencie en lui-même ; il ne s'oppose plus à un terme extérieur ; il contient sa propre opposition. Mais, quoi qu'il en soit de cette différence, le fini et l'infini sont tous deux autre chose, c'est-à-dire même chose. La dialectique, en passant de l'un à l'autre, ne fait donc que montrer l'identité de l'un et de l'autre. L'infini renferme le fini comme un terme moyen, à la fois détruit et conservé en lui. La transcendance, que la raison affirme dans le procédé ordinaire, disparait par suite de l'introduction du moment spéculatif qui saisit l'unité des contraires, puisque, après avoir placé l'infini en face du fini, on en affirme l'identité.

Ce n'est donc pas seulement le rôle donné à la négation dans la recherche de l'infini qui s'oppose à sa notion ; c'est encore la fusion entre cet infini et ce fini que proclame la logique hégélienne. Elle pense obtenir dans l'identité une connaissance qui ne peut être atteinte qu'en maintenant entre Dieu et le monde des différences essentielles et irréductibles.

Ainsi Gratry, en examinant le mouvement de la dialectique hégélienne à propos du fini et de l'infini, a raison d'affirmer qu'elle est impuissante à atteindre l'infini véritable. Parce que, basée sur la négation, elle renverse le procédé de transcendance, elle ne peut aboutir qu'à une idée de l'infini sans aucun contenu positif, fantôme d'idée. — De plus, elle détruit ce procédé en le renversant ; elle n'aboutit pas, en effet, à un infini transcendant au fini, mais confondu avec lui dans l'identité. En absorbant

---

(1) *Logique*, HÉGEL, p. 426.
(2) *Logique*, HÉGEL, p. 426, note.

le fini dans l'infini, elle fait en réalité de celui-ci un fini, puisque le fini passe en lui avec toutes ses bornes, non pas niées, mais affirmées.

On pensera, peut-être, que Gratry s'étend trop sur ces considérations et qu'il serait plus frappant de montrer les caractères de la logique d'Hégel dans son point de départ lui-même. Sans doute, Gratry l'étudie aussi, mais il semble croire qu'Hégel l'atteint par une dégradation de l'infini qui devient le fini, puis du fini qui devient le néant. Hégel n'a pas besoin de suivre cette voie pour arriver à l'être pur dont il part. L'être se présente à lui comme le *genus generalissimum*, le produit suprême de l'abstraction. Il ne connait pas d'autre être que celui-ci ; il veut ignorer l'*Ens realissimum*, et lorsqu'il parle d'être, lorsqu'il dit, par exemple, l'absolu est l'être, c'est toujours le *genus generalissimum* qu'il entend.

La dialectique d'Hégel ne le conduit pas à l'être pur ; elle en part. « C'est par l'être pur qu'on doit commencer, parce que l'être pur est aussi bien pensée pure que l'élément immédiat, simple, indéterminé, et que le commencement ne peut rien être de médiat et d'ultérieurement déterminé » (1). Le commencement de la dialectique, et ici la dialectique représente la philosophie, doit être un commencement absolu, qui ne suppose rien avant soi, un terme premier, qui ne vient d'aucun autre terme, en un mot, en toute rigueur, un principe. Et puisque la logique se confond avec la métaphysique, ce principe est à la fois principe dans l'ordre de l'existence et dans l'ordre de la connaissance. Seulement, par connaissance, il faut entendre la connaissance savante et vraiment philosophique, qui ne s'arrête pas aux vues de l'entendement et s'élève jusqu'à la raison spéculative. Dans cette connaissance, le point de départ n'est pas l'expérience, qui représente un stage inférieur de la science et de la philosophie, mais une notion immédiate, c'est-à-dire qui n'est engendrée par aucune autre.

Gratry n'examine pas s'il est vrai que l'être pur soit placé au commencement de la connaissance. Nous n'avons donc pas à l'examiner non plus. Evidemment, ce produit de l'abstraction suppose d'une part un donné dont il est extrait ; de l'autre, un

---

(1) *Logique*, HÉGEL, p. 393.

esprit qui s'applique à ce donné et conçoit, à partir de lui, par son activité propre, l'idée générale d'être.

Mais l'être pur peut-il être regardé comme le commencement dans l'ordre de l'existence ? Ce concept purement abstrait peut-il donner naissance au concret ? Hégel prétend le montrer à l'aide de la contradiction. L'être pur, en se posant, pose en même temps son contraire, le non-être. Suffit-il pour les déterminer de dire : l'être est, le néant n'est pas ? — Mais cet être pur, parce qu'il est une notion vide, indéterminée, se confond avec le néant. « Cet être pur est l'abstraction pure, et par conséquent la négation absolue qui, prise elle aussi dans son moment immédiat, est le non-être » (1).

Voici posée la première identité d'Hégel et le premier moment de sa dialectique. Le vrai commencement des choses, comme de la pensée, c'est ce rapport de l'être pur et du non-être, ou, mieux, ce passage de l'un à l'autre et de l'autre à l'un, qui constitue, prétend Hégel, le devenir. Toute la question est là : étant donné l'être, d'une part, et d'autre part le non-être, leur unité peut-elle constituer le devenir ?

Or, suivant Hégel lui-même, l'être pur qu'il considère est absolument vide, indéterminé ; on n'en peut rien affirmer, pas même qu'il est.

On pourrait faire remarquer que cette notion de l'être diffère de celle qu'admet la logique ordinaire, qui conserve au concept d'être un contenu, en lui conservant un prédicat, celui d'existence. Mais il faut prendre la définition d'Hégel telle qu'il la donne, et l'on ne peut alors contester que l'être dont il parle ne soit identique au néant, ne soit le néant. — Cela admis, il reste que l'être n'étant autre que le néant, et le néant étant un être qui n'est pas, le commencement d'Hégel est en réalité constitué par un pur néant. Or, du néant, comment la réalité pourrait-elle se former et surgir ? Comment l'existence, si faible et si humble qu'on la suppose, serait-ce sous la forme du devenir, pourrait-elle être engendrée par le vide absolu ? « Qu'il y ait un moment où rien ne soit, dit Bossuet, éternellement rien ne sera ». L'évolution de ce mélange d'être et de non-être, ce passage du rien dans le rien ne saurait rien produire et le devenir n'en résulte pas. De cette iden-

---

(1) *Logique*, Hégel, p. 399.

tité, comme le remarque Aristote que cite Gratry, ce n'est pas le mouvement qui suit, c'est l'immobilité. « *Prétendre que l'être et le non-être existent simultanément, c'est admettre l'éternel repos plutôt que l'éternel mouvement* (l'éternel devenir d'Hégel) ; il n'y a rien en effet dans le système en quoi se puissent transformer les êtres, puisque déjà tout est identique à tout » (1).

Gratry a raison de voir que la réfutation de ce principe de la logique hégélienne se trouve chez Aristote. Car il s'agit de savoir si la puissance est antérieure à l'acte, ou si l'acte est antérieur à la puissance ; « si ce qui devient, devient sans cause, si à tout mouvement, à tout effet, à toute croissance ne répond pas nécessairement une force, un être déjà en acte antérieurement ; s'il est possible d'admettre que ce qui n'était pas devient spontanément ; si le principe de toutes choses est la possibilité ou bien l'être actuel » (2). Ou, si l'on veut exprimer la question sous une forme plus concrète, « le monde que nous voyons devenir devient-il par lui-même et à partir de rien ? Est-ce un germe qui, comme le dit Hégel, se déploie seul à partir du non-être et du simple possible, ou bien, comme le dit la raison, est-ce un germe que développe une force préexistante, déjà en acte ? » (3). — « Le monde s'est-il développé à partir de rien et sans rien ? Le monde s'est-il développé à partir de rien mais par Dieu ? Hégel croit que tout ce qui est se développe spontanément à partir de rien et sans rien, et que ce tout en croissance est Dieu » (4). Pour lui, le principe de ce monde, le principe de toutes choses, dont le mouvement rythmique s'élève jusqu'à produire l'absolu, c'est l'être pur, c'est la possibilité pure, c'est le néant, comme il le dit lui-même.

Ainsi, Hégel renverse, pour établir sa dialectique, non seulement le principe de contradiction, mais celui de raison suffisante et de causalité.

Cependant, d'où vient qu'Hégel, s'enfermant dans le néant dès le début de son système, compte cependant sur ce néant pour produire quelque chose ? C'est ce que Gratry explique en montrant qu'Hégel réalise une abstraction pure et donne à la négation

---

(1) Aristote, *Métap.* III, p. 5. — *Logique*, I, p. 177. Gratry.
(2) *Logique*, I, p. 200.
(3) *Logique*, I, p. 177.
(4) *Logique*, I, p. 178.

absolue une valeur substantive. Il se demande ce qu'il y a en dehors de l'être. « A cette question, la réponse ordinaire est celle-ci : en dehors de l'être, il n'y a rien. Mais que répond Hégel ? Il répond : en dehors de l'être, il y a *le rien*. Tout est là.

« Voilà la découverte, le principe, le système. En dehors de l'être, il y a *le rien ;* et ces deux catégories réunies produisent l'être néant, qui est le principe de toutes choses » (1).

« Une abstraction réalisée qui consiste à faire du mot *rien* un substantif concret, à lui donner une réalité contrairement au sens même du mot, qui fait d'une simple forme grammaticale, synonyme de la particule non, un être réel, un terme fondamental de l'univers, voilà la découverte de Hégel » (2). Et, en effet, le non-être, le rien, n'a qu'une valeur purement logique. Hégel le fait entrer dans l'ordre de l'existence. Il lui donne le mouvement : le néant passe dans l'être ; or, ce qui se meut existe. Ainsi, ou le néant et l'être sont ce qu'ils sont en effet, de pures abstractions, vides de contenu, et alors ils ne sauraient ni se mouvoir, ni rien produire ; ou ils ont quelque existence et, alors, ils ne sont plus l'être pur ni le non-être. Dans le premier cas, le devenir, on l'a vu, ne saurait être produit par leur identité, mais une éternelle immobilité et le vide stérile ; dans le second, le quelque chose peut devenir autre chose. Mais, alors, nous sortons des affirmations de Hégel et, par conséquent, de son système. Même dans ce cas, d'ailleurs, en concédant quelque existence à ces premiers termes, comme leur développement doit produire le monde, l'esprit, l'absolu, il resterait que l'on fait sortir le plus du moins, ce qui est aussi une violation du principe de raison suffisante.

Ce n'est du reste pas de cette hypothèse qu'il s'agit, puisque, suivant Hégel, l'être est le néant et le néant est l'être. Il part de zéro, et c'est avec zéro qu'il veut tout reconstruire. Pour être logique et aller jusqu'au bout de cette voie, qui consiste à chercher ce qui reste en dehors de la totalité de l'être, il aurait dû considérer, dit Gratry, au-dessous de zéro la série des quantités négatives. Alors, il y aurait eu, non seulement l'antagonisme de l'être et du néant, dont la combinaison produit le devenir, mais, entre le néant et l'esprit négatif, une autre combinaison, le *défaillir*. « Je dis

---

(1) *Logique*, I, pp. 257-258.
(2) *Logique*, I, p. 258.

donc, conclut Gratry, que la synthèse fondamentale n'avait pas du tout lieu, comme le prétend Hégel, entre l'être et le néant d'où naît le devenir, principe des choses, mais bien entre le devenir lui-même et le défaillir, deux forces égales, identiques en intensité, mais de sens contraire, d'où résulte incontestablement le demeurer ; c'est-à-dire l'équilibre parfait, le zéro fixe, le néant stable, le vide non sollicité, l'indifférence absolue, l'éternelle immobilité. C'est ce qu'Aristote a remarqué. Tel serait le principe de toutes choses et l'existence serait démontrée impossible. C'est là ce que devait produire l'analyse fantastique d'Hégel rigoureusement et complètement appliquée » (1).

Tel qu'il est d'ailleurs, le principe d'Hégel suffit, on l'a vu, pour rendre toute existence impossible. Cette fusion du non-être et de l'être, qui doit, par son développement successif, devenir toutes choses, se montre impuissante à sortir du néant. La raison condamne le point de départ de la dialectique hégélienne, comme elle condamne son ressort : la contradiction, et l'emploi qu'elle fait de la négation pour atteindre les notions positives. C'est ce que Gratry montre vigoureusement.

Cependant, Hégel a cru trouver un appui chez Platon. Il prétend que : « La plus haute forme de la pensée platonicienne, c'est l'identité de l'être et du non-être » (2).

Or, Gratry n'a pas de peine à faire voir qu'Hégel se méprend sur la pensée de Platon. C'est sur des textes du « Sophiste » que Hégel appuie la conformité qu'il croit trouver entre ses vues et celles de Platon. Or Platon, parlant du Sophiste, parle en effet du non-être ; il en parle ironiquement, ou bien il l'entend comme l'entendent saint Augustin, Malebranche, Bossuet, la plupart des philosophes. Pour eux : « le néant n'est point entendu et n'a point d'idée » (3). Mais les êtres relatifs étant imparfaits, finis, sont jusqu'à un certain point et ne sont pas au-delà. C'est dans ce sens que Platon dit, dans un passage dont s'autorise Hégel : « On voit qu'il y a du non-être dans le mouvement et dans tous les genres d'existence ; car la nature de l'*autre* constituant tout ce qui est différent de l'*être lui-même*, fait que ces choses ne sont

---

(1) *Logique*, I, p. 260.
(2) Cité p. GRATRY, *Logique*, I, p. 215.
(3) BOSSUET, *Logique*, ch. XV.

pas et, pourtant, elles sont et *participent de l'être* » (1). La suite du dialogue ne fait que confirmer cette interprétation : « Quand nous nommons le *non-être*, dit encore Platon, il est bien clair que nous n'entendons pas le *contraire de l'être*, mais seulement cet autre, qui n'est pas l'Etre même » (2).

Mais où Hégel triomphe, c'est précisément lorsque Platon voile sous l'ironie sa réfutation. « Voilà le difficile et le beau, s'écrie-t-il, c'est affirmer que *l'autre* est identique au *même*, sous le même rapport ! » — « Oui, s'empresse de répéter Hégel, voici le point essentiel de la doctrine de Platon, montrer que *l'autre*, en tant que non identique, est en même temps et sous le même rapport identique à lui-même » (3).

Et cependant Platon termine par un cinglant éclat de rire qui devrait avertir de ses intentions vraies : « Un rejeton de l'espèce *énantiopoiologique*, qui rentre dans le genre ironique, qui fait partie du doxastique mimique, qui fait partie du fantastique, qui fait partie du fantasmagorique, qui rentre enfin dans la thaumaturgie des mots, un rejeton purement humain et nullement divin de cette race-là et de ce sang-là, voilà le sophiste » (4).

Ainsi, le système d'Hégel rencontre en face de lui, pour le combattre au point de vue historique, Platon et Aristote, qui attaquent chez les philosophes de leur temps les principes mêmes que propose Hégel. Au point de vue dialectique, c'est la raison, dont il nie les lois, qui proteste contre lui.

Cependant Hégel a voulu appuyer ses affirmations sur une base scientifique. Les grandes données de la science lui semblent confirmer son système. Il trouve dans l'élément infinitésimal, dans la loi de croissance des germes, dans celle de l'électricité, l'analogue des principes fondamentaux de sa logique : l'identité de l'être et du néant, l'opposition et la contradiction des termes, la fusion des termes contraires.

L'élément infinitésimal lui sert à proclamer l'identité de l'être et du néant dans la grandeur. « Car, dit-il, l'élément infinitésimal, c'est la quantité prise au moment où, cessant d'être rien, elle

---

(1) *Le Sophiste*, cité p. GRATRY, *Logique*, I, p. 220.
(2) *Le Sophiste*, p. 259. GRATRY, *Logique*, I, p. 221.
(3) GRATRY, *Logique*, I, p. 224.
(4) *Le Sophiste*, fin. — GRATRY, *Logique*, I, p. 224.

n'est pas encore quelque chose. Puisqu'elle cesse d'être rien, elle est donc quelque chose ; n'étant pas encore quelque chose, elle n'est rien. Donc, elle est à la fois quelque chose et rien » (1).

Mais, réplique Gratry : « L'élément infinitésimal n'a point de grandeur. Il est en dehors de la quantité, comme Leibniz le dit de l'infiniment grand et de l'infiniment petit » (2). Et l'on peut ajouter qu'il n'importe point, d'ailleurs, que l'élément infinitésimal soit une grandeur ou non, qu'il entre ou n'entre pas dans l'ordre de la quantité. L'objection, c'est dans la démonstration même d'Hégel qu'elle se trouve : cet élément infinitésimal doit être rien ou doit être quelque chose. Ou bien, dans son état d'*évanouissement* il subsiste encore, quoique à un degré très faible, et alors il est *quelque chose ;* ou il est *évanoui*, et alors, il n'est *rien*. La question revient, comme en logique, de savoir si ce qui est, est cependant rien. La raison réclame qu'on distingue le oui du non. La réponse d'Hégel est, au contraire, que le oui et le non se confondent ; l'être et le néant sont même chose. L'élément infinitésimal est quelque chose, puisqu'on le saisit avant son évanouissement ; il n'est rien, puisqu'il est évanoui. C'est ainsi qu'Hégel crée ce nouveau moment dans l'histoire des êtres sur lequel il compte pour édifier sa logique, moment où cessant d'être quelque chose, ils ne sont pas encore rien du tout, c'est-à-dire moment où ils passent à la féconde identité de l'être et du néant.

Hégel sera-t-il plus heureux lorsqu'il cherche dans la loi de croissance des germes la loi du développement de toutes choses et de l'absolu lui-même ? Il « s'appuie sur ce qu'il voit grandir les germes dans la nature à partir de points invisibles, et il affirme que l'ensemble des choses, Dieu et le monde, grandit par développement spontané » (3). Le monde est une plante qui sort éternellement du même germe. L'idée, en se développant à partir de l'être-néant, produit d'abord la nature, et l'évolution de la nature produit l'esprit, et l'esprit produit Dieu, comme le même germe produit, par sa croissance, des boutons, des fleurs et des fruits.

Hégel est ici, dit Gratry, « le jouet d'une imagination gros-

---

(1) Cité p. GRATRY. *Les Sophistes et la Critique*, p. 95.
(2) *Logique*, I, p. 260.
(3) GRATRY, *Logique*, I, p. 262.

sière et d'une donnée empirique mal comprise. Il voit croître des germes et compare le monde à un germe. C'est bien. Mais il suppose que les germes grandissent tout seuls et il ne tient pas compte des forces invisibles qui les fécondent et les vivifient.

« Il appelle énergie spontanée cette force qui fait venir ce qui n'est pas, qui développe ce qui commence et qui augmente ce qui est peu. Mais qu'est-ce qu'une énergie spontanée inhérente à ce qui n'est pas ? » (1).

Le germe ne se développe point par ses propres forces ; il a besoin du concours de forces étrangères, d'éléments étrangers. Le germe, non plus, ne s'est pas fait seul, à partir de rien. — On peut retourner contre lui l'argument d'Hégel et dire que : « L'ensemble du monde ne grandit pas plus par lui-même et encore moins, s'il est possible, qu'un arbre ne grandit par lui-même et n'est sa propre cause, son propre créateur et son propre vivificateur » (2).

La loi de l'électricité, ce fluide neutre, où rien ne paraît, mais qui implique deux fluides contraires, soutiendra-t-elle mieux la thèse d'Hégel, qui voit la vie jaillir de l'opposition des contradictoires, puis de leur fusion ?

La physique, il est vrai, distingue, dans l'électricité à l'état neutre, deux fluides qui peuvent être séparés et qu'elle nomme fluide négatif et fluide positif. Ces fluides séparés s'attirent, et quand ils viennent à se réunir, il n'y a plus ni fluide négatif, ni fluide positif apparents, mais une identification des deux qui donne naissance à des phénomènes de lumière, de chaleur, de mouvement. Mais Hégel ne remarque pas que le physicien, par les noms qu'il donne aux fluides, distingue seulement leur direction et n'entend pas dire que ces fluides soient choses contradictoires, qui s'excluent l'une l'autre. Ils s'attirent, au contraire, et se précipitent l'un vers l'autre lorsqu'ils sont mis en présence, « tandis que les contradictoires en logique, l'affirmation et la négation, se repoussent, et s'excluent, et donnent, lorsqu'on cherche à les unir, non l'évidence du vrai, mais le contraire, l'absurde » (3).

Les arguments scientifiques d'Hégel ne donnent donc aucune solidité à son système ; ils n'apportent aucun appui à ses théories.

---

(1) GRATRY, *Logique*, 1, pp. 262-263.
(2) GRATRY, *Logique*, 1, p. 265.
(3) GRATRY, *Logique*, 1, p. 267.

L'hégélianisme ne peut s'autoriser ni de sa conformité aux lois de la raison, ni de sa ressemblance à celles de la nature. Fondé sur le renversement des premières, il s'écroule par la base dès qu'on les maintient. Telle est la conclusion où arrive la forte critique de Gratry.

Il veut montrer aussi qu'avec le système hégélien s'abîme le panthéisme lui-même, qui entraîne nécessairement l'identité des contradictoires. Car, « poser le panthéisme, c'est poser l'unité de substance. Mais si, dans l'ordre réel de la substance, toute chose est identique, comment dans l'ordre moral et logique y aurait-il des contraires et des contradictoires ? Il faut donc, pour maintenir le panthéisme, établir l'identité des contradictoires, en d'autres termes, il faut nier ce qu'Aristote appelle le principe premier et fondamental de tout discours, de toute pensée, de toute raison, c'est-à-dire qu'il faut renverser et détruire la raison » (1).

Cette doctrine du panthéisme, si souvent renouvelée dans l'histoire de la pensée humaine, et que Gratry voit si tenace parce qu'elle procède à la fois de l'égoïsme — l'homme veut se faire centre, principe et source, il aspire secrètement à être Dieu, — et aussi d'un besoin de Dieu, qui le porte à déifier tout ce qu'il touche, — cette doctrine donc reçoit dans la logique hégélienne son expression la plus rigoureuse et la plus scientifique. Hégel l'a pour ainsi dire réduite à sa formule dans la première identité qui fonde toutes choses sur le néant et prétend tout expliquer à partir de rien ; de sorte que le développement de ce genre enveloppe l'universalité des êtres et comprend Dieu comme un moment de sa croissance.

Mais s'il est montré que cette formule ne peut être maintenue, non plus que la loi par laquelle elle procède, le panthéisme dans sa forme la plus consciente, la plus savante et la plus cohérente, perd tout appui et se désagrège. Et l'on a vu, dans la critique de Gratry, la raison, comme l'expérience, s'élever contre les principes hégéliens et montrer que toute existence et toute croissance supposent une existence antérieure d'où elles viennent, des forces extérieures qui les suscitent et les couvent ; elles supposent que l'acte existe avant la puissance et Dieu avant le monde.

Par l'impuissance où il est de se soutenir, le panthéisme hégé-

---

(1) GRATRY, *Logique*, I, p. 230.

lien constitue donc, comme le remarque Gratry, la démonstration de Dieu par l'absurde. Il montre la nécessité où se trouve la raison, par suite de ses propres lois, à la fois d'affirmer Dieu et de l'affirmer transcendant au monde, ou de se nier elle-même, car « Si Dieu n'existe pas, il s'ensuit qu'il n'existe dans l'ensemble des choses rien d'absolu et de permanent. Tout est relatif, tout coule, tout passe et se transforme ; le vrai, le beau, le juste ne sont pas, mais se font perpétuellement. Rien n'est absolument. Les choses sont et elles ne sont pas. Être ou n'être pas, c'est même chose. Être et néant sont identiques. Tout être est identique à son non-être, et toute affirmation identique à sa négation et jamais une assertion n'est plus vraie que son opposée ; tous les contraires et les contradictoires sont identiques. Or ceci est la propre formule de l'absurde et la destruction même de la raison. Donc, si Dieu n'existe pas, la raison est détruite, l'absurde est vrai.

« Voilà la démonstration rationnelle, par l'absurde, de l'existence de Dieu » (1).

Le système hégélien confond, non seulement Dieu et le monde, dans une même identité, mais encore, tout en affirmant sans cesse Dieu, il le nie en réalité.

Quel est en effet le terme où aboutit la fantastique végétation du néant ? Quel est l'absolu qu'atteint la dialectique d'Hégel ? C'est, répond Hégel, l'esprit absolu. — Mais encore, qu'est-ce que l'esprit absolu ? Est-ce vraiment Dieu ? C'est, il faut le dire, le Dieu d'Hégel. Mais ce Dieu ne parvient à s'affirmer comme tel que dans la pensée de l'homme. Il est le suprême degré du développement immanent de l'Idée ; il est l'Idée qui se saisit elle-même, et se connaît comme enfermant l'universalité des choses. Or, l'Idée n'arrive à cette pleine conscience d'elle-même que dans l'esprit du vrai philosophe, qui se sert de la pensée vraiment rationnelle, comme il arrive, pour la première fois, dans la doctrine d'Hégel. De sorte que l'on peut dire : l'esprit absolu, le Dieu d'Hégel, est la pensée même d'Hégel, saisissant son identité avec l'absolu.

Ainsi Dieu, qui devait être tout, n'est plus Dieu, n'est plus rien. Nous avons un panthéisme logique; un panlogisme, qui aboutit à la déification de la plus haute forme de la pensée, celle d'Hégel.

---

(1) *Les Sophistes et la Critique*, p. 217.

Gratry a donc raison de déclarer que le système hégélien est à la fois panthéiste et athéiste. Panthéiste, puisqu'il n'admet pas d'autre réalité que l'idée, et que l'idée, dit-il, est Dieu ; athéiste parce que ce Dieu se confond avec la raison du philosophe par excellence ; ou même, et cela semble suffisant à Gratry, parce qu'un Dieu qui ne fait qu'un avec le monde n'est pas Dieu.

Gratry ne se contente pas de montrer le caractère anti-rationnel du système d'Hégel ; il en signale aussi l'insuffisance morale. Le bien et le mal, en effet, s'y confondent. Hégel prétend que : « Le mal, comme réflexion profonde de la subjectivité en elle-même, opposée à l'être subjectif et universel qui, pour elle, n'est qu'apparent, est la même chose que la bonne intention du bien abstrait » (1). Et, on le sait, pour Hégel, le bien abstrait, c'est le bien s'opposant au mal, contradictoire au mal, le bien pur. Le bien concret n'est autre que l'harmonie de ces contradictoires ; il provient de leur fusion dans l'identité.

Préoccupé uniquement d'une explication des choses qu'il croit pouvoir être fournie tout entière par la logique, Hégel établit une doctrine purement intellectualiste, qui ne considère que la raison, et la considère suivant un point de vue qui lui est propre. Si l'intellectuel pur est l'unique loi de tout, si l'idée est la seule réalité, le philosophe devra s'enfermer dans les lois fatales de l'intelligence, « se rendre indépendant de tout, de sorte qu'il lui soit absolument indifférent que ces choses (la justice, l'âme, Dieu même) soient ou ne soient pas » (2). L'indifférence morale, telle est l'attitude fondamentale du philosophe hégélien, celle qui permet l'exercice de la raison spéculative. La vie morale avec son activité et ses lois est donc laissée de côté par l'hégélianisme. Ou plutôt, elle est violemment ramenée à la logique même et aux lois de celle-ci. La liberté morale disparait dans la nécessité intellectuelle ; l'intelligence, l'idée, seul absolu, absorbe la volonté.

Gratry s'indigne de cette grave lacune de la doctrine d'Hégel, qui, justement parce qu'elle est parfaitement cohérente avec le système, en montre le vice profond, l'irrémédiable faiblesse.

Hégel a cru enfermer dans sa logique toutes les formes de la vie. Mais la vie échappe à ses formules, à leur rythme inflexible

---

(1) Cité par GRATRY, *Logique*, I, p. 142.
(2) Cité par GRATRY, *Logique*, I, p. 194.

et monotone, à leur pauvreté rigide. Le mouvement dialectique est impuissant à la saisir. Dans l'âme, elle déborde la pensée, dans la pensée même, la raison ; dans l'univers Dieu s'élève au-dessus de l'idée humaine, et la nature elle-même échappe en partie aux prises de la pure intellectualité.

Cependant cette philosophie, dont Gratry vient de s'efforcer de montrer la base ruineuse et la fondamentale impuissance, cette philosophie a exercé une grande influence sur la pensée française.

Sans doute, la clarté du génie français n'a pu se satisfaire tout à fait des brumes allemandes qui enveloppent souvent les vues d'Hégel. Les doctrines mêmes qui s'en sont inspirées s'écartent de l'hégélianisme sur plus d'un point ; pourtant il reste vrai, comme l'affirme Gratry, qu'elles portent son empreinte ; qu'elles lui doivent, dans une certaine mesure, leur orientation, leurs résultats.

Gratry poursuit en elles sa lutte contre l'esprit hégélien. Il montre celui-ci surtout chez Schérer, Renan, Vacherot, avec ses principes et ses tendances plus ou moins dissimulés. L'identité des contradictoires, proclamée ou non, s'y glisse et donne à la pensée on ne sait quoi de fuyant. Cette pensée procède sans souci des affirmations antérieures ; elle ne craint pas de brûler ce qu'elle semble adorer, et tient la condamnation et l'approbation du même objet comme également, et à la fois, justifiée et vraie.

C'est ainsi que Schérer agit à l'égard d'Hégel et de l'hégélianisme, dont il fait tout d'abord la plus sévère critique (1). Il déclare que cette philosophie est une œuvre stérile, parce qu'elle est contradictoire. Elle l'est dans son essence, elle l'est dans ses termes » (2). Gratry lui-même ne stigmatiserait pas plus vigoureusement et plus complètement le système hégélien.

Mais, voici qu'après cette exécution capitale, Schérer se ravise. Il laisse subsister tout ce qu'il a écrit, et il prétend, sans se démentir, soutenir maintenant le contraire.

Par une méthode qu'on pourrait appeler expérimentale, puisqu'elle fait appel à l'observation immédiate, Gratry cherche à

---

(1) *Hégel et l'hégélianisme*, Revue des Deux-Mondes, 15 février, 1861.
(2) *Hégel et l'hégélianisme*, Revue des Deux-Mondes, 15 février 1861. — GRATRY, *Les Sophistes et la Critique*, p. 22.

convaincre le lecteur : il place sous ses yeux ce fait incroyable en citant les textes de Schérer, non seulement par fragments dans sa critique, mais in-extenso à la fin du volume (1). Et après avoir vu déclarer que l'hégélianisme est contradictoire dans ses termes et son *essence*, on apprend que l'on va assister à la recherche de la pensée vivante et éternelle sous l'enveloppe scolastique qui la cache. « Quoi ! s'écrie Gratry, on ne s'aperçoit pas que l'on pose ici une contradiction absolue, irréductible ! Si l'on disait : le système est stérile et contradictoire dans ses termes, on pourrait ensuite, à la rigueur, déclarer que, maintenant, laissant de côté « les termes », c'est-à-dire « l'enveloppe scolastique du système », on en cherche l'essence, la partie vivante et éternelle. On pourrait dire en même temps ces deux choses : L'œuvre est stérile dans ses termes et son enveloppe scolastique ; l'œuvre n'est pas stérile dans son essence et sa pensée vivante » (2). — Mais non ; l'essence est condamnée, c'est-à-dire la pensée même, essence de toute doctrine philosophique, et cette pensée, déclarée stérile et contradictoire, est cependant affirmée en même temps éternelle et vivante.

Schérer use donc, dans son étude de l'hégélianisme, de la méthode même d'Hégel. Il procède par thèse, antithèse et synthèse. Thèse : exposition des doctrines d'Hégel ; antithèse, négation de ces doctrines, condamnation de leur forme et de leur fond ; enfin, synthèse, conciliation du système et de sa négation, ou, plutôt, retour au système.

Ainsi, Schérer ne se montre pas embarrassé de la contradiction. Il la pose hardiment et soutient avec aisance des attitudes qui s'excluent. Qu'importe, d'ailleurs, « puisqu'une assertion n'est pas plus vraie que l'assertion opposée », et que la raison peut se servir de ce principe dont Hégel a eu la gloire d'enrichir le patrimoine de l'humanité (3).

On ne saurait prétendre que Gratry a tort de signaler en Schérer l'influence hégélienne, parce que le relativisme qu'il professe n'appartient pas au système hégélien. Schérer ne s'écarte pas de l'hégélianisme lorsqu'il voit l'identité des contradictoires supposer

---

(1) *Les Sophistes et la Critique*, pp. 401 et suiv.
(2) *Les Sophistes et la Critique*, p. 23.
(3) *Les Sophistes et la Critique*, pp. 26, 413.

l'universelle relativité des choses. Ce qu'il retient du système d'Hégel, ce n'est pas le rythme régulier par lequel se produit le développement immanent de l'absolu, c'est l'incessant devenir, qui devient pour lui l'écoulement insaisissable des choses. La pensée doit suivre le courant qui fuit et en refléter les continuels changements. Aussi, plus de oui, plus de non, plus de jugements absolus. « Ils sont faux parce qu'ils isolent ce qui n'est pas isolé, qu'ils fixent ce qui est mobile » (1). L'identité des contradictoires ne permet plus à aucune distinction de subsister ; mais elle saisit le flot confus des choses où tout se mêle et s'identifie. Alors désormais, rien n'est plus ni vérité ni erreur, et la morale disparaît pour faire place aux mœurs.

Encore, cependant, y a-t-il dans ce fleuve du devenir des réalités qui passent ? Erreur. Il faut pousser jusqu'au bout le principe posé : rien n'est vrai absolument, tout est relatif ; c'est encore trop dire : tout n'est que relation. L'existence, si ténue qu'elle soit, qui se pose un instant sous une forme déterminée, est une affirmation gênante. Schérer la supprime. Il ne reste plus de termes ; il n'y a que des rapports : c'est le triomphe du relativisme.

Et ce relativisme est à la base même de l'hégélianisme. Il autorise de l'identité des contradictoires et cherche en même temps à l'expliquer. Il inspire le système de négation qui détruit ce qu'il vient de poser et prétend, par cette destruction, faire progresser le développement de la pensée. Comme le remarque un commentateur d'Hégel : « Ou l'universelle relativité n'est qu'une expression vague et creuse, ou elle s'identifie avec cette dialectique immanente par laquelle les idées et les choses ne s'affirment que pour se nier et se continuer dans leur négation » (2).

Bien que Schérer n'ait pas l'ambition d'atteindre l'absolu au moyen du relatif, c'est bien d'Hégel qu'il s'inspire, comme le prétend Gratry. Pour le disciple comme pour le maître, « l'existence est un simple devenir ». « La chose, le fait n'ont qu'une réalité fugitive, une réalité qui consiste dans leur disparition aussi bien que dans leur apparition, une réalité qui se produit pour être niée aussi bien qu'affirmée » (3).

---

(1) *Les Sophistes et la Critique*, p. 413.
(2) NOEL. *La Logique d'Hégel. Revue de Mét. et de Morale*, 1894, p. 42.
(3) SCHÉRER, op. cit. vi. *Les Sophistes et la Critique*, p. 416.

On ne saurait donc contester que Gratry n'ait vu très juste en signalant la parenté des idées de Schérer avec celles d'Hégel. Par les principes qu'il professe, comme par sa méthode de critique, qui en est une application, Schérer appartient à l'école hégélienne.

Cette même influence inspire les doctrines de Renan, comme aussi sa critique et son exégèse. Elle explique cette pensée ondoyante, ces affirmations contraires, ces libertés avec les textes qui sont dans la manière du philosophe. Renan emprunte, lui aussi, à l'hégélianisme ce relativisme commode qui permet à l'esprit de glisser d'une attitude à l'autre sans avoir la gêne de reconnaître qu'il se contredit. Chez lui, ce relativisme devient un dilettantisme qui se dérobe à l'affirmation positive et définitive, non par souci philosophique et amour de la vérité, mais par jeu, semble-t-il, et comme par coquetterie d'artiste.

Gratry combat Renan vigoureusement et textes en mains, surtout comme exégète. Il le combat aussi comme philosophe. Renan, en résumant à son point de vue la science de la nature, ne fait qu'appliquer la doctrine de l'identité à la philosophie des sciences. L'idée qu'il développe est celle-ci : « L'univers est un tout identique, qui se transforme indéfiniment et qui, à force de temps, à partir de rien, devient nature, puis homme, puis Dieu.

» C'est bien d'une part la doctrine de l'identité et, d'autre part, la doctrine du devenir indéfini sans cause » (1).

« Tout commence, dit Renan, par une période atomique contenant déjà le germe de tout ce qui devait suivre » (2). Le principe de toutes choses, même de l'âme et de Dieu, c'est donc l'atome. Mais comment se transforme-t-il ? « Comment ce tout identique, par quelle cause cet atome devient-il d'abord molécule, puis soleil et planète, puis plante et animal, et d'animal devient-il homme ? » (3). Renan voit dans le « temps » la cause de l'évolution de l'atome d'abord informe : « Ne pensez-vous pas, demande-t-il, que la molécule pourrait bien être, comme toutes choses, le fruit du temps ? » Cependant, plus loin, il se ravise. Le temps, l'agent par excellence, le facteur universel, le grand coefficient de l'éternel devenir, lui semble vraiment insuffisant. Seul, le temps reste éter-

---

(1) *Les Sophistes et la Critique*, p. 107.
(2) *Revue des Deux-Mondes*, 1863, 15 octobre.
(3) *Les Sophistes et la Critique*, p. 109.

nellement stérile. Il faut donc une cause. Quelle est-elle ? Une tendance au progrès, une force intime qui porte le germe à remplir un cadre tracé d'avance ». Mais, pourrait-on demander à Renan, qui a tracé ce cadre ? D'où vient « la force intime ? » Est-ce de l'atome même ? Se l'est-il donnée en même temps que l'existence ? Comment alors s'est fait le passage du néant à l'être ? Serait-ce que cet atome est éternel ? Alors, il doit rester éternellement atome, à moins qu'une force étrangère ne s'ajoute à lui pour le tirer de son inertie ? Gratry ne s'arrête à préciser aucune des difficultés que soulève l'hypothèse de Renan. Nous ne le ferons donc pas non plus. Il lui suffit de remarquer qu'elle constitue une violation du principe de causalité, car elle tire le plus du moins ; elle pose que le moins peut devenir le plus par ses propres ressources. Renan conçoit « le développement et le progrès du monde comme une succession continue d'effets sans cause, soit qu'il dise ces progrès opérés par le temps tout seul (qui, seul, on en convient, demeure éternellement stérile) ; soit que, se ravisant, il demande en outre, et comme hypothèse nécessaire, une tendance au progrès. Mais une tendance au progrès n'est pas une cause qui puisse faire passer le rien à quelque chose, ni le métal à l'animal, ni l'animal à l'homme, ni le fini à l'infini, ni notre science à la science infinie, ni notre puissance finie au pouvoir infini, ni l'homme à Dieu » (1).

Ainsi Renan, comme Hégel, croit à l'identité de toutes choses et de toute assertion ; il pense qu'il y a des effets sans cause. Mais « il adoucit l'absurdité du passage de tout à tout sans cause (lequel renferme les deux sophismes : la négation du principe de contradiction et de celui de raison suffisante), en demandant d'abord des milliards d'années pour chaque transformation magique, puis, en outre, une tendance au progrès et ces deux éléments, le temps et la tendance au progrès, expliquent l'univers, ne s'apercevant pas que cette tendance au progrès, prise comme cause unique du progrès, est manifestement beaucoup plus ridicule que la vertu dormitive de l'opium » (2).

Mais, peut-on dire, est-ce bien à l'hégélianisme qu'il faut attribuer l'origine des vues de Renan ? Ne doit-il pas être plutôt

---

(1) *Les Sophistes et la Critique*, p. 114.
(2) *Les Sophistes et la Critique*, p. 115.

rapproché des philosophes évolutionnistes ? L'ambiance, en effet, n'est-elle pas toute imprégnée des idées d'évolution ? Le transformisme de Lamark et de Darwin, la théorie de Laplace, la philosophie de Comte sont pénétrés de l'hypothèse d'un développement graduel et ascensionnel de l'univers et des êtres, idée qui reçoit chez Spencer, chez Haeckel une forme plus hardie. N'est-ce pas de ces théories qu'il conviendrait de rapprocher la cosmogonie de Renan ?

C'est que, en effet, il y a une grande ressemblance entre les théories évolutionnistes et le système hégélien. Si leur principe, si leur point de vue diffèrent, ces théories sont cependant analogues, en ce sens qu'elles procèdent du plus au moins et effacent, par le devenir, les distinctions qui séparent les êtres. Mais ces doctrines puisent leurs éléments dans la matière, non dans les abstractions de l'esprit ; elles sont parfois franchement matérialistes En tout cas, elles s'arrêtent au seuil du panthéisme et ne cherchent pas à expliquer Dieu, que certaines déclarent volontiers inconnaissable. Au contraire, Renan, de même qu'Hégel, conçoit le développement du germe comme s'élevant jusqu'à Dieu

Sans doute, lui ne s'enferme pas dans la logique, son point de départ a un semblant de matérialité. Mais son panthéisme est cependant parallèle au panlogisme d'Hégel. Et, comme lui, après avoir posé la nature et l'homme, il les nie pour poser Dieu. « La nature, s'écrie-t-il, la nature n'est qu'une apparence, l'homme n'est qu'un phénomène. Il y a le fond éternel, il y a l'infini, la substance, l'idéal. L'idéal, c'est l'idée au sens hégélien, l'esprit infini qui évolue dans l'univers. »

Pour Renan comme pour Hégel, c'est l'esprit humain qui produit, dans son progrès, l'avènement de ce Dieu et le conduit de l'état virtuel à une certaine actualité.

Cette influence de l'hégélianisme sur la philosophie de Renan, que constate Gratry, est plus indéniable encore si l'on étudie, comme il le fait aussi, les procédés de l'exégète.

Le dédain apparent du fait, qui caractérise le système d'Hégel, engendre ici le mépris du texte. De même qu'Hégel fonde sa philosophie sur l'*a priori*, de même Renan sacrifie à sa thèse préconçue la réalité qui le gêne. La contradiction ne lui coûte point. Il fuit du pour au contre, du contre au pour, laissant se refléter dans son style la perpétuelle et ambiguë dualité de sa pensée. C'est bien là, comme le fait ressortir Gratry, une méthode et une habitude d'esprit créée par l'opinion qu'on peut toujours trouver une conciliation aux contradictoires et que, d'ailleurs, comme le dit Schérer, une assertion n'est pas plus vraie que l'assertion opposée.

Au-dessus de Schérer, au-dessus de Renan, se place Vacherot. C'est un métaphysicien profond, une intelligence droite, puissante, énergique. Taine le peint : « un philosophe rigide dans ses dogmes comme une chaîne de théorèmes ou une barre d'acier » (1). Gratry l'a connu de près à l'Ecole Normale. S'il ne peut partager les vues du philosophe, il rend hommage au caractère de l'homme, à son amour de la vérité, à sa loyauté. Malgré le conflit d'idées qui les sépare, il accorde pleine justice à ses qualités. Mais cet « homme, du plus honorable caractère et de la plus entière bonne foi, s'est précipité avec une ardente conviction dans le gouffre de la métaphysique hégélienne, emporté par l'espoir de sauver et de renouveler l'esprit humain » (2).

L'empreinte de l'hégélianisme se retrouve sur cet esprit vigoureux ; la pensée d'Hégel nourrit cette pensée originale, cependant, et opiniâtre. Gratry se fait un devoir de dénoncer, avec cette influence, ce qu'il lui semble trouver de dangereusement erroné dans les œuvres de Vacherot.

Dans l'*Histoire critique de l'Ecole d'Alexandrie*, celui-ci s'efforçait de montrer que les dogmes catholiques procédaient d'une évolution purement humaine de la pensée religieuse, et surtout de l'influence de la philosophie alexandrine sur les religions orientales. Ils naissent d'une combinaison de l'hébraïsme et du néo-platonisme. « Tout ce que le christianisme contient de métaphysique et de morale, disait-il, ses profondes doctrines sur Dieu et son Verbe, sur le monde, sur l'âme et sa destinée, lui viennent de la tradition hébraïque ou de la philosophie grecque » (3).

Nous n'avons pas à examiner ici la question théologique et exégétique impliquée dans cette thèse, ni, par conséquent, la forte réfutation de Gratry (4), rigoureusement appuyée sur les faits et sur les textes, souvent méconnus par Vacherot. Mais Gratry

---

(1) *Les philosophes classiques du* XIXᵉ *siècle en France.* Portrait de M. PAUL.
(2) *Les Sophistes et la Critique*, p. 43.
(3) *Histoire de l'E. d'Alex.* t. I, p. 178.
(4) *La Sophistique contemporaine ou Lettre à M. Vacherot.*

signale aussi dans l'Histoire de l'Ecole d'Alexandrie ce procédé de critique insouciant des démentis que se donne à elle-même la pensée et qui dérive, nous l'avons vu, des principes hégéliens. Vacherot poursuit son étude à travers des affirmations et des négations qui se détruisent les unes les autres. Gratry place sous les yeux du lecteur, non seulement les passages qu'il cite en exemple, mais le développement entier d'où ils sont extraits. Il établit ainsi que Vacherot parvient, presque coup sur coup, à deux conclusions contradictoires au sujet de la méthode alexandrine. En effet, l'auteur de l'Histoire critique dit d'abord que « l'analyse néo-platonicienne atteint son principe sans sortir de la réalité. Elle procède par intuition et non par abstraction et découvre, au lieu d'un type abstrait, un principe vraiment substantiel : l'unité de vie et d'être ; l'universel réel et vivant. Elle cherche son principe non en dehors, mais au fond de la réalité, qu'elle n'abandonne jamais dans ses abstractions les plus subtiles » (1). Puis, deux pages plus loin, sans que rien n'explique cette étrange volte-face, Vacherot pose un jugement contraire. Cette même méthode, cette même analyse, il dit qu'elle égare la philosophie dans un monde d'abstractions et de chimères. Elle est la première qui ait cherché l'unité pour l'unité, c'est-à-dire une abstraction..... au lieu de l'être, le non être, au lieu de la lumière, la nuit, au lieu de la perfection, le néant. La méthode alexandrine aboutit au néant, à la mort » (2).

Et que l'on n'objecte pas que Gratry omet au début de la seconde citation cette phrase : « Mais d'un autre côté, par l'excès de l'analyse, par un mélange adultère de l'imagination et de la science... » Cette transition ne fait pas disparaître la contradiction des jugements de Vacherot. Ne vient-il pas d'affirmer que « l'analyse de Plotin, s'enfermant dans l'individu, cherche son principe non en dehors, mais au fond de la réalité, qu'elle n'abandonne jamais dans ses abstractions les plus subtiles », soutenant ainsi, tout d'abord, de la manière la plus catégorique, la valeur ontolo-

---

(1) T. III, p. 239. — *Les Sophistes et la Critique*, pp. 49 et 419. — *La Sophistique contemporaine*, pp. 97 à 100.

(2) T. III, p. 240. — *Les Sophistes et la Critique*, pp. 49 et 420. — *La Sophistique contemporaine*, p. 98.

gique des conceptions néo-platoniciennes, qu'il voit maintenant aboutir à des chimères, au néant, à la mort ?

D'ailleurs, cette contradiction n'est pas la seule, Gratry en montre d'autres, non moins remarquables, non moins frappantes. Ainsi, le mysticisme alexandrin, accusé de détruire l'harmonie de la vie humaine par la séparation absolue de la vie pratique et de la vie contemplative (1) est loué, parce qu'il ne délaisse pas les vertus pratiques pour la contemplation et l'extase, et qu'il inspire le plus sérieux attachement pour les devoirs de la vie ordinaire (2). De sorte que le oui et le non, au sujet du caractère moral de ce mysticisme, se trouvent superposés comme une seule et même conclusion. On peut signaler encore la même irréductible divergence dans les jugements portés sur l'éclectisme alexandrin, apprécié, tantôt comme une « synthèse merveilleuse » (3), tantôt comme « un cadre pas assez large pour l'alliance des diverses doctrines » (4).

La Métaphysique et la Science présente le même caractère de dualité ambiguë. Ces deux ouvrages « soutiennent en théorie et pratiquent dans le fait l'abolition de la différence entre l'affirmation et la négation. L'auteur est convaincu qu'il faut, sur tout sujet, affirmer le oui et le non » (5).

Cette manière de comprendre la contradiction, qui en fait, non pas un obstacle au développement de la pensée, mais un auxiliaire, et qui voit en elle la forme nécessaire d'un jugement complet, n'est pas la seule part que Vacherot recueille dans l'héritage d'Hégel. Il s'exprime avec faveur au sujet de l'hégélianisme. Il approuve hautement la distinction que « la nouvelle philosophie » établit entre l'entendement et la raison, entre les lois qui gouvernent l'un et l'autre : « L'identité est le principe de la raison, comme la contradiction est le principe de l'entendement » (6). — « Ce que l'imagination et l'entendement regardent comme absurde

---

(1) *Vacherot*, t. III, p. 441.
(2) *Vacherot*, t. III, pp. 425-426.
(3) *Vacherot*, t. III, p. 460.
(4) *Vacherot*, t. III, p. 463. — GRATRY : *La Sophistique contemporaine* pp. 100 à 107. — *Les Sophistes et la Critique*, pp. 48 à 53. — *Lettres sur la religion*, lettre III, la *Méthode d'erreur*, p. 30.
(5) *Les Sophistes et la Critique*, p. 44.
(6) *La Mét. et la Science*, t. III, p. 15.

et contradictoire est précicément ce que la raison proclame nécessaire et absolument vrai » (1). — Cette opposition systématisée par Hégel, Vacherot la reconnaît comme le principe capital de la nouvelle philosophie; il l'accepte avec ses conséquences, car elle ne va à rien moins qu'à affirmer deux raisons chez l'homme, dont l'une est le contraire de l'autre; elle admet « deux logiques, l'une qui gouverne toutes les sciences, qui est l'ancienne logique, et l'autre, la logique nouvelle, particulière à la métaphysique, et par laquelle l'affirmation et la négation sont même chose » (2). De sorte que, pour éviter de poser la contradiction comme irréductible, on l'introduit dans l'intelligence qui doit, pour en sortir, sacrifier sa forme même.

Vacherot décrit avec admiration le procédé de cette seconde raison, procédé tout particulier à l'hégélianisme et que l'on ne rencontre ni dans la dialectique de Platon, ni dans celle de Plotin. « Elle procède par opposition et par harmonie, par différence et par identité, par antithèse et par synthèse. La pensée pose, oppose et concilie; affirme, nie et rétablit son affirmation; produit, détruit et reproduit; unit, divise et réunit » (3). C'est bien la description parfaite du rythme hégélien. Vacherot admet le procédé, non pas sans doute comme capable de fournir une démonstration, car il reconnaît que la méthode d'Hégel, qui pose ses termes avec l'appareil d'une dialectique irrésistible, « ne peut invoquer cette nécessité, qui est inhérente aux déductions de la logique ordinaire, fondée sur le principe de contradiction; que, par conséquent, elle est impuissante à rien démontrer » (4). Mais il l'admet comme expliquant, du point de vue rationnel, la réalité, toute réalité. Ou plutôt, ce mouvement de la dialectique hégélienne est le mouvement même de la réalité vivante et concrète. « C'est la loi universelle du progrès qui entraîne toutes choses; c'est le rythme éternel du poème de la création; c'est le syllogisme, indéfiniment répété, de la pensée absolue dans le système de la nature et dans le système de l'histoire » (5). Vacherot retient donc la métaphysique d'Hégel et, par conséquent, son panthéisme.

---

(1) *La Mét. et la Science*, t. III, p. 15.
(2) *Les Sophistes et la Critique*, p. 56.
(3) VACHEROT, *la Mét. et la Science*, t. III, p. 17.
(4) *La Mét. et la Science*, t. III, p. 456.
(5) *La Mét. et la Science*, t. III, p. 17.

Mais, s'il garde la loi de cette métaphysique et le fond de ce panthéisme, c'est-à-dire le rapport de toutes choses dans le progrès d'un devenir qui est le développement immanent de l'identique, il s'en écarte, cependant, par des conceptions originales dont les conclusions diffèrent de celles d'Hégel.

Celui-ci, en effet, voit dans « l'Esprit absolu » le dernier terme de l'évolution des choses ou, plutôt, de l'Idée. Tout se tient et s'enchaîne à partir du néant jusqu'à Dieu. Cependant, bien que ce Dieu ne soit que la raison humaine arrivée à son plus haut développement, Hégel en soutient l'existence. Il semble que Vacherot soit plus conséquent que son maître lorsqu'il reconnaît que cette existence de Dieu, sous forme d'idée, dans la pensée de l'homme, ne saurait constituer la réalité de ce Dieu.

Les philosophes français qui s'inspirent de l'hégélianisme, Renan, Vacherot surtout, mettent en lumière le caractère d'athéisme qui se dissimule dans la philosophie d'Hégel. Ils se rencontrent sur ce point, l'athéisme, avec les positivistes, avec Littré, avec Taine, que Gratry nomme aussi en passant et qu'il confond parfois avec eux dans sa critique (1). Pour Renan, Dieu est « la Catégorie de l'idéal ». Cet idéal est-il une réalité ? Est-il une pure abstraction conçue par la raison humaine ? Renan, sur ce point, se contredit sans cesse, et Vacherot lui reproche son hésitation. Car, lui, se prononce avec netteté. Il distingue rigoureusement le réel, qui se connaît, et l'idéal, qui se conçoit. Pour lui, le réel, c'est la nature, c'est le monde, d'ailleurs continu et infini. En dehors du monde, il n'y a nulle place pour Dieu, si ce n'est dans la pensée de l'homme. Dieu n'est qu'une idée. — « Si Dieu n'est qu'une idée, objecte, dans *la Métaphysique et la Science*, l'interlocuteur au métaphysicien, il s'en suit que l'existence de Dieu tient à celle de l'être pensant. Donc, supprimez l'homme et Dieu n'existe plus. Point d'humanité, point de pensée, point d'idéal, point de Dieu. »

Le métaphysicien répond : « Vous l'avez dit : Dieu n'existe que pour l'être pensant... Pourquoi le nier ? Vous voyez assez clair maintenant dans ces questions pour n'être plus la dupe des mots » (2).

---

(1) C'est ainsi qu'il expose, d'après M. CHAUFFARD, les idées matérialistes de LITTRÉ. (*Les Sophistes et la Critique*, pp. 99 à 104).

(2) *La Mét. et la Science*, pp. 584 et 585. — Cité par GRATRY, *les Sophistes et la Critique*, p. 83.

Pour Vacherot, l'existence du Dieu parfait se borne donc à celle d'une idée abstraite, conçue par l'intelligence humaine. Et, ici, Gratry a tort d'assimiler, comme il le fait, les vues de Vacherot à celle d'Hégel. Le grand principe de celui-ci est que « tout idéal est réel comme tout réel est idéal ». Pour lui, l'Idée de Dieu entraîne donc la réalité de Dieu. Ce n'est point parce qu'Hégel refuse de reconnaître l'infini mathématique comme le véritable infini qu'il nie l'existence de l'infini, de l'absolu. L'infini mathématique n'est qu'un indéfini, et son existence n'a rien à voir à celle de l'infini véritable, quoique en pense Gratry. Hégel refuse si peu d'admettre que l'Idée de Dieu suppose son existence qu'il considère la preuve de saint Anselme comme la meilleure. Il blâme la critique qu'en fait Kant et affirme que « Dieu est absolument l'être qui ne peut être pensé que comme existant et dont la notion renferme l'être. C'est cette unité de la notion et de l'être qui constitue la notion de Dieu » (1).

Vacherot, au contraire, ainsi que le constate Gratry, renouvelle l'opinion que Bossuet signale et combat. Il prétend que : « Le parfait n'est pas ; le parfait n'est qu'une idée de notre esprit, qui s'élève de l'imparfait qu'on voit de ses yeux à une perfection qui n'a de réalité que dans la pensée », tout comme le prétendaient les philosophes que Bossuet poursuit de sa critique. Pour lui, la perfection est incompatible avec l'existence réelle : « Perfection et réalité impliquent contradiction. La perfection ne peut exister que dans la pensée. Il est de l'essence de la perfection d'être purement idéale » (2).

Vacherot ne répète donc pas Hégel, comme semble le dire Gratry. Est-ce à dire qu'il le contredit ? Il le continue, plutôt, et l'achève. Car, chez Hégel, l'idée de Dieu *constitue toute l'existence de Dieu*. Elle ne la *prouve* pas seulement, comme chez saint Anselme, Descartes ou Bossuet, *elle la pose*. Dieu est engendré par l'esprit de l'homme ; il se confond avec cet esprit. Il n'est pas supérieur à lui et ne possède pas une existence personnelle et indépendante. De là à conclure que cette existence, conditionnée par l'intelligence humaine, n'a par conséquent de réalité que par elle, il n'y a qu'un pas. C'est celui que franchit Vacherot. Si tout

---

(1) *Logique*, trad. VERA, p. 323.
(2) Cité p. GRATRY, *les Sophistes et la Critique*, p. 239.

l'être de Dieu lui est donné par la raison, cet être ne peut être qu'idéal. Il n'appartient pas à la raison de conférer l'existence réelle à l'idée qu'elle conçoit, par cela seul qu'elle la conçoit.

Ce qui est étrange, c'est que Vacherot allègue la perfection comme incompatible avec l'existence. C'est aussi qu'il puisse appeler parfait un être, même idéal, conçu comme contingent, car la contingence entraîne l'imperfection. Et, dans cette doctrine, le Dieu idéal est évidemment un Dieu contingent, doublement contingent, puisqu'il dépend de l'esprit de l'homme, contingent lui-même.

Peut-on même soutenir que cette conception de Dieu soit une idée, au sens rationnel ? N'est-elle pas le produit de l'imagination humaine ? Car la raison, lorsqu'elle conçoit Dieu, le conçoit comme une existence qui, non seulement ne dérive pas des autres existences, mais les explique ; elle le conçoit comme un Etre indépendant et nécessaire. Dieu devient un superflu dans une doctrine qui prétend se passer de lui pour comprendre toutes choses et qui le relègue ensuite dans la pensée humaine. Ce Dieu n'est pas un Dieu réel, comme l'affirme avec raison Vacherot, mais ce n'est pas non plus un Dieu parfait. Ce n'est pas le Dieu que concevaient saint Anselme, Bossuet ou Descartes, lorsqu'ils invoquaient son idée comme une preuve de son existence.

Cependant, Vacherot proteste (1) contre l'accusation d'athéisme que porte contre lui Gratry (2). Mais celui-ci, avec une éloquente vigueur et une subtilité pénétrante, poursuit le philosophe et met à nu les subterfuges d'une pensée qui doit à l'hégélianisme l'art de se retourner avec une agile et ondoyante souplesse. D'où vient que, après avoir déclaré que Dieu est une abstraction, Vacherot affirme qu'il n'est pas athée ? Gratry montre comment la méthode hégélienne inspire et explique ce qu'il appelle : « le mensonge philosophique ». C'est en se servant « du retournement dialectique de l'idée et de l'identité de la thèse et de l'antithèse dans l'unité de la synthèse (3) que Vacherot, tout en niant Dieu,

---

(1) Réponse de M. VACHEROT au journal l'*Univers*, publiée p. GRATRY, *la Sophistique contemporaine*, pp. 289-290.
(2) *La Sophistique contemporaine*, pp. 128-129 : Votre doctrine, dit Gratry, c'est l'athéisme.
(3) *La Sophistique contemporaine*, p. 224, Réponse à M. VACHEROT.

peut prétendre qu'il l'affirme. La thèse assure, en effet, que Dieu, pris en lui-même, n'existe pas, qu'il n'est qu'une abstraction ; mais l'antithèse, au contraire, affirme que, dès que le monde existe, Dieu existe par là même, dans et par les individus, esprits et corps, formes et forces (1). Si l'on accuse la thèse d'athéisme, on se retourne et on présente l'antithèse, on montre qu'on admet Dieu. — Cependant, une doctrine qui présente un Dieu réel, mais imparfait, ou un Dieu parfait qui n'est qu'un Dieu concept, n'est-elle pas athée ?

Vacherot n'est d'ailleurs pas le seul à refuser de reconnaître que son affirmation de Dieu équivaut à une négation. Ces philosophes qui réduisent Dieu à un idéal irréel déclarent qu'ils ne sont point athées. « Tous disent, il n'y a rien au-dessus de l'homme et de la nature, il n'y a au-dessus de l'homme ni Dieu, ni Providence, ni aucun être intelligent et libre. Voilà ce qu'ils enseignent tous. Mais l'un ajoute : « Je ne suis pourtant pas athée, car j'ai dit : c'est l'homme qui est mon Dieu. Ainsi parle M. Littré et quelquefois M. Renan. L'autre dit : « Je ne suis pas athée, car je soutiens qu'il y a dans l'homme une certaine idée qui est Dieu ». Ainsi parle M. Vacherot et quelquefois M. Renan » (2).

Cette étrange attitude, cette contradiction entre les résultats de leurs spéculations et leurs protestations réitérées, Gratry l'explique par la dualité qui s'est produite chez ces hommes, dont la raison nie, mais dont le cœur croit. « Ces hommes-là disent dans leur esprit : il n'y a point de Dieu ; encore une fois, ils ne le disent pas dans leur cœur » (3). C'est de lui que part l'énergique empressement et la chaleureuse conviction avec laquelle plusieurs d'entre eux soutiennent, comme le reconnaît Gratry, qu'ils croient en Dieu.

Si ces philosophes ne consentent point à avouer qu'ils nient Dieu, ils proclament hautement qu'ils n'admettent point le surnaturel. Or, Gratry veut leur montrer que cette négation est identique à celle de Dieu. Qu'appellent-ils surnaturel, en effet ? Le surnaturel, c'est ce qui se trouve au-dessus, en dehors de la nature, et « ce qui n'est pas dans la nature n'est rien, ne saurait

---

(1) *La Sophistique contemporaine*, p. 232.
(2) *Les Sophistes et la Critique*, p. 73.
(3) *Les Sophistes et la Critique*, p. 74.

être compté pour rien, si ce n'est pour une idée » (1). « Les sciences supposent, dit Renan, qu'aucun agent surnaturel ne vient troubler la marche de l'humanité ; que cette marche est la résultante immédiate de la liberté, qui est dans l'homme, et de la fatalité, qui est dans la nature » (2).

« C'est-à-dire, commente Gratry, que tout agent, autre que l'homme ou la nature, est un agent surnaturel. »

Renan est d'ailleurs plus explicite encore : « Les sciences supposent qu'il n'y a pas d'être libre, supérieur à l'homme, auquel on puisse attribuer une part appréciable dans la conduite morale, pas plus que dans la conduite matérielle de l'univers » (3).

L'action de Dieu dans le monde est donc formellement niée. Cela est conséquent. Quelle action réelle pourrait-on attendre d'un être qui est déclaré la catégorie de l'idéal par ceux même qui veulent bien encore le nommer ? Mais que reste-t-il de ce Dieu sans puissance, sans efficacité et sans réalité ? Ceux qui le présentent ainsi, le nient, sans avoir le courage de leur négation, car ils en mutilent la notion et lui enlèvent ses attributs essentiels. Ils limitent son pouvoir, ils enchaînent sa volonté ; ils le bannissent de ce monde, que la raison conçoit comme son œuvre. Ils font cela en niant le surnaturel. Gratry n'a-t-il pas raison de dire que, par là même, ils nient Dieu ? Car, « si Dieu existe, le surnaturel est donné » (4). Il existe un être incréé qui dépasse les forces de la nature créée. Et cet être infini et parfait ne se détourne pas avec dédain de sa création. A la fois tout puissant et tout bon, il intervient dans l'univers, non en bouleversant les lois et les forces que lui-même a posées : l'action de Dieu ne les compromet pas plus que l'intervention libre de l'homme ne les détruit lorsqu'elle a lieu (5).

---

(1) Havet. *Revue des Deux-Mondes*, août 1863.
(2) *Explications*, p. 24. — *Les Sophistes et la Critique*, p. 80.
(3) *Explications*, p. 24. — *Les Sophistes et la Critique*, p. 80.
(4) *Les Sophistes et la Critique*, p. 260.
(5) « Ma main soulève une pierre : j'interviens dans les effets de l'attraction. L'attraction tire la pierre d'un côté, moi de l'autre, et je l'emporte sur l'attraction. Mais est-ce que pour cela j'ai détruit l'attraction ou sa loi ? Non, certes, j'ai posé une loi sur une autre, ma force sur une autre force... Les lois physiques, géométriques et immuables ne peuvent pas empêcher mon intervention libre ; et jamais mon intervention libre ne peut en rien les déranger. C'est une combinaison ou une composition de forces ». — *Les Sophistes et la Critique*, p. 261.)

Dieu superpose, quand il le veut, à ces forces une autre force, à ces lois une autre loi.

Le surnaturel d'ailleurs n'apparaît pas seulement comme une conséquence nécessaire de l'existence de Dieu. L'argument rationnel ne suffit pas à Gratry ; il a recours, comme il le fait toujours volontiers, à l'expérience. Le surnaturel, dit-il, est un fait expérimental. Aristote reconnaissait déjà dans l'homme « une vie meilleure que la vie selon l'homme ». « Ce n'est point en tant qu'homme que l'homme peut vivre ainsi, déclare-t-il, mais en tant que quelque chose de divin habite en lui » (1). Et l'action de Dieu ne se fait pas seulement sentir dans le secret de l'âme. Les miracles sont des faits éclatants, prodigieux, que la science peut vérifier, étudier, si elle le désire (2).

Le surnaturel peut donc se constater d'une manière sensible. Il prouve l'existence de Dieu, de même que l'existence de Dieu le suppose : ce sont deux vérités étroitement liées. Ceux qui refusent de reconnaître l'une refusent par là même de reconnaître l'autre ; ceux qui écartent le surnaturel, écartent par là même Dieu ; ils sont athées. Car, dans son acception la plus restreinte, celle à laquelle se tient Gratry, le surnaturel suppose simplement que Dieu n'est pas inactif, qu'il joue un rôle dans l'univers. Ce surnaturel, ce n'est pas la foi qui le pose ; c'est la raison, lorsqu'elle conçoit un Dieu personnel et réclame la Providence. Le bannir, c'est donc bannir toute notion du Dieu véritable, puissant, aimant et bon, non moins qu'absolu. C'est déclarer que ce Dieu est tout au plus une idée.

Le cœur, effrayé du vide creusé par l'esprit, peut s'attacher encore à cette idée comme à un Dieu : ainsi le fait Vacherot. Mais d'autres, avec une logique plus rude et plus inflexible, vont jusqu'au bout des conséquences. C'est ainsi que Ernest Havet écrivait à son collègue de l'Ecole Normale : « Il y a dans votre ouvrage la part de la critique et celle de la croyance. J'adhère pleinement à la critique, non à la croyance, qui me semble un reste d'illusion. Ce que vous appelez le dieu-idée, je l'appelle simplement l'idée ; ce que vous appelez le dieu-nature, je l'appelle simplement la nature. Vous savez ce tyran qui voulait que, quand

---

(1) *Mor. à Nic.* x, 7. — Cité *Les Sophistes et la Critique*, p. 265.
(2) *Les Sophistes et la Critique*, p. 271.

il ne serait pas là, on saluât encore son chapeau placé au bout d'une pique : je suis de ceux qui croient qu'il n'y a plus de Dieu dans votre système ; il n'y a que le chapeau que vous voulez nous faire adorer » (1).

Et M. Janet traite de façon semblable le Dieu d'Hégel : « C'est le *caput mortuum* de l'analyse et de l'abstraction divinisé ; c'est un squelette dont on a fait un roi en le couvrant de manteaux empruntés. Devant cet être mort, les abstracteurs de quintessence s'agenouillent et adorent ; les hommes positifs et pratiques le dépouillent et le foulent aux pieds et ils se passent de roi » (2).

C'est donc avec raison que Gratry montre, dans sa pressante critique, l'athéisme comme le terme où aboutissent la doctrine hégélienne et celles qui s'inspirent d'elles. Toutes ne conservent de Dieu qu'une apparence sans réalité, vain et fragile simulacre.

Cependant, tant d'efforts, tant de pensées n'ont-elles d'autres éléments que l'erreur ? Est-ce l'erreur absolue qui se trouve chez Hégel et chez ceux qui le suivent ? C'est ce que Gratry examine. Il est convaincu que toute erreur provient de quelque perversion d'une vérité. Quelle est donc la vérité qu'ici l'on pervertit ?

Il trouve la racine de l'erreur hégélienne dans l'abus, dans l'emploi mal compris de la tendance fondamentale de la raison, le besoin d'unité.

Mais la raison, en cherchant l'unité, ne cherche pas toujours l'identité qui se dérobe sous la variété des aspects ; elle cherche aussi la hiérarchie de l'ordre au sein des différences. Or les panthéistes ne veulent connaître qu'une seule sorte d'unité, l'identité ; ils veulent la trouver partout et c'est là leur erreur, affirme Gratry. Car la raison se trouve en face de trois objets de connaissance : Dieu, l'homme et le monde, qui sont absolument distincts, ayant chacun une nature propre, des caractères irréductibles. On ne saurait passer de l'un à l'autre par voie d'identité. La marche du connu à l'inconnu ne peut ici se produire par assimilations successives, comme dans la déduction, parce que les rapports qui lient ici les choses ne sont pas les rapports d'identité qu'elle

---

(1) Cité p. A. CHAUVIN, le P. GRATRY, p. 102.
(2) *Dialectique* d'Hégel, p. 386.

est faite pour constater. Ce sont des rapports hiérarchiques, rapports de cause à effet, qui supposent la méthode d'induction.

Hégel et les panthéistes se demandent si Dieu, l'homme et le monde ne seraient point même chose ; si, par conséquent, on ne pourrait point les déduire les uns des autres. L'affirmation qu'ils posent, de l'identité de toutes choses, les conduit à s'enfermer dans la déduction. Ils veulent ignorer la méthode inductive, ou, du moins, elle leur est superflue, puisqu'ils prétendent tirer toute la réalité d'une même donnée. De sorte qu'ils voient, dans cette réalité, matérielle ou idéale, un enchaînement continu, que la pensée peut saisir tout entier, et qui lui permet d'atteindre une explication complète des choses. C'est ce que croit réaliser d'une manière définitive le système hégélien ; c'est ce que le spinozisme prétend aussi accomplir. Et l'on ne saurait contester, en ce qui concerne Spinoza, que la méthode qu'il emploie soit la déduction. Il donne, en effet, à sa philosophie une forme mathématique et prétend obtenir toute sa métaphysique comme conséquence du principe qu'il pose. Il est vrai de dire de lui, comme s'exprime Gratry, qu'il n'exerce qu'un des mouvements de la raison. « Spinoza est un déducteur, un cyclope laborieux, mais qui n'a qu'un œil.

» Il déduisait, déduisait, déduisait. Toujours déduire ! Cela suppose ce qu'il eût fallu démontrer, savoir : que tout est identique » (1).

Convient-il d'en dire autant d'Hégel ? Quelle est en effet sa méthode ? Ne peut-on y voir une méthode inductive, quoiqu'en pense Gratry ? Mais l'induction prend sa base, son point de départ dans l'expérience. Et le point de départ d'Hégel est une conception abstraite, purement logique. L'induction est une méthode analytique, régressive, qui procède par décomposition, qui remonte de l'effet à la cause et découvre, dans les phénomènes multiples, la loi unique. La méthode d'Hégel est une méthode synthétique, progressive, qui va de composition en composition, jusqu'à ce qu'elle soit parvenue, pense-t-il, à recréer le tout.

Ce n'est donc pas de l'induction qu'Hégel fait usage ; par conséquent, c'est bien une méthode déductive qu'il emploie. Mais,

---

(1) *Les Sophistes et la Critique*, p. 223.

parce que cette méthode méconnaît le fondement même de la déduction, elle n'est telle qu'en apparence. Gratry ne montre-t-il pas qu'elle rend impossible le syllogisme véritable, parce qu'elle nie le principe d'identité et de contradiction sur lequel il repose, principe qui s'applique à manifester l'identité là où elle est et à la nier où elle n'est pas (1). Ne dit-il pas formellement, et à plusieurs reprises, que « Hégel détruit le procédé syllogistique d'identité en affirmant que les contradictoires sont identiques » (2).

Gratry n'assimile donc pas la méthode d'Hégel à la déduction ordinaire. Il signale un usage abusif, une perversion de la déduction, qui procède au rebours de la déduction ordinaire et prétend, cependant, aller, comme celle-ci, du même au même, non en vertu de la ressemblance, mais de l'opposition, et qui tire l'identité de la contradiction. De sorte qu'on peut dire que c'est le syllogisme qui constitue la méthode d'Hégel, mais un syllogisme tout particulier, que M. Janet décrit parfaitement. « Si je voulais comparer, dit-il, le syllogisme hégélien au syllogisme ordinaire, je dirais que celui-ci suit l'ordre de l'extension, celui-là celui de la compréhension, que l'un va du plus étendu au moins étendu, l'autre du moins compréhensif au plus compréhensif. L'un et l'autre vont du général au particulier ; mais tandis que le syllogisme ordinaire va du contenant au contenu, le syllogisme hégélien va du contenu au contenant : car, dans l'ordre de l'extension, c'est le général qui contient le particulier, et dans l'ordre de la compréhension, c'est le particulier qui contient le général. Or, dans le syllogisme ordinaire, pour passer du contenant au contenu, il suffit de trouver une quantité intermédiaire, qui soit contenue par le premier terme et qui contienne le second, plus petite que l'un, plus grande que l'autre. Mais, dans le syllogisme hégélien, pour passer du contenu au contenant, du moins compréhensif au plus compréhensif, il faut montrer que le premier terme ne peut pas rester à l'abstrait sans se contredire et qu'il doit, pour ne pas être détruit, passer nécessairement à l'état concret. Le terme moyen doit donc être le contradictoire du premier pour susciter le second » (3).

---

(1) *Logique*, I, pp. 122-124.
(2) *Logique*, I, p. 121.
(3) *Dialectique* d'HÉGEL, p. 335.

La méthode d'Hégel prétend donc réaliser cette impossibilité : tirer logiquement le plus du moins. C'est une déduction qu'on pourrait appeler augmentative, qui à chaque pas ajoute en réalité ce qu'elle affirme résulter du déjà posé. Gratry, qui a montré l'inanité du fondement d'Hégel, n'ignore pas ce caractère de sa méthode, qui vient de la prétention de se passer de l'expérience et par conséquent de l'induction qui l'interprète. L'ambition de parvenir à une reconstruction complète des choses a conduit Hégel à vouloir tirer toute réalité de l'esprit, à tout reconstituer avec une première donnée et un unique principe. C'est en effet le rôle de la déduction de montrer tout ce qui est contenu dans le principe qu'elle possède. Hégel doit donc s'enfermer dans la déduction. Mais encore faut-il, pour que la déduction soit efficace, que le principe d'où elle part soit un principe véritable. Or, on l'a vu, le principe d'Hégel ne contient rien. Sa déduction est donc abusive, parce qu'elle prétend tirer le tout du rien. Elle produit l'illusion d'un progrès par un rapprochement arbitraire de termes logiques, qui sont un véritable apport, non pas une conséquence nécessaire des données qui les précèdent. Sous sa forme, en apparence rigoureuse, ce développement procède par hypothèse.

Gratry a donc eu raison de voir, dans la méthode d'Hégel, une déduction, mais une déduction arbitraire. Il a eu raison d'affirmer que l'ambition de tout expliquer sans recours aux faits devait nécessairement conduire Hégel à user seulement de la déduction. Mais on ne saurait obtenir par cette méthode la connaissance de toutes choses, même dans le cas où le principe posé serait plus compréhensif que celui d'Hégel, car encore une fois il n'existe pas entre toutes choses de liens d'identité.

En se privant de la méthode inductive, la pensée court les plus grands risques d'erreur. Et, quelles que soient les idées particulières de Gratry au sujet de l'induction, on ne saurait nier qu'il n'ait raison d'affirmer qu'elle est nécessaire à la connaissance de la réalité. Sans doute, cette méthode est plus voisine de la déduction que ne le pense Gratry ; elle ne procède point par sauts et par bonds. Mais cela importe peu ici. Ce que Gratry soutient, c'est que la science, celle du monde, celle de l'homme, celle de Dieu, ne saurait se priver d'en faire usage sans se condamner à l'impuissance, sans s'égarer.

En effet, tandis que la déduction se contente d'un point de départ purement rationnel et se déroule à l'écart des faits, l'induction est le raisonnement expérimental par excellence, qui part des faits et cherche à rester en étroit contact avec la réalité qu'il veut comprendre. La déduction, qui s'appuie sur les seules forces de l'intelligence et la valeur du principe qu'elle développe, entretient l'isolement de l'esprit, l'enferme dans ses propres vues. Et un tel raisonnement, « s'il n'est parfait, est détestable » (1). L'induction, au contraire, se nourrit du réel, en reçoit le contrôle, les leçons ; elle s'enrichit des données nouvelles que l'expérience lui présente et qui sont la matière sur laquelle s'exerce la raison.

En condamnant l'emploi exclusif de la méthode déductive dont Hégel abuse, Gratry condamne donc la connaissance *a priori* qui dédaigne les faits et prétend les remplacer par des abstractions. Dans ce système hégélien qu'il dénonce comme la tentative la plus complète et la plus hardie d'une réduction de toutes choses à l'identité, de tous procédés à la déduction, les faits ne sont plus rien. Ils doivent se plier aux conceptions de l'intelligence philosophique qui renferme toute vérité. On va jusqu'à proclamer que « la philosophie hégélienne de la nature produit *a priori*, par sa libre expansion, tout le système des idées créatrices de la nature » (2).

Cette prétention inouïe de tout reconstituer, de tout recréer à l'aide de la seule raison, Gratry ne cesse de la proclamer le mal le plus grave qui menace la pensée. Il ne laisse point passer dans ses ouvrages l'occasion de la combattre. Peut-être aurait-il pu faire voir combien elle était illusoire et comment l'esprit, qui croit tout trouver en lui-même, fait cependant des emprunts incessants, bien qu'occultes, à l'expérience. Il a cru suffisant de montrer qu'une telle méthode portait en elle-même sa propre condamnation. La raison humaine, qui s'y enferme, n'atteint qu'elle-même ; ce tout qu'elle construit n'est rien en dehors d'elle : il n'est que l'échafaudage fragile de ses conceptions abstraites et arbitraires. Elle part d'elle-même, elle y revient, elle y demeure, si bien qu'elle ne peut concevoir aucune réalité qui la dépasse et qu'elle se proclame elle-même Dieu.

---

(1) *Les Sophistes et la Critique*, p. 222.
(2) MICHELET, de Berlin, *Œuvres de Hégel*, t. VII, p. 15, cité p. GRATRY, *Connaissance de l'âme*, 1, p. 229.

Mais il y a plus. Non seulement le panthéisme mutile la logique en dédaignant le procédé inductif, mais encore il restreint, il méconnaît la valeur de la déduction elle-même.

Celle-ci, en effet, procède soit en cherchant l'identité totale, soit en cherchant l'identité partielle dans les objets qu'elle considère. Elle n'est pas une pure tautologie, et la conclusion à laquelle elle parvient n'est pas la répétition déguisée des prémisses posées. Même lorsqu'elle affirme l'identité totale et ramène à l'unité des objets qui ne diffèrent qu'en apparence, elle marque une conquête de l'esprit qui découvre ce qu'il ignorait. Mais elle n'est pas seulement capable de dégager l'identité réelle et absolue de deux termes, qui ne sont deux qu'en apparence ; le syllogisme cherche encore, et c'est là sa véritable essence, l'identité partielle et relative de deux termes, qui sont un sous quelque rapport, mais qui sont véritablement deux. Gratry voit donc dans le syllogisme un mouvement et un progrès de la pensée qui « n'arrive jamais à l'identité absolue, sans distinction ni différence, et ne tombe jamais par conséquent dans l'immobilité » (1).

La méthode hégélienne considère toutes les différences comme de pures apparences, valables pour l'entendement seul, et qui se résolvent, au point de vue spéculatif, en une identité parfaite. La vérité consiste uniquement pour Hégel à retrouver l'unité absolue de l'être, de l'Idée, sous l'illusoire diversité des phénomènes. La méthode déductive employée est donc restreinte à la réduction à l'identité totale de toute divergence, de toute contradiction. Elle ne laisse pas de côté, comme la déduction ordinaire, les différences qui n'intéressent pas la recherche particulière que l'on poursuit ; elle les absorbe toutes, elle les fait disparaître complètement ; c'est par leur identification que l'Idée croît et s'enrichit. Cette Idée même n'est finalement qu'une affirmation de l'identité de toutes choses en elle, qu'une négation définitive de toutes distinctions réelles. La méthode d'Hégel est donc celle de l'identité pure.

Or l'identité pure n'existe même pas, affirme Gratry, dans un même être, dans une même unité : « Ni l'âme n'est absolument simple, ni l'atome » (2). L'un et l'autre renferment, au sein même

---

(1) *Logique*, I, p. 373.
(2) *Logique*, I, p. 374.

de leur simplicité, non pas des distinctions seulement apparentes, mais des distinctions réelles, un mélange de puissance et d'actes, des forces diverses. — Dieu, qui seul est absolument simple, n'apparaît pas pourtant sans distinctions à l'intelligence finie. Elle perçoit « une différence rationnelle entre Dieu et ses attributs, entre ses attributs comparés l'un à l'autre » (1), bien qu'elle conçoive cette différence comme relative à elle et non pas à l'essence divine.

On ne saurait même concevoir que l'intelligence puisse contempler la parfaite simplicité de Dieu comme une identité absolue, sans différences ni distinctions ; ce serait : « une contemplation immobile, dans laquelle s'évanouirait toute connaissance distincte et toute pensée distincte... identique à la vue du néant, ou, ce qui est la même chose, à l'anéantissement de la vue » (2). Ainsi, la théologie, en enseignant le dogme de la Trinité, enseigne que la vue de Dieu ne sera pas l'inertie et l'immobilité, mais la contemplation de relations dans l'unité d'une même essence, relations des personnes divines entre elles.

La méthode hégélienne, en se proposant pour but l'identité totale, considère le mouvement de l'esprit dans la dialectique comme un mouvement transitoire, qui a pour but le repos dans la possession de l'unité parfaite. Or ce repos apparaît en réalité comme la mort de la pensée. Il est de l'essence de la pensée de voir des distinctions dans l'unité et de maintenir des différences dans l'identité.

Nous ne suivrons pas Gratry dans sa poursuite, plus théologique que philosophique, du fondement du syllogisme, qu'il appuie sur le dogme de la Trinité. Il cherche dans la vie de Dieu même l'éternel modèle de la pensée, la loi exemplaire de la raison. Il montre que le besoin de l'esprit de percevoir des diversités dans l'unité, besoin méconnu par Hégel, n'est pas une tendance en désaccord avec la loi réelle des choses, parce qu'elle se fonde sur la nature divine elle-même.

On dira, peut-être, que le but de tout raisonnement est cependant de conduire la raison à une conclusion où elle s'arrête, et que le progrès de l'esprit consiste à passer, peu à peu, du mou-

---

(1) *Logique*, I, p. 376.
(2) *Logique*, I, p. 383.

vement discursif de la pensée au repos de l'intuition simple. Mais Gratry distingue soigneusement cette intuition, qui contemple la vérité, de l'attitude de la raison hégélienne, identifiée au terme qu'elle atteint. Le repos de la raison parvenue à saisir l'unité, remarque-t-il après saint Thomas, n'est pas l'immobilité. « Il n'y a plus alors discours, c'est-à-dire départ et retour entre points séparés, mais il y a encore mouvement, mouvement entre choses unies » (1).

Ainsi Gratry maintient, contre la dialectique hégélienne, que les distinctions réelles des choses fondent les différences que l'esprit conserve entre les concepts par lesquels il les représente. Par conséquent, la déduction ne peut les effacer sans se trouver, d'une part, en contradiction avec cette réalité, sans méconnaître, d'autre part, sa propre essence, qui est d'affirmer l'identité sous un rapport, sans nier les diversités qui peuvent subsister, en même temps, sous d'autres rapports.

Le rêve du panthéisme d'atteindre une unité parfaite, une identité absolue, qui enferme toutes choses, est donc démenti par les objets de la connaissance, qui présentent soit d'irréductibles différences, soit des relations au sein même de leur unité. Il est démenti aussi par la nature active de la pensée, pour qui la contemplation immobile de l'identité parfaite équivaudrait à l'anéantissement de toute vision. Le panthéisme hégélien, en réduisant la déduction à supprimer toutes différences, travaille par là même à supprimer la possibilité de la pensée en face du résultat qu'il croit acquérir.

Mais, n'y a-t-il pas quelque contradiction chez Gratry ? Après avoir montré que la déduction poursuit la recherche de l'identité, il affirme qu'elle ne saurait la poser sans détruire par là même la pensée distincte. En réalité, la contradiction n'est qu'apparente et tombe devant l'examen. Gratry considère que la déduction syllogistique ne peut s'appliquer à l'ensemble de la réalité, pour réduire les choses diverses à n'être qu'un seul et unique tout, sans différences réelles. Dès lors que l'affirmation d'une identité totale est impossible, le syllogisme ne peut parvenir qu'à des identités qui sont toujours partielles, soit parce qu'elles ne

---

(1) *Logique*, I, p. 370.

sont trouvées qu'entre une *partie* de la réalité, soit parce qu'elles expriment l'identité de termes considérés sous un seul rapport.

Il est donc vrai, à la fois, que la déduction syllogistique recherche l'identité et que l'identité qu'elle atteint laisse subsister la variété au sein de la réalité. Ce que Gratry reproche avec raison à l'hégélianisme, c'est de faire de sa déduction une méthode de réduction complète et parfaite de tout terme à tout terme, de sorte que le terme unique auquel elle parvient finalement contient tous les autres, mais comme niés, comme supprimés. Il ne présente par conséquent à l'esprit qu'une identité pure, qu'on ne saurait penser. La philosophie du devenir aboutit à l'immobilité.

Tel est le résultat du laborieux système hégélien. — Gratry en a poursuivi la critique avec une vigueur qui provient de la conviction des dangers qu'il présente. Il l'a combattu au nom de l'histoire, au nom de la science, au nom de la raison surtout ; il en a signalé l'influence dans la philosophie française. L'hégélianisme est une de ses préoccupations dominantes. Il est l'adversaire toujours présent à sa pensée et auquel il oppose sa propre philosophie. Ne peut-on pas croire, en effet, que, s'il exagère comme il le fait, le caractère d'élan qu'enferme le procédé dialectique, c'est que, en étudiant Hégel, il a compris combien est insuffisante la méthode qui ne veut point sortir de l'identique ? S'il convie tous les grands philosophes à porter leurs témoignages de l'existence de Dieu, c'est pour mieux faire ressortir combien le Dieu d'Hégel ressemble peu au Dieu que la raison humaine affirme depuis des siècles. S'il insiste sans cesse sur la nécessité de l'induction et de l'expérience, c'est un peu parce qu'Hégel lui a appris ce qu'on risque à s'en passer. S'il réclame contre l'isolement de la raison et désire l'union de toutes les facultés dans la poursuite de la vérité, c'est qu'il a vu à quelles aventures l'esprit, livré à ses seules forces, pouvait conduire la spéculation philosophique.

Nous ne disons pas que la philosophie d'Hégel inspire par antithèse celle de Gratry. Mais il est indéniable que Gratry ait considéré l'exposition de sa propre pensée comme une réfutation indirecte de l'hégélianisme et qu'il ait ambitionné, entre autres résultats, celui de détruire une doctrine qu'il estime éminemment funeste, et cela, non seulement en l'attaquant dans une lutte directe, mais aussi en établissant, d'une manière solide, des vérités qui s'y opposent.

Conclusion

La philosophie de Gratry n'est pas une philosophie nouvelle, si l'on entend par là celle qui inaugure une position inédite des questions et parvient, par l'application de principes jusque là inaperçus ou inemployés, à un remaniement fondamental des solutions connues. Cependant, cette philosophie n'est pas la simple redite de doctrines antérieures. Elle constitue, au contraire, un puissant renouvellement de la pensée philosophique. Si elle n'est pas l'œuvre d'un créateur de système, elle est celle d'un esprit vigoureux et original, qui marque de sa forte empreinte les sujets qu'il aborde. Aussi peut-on dire que Gratry n'appartient à aucune école. S'il emprunte parfois ses inspirations aux penseurs qu'il honore comme les Maîtres de la raison humaine à travers les siècles, il n'est le disciple d'aucun. En les fréquentant, en s'approchant, avec une curiosité altérée du vrai, de ceux qui disent leurs recherches et leurs conquêtes, il ne se laisse point subjuguer par leur prestige ou leur éloquence ; il conserve intacte la liberté de son activité intellectuelle, et l'on peut répéter de lui ce qu'il affirme de l'un de ses auteurs de prédilection : « Il sait vivre à la fois avec tous et avec lui-même. Il converse toujours, mais sans cesser de méditer ; et en entrant dans la pensée d'autrui, il ne sort jamais de la sienne » (1).

---

(1) *Connaissance de Dieu*, II, p. 13 (à propos de Thomassin).

Quant aux doctrines contemporaines, nous avons vu avec quelle persévérance il les combat. Il attaque sans cesse le panthéisme immanentiste avec ses erreurs logiques et ses conséquences morales ; le positivisme, le relativisme évolutionniste, le monisme, le rationalisme abstrait sont visés par ses critiques ou atteints par ses doctrines. Il dénonce avec énergie la gravité de l'erreur du fidéisme. Il a, il est vrai, en commun avec Maine de Biran, certaines vues ; mais on ne peut dire qu'il s'inspire de lui, puisqu'il ne connaît les ouvrages de ce philosophe que lorsque les siens sont écrits. Il ne se rattache à aucun penseur de son temps ; d'aucun il ne subit l'influence, pas plus qu'il n'accepte avec une soumission aveugle les idées de ceux qui l'ont devancé. S'il fait bon accueil à la vérité partout où il croit la trouver, s'il se penche volontiers sur la pensée des autres pour la comprendre et pour s'en éclairer, son esprit actif, indépendant, n'abdique jamais son droit d'examen, de critique et de choix. C'est devant la vérité seule qu'il s'incline, heureux cependant s'il lui est donné de se rencontrer avec des esprits d'élite, avec des génies dont il reconnaît et respecte le mérite. Mais, s'il répète leurs idées, c'est qu'elles expriment les siennes, car il pense toujours par lui-même dans le recueillement d'une vie intérieure intense. Lorsqu'il rencontre des matériaux qui lui conviennent, il sait se saisir de leur valeur, les éclairer de la lumière de sa pensée, les grouper et les mettre en œuvre pour servir à ses propres desseins. Aussi, lors même que les théories qu'il propose ne sont pas entièrement neuves, elles reçoivent de lui une nouvelle clarté et un sens nouveau.

L'originalité de cette philosophie a sa source dans la forte et complexe personnalité du penseur. Il y a des hommes qui n'emploient, pour réaliser leurs œuvres, qu'une partie d'eux-mêmes. Gratry ne s'est pas contenté de mettre son esprit seul dans la sienne, il a suivi le conseil que lui-même donne : il l'a faite avec son âme tout entière. Et cette âme est singulièrement riche et vivante. Elle enferme des qualités rarement réunies au même degré. Gratry possède à la fois tous les dons de l'esprit et du cœur. Il a une intelligence vive, alerte, pénétrante, une sensibilité infiniment ardente et délicate ; il a une raison puissante et une imagination pleine d'élan, le goût des questions scientifiques et l'attrait des essors poétiques. Son activité est compréhensive comme son génie même. Quelle n'est pas, en effet, sous une apparente uniformité, la variété de sa vie ? Brillant étudiant de lettres, polytechnicien distingué, un instant officier d'artillerie, puis prêtre, éducateur de la jeunesse, écrivain, restaurateur d'ordre, professeur de morale à la Sorbonne, académicien, Gratry montre, dans ces situations si différentes, la souplesse, la multiplicité d'aptitudes d'une magnifique et féconde nature.

Et l'on peut dire que si Gratry a été un grand philosophe, il le doit, non seulement à la vigueur de sa pensée et à sa forte logique, mais encore à la diversité de ses dons qu'il sait appliquer tous à la recherche du vrai. Car la synthèse qu'il réclame comme la méthode par excellence de la philosophie, il commence par la réaliser en lui-même.

On s'est étonné parfois des contrastes qu'il présente ; on a considéré avec quelque défiance ce philosophe qui ne se contente pas d'être philosophe, ou même encore mathématicien, mais qui s'avise aussi d'être artiste et poète. On n'a pas alors aperçu la splendide harmonie dans laquelle fusionnent des qualités qui semblent devoir s'exclure. Une imagination remarquable, « l'une des plus belles du siècle », comme le dit M. Caro, n'est cependant pas incompatible avec les facultés qui font le savant et le penseur. A une science aussi froide, aussi rigoureuse que le sont les mathématiques, elle n'est même pas inutile. C'est une puissance d'évocation qui fait surgir les hypothèses, les découvertes que la clarté de la pensée ne saurait seule suggérer. On a pu remarquer que : « La meilleure œuvre du mathématicien est de l'art, un art élevé, parfait, hardi comme les rêves les plus secrets de l'imagination, claire et limpide comme la pensée abstraite, ce qui revient à dire qu'il y a un poète dans un Lagrange ou un Laplace » (1). Mais si un mathématicien peut se permettre d'avoir de l'imagination et d'enfermer en lui-même un poète, en est-il de même d'un philosophe ? La philosophie n'exclut-elle pas les vaporeuses considérations de la poésie, les bonds, les élans d'un esprit qui n'est pas guidé uniquement par la raison, mais qui est touché aussi par le sentiment, inspiré par l'imagination ?

Et Gratry est poète, il faut l'avouer. Chez lui les images jaillissent souvent, pittoresques et colorées, et se développent parfois en amples et brillants tableaux. Elles sont animées par l'enthousiasme d'un cœur épris de son objet, par l'ardeur d'une imagination

---

(1) *Acta Mathematica*. Notice sur Sophie Kovalesvky.

puissante. Il a du poète le don de voir, de palper l'invisible, l'insaisissable et cette faculté rare, « qui fit nommer divins les poètes d'autrefois :

De sentir la beauté tressaillir dans les choses.

Il est poète comme Platon qu'il admire et auquel il ressemble. Et comme à Platon, on lui reproche d'être poète et l'on en conclut qu'il n'est pas philosophe. « Mais quoi, demande M. Janet (1), ces deux qualités sont-elles incompatibles ? Est-il absolument nécessaire d'être privé d'imagination et de sentiment pour voir clair dans la nature des choses ? Ne peut-on à la fois raisonner juste, sentir vivement et peindre avec éclat ce qu'on sent ? Ou la poésie n'est qu'un vain jeu, ou elle est, comme l'a pensé Platon lui-même, une divination de la vérité. En quoi donc la divination de la vérité contredit-elle la démonstration de la vérité ? Elle peut être un piège, je l'accorde, mais elle peut être aussi une force et un appui. Si la poésie est une sorte de pressentiment des choses divines, elle peut initier l'âme à un monde où la raison toute seule ne serait peut-être jamais allée d'elle-même. Que la raison ensuite se défende et se prémunisse, qu'elle ne consulte que la lumière même et fasse taire les voix confuses de l'imagination et de la poésie, je le veux bien ; il le faut ; on n'est philosophe qu'à ce prix. Mais qu'il soit impossible d'unir l'impartialité de la raison froide et l'émotion de la raison inspirée, c'est ce que je ne puis accorder ; car si nous avons deux ailes pour monter au ciel, pourquoi faut-il absolument nous dépouiller de l'une des deux ? »

Et Gratry conçoit en effet la plus haute opinion de la poésie. Il la voit s'élancer vers les sommets de la pensée, vers les plus sublimes réalités. Volontiers, il dirait comme Novalis, que « la poésie, c'est le réel véritable ». C'est pour lui la révélation des choses mêmes, dans leur être et dans leur Idée, de la vérité saisie par la raison, éclairée par le cœur. C'est le contact de l'âme et de la beauté, qui ne se sépare point, pour Gratry, de la vérité. Il l'atteint d'un essor du cœur non moins que par celui de l'imagination. Sa réflexion ne reste pas dans les régions froides de la pensée pu-

---

(1) *Dialectique de Platon*, p. 109.

re ; elle entre en relation avec sa sensibilité ; près d'elle, elle s'anime, se réchauffe, se transforme en sentiment, en émotion ; les vibrations du cœur, ses enthousiasmes, ses ardeurs, deviennent à leur tour une source d'inspiration qui s'élève jusqu'au lyrisme. Le philosophe n'est plus alors seulement le Maître qui enseigne, il devient le chantre éloquent de la Vérité qu'il pressent et qu'il aime passionnément.

Ces caractères du génie de Gratry expliquent à la fois les défauts et les qualités de son œuvre. Lorsque son intelligence échappe au contrôle sévère de la raison pour se laisser emporter par les élans de l'imagination ou par les émotions du cœur, elle va souvent à des exagérations qui compromettent la valeur des vues qu'il expose. La formation mathématique même se joint à cette disposition d'imagination et de sensibilité, pour donner à Gratry une tendance à construire de beaux et savants palais dans les nuées. Epris de symétrie et d'harmonie, il se laisse parfois passionner par l'idéal qu'il entrevoit, jusqu'à oublier que les données réelles contredisent son rêve et opposent à ses conceptions d'irréductibles difficultés. Séduit par les vues larges, il monte d'un coup d'aile sur les sommets pour y fouiller l'horizon, et il essaie de l'embrasser avec son étendue, mais aussi avec ses brumes. Alors la vérité se voile d'ombre, alors il méconnaît la différence qui sépare l'infini mathématique et l'infini métaphysique. Il abuse de l'algèbre et de la géométrie, qui par leur simplicité et leur netteté seraient susceptibles, pense-t-il, d'introduire la rigueur dans les considérations philosophiques et de manifester l'unité de l'ordre qui règne dans la réalité visible et invisible. Il exagère l'union qu'il souhaite entre les domaines du savoir, il les voit entièrement pénétrables les uns aux autres, capables d'être ramenés à des vues uniques au moyen de la philosophie et au moyen des mathématiques, dont la fusion, semble-t-il, lui paraît constituer la science universelle. Son imagination le conduit à cet excès de synthèse qui n'aperçoit plus les distinctions irréductibles parce qu'elle est fascinée par l'aspect des ressemblances, enchantée de la simplicité harmonieuse qui peut être ainsi réalisée. De là le symbolisme qui se rencontre, nous l'avons vu, dans l'œuvre de Gratry. Il plaît à son âme d'artiste de revêtir l'idée d'une forme sensible ; il convient à son esprit de savant de voir cette idée et cette forme unies, non point par les caprices de la fantaisie, mais par le lien d'un accord secret que la raison même peut découvrir.

C'est là, nous le savons, une inclination qui conduit à des vues hasardeuses. Et, si elles inspirent parfois les pages les plus éclatantes de Gratry, elles ne forment point la partie vraiment solide de son œuvre.

S'il arrive que la puissance même de son imagination conduise le philosophe à outrer ses propres idées, la sensibilité aussi entraîne quelquefois sa pensée plus loin qu'elle-même. Cette pensée s'exagère dans l'élan d'un enthousiasme qui s'enivre de son objet ; elle se diffuse dans le flot d'émotions qui jaillit avec elle. La démonstration perd de sa fermeté ; la preuve logique est submergée par les convictions du cœur qui s'épanchent en chants inspirés. La langue calme de la raison, qui pèse ses termes, est remplacée par le mouvement impétueux de la sensibilité, qui ne les mesure pas. De là des expressions excessives et, par suite, inexactes, qui échappent à l'ardeur de l'écrivain. C'est ainsi que Gratry a pu paraître ontologiste à certains. C'est ainsi que la théorie du sens divin semble parfois attribuer à l'homme l'expérience directe de Dieu.

Le tempérament du philosophe l'emporte donc quelquefois à dépasser le but qu'il veut atteindre ; il lui fait quitter le terrain solide de la réflexion prudente et de la vérification minutieuse pour les vaporeuses et vastes régions où son imagination peut déployer largement ses ailes, où son cœur célèbre les visions entrevues. Et cela nuit, parfois, à la précision et à la rigueur de ses doctrines, à l'exactitude et à l'autorité de sa pensée.

Ces écarts, loin de l'examen froid et patient des idées, ces vols hardis, ces outrances, scandalisent les penseurs passionnés pour la démonstration pure. Cependant, s'il faut s'arrêter à ces aspects du génie de Gratry et considérer quels éléments ils introduisent dans son œuvre, il ne faut pas oublier à quelles qualités, par ailleurs, s'allient ces tendances.

Sans doute, on a pu dire avec vérité que « Gratry avait l'esprit subtil, l'âme candide, l'imagination enthousiaste. C'était un mathématicien mystique, un logicien littéraire... Tous ses raisonnements se terminaient en hymnes, toutes ses certitudes se convertissaient en extases, toutes ses idées se transformaient en contemplations » (1). Mais cette âme tendre, cet esprit rêveur,

---

(1) Em. OLLIVIER, *L'Église et l'État au Concile du Vatican*.

ce génie impulsif est doué d'une forte raison. Sous l'apparent abandon des développements, où les effusions de l'âme se mêlent aux spéculations de l'intelligence, où l'esprit se livre, dans l'ardeur de son enthousiasme, à de longues digressions, à des explorations hardies, à des conjectures téméraires, sous l'allure libre, négligée à la manière antique, et non pas précise et contenue, à la façon scolastique, se cachent les raisonnements les plus vigoureux, la logique la plus serrée. Lorsqu'on écarte l'enveloppe ample et somptueuse dont Gratry revêt souvent sa pensée, on découvre celle-ci dans sa clarté, dans sa rigueur. La doctrine apparaît en général ferme, cohérente et, même lorsqu'elle semble discutable, appuyée, nous l'avons vu, non pas seulement sur l'imagination et sur le cœur, mais sur des motifs d'ordre rationnel ; la critique est pénétrante, elle révèle un esprit énergique et sagace. Il ne faut donc pas juger de Gratry et de ses théories seulement par les passages où il s'abandonne à l'exaltation de son âme, tout entière vibrante, mais encore par ceux qu'il marque de sa forte logique et où parlent surtout les preuves rationnelles.

D'ailleurs, si l'imagination et la sensibilité de Gratry, lorsqu'il les laisse trop dominer, font quelque tort à la rigueur ou à l'expression de ses idées, elles apparaissent aussi comme les auxiliaires précieux d'une intelligence qui sait se servir de leur activité et de leur puissance. Si son œuvre leur doit quelques défauts, elle leur doit en même temps une partie de ses qualités.

En effet, la raison froide et sèche, chez qui la pensée n'éveille ni l'émotion, ni l'image, ignore les énergies de ces pouvoirs qu'elle dédaigne. Elle se vante, au contraire, de se tenir dans la région de l'idée pure et d'y parvenir pas à pas, au moyen de procédés qui ne doivent rien qu'au raisonnement ; elle prétend être seule à apercevoir, loin de toute illusion, les objets avec leurs contours nets et leur valeur intrinsèque ; elle ne les déclare connaissables qu'autant qu'ils peuvent être intellectuellement saisis. Si le domaine qu'elle embrasse la satisfait par la clarté et la précision qu'elle y fait régner, doit-on dire qu'il offre une vue complète de la réalité ? Est-ce que de telles intelligences ne manquent pas de cet esprit de finesse dont parle Pascal, esprit plus vif et plus puissant que l'esprit géométrique, qui découvre ce que celui-ci ne saurait voir et atteint, au delà des principes nets et grossiers, ceux plus délicats, plus déliés, qui se voilent : « On les voit à peine, on les sent plutôt qu'on ne les voit ; on a des peines infinies à les faire sentir à ceux qui ne les sentent pas eux-mêmes : ce sont choses tellement délicates et si nombreuses qu'il faut un sens bien délicat et bien net pour les sentir, et juger droit et juste selon ce sentiment, sans pouvoir, le plus souvent, les démontrer par ordre... » (1).

Pour arriver à ces vérités délicates, le raisonnement seul ne suffit pas. Il a une démarche trop roide et trop pesante, la vue trop courte. Il faut que la raison, d'ailleurs puissante, soit alliée à l'imagination qui s'élance, au cœur qui devine et pressent. Il faut que l'intelligence sache recevoir, de l'âme tout entière active, ces impulsions subtiles qui sont comme un instinct du vrai ; ces inspirations jaillissant comme l'éclair d'un fond inconnu ; mouvements et lumières où l'imagination, où le cœur, ont leur part non moins que l'esprit.

Gratry a possédé éminemment ces dons grâce auxquels le penseur peut voir plus profond et plus loin. Ils l'ont aidé à faire de son œuvre, comme il le désirait, une œuvre opportune, en rapport avec les besoins de son époque. Cette époque, en effet, sa sensibilité si délicate l'aide à la comprendre. Elle le met pour ainsi dire en contact avec l'âme de son temps ; elle établit entre cette âme et lui une communication intime, un étroit commerce. Il en entend les désirs, les aspirations ; elles retentissent en lui comme les émotions d'un être cher ; elles le font frémir de douleur et de tristesse ou tressaillir de joie et d'espérance, suivant qu'il les juge nuisibles ou bienfaisantes ; avec cette pénétration que possède seul un cœur aimant, quand il est d'ailleurs uni à un esprit clairvoyant, il découvre les maux de son siècle, ses erreurs, les dangers de l'orientation générale de sa pensée. A ce siècle, épris de science, mais qui a besoin d'amour et de beauté, il parle une langue éloquente qui s'adresse à la fois à son esprit et à son cœur. Ce n'est pas seulement une doctrine qu'elle apporte, c'est une voix vivante : plus que cela, c'est une âme qui pense, qui s'émeut, qui agit et vit en cette œuvre. La parole, une parole large, simple et harmonieuse, d'un rythme merveilleux, en est le vêtement splendide et comme transparent. Elle va, animée d'un souffle d'ardente sincérité, qui soulève et qui persuade ; elle s'épanche en ondes magnifiques comme un flot de lumière et d'émotions. Ceux mêmes qui ne veu-

---

(1) *Pensées*, p. 383, éd. GARNIER.

lent pas accepter les théories du philosophe sont séduits par le talent de l'écrivain.

Mais Gratry ne veut être écrivain que pour agir, pour communiquer des idées qu'il juge bienfaisantes. Le souci de servir les hommes ses frères, et la vérité, l'inspire toujours, et il n'écrit que ce qu'il voit et ce qu'il sent.

Or, la clairvoyance de son esprit, la puissance d'intuition qu'il doit à l'ensemble des caractères de son génie, en font sur plusieurs points un initiateur. En découvrant certains défauts des tendances de la pensée contemporaine, en indiquant les remèdes à y apporter, il n'est pas seulement l'homme de son époque, qu'il comprend et qu'il sert, il est aussi le précurseur des prochaines orientations de la pensée philosophique ; l'un des premiers, il montre la voie où s'engageront certains courants de cette pensée.

Et, en effet, alors que presque tous les penseurs admettent tacitement, ou consacrent, par leurs théories, l'absolue séparation entre la Raison et la Foi, entre la Science et la Croyance, nous avons vu que Gratry a la hardiesse de reprendre ce problème, que l'on considère comme résolu, et d'examiner cette question si importante et si délicate, qui doit préoccuper tant de philosophes de nos jours, tels que les Brunetière, Balfour, Ollé-Laprune, A. Nicolas, Renouvier, Lévy-Bruhl, Blondel, Fonsegrive... Il montre que le divorce, estimé comme une conquête de la philosophie, est fondé en réalité sur une profonde méconnaissance de l'esprit humain. Car il est dans la nature de celui-ci que la foi aide la raison ; et la science elle-même est impossible sans une croyance qui admet comme inébranlable la base de toute connaissance, les principes rationnels. A la place de l'antagonisme qui oppose l'une à l'autre ces deux énergies de l'âme, et qui cherche à détruire l'une pour mieux assurer le triomphe de l'autre, Gratry réclame une alliance appuyée sur les rapports qu'un examen impartial découvre en elles.

Mais la Raison n'apparaît pas comme isolée seulement de la foi. Le Scientisme triomphe alors et prétend, dans l'orgueil de son succès, à exercer sur l'esprit humain une hégémonie sans conteste. En lui est contenue toute philosophie, et il est inutile de chercher hors de lui une métaphysique. Le seul Dieu qu'il permette d'adorer, c'est la *loi*, dont il fait son idole, l'*axiome éternel*, rigide et impersonnel, qui enserre toutes choses sous la contrainte de la nécessité. Le Scientisme, qui aboutit à l'agnosticisme, provient avant tout, cela est incontestable, d'erreurs rationnelles. Il ne va pas jusqu'au bout de la raison, et, par exemple, il ne se demande pas d'où vient la loi ; il ne voit pas que toute loi, tout ordre suppose à la fois une intelligence qui le conçoit et une volonté qui le réalise. Mais sa conception des choses et de la connaissance a aussi une autre cause. Non seulement elle méconnaît les exigences et le pouvoir de la raison, elle suppose encore un profond mépris pour tout ce qui ne vient pas d'elle, pour les élans de l'imagination, pour les aspirations du cœur. Elle veut ignorer ces activités ardentes qui se soulèvent et réclament une place. Dans l'homme, elle ne garde que la raison, et, cette raison, elle la restreint à épeler dans l'univers l'inéluctable loi d'une nécessité qui se déploie plus inexorable que le Destin antique, sans égard aux cris de la prière, sans attention pour l'être éphémère, qui n'est qu'un phénomène parmi des phénomènes innombrables.

Comme l'a bien vu Gratry, il y a, à l'origine des excès de ces doctrines, un conflit entre la raison et les autres puissances psychologiques ; il y a une erreur fondamentale qui brise l'unité, l'harmonie même de l'âme et mutile l'homme.

D'ailleurs, toute connaissance n'est pas réductible à la *Science;* celle-ci ne supprime pas tout mystère et toute obscurité. Une telle idée est une vue par trop simpliste d'une réalité infiniment riche, variée, complexe. Celle-ci ne saurait être enfermée tout entière dans la formule de la loi, et saisie complètement par la pensée claire et distincte. Au-delà des régions et des vues accessibles à la Science et à la connaissance pure, s'étendent, dans l'âme comme dans l'univers, des zones qu'elle ne saurait embrasser. La vie avec sa souplesse, sa mouvante activité, ses profondeurs secrètes, échappe en partie à la science et à la raison abstraite. C'est par sa partie « obscure et cachée », dont parlait déjà Sénèque, que la raison est en contact avec le courant toujours jaillissant de la vie de l'âme, avec la sensibilité, avec l'imagination. L'intelligence humaine, selon le mot de Bacon, n'est pas une lumière sèche, elle est toute pénétrée de la chaleur qui vient du sentiment : on diminue sa puissance quand on l'isole. La sensibilité, l'imagination, l'amour, avec leurs pressentiments confus, leurs instincts obscurs, leurs impulsions secrètes, ne sont donc pas des forces inutiles ou méprisables. Gratry montre qu'elles se dirigent, dans leurs tendances naturelles, primitives, non déviées par l'égoïsme, là même où va la raison, au-dessus de tout fini, vers l'infini. Elles peuvent donc aider cette raison à prendre son essor, loin de servir à l'égarer, à la tromper. Elles ne sont pas la connaissance, sans doute, mais elles sont faites pour être les auxiliaires de la connaissance. Il y a des vérités d'intuition à la découverte desquelles toute l'âme concourt ; il y a des vérités de cœur que la subtilité du sentiment atteint d'abord et où seul il peut conduire la raison. Il faut donc briser le cadre étroit du Scientisme, rendre leur rôle à toutes les énergies de l'âme, étendre le domaine de la connaissance et admettre d'autres vérités que celles que peut saisir la démonstration scientifique et la raison raisonnante.

En dépassant, par ces idées vigoureuses, les vues dominantes de son époque, Gratry devance les penseurs qui, de nos jours, reconnaissent comme lui que toute réalité n'est pas réductible à l'intelligible pur, mais qu'il faut allier à cette raison, dans la poursuite de la vérité, dans l'étude de la vie, ces puissances repoussées par le Scientisme, les « raisons du cœur » dont parle Pascal, car elles ajoutent leurs forces à la force de l'esprit, elles l'aident à mieux s'adapter aux objets complexes qu'il ambitionne de comprendre, à la réalité et à la vie. C'est là l'opinion qui se rencontre, avec des différences d'interprétation, sans doute, mais semblable dans le fond, chez les savants comme chez les philosophes, chez H. Poincaré, Boutroux, Ravaisson, W. James, Bergson, pour ne citer que les principaux. Tous sont d'accord pour affirmer avec W. James que « le monde réel est autrement constitué, bien plus riche et plus complexe que celui de la science ». — Que l'intelligence pure est impuissante à atteindre par elle seule toute vérité.

Si Gratry comprend les excès du Scientisme, qui tendent à enfermer la philosophie dans les sciences et toute sagesse dans la raison scientifique, cependant il partage ce goût pour la vérité expérimentale que les positivistes restreignent à tort à l'expérience des sens. Il possède à un haut degré le besoin, le sens du réel, du concret, qui ne saurait se contenter de l'ombre des vérités. Il veut saisir, étreindre cette réalité et non pas se contenter d'en contempler le pâle et lointain reflet dans les conceptions de la pensée pure. De là, la défiance et l'éloignement qu'il manifeste à l'égard de cette raison qui se détourne de l'expérience et cesse d'observer les choses pour saisir la pensée seule. Il la voit, nous le savons, substituer dans l'esprit le mot à l'intuition, l'apparence à la réalité, l'artifice à la vie. Et Gratry ne veut pas qu'on soit dupe du mot, ni de l'abstraction, mais qu'on aille sans cesse aux réalités physiques et morales ; il veut qu'on fasse continuellement usage de l'expérience, de toutes les sources d'expérience, même de celle qui vient des tendances et des émotions les plus subtiles de l'âme. Par là, au milieu de l'intellectualisme, qui supprime une partie du réel, ou qui isole la raison de ce réel, Gratry apparaît comme le précurseur de tant d'esprits auxquels le spectacle du schème de la vie ne saurait suffire et qui désirent un aliment plus substantiel que celui offert par le verbalisme de la pensée abstraite. Il semble être le conducteur de ces générations présentes de jeunes hommes qui, comme E. Psichari, Ch. Péguy et tant d'autres, ont faim de la réalité. Ils réalisent, en effet, son souhait très cher, et il semble que l'écho de ses aspirations vibre tout vivant en leur cœur. Car, à son exemple, « la réalité, voilà le bien dont ces jeunes hommes ont l'ardent désir, la ferveur, le besoin. Ce qui leur fait horreur dans l'intellectualisme, c'est l'artificiel, l'abstrait, le glacé ; — Ils se sont donc désentravés, repliés sur eux-mêmes, dans un intense effort de réflexion, pour y découvrir ce qu'il y avait en eux de plus intime, de plus solide, de plus vrai. Ils y ont trouvé la patrie et Dieu » (1).

Mais, peut-on objecter, si Gratry, en signalant le rôle de la foi, du cœur et de l'expérience, a contribué puissamment au renouvellement de la pensée philosophique, en lui rendant des sources d'inspiration et de connaissance, cependant, par là aussi, n'encourt-il pas le reproche qu'on lui a fait souvent, celui de tomber dans le mysticisme ? Il fait appel à la foi ; la foi naturelle, c'est bien, mais il réclame aussi une place pour la foi surnaturelle. Il donne beaucoup d'importance aux puissances de sentiment auxquelles il accorde de pressentir le divin. Il admet que l'expérience religieuse de l'âme, bien loin d'être laissée de côté par la philosophie, doit être observée par elle, et qu'il faut tenir compte psychologiquement des faits de cette nature. N'est-ce pas donner au mysticisme une large part dans son œuvre ?

Et il est vrai, on ne saurait contester que l'un des caractères de la philosophie de Gratry est d'être mystique, si l'on entend par là qu'il n'en exclut ni le surnaturel, ni l'amour. Mais il faut avoir soin d'éliminer du mot mystique tout le sens péjoratif qu'on y attache parfois : celui de visionnaire, d'illusionné, de rêveur

---

(1) P. BOURGET.

sentimental. Gratry est mystique, mais à la façon d'un saint Augustin ou d'un Bossuet, comme l'est toute âme profondément et sincèrement religieuse qui ne saurait, sans mentir aux autres et à elle-même, sans manquer à la délicate loyauté d'une sincérité parfaite, scinder sa pensée, ses sentiments. Lorsqu'une telle âme spécule sur la vie, sur la destinée humaine, sur l'infini, elle ne peut considérer comme des vues gênantes ou superflues ses convictions les plus fortes ; elle ne peut les regarder comme bonnes à enchanter le secret de sa vie intime, à condition qu'elle leur ferme soigneusement l'accès de ses réflexions et de ses études. Il est juste, il est légitime qu'elle en tienne compte. C'est ce que fait Gratry, qui, d'ailleurs, pense, nous le savons, avec toute son âme.

S'il est mystique, il est de ces mystiques en sûreté, dont il parle après Bossuet, de ces esprits qui comprennent que le mysticisme n'est pas une paresseuse et inerte contemplation, une diminution d'activité et de personnalité, mais un progrès dans l'être, un accroissement de vie. S'il fait appel aux puissances affectives et à la foi surnaturelle, c'est en effet pour enrichir l'âme de toutes les énergies dont elle peut disposer, c'est pour étendre son domaine. Est-ce que d'ailleurs, « le sens divin » dont parle Gratry n'est pas une faculté naturelle ? Est-ce que tous ne le reconnaissent pas dans ces inclinations supérieures qui ne sont pas satisfaites des choses finies et aident, par leurs aspirations, la raison à s'élancer vers la vérité, le bien, la beauté suprême ? De quel droit les laisserait-on de côté, lorsqu'il s'agit d'étudier les procédés de l'âme, sa nature, sa destinée ? Et si, au-delà des résultats obtenus à l'aide des efforts naturels de l'âme, il est possible, grâce à la foi, d'en atteindre d'autres qui corroborent les premiers, les achèvent et les complètent, pourquoi s'en priverait-on, surtout s'il est montré que cette foi est fondée sur la raison même ? Il est dans la nature de l'esprit humain de vouloir aller jusqu'au bout de la connaissance. Il n'est satisfait que lorsqu'il a saisi ce qui lui semble l'explication dernière du problème qui le préoccupe. C'est à cette tendance fondamentale que la philosophie de Gratry s'efforce de répondre en ajoutant aux conquêtes de la raison les révélations de la foi. Il est aussi dans la nature de l'âme de ne pas se contenter de la simple vue des vérités qui lui sont chères. Elle aspire à les posséder, à les étreindre. Elle veut, non pas seulement voir les spectacles divins, mais goûter les saveurs divines ; — non pas seulement entendre, mais sentir et pâtir le divin. —

Gratry a voulu tenir compte de ces aspirations comme de faits d'une signification grave, importante. Et, par delà la vie purement naturelle, il a montré à l'âme qu'une vie supérieure l'attendait, une vie où elle pouvait arriver, si elle le voulait, et où elle trouverait l'accroissement de sa valeur, la réalisation de sa fin. En proclamant la place de cette « troisième vie », comme il l'appelle, Gratry se trouve au point où aboutissent les longs efforts de Maine de Biran. Et, en effet, il cite comme un vivant exemple de la philosophie qu'il réclame, ce penseur éminent qui, après bien des recherches, arrive à la certitude que la vie et la raison humaine n'ont pas réalisé leur fin ni atteint tout leur développement tant qu'elles restent séparées de la vie surnaturelle et de la foi.

Gratry n'a donc pas substitué, comme on le lui a reproché, « une sorte de sentimentalité vague et occulte à l'exercice normal et nécessaire de la raison » (1). Il a montré, il est vrai, que le cœur devait se joindre à l'intelligence dans la poursuite du vrai ; il a prouvé que la lumière naturelle était complétée par la lumière surnaturelle. Il n'a jamais professé que le sentiment devait supplanter la raison ou la foi en prendre la place. S'il y a des pages où il semble absorber la raison dans la foi ou se fier trop entièrement aux intuitions du cœur, nous croyons qu'il ne faut pas lui en faire un grief fondamental. Si ces pages sont convenablement appréciées, c'est-à-dire rapprochées et non pas détachées de l'ensemble de ses théories, on ne voit pas qu'elles soient de nature à altérer essentiellement ce qu'il semble qu'on doive regarder comme sa conception philosophique des rapports de la raison et de la foi, conception qui fait de la première le fondement de la seconde. Lorsqu'il parle, par exemple, de l'aide que la foi fournit à Képler dans ses recherches et ses découvertes, lorsqu'il vante, en citant sainte Hildégarde et les grands saints, la science, même naturelle, que peut conférer la sainteté, il ne prétend pas que la foi soit nécessaire à la science et que le dogme chrétien et la révélation soient faits pour nous découvrir les lois physiques. Ce qu'il veut dire, et ce qu'on ne saurait contester, c'est que la foi est une source de lumière et d'énergie pour le croyant. La foi est, comme vertu, un secours nouveau de Dieu, dont on ne saurait limiter la puissan-

---

(1) Card. PERRAUD, *Gratry*, p. 101.

ce, et qui peut, quand il le veut, déroger aux lois habituelles de la connaissance et communiquer celle-ci par une voie qu'il faut dire, il est vrai, extraordinaire. En dehors de ces cas exceptionnels, par les vues qu'elle donne, la foi peut devenir une cause d'inspirations ; mais il est bien entendu que ces inspirations n'auront de valeur scientifique que si elles sont éprouvées, contrôlées par la méthode ordinaire d'investigation, par le raisonnement et l'observation, que Gratry considère comme le moyen normal de la science. De plus, la foi peut être utile encore en excitant chez le croyant une défiance prudente à l'égard de ses conclusions scientifiques, lorsque celles-ci se trouvent en désaccord avec ses convictions. Elle l'engage alors à être plus attentif, plus circonspect ; par là elle peut l'aider à se préserver de l'erreur.

Gratry ne songe donc pas à représenter la foi comme le substitut désirable de la raison et de la science. Il garde à celles-ci leurs rôles et leurs méthodes. Il ne fait appel à la foi, et, d'ailleurs, au sentiment, que comme auxiliaires, destinés à compléter ou à faciliter l'œuvre de la connaissance, qui lui apparaît comme étant avant tout le fait de la raison. Laissons-lui cette qualification de mystique, mais ajoutons qu'il est un mystique raisonnable, non pas un mystique illusionné, suspect, dont la saine philosophie doit se défier et se défendre. Ce mysticisme, « qui supprime dans l'homme la raison et n'y laisse que le sentiment, qui, non content d'attaquer la raison, s'en prend à la liberté » (1), nous voyons la philosophie tout entière de Gratry le condamner   proscrire, car elle revendique sans cesse les droits de la rais   et l'exercice de la liberté.

Cette philosophie est aussi toute pénétrée de la conviction de l'importance de la vie morale. Gratry s'en préoccupe doublement, à la fois par rapport à la connaissance et par rapport à la destinée de l'âme.

Par rapport à la connaissance, car si l'âme tout entière y concourt, si le sentiment et la volonté y ont leur part, il convient que l'homme qui veut penser juste s'efforce de vivre bien. Et ce rôle des facultés morales de l'âme, auquel devait s'attacher la philosophie des Ollé-Laprune, des Secrétan, des Charaux..., Gratry

---

(1) *Diction. des Sciences phil.*, article *Mysticisme*, COUSIN, et *Histoire de la philosophie moderne*, 9ᵉ leçon.

l'a montré, nous l'avons vu, avec vigueur, avec insistance. Il a dit que l'on juge suivant ce que l'on voit, sans doute, mais que l'on voit suivant ce que l'on est : « Nul ne connaît le beau que celui qui est beau », disait Platon. « Nul ne connaît le vrai que celui qui est bon », ajoute Gratry. La pratique du bien donne à l'âme la santé pleine, la vie complète. L'esprit ne saurait trouver en lui ce qu'il ne porte pas en lui-même ; suivant le mot profond de Gratry : « L'esprit ne peut en aucune sorte admettre ce dont il n'a en lui aucun germe d'expérience interne » (1). Si donc on veut que la connaissance ait l'étendue et la rectitude qu'elle doit avoir, il faut que la vie morale soit droite et harmonieuse.

Mais ce n'est pas seulement au point de vue du savoir qu'il convient de veiller à cette moralité. La connaissance n'est pas le but suprême de la vie de l'homme aux yeux de Gratry. Faut-il redire comment il enseigne la vanité de la pensée solitaire, sans amour et sans but ? Combien de fois répète-t-il la parole de Bossuet : « Malheur à la connaissance stérile qui ne se tourne pas à aimer et se trahit elle-même ». On a dit qu'il n'avait fait que traverser le vrai pour arriver au bien. Peut-être serait-il plus exact d'affirmer qu'il ne les sépare pas, qu'il ne conçoit cette séparation que comme un artifice de l'analyse, utile dans l'étude, mais qu'il ne faut pas conserver dans la conception finale de la vie. L'idée, sans doute, lui semble au fond de tout, la pensée divine et créatrice que peut saisir la pensée humaine et créée ; mais cette intelligence de l'intelligible n'est qu'un premier effort, alors même que cet effort s'achève dans l'affirmation triomphante de l'existence de Dieu. Dieu n'est pas seulement la Vérité, il est la Bonté, il est la Beauté suprême. Aussi Gratry voit-il partout l'Amour divin s'unir à la Pensée divine. C'est pourquoi il ne pose pas le problème du mal (2). Sa confiance en la sagesse, en la tendresse de Dieu, lui inspire un optimisme qui est la note réconfortante de toute sa philosophie, et qu'il ne songe même pas à discuter. Il l'estime assez fondé sur la conviction de la Providence divine.

Mais l'Amour appelle l'Amour. A l'amour de Dieu doit répondre l'amour de l'homme : voilà pour Gratry le sommet où doit tendre

---

(1) *Les Sophistes et la Critique*, p. 272.
(2) Il ne parle pas de la Création, car il juge que ce sujet appartient à la Philosophie de la Nature, qu'il se proposait de traiter à part.

l'âme. Cet amour, tel qu'il le conçoit, n'est pas incomplet, réduit à la sensibilité. Il est en réalité l'acte harmonieux de l'intelligence qui connaît, de la volonté qui choisit et s'attache, de la sensibilité qui tressaille des plus délicates émotions. La philosophie de Gratry se résume dans cet itinéraire de toute l'âme vers Dieu, par la pensée, par la volonté, le cœur, l'amour. Cet amour, perfection de la vie intellectuelle et morale, il se réalise, il se consomme par le sacrifice. Comme William James, ce philosophe avec lequel il n'est pas sans affinités, Gratry dirait volontiers : « C'est dans l'héroïsme que se trouve caché le mystère de la vie ».

Aussi, à quelles hauteurs morales il conduit ses disciples : « Aller toujours au plus parfait, au plus haut, au plus beau, s'écrie-t-il, c'est là la méthode de la vie, comme c'est la méthode de l'esprit » (1). Et encore : « Il faut aller au plus haut, au plus utile, au plus beau » (2). Ce plus haut, ce plus beau, nous le savons, c'est ce qu'il appelle « l'emploi sacré de la vie », l'oubli de soi, le dévouement à la Vérité, aux hommes, à Dieu, ou, pour nous servir de ses propres paroles, la suprême beauté de la vie, c'est : « la vie donnée et consacrée par amour de Dieu et des hommes, au travail et au sacrifice, pour le salut du monde ».

L'idéal si haut qu'il propose, il s'est le premier efforcé de l'atteindre. Et c'est là le secret de son influence sur tant de jeunes hommes qui écoutent ses conseils, s'inspirent de sa pensée ou le suivent dans ses desseins. H. Perreyve, A. et Ch. Perraud, A. Tonnellé, Ch. et H. de Lacombe, A. de Margerie, Charaux, Nourrisson, Ollé-Laprune... Suivant le mot si juste de l'un des plus illustres d'entre eux : « Il ne leur transmettait pas une théorie, il leur transmettait la vie » (3). Cette vie, c'est la sienne dans son ardente sincérité, dans cette loyauté à la fois lumineuse et vibrante qui fait l'un des plus grands charmes de cette belle physionomie.

A côté de ces disciples d'élite, il y en avait une foule d'autres qui venaient puiser à ses ouvrages, comme à une source vive, la vérité qui désaltère, le courage qui fortifie. Ils en recevaient de vigoureuses impulsions vers le devoir. « Jamais philosophe, a-t-on

---

(1) Henri PERREYVE, p. 3.
(2) Henri PERREYVE, p. 63.
(3) *La France chrétienne dans l'histoire*, pp. 554-556. — OLLÉ-LAPRUNE : *La vie intellectuelle du Catholicisme en France au XIXe siècle.*

dit, n'eut plus de disciples inconnus » (1). Beaucoup, sans le suivre, ont aimé à se réchauffer au contact de son âme ardente et retrouver, en le lisant, les nobles et saines impressions qui rendent meilleur. « Il y a dans les écrits de Gratry, avouait Schérer, des passages qui élèvent et qui attendrissent, qui fortifient l'homme moral comme le ferait un cordial généreux » (2).

Par sa philosophie élevée, vivante, généreuse, Gratry tient donc une grande place parmi les philosophes spiritualistes. Ollé-Laprune déclare que : « c'est lui qui, en France, est, sans contredit, le grand philosophe catholique du dix-neuvième siècle » (3). Hors de France, on le lit et on l'admire (4) ; on remarque la largeur opportune des vues de Gratry. « Accomplir une si grande œuvre philosophique (5) avec la liberté la plus entière, en traversant toutes les époques sans se circonscrire en aucune, exposer toutes ces vérités du haut de la science contemporaine, appuyée sur la science du passé et sur l'ensemble de la tradition ; les développer avec autant de verve que de profondeur, avec autant d'onction que d'expérience de la vie, dans un style clair et beau, dans une langue accessible à tous, c'était ajouter à la science un accroissement essentiel et réel et, en même temps, offrir une voie de salut à notre époque malade, qui met la science tantôt si haut et tantôt si bas ; c'était surtout opposer au matérialisme actuel un mur solide et inébranlable. »

Et, en effet, quelque réserve que l'on puisse faire, nous l'avons vu, au sujet de certaines idées ou de quelques exagérations de la pensée de Gratry, il faut reconnaître que son œuvre est à la fois forte et bienfaisante. Elle est forte, car en même temps qu'elle enferme des vues dont nous avons apprécié la solide valeur, elle montre que Gratry a bien compris où résidait l'avenir de la philosophie, dans la conciliation de toutes les forces alors posées en

---

(1) OLLÉ-LAPRUNE, Loc. cit., ibid.
(2) *Mélanges de Critique religieuse.*
(3) Op. cit.
(4) *Connaissance de l'homme étudié dans sa faculté de penser*, traduction allemande de la *Logique*. — Ratisbonne. 1859, p. C. J. PFAHLER, J. WEIZONHOFER et M. LEFFLAD. — Les mêmes ont traduit aussi *La Connaissance de l'âme*.
(5) Préface de la traduct. allem., cité p. GODEFROY, *Histoire de la littérature française au* XIXe *siècle. Prosateurs*, p. 397.

rivales les unes des autres, dans l'union des ressources et des richesses de la pensée moderne aux conquêtes de la pensée antique. Elle est forte parce qu'elle reprend avec une vigoureuse hardiesse et une rare puissance la meilleure tradition philosophique, celle qui fait de la philosophie une harmonie et une vie.

Par là, cette doctrine est aussi bienfaisante ; elle suscite toutes les énergies de l'âme ; elle les convie aux plus nobles efforts, en même temps qu'elle les réconforte de sa confiance, de ses espérances enthousiastes : « Tout n'est-il pas encore plus beau que ce que l'on rêve ; tout n'est-il pas plus grand que ce que l'on croit ? » (1).

Quelque chose manquerait au dix-neuvième siècle, si l'on en ôtait le P. Gratry, a-t-on pu dire (2). Quelque chose manquerait aussi au nôtre. Il en a devancé les aspirations ; il en a pressenti, et, dans une certaine mesure, préparé l'esprit par son influence. Cet amour vigoureux de la vérité, cet élan vers les problèmes métaphysiques, ce souci de la vie morale et de la vertu, ce noble et généreux dévouement aux grandes causes, tout ce mouvement vers une vie plus haute et plus pleine, qui soulève un grand nombre d'âmes, relève de Gratry et de son influence, ou, du moins, quand il n'en provient pas, il est en harmonie avec elle. Il n'est pas téméraire de dire qu'il a contribué, par son œuvre et par son action, à ces renouvellements et à ces progrès ; il n'est surtout pas téméraire d'affirmer qu'il présente aux esprits ardents et délicats, aux cœurs généreux, l'éloquente expression et comme la révélation de leurs désirs, de leurs pensées, en même temps qu'il répond à leurs inquiétudes et à leurs besoins. « Qui, dans la jeunesse pensante, n'a-t-il pas aidé à traverser les crises du cœur et de l'esprit ? » (3).

Une philosophie qui a une telle puissance de rayonnante activité ne peut pas être une œuvre médiocre et banale. Non seulement la critique qui l'examine doit reconnaître la valeur théorique de l'ensemble des vues du penseur, la raison doit aussi tenir compte de l'action énergique que cette philosophie est susceptible d'exercer et qui vient de sa haute portée morale.

Cette doctrine est une lumière ; elle est aussi chaleur et force.

---

(1) *Logique*, II, p. 284.
(2) OLLÉ-LAPRUNE, *Discours de Juilly*, 8 fév. 1896.
(3) Mgr BAUDRILLART, *L'enseignement catholique dans la France contemporaine*, p. 137.

Par elle, Gratry prend place au milieu de ceux qui furent épris à la fois du vrai et du bien, les Platon, les saint Augustin, les Malebranche, les Bossuet, les Fénelon. Comme eux, il porte le signe du vrai philosophe, du véritable ami de la sagesse, qui ne se contente pas de la voir, mais qui prétend la posséder parce qu'il l'aime. « L'amour, en effet, est un des signes du vrai philosophe. Le philosophe dirige toujours les ailes de son âme vers la beauté céleste et, dans l'élan qui l'entraîne, il oublie les choses d'ici-bas » (1). Mais si l'âme ailée de Gratry s'élève de toutes choses à Dieu, s'il a su trouver en tout le divin, il ne s'oublie pas dans cette contemplation. Nul n'a mieux compris que l'objet suprême de la connaissance doit être de servir à la vie. Aussi sa philosophie convie-t-elle à la fois à la pensée, à l'amour et à l'action.

---

(1) JANET. *Dialectique de Platon*, p. 143.

Vu :

Le 16 juillet 1916.

LE DOYEN DE LA FACULTÉ DES LETTRES
DE L'UNIVERSITÉ DE CLERMONT-FERRAND,

AUG. AUDOLLENT.

Vu ET PERMIS D'IMPRIMER :

Clermont-Ferrand, le 24 juillet 1916.

LE RECTEUR DE L'ACADÉMIE DE CLERMONT-FERRAND,

CH. CAUSERET.

BIBLIOGRAPHIE

DES

Ouvrages du P. Gratry

1833. — *Dissertatio philosophica* : « *de methodis scientia um* ». Thèse de Doctorat, in-4º, 25 pages. Strasbourg, SILBERMANN.

1848. — *Catéchisme social ou demandes et réponses sur les devoirs sociaux*, in-12, 110 pages. Paris, GAUME.

1851. — *Une étude sur la Sophistique contemporaine ou Lettre à M. Vacherot*, in-8º. Paris, DOUNIOL.

1853. — *De la connaissance de Dieu*, 2 vol. in-8º. Paris, DOUNIOL. Couronné par l'Académie française. Traduction allemande de Conrad Joseph Pfahler, Joseph Weizenhofer, Michel Lefflad, professeurs au Lycée d'Eichstatt, 2 vol. in-8º. 1858, Ratisbonne, chez J. MANZ.

1855. — *La Logique*, 2 vol. in-8º, Paris, DOUNIOL. Traduction allemande par les mêmes professeurs, 2 vol. in-8º. 1859, Ratisbonne, MANZ.

1855. — *Note sur un article de M. Saisset*. — *Correspondant*, 25 octobre 1855.

1857. — *De la Connaissance de l'âme*, 2 vol. in-8º. Paris, DOUNIOL. Traduction allemande par les mêmes, 1859. Ratisbonne, J. MANZ.

1859. — *Mois de Marie de l'Immaculée Conception*, in-18. DOUNIOL. Traduction allemande, 1859. — Traduction anglaise avec introduction du P. FABER.

1861. — *La Paix*, in-8º. Paris, DOUNIOL.

1861. — *La Philosophie du Credo*, in-8º. Douniol.

1862. — *Les Sources*, première partie. — Extrait de la *Logique* dont il constitue le sixième livre. — La deuxième édition, 1864, est augmentée d'un discours sur les devoirs des chrétiens au XIXe siècle et sur la mission des prêtres de l'Oratoire. Paris, Douniol.

1862 — *Les Sources* (deuxième partie) ou *le premier et le dernier livre de la science du devoir*. Douniol.

1863. — *Commentaire sur l'Evangile selon saint Mathieu*, 2 vol. in-8º. Paris, Douniol.

1863. — *La Crise de la foi*, in-18. Douniol.

1864. — *Les Sophistes et la Critique*, in-8º. Douniol.

1864. — *Jésus-Christ, réponse à M. Renan*, extrait des *Sophistes et la Critique*, in-18.

1864. — *Petit manuel de Critique* (extrait des *Sophistes et la Critique*), in-18.

1866. — *Henri Perreyve*, in-12. Douniol.

1868. — *Discours de réception à l'Académie française*, in-8º. Paris, Didier.

1868. — *La Morale et la Loi de l'Histoire*, 2 vol. in-8º. Douniol.

1869. — *Lettres sur la Religion, réponse à M. Vacherot*, in-8º. Douniol.

1870. — *Lettres à Mgr Dechamps à propos du Concile*. Douniol.

1871. — *Les Sources de la Régénération sociale*. Edition nouvelle et un peu modifiée du *Catéchisme social*.

ŒUVRES POSTHUMES

1874. — *Souvenirs de ma jeunesse*, 1 vol. in-12.
Méditations inédites, 1 vol. in-12.

BIBLIOGRAPHIE

d'Ouvrages concernant Gratry

Le P. At. — *Le P. Gratry, sa philosophie*. Savaëte, 1904.

A. Autin. — *Essai de biographie psychologique du P. Gratry*. Paris, Béduchaud, 1912.

Mgr Baudrillart. — *L'enseignement catholique dans la France contemporaine*.

Barbey d'Aurevilly. — *Les œuvres et les hommes*, t. VIIIe, 2e série

Bertrin. — *Les grandes figures catholiques du temps présent*. Paris, Sanard, 1855.

Mgr Besson. — *Vie du cardinal de Bonnechose*.

E. Caro. — *Philosophie et philosophes*, Hachette, 1888.

B. Chauvelat. — *Le R. P. Gratry*, 1862.

A. Chauvin. — *Le P. Gratry*, 1901.

Mgr Dechamps. — *Oraison funèbre de La Moricière*.

Ferraz. — *Histoire de la philosophie au XIXe siècle. Le P. Gratry*.

F. Godefroy. — *Histoire de la littérature française. Prosateurs. Le P. Gratry*. Paris, Gaume.

Gréard. — *Livre du centenaire de l'École normale*.

Abbé Ingold. — *Miscellanea alsatica*. Paris, Picard.

De Lagarde. — *Notice historique sur le collège Stanislas*.

C. Lebrun. — *Souvenirs intimes du P. Gratry*. Téqui, 1900.

Le P. Longhaye. — *Le XIXe siècle*.

Ch. de Mazade. — *Portraits d'histoire morale et politique du temps*. Plon et Cie, 1855.

De Meaux. — *Le P. Gratry et l'avenir de la philosophie française*, 1858.

E. Molher. — *Les derniers jours du P. Gratry*, 1912.

D. Nisard. — *Discours académiques et universitaires*. Didot, 1884.

Ollé-Laprune. — *Éloge du P. Gratry. Discours de Juilly*, 1896.

E. Ollivier. — *L'Église et l'État au Concile du Vatican*. Garnier 1879.

G. d'Orgeval-Dubouchet. — *Le P. Gratry*. Levé, 1900.

Card. Perraud. — *Les derniers jours et le testament spirituel de Gratry*, 1872.

 » *Le P. Gratry, sa vie, ses œuvres*, 1900.

E. Poitou. — *Les philosophes français contemporains et leurs systèmes religieux*, 1864. Charpentier.

Pontmartin. — *Nouveaux samedis*. Lévy, 1868.

Prospectus du Collège Stanislas, 1842.

Le P. Ramière. — *L'abbé Gratry, le pseudo Isidore et l'Église Romaine. L'abbé Gratry et Mgr Dupanloup*.

Ravaisson. — *Histoire de la philosophie en France au XIXe siècle*.

Saint-René-Taillandier. — *Discours de réception à l'Académie*, 22 janvier 1874.

Ed. Schérer. — *Mélanges de critique religieuse : le P. Gratry*.

L. Séché. — *Éducateurs et Moralistes*.

A. Tonnellé. — *Fragments sur l'art et la philosophie*.

J. Vaudon. — *Le P. Gratry*. Téqui, 1914.

O. du Velay. — *Un philosophe chrétien au XIXe siècle*.

PÉRIODIQUES

C. BELLAIGUE. — *Le P. Gratry. Revue des Deux-Mondes*, 1ᵉʳ septembre 1900.

DE BROGLIE. — *Le P. Gratry polytechnicien, philosophe et apologiste. La Quinzaine*, 1ᵉʳ novembre 1894.

Dʳ CABANÈS. — *Mercure de France*, 1ᵉʳ décembre 1900.

CHAMPAGNY. — *Les Sophistes et la Critique. Correspondant*, 25 avril 1864.

A. CHAUVIN. — *Fondation de l'Oratoire. L'idéal du P. Gratry. La Quinzaine*, 1ᵉʳ mai 1901.

L. COUTURE. — *Bulletin de l'Institut Catholique de Toulouse*, octobre 1894.

FOISSET. — *De la connaissance de Dieu. Correspondant*, 25 janvier, mars 1854, 25 janvier 1855.

Mˡˡᵉ A. DE GOURLET. — *Deux polytechniciens. Correspondant*, 1904, t. CCXVII, pp. 181-190.

H. DE LACOMBE. — *Logique de Gratry. Correspondant* 25 juin 1855.

» » *Notice sur un article de M. Saisset. Correspondant*, 25 octobre 1855.

» » *Le P. Gratry et le cardinal Perraud. Correspondant*, 1901. t. CCII, pp. 481-497.

» » *Les commencements de Gratry, Correspondant*, 1905, t. CCXIX, p. 66-97.

A. LAIR. *Le P. Gratry. La Quinzaine*, 16 juillet 1900.

Le P. LARGENT. — *Prédicateurs et apologistes contemporains. Correspondant*, 1887.

A. DE MARGERIE. — *Le P. Gratry. Le Contemporain*, 1ᵉʳ mai 1872.

DE MEAUX. — *Gratry et l'avenir de la philosophie chrétienne. Correspondant*, 25 janvier 1858.

OLLÉ-LAPRUNE. — *Le P. Gratry. La Quinzaine*, 1ᵉʳ mars 1896.

Fréd. PASSY. — *Journal des Économistes*, septembre 1898.

Cardinal Perraud. — *La vie et l'œuvre de Gratry. Correspondant,* 1900, t. cxcix, pp. 413-433.

Le P. Ramière. — *Études de théologie, de philosophie et d'histoire,* 1857, t. II.

» » *Le P. Gratry, Études* de nôvembre 1872.

» » *Revue du Clergé français,* 15 juin 1895. — *Une correspondance du P. Gratry.*

Abbé Sabatier. — *Le centenaire d'un philosophe, A. Gratry. La Quinzaine,* 1er août 1905.

E. Saisset. — *Une nouvelle philosophie à l'Oratoire. Revue des Deux-Mondes,* 1er septembre 1855.

Ch. Urbain. — *A propos d'une récente biographie du P. Gratry. La Quinzaine,* 16 décembre 1901.

Table des Chapitres

Notice Biographique.................................... v.

Introduction

Le double but de Gratry : fortifier la raison, renouveler la philosophie. — Etat de la raison publique, de la raison philosophique et savante. — Ses causes. — La vraie méthode. — Elle donne à la raison toutes ses forces, à la philosophie sa place et sa puissance. — Cette méthode, la philosophie de Gratry l'applique en même temps qu'elle la propose. — Elle est fondée sur la psychologie et sur la tradition. — S'il ne l'invente pas, s'il la restaure, il la formule, la précise et la justifie. — Les vues de Comte et celles de Gratry.................... xix-xxxv

Chapitre I

Les preuves de l'existence de Dieu

La place de la Théodicée en philosophie et dans toute doctrine. — Les preuves de l'existence de Dieu, question capitale de la Théodicée, chez les principaux philosophes. — Ces différentes preuves peuvent se réduire à deux. — La preuve *a priori*; elle ne peut se passer de la seconde preuve. — La preuve *a posteriori*, ses caractères ; la nécessité de l'expérience, même dans le cas de l'innéité. — Les deux preuves n'en font qu'une. — La preuve *a priori* est-elle le complément nécessaire de la preuve *a posteriori ?* — Celle que Gratry retient en définitive... 1-13

Chapitre II

Le procédé dialectique

L'importance du procédé dialectique. — Ses caractères. — Ce procédé chez les principaux philosophes. — L'essence du procédé dialectique. — Le mouvement de l'esprit du même au différent dans certaines opérations intellectuelles. — L'induction ; ses différentes espèces. — Le procédé dialectique est une induction transcendentale. — Gratry n'altère-t-il pas les caractères de l'induction ?........................... 14-30

Le procédé dialectique dans les sciences physiques. — L'universalité de la loi enferme l'infinité ; en atteignant la loi, on atteint une idée divine. — Les caractères de la loi permettent-ils d'assimiler sa recherche à la recherche de Dieu ? — La méthode scientifique et la méthode dialectique............... 30-38

Le procédé mathématique infinitésimal et le procédé dialectique. — L'idée d'infini en mathématique peut-elle être autre chose qu'un pur concept ? — Le mouvement, l'espace, le temps, permettent-ils de reconnaître à cet infini une existence concrète ? — L'infini mathématique est-il un véritable infini ? — Le rôle que Gratry donne en dernier lieu au procédé infinitésimal en métaphysique. — La méthode infinitésimale et la méthode dialectique. — Les idées auxiliaires de l'idée d'infini dans la conception de l'absolu. — La nature logique du procédé dialectique. — Conclusion........................ 38-65

Chapitre III

Les conditions morales du procédé dialectique

Le procédé dialectique n'implique pas une méthode purement logique. — Certaines vérités ne peuvent être atteintes par l'esprit seul. — Les liens de l'intelligence et de la volonté dans la démonstration scientifique elle-même. — Le rôle des dispositions morales et de la volonté dans la recherche et la connaissance des vérités morales. — L'utilité de l'élément expérimental fourni par les dispositions moralement bonnes. — Valeur de cette doctrine................................... 66-83

Chapitre IV

Le sens divin

La cause de l'élan de la raison dans le procédé dialectique. — Le principe auxiliaire de la raison chez les principaux philosophes ; chez Thomassin. — Recherche de la doctrine personnelle de Gratry. — Le rôle du sens divin dans l'induction transcendentale. — Le sens divin est-il une faculté mystique ? — Sa nature. — La théorie de Gratry et les idées de W. James sur l'expérience religieuse. — Les inclinations supérieures et le sens divin. — Le vrai rôle du sens divin................. 84-114

Chapitre V

Les deux degrés de l'intelligible et les rapports de la raison et de la foi

Nature de la connaissance de l'absolu atteinte par le procédé dialectique. — Le premier degré de l'intelligible, connaissance logique et médiate. — Le second degré de l'intelligible divin, connaissance immédiate. — La raison seule ne peut l'atteindre. — Les preuves de l'existence de ce second degré. — La foi arrive à cette connaissance nouvelle de Dieu. — Le divorce de la raison et de la foi. — La nécessité de leur alliance. — La foi naturelle, ses rapports avec la raison. — La foi surnaturelle, ses rapports avec la raison. — La connaissance donnée par la foi est-elle immédiate ?......................... 115-146

Chapitre VI

L'âme et sa loi de développement. — La sensibilité

Comment Gratry entend l'étude de l'âme. — L'analyse de la vie de l'âme. — Les causes et la loi de son développement. — La méthode de comparaison dans l'étude de l'âme. — La sensibilité. — Le sens d'autrui. — Le sens intime. — Le rôle de la sensibilité dans la connaissance......................... 147-180

Chapitre VII

La faculté de connaître

La raison, son but, ses procédés. — La nature de la raison. — L'origine des idées.. 181-199

La certitude, sa valeur. — Le scepticisme, sa cause. — Les arguments de Gratry contre le scepticisme. — Le fondement métaphysique de la certitude................................. 199-211

Le langage. — Son rôle à l'égard de la raison. — Origine du langage. — Les différentes attitudes des esprits vis à vis des mots. — Les deux manières de traiter la parole chez les individus et les peuples. — Le rapport des mots aux idées, aux choses et à Dieu. — La valeur du mot et son influence sur l'intelligence... 211-233

Chapitre VIII

La culture de l'esprit. — La science comparée

La préparation à l'action intellectuelle. — La nécessité du recueillement, du silence. — L'emploi du jour. — Le programme et la méthode d'étude..................................... 234-250

L'association intellectuelle et la science comparée. — Ce que Gratry entend par science comparée. — A quoi aboutissent ses propres tentatives de science comparée. — Ce qu'il faut retenir des vues de Gratry.. 250-271

Chapitre IX

La volonté et la liberté. — Le procédé moral

La volonté ; la preuve de la liberté. — La prescience divine et la liberté. — La fin suprême de la volonté. — L'égoïsme et ses formes ; leurs effets. — L'auxiliaire de la volonté dans la poursuite du bien. — Le sacrifice ; son rôle, son but. — L'aide divine dans le procédé moral. — La valeur de l'idéal de Gratry. — Conseils pratiques............................ 272-313

Chapitre X

L'immortalité et la mort

Les preuves de l'immortalité : preuve métaphysique ; par le sens intime ; par les affections du cœur ; par les aspirations de l'âme. — Que sera l'immortalité ? — Le lieu de l'immortalité. — La vie immortelle. — Les approches de la mort : l'automne de la vie, l'hiver. — Leurs effets. — La mort ; son rôle...... 314-346

Chapitre XI

La critique de l'hégélianisme

Gratry et les « Sophistes ». — Le système hégélien. — L'hégélianisme et la première loi de la raison. — Aristote contre l'hégélianisme. — La recherche de l'infini et la dialectique d'Hégel. — Le principe hégélien et le devenir. — Platon et Hégel. — Le système hégélien est-il appuyé par les sciences ? — La ruine de l'hégélianisme est celle du panthéisme et de l'athéisme. — La morale dans l'hégélianisme. — L'influence d'Hégel en France : Schérer — Renan — Vacherot — L'erreur fondamentale de l'hégélianisme. — La méthode d'Hégel considérée au point de vue logique ; sa nature, ses conséquences. — Persévérance de Gratry à combattre Hégel.......... 347-398

Conclusion

Indépendance de Gratry. — La personnalité du penseur, son imagination, sa sensibilité. — Leur influence dans son œuvre, comme obstacles, comme auxiliaires. — Gratry et son siècle : comment sa philosophie, en accord avec les besoins de son temps, devance des orientations nouvelles de la pensée. — Le mysticisme de Gratry. — La valeur morale de sa philosophie. — L'influence et la place de Gratry................. 399-418

Bibliographie des ouvrages du P. Gratry,............. 419-420

Bibliographie d'ouvrages concernant le P. Gratry,....... 421-424

IMPRIMERIE PIERRE DUMONT, 3, RUE DU CLOCHER, LIMOGES

ERRATA

p.	25 indici	*lire*	indicii.
»	37 révèle	»	révèlent.
»	55 s'est efforcée	»	s'est efforcé.
»	74 moins être	»	moindre être.
»	89 éd. Fougère	»	éd. Faugère.
»	92 lien de l'âme	»	lieu de l'âme.
»	184 du particulier au particulier	»	du général au particulier.
»	187 présentés	»	présenté.
»	188 Exposition in David	»	Expositio in David.
»	191 rayon de la force	»	rayon de la face.
»	230 le mot à l'idée	»	le mot à l'Idée.
»	236 fin intérieure	»	fin inférieure.
»	247 la spéculation excessive	»	la spécialisation excessive.
»	260 goémétriques	»	géométriques.
»	266 propositions particulières affirmatives et négatives	»	propositions particulières affirmatives et universelles négatives.
»	293 se dévore d'elle-même	»	se dévore elle-même.
»	299 operabilum	»	operabilium.
»	300 Nouv. Essais I, chap. 199	»	Nouv. Essais I, chap. II, 9.
»	311 Notre devoir	»	Votre devoir.
»	379 du plus au moins	»	du moins au plus.

www.ingramcontent.com/pod-product-compliance
Lightning Source LLC
Chambersburg PA
CBHW060513230426
43665CB00013B/1504